Netzwerke der Entnazifizierung

Waxmann Verlag GmbH
Steinfurter Straße 555, 48159 Münster
info@waxmann.com

Münsteraner Schriften zur zeitgenössischen Musik

Herausgegeben von
Michael Custodis

Band 1

Michael Custodis und Friedrich Geiger

Netzwerke der Entnazifizierung

Kontinuitäten im deutschen Musikleben am Beispiel
von Werner Egk, Hilde und Heinrich Strobel

Waxmann 2013
Münster / New York / München / Berlin

Bibliografische Informationen der Deutschen Nationalbibliothek
Die Deutsche Nationalbibliothek verzeichnet diese Publikation in
der Deutschen Nationalbibliografie; detaillierte bibliografische
Daten sind im Internet über http://dnb.d-nb.de abrufbar.

Gedruckt mit freundlicher Unterstützung der
Westfälischen Wilhelms-Universität Münster

Münsteraner Schriften zur zeitgenössischen Musik, Band 1

ISSN 2195-741X
ISBN 978-3-8309-2843-0

© Waxmann Verlag GmbH, 2013
Postfach 8603, 48046 Münster
Waxmann Publishing Co.
P.O. Box 1318, New York, NY 10028, USA

www.waxmann.com
info@waxmann.com

Umschlaggestaltung: Pleßmann Design, Ascheberg
Titelbild: Werner Egk, Hilde und Heinrich Strobel 1955 (Bildarchiv des Südwestrundfunks)
Satz: Stoddart Satz- und Layoutservice, Münster

Gedruckt auf alterungsbeständigem Papier,
säurefrei gemäß ISO 9706

Für unsere Familien

Inhalt

Vorbemerkung des Herausgebers

Dieser Band eröffnet eine Reihe, die der Musik und dem Musikleben der Gegenwart gewidmet ist. Der in ihrem Namen dokumentierte Bezug auf Münster steht dabei für ein Verständnis von Musik der Gegenwart, wie es im Fach Musikwissenschaft der dortigen Westfälischen Wilhelms-Universität vertreten wird. Dies schließt die genreübergreifende Vielfalt musikalischer Phänomene nach 1900 ebenso ein wie ihre kulturhistorische Verortung in den politischen und sozialen Bedingungen des 20. und 21. Jahrhunderts. Insbesondere progressiven Stilentwicklungen und der Aufarbeitung biographischer Fragen sind die Münsteraner Schriften zur zeitgenössischen Musik dabei verpflichtet.

Münster, im Sommer 2013
Michael Custodis

Abkürzungen

AISCM	Königliche Bibliothek Kopenhagen, Archiv der Internationalen Gesellschaft für Neue Musik
ASM	Archiv des Schott-Verlags Mainz
BArch	Bundesarchiv Berlin
BHStA	Bayerisches Hauptstaatsarchiv München
BLHA	Brandenburgisches Landeshauptarchiv Potsdam
DEA	Deutsches Exilarchiv in der Deutschen Nationalbibliothek Frankfurt, Material zu Heinrich und Hilde Strobel
EAWE	Staatsarchiv München, Spruchkammerakten Karton 339 (Werner Egk)
LAB	Landesarchiv Berlin
LAVR	Landesarchiv Nordrhein-Westfalen, Abteilung Rheinland
NHS	Historisches Archiv des Südwestrundfunks, Nachlass Heinrich Strobel
NWE	Bayerische Staatsbibliothek München, Ana 410 (Nachlass Werner Egk)
NWS	Nachlass von Wolfgang Steinecke im Stadtarchiv Darmstadt
StAF	Landesarchiv Baden-Württemburg, Staatsarchiv Freiburg
SWR	Historisches Archiv des Südwestrundfunks
SWR HSAS	Historisches Archiv des Südwestrundfunks, Sendemanuskripte „Heinrich Strobel – Autobiographische Skizzen"

Musik und Entnazifizierung

Im Februar 1945 formulierten die alliierten Siegermächte das Ziel, „alle nazistischen und militärischen Einflüsse aus öffentlichen Einrichtungen, dem Kultur- und Wirtschaftsleben des deutschen Volkes zu entfernen".[1] Bekanntlich gelang es in keinem der genannten gesellschaftlichen Gebiete, diesem Anspruch gerecht zu werden, weshalb die Entnazifizierung insgesamt als „gescheitertes Experiment"[2] betrachtet werden muss. Im Bereich des Musiklebens indes scheiterte dieses Experiment besonders grandios. Obwohl offenkundig war, dass zahlreiche Repräsentanten und Repräsentantinnen des Musiklebens mit dem NS-Regime eng kooperiert hatten, wurde niemand von ihnen daran gehindert, nach 1945 weiter tätig zu sein. Von den Stars der Bühne und des Konzertpodiums über Komponisten, Musikverleger, Intendanten und Dramaturgen an den Theatern, Konzerthäusern und am Rundfunk bis zur Musikpublizistik sowie der akademischen Musikwissenschaft und Musikpädagogik – in allen Bereichen des deutschsprachigen Musikdiskurses sind Kontinuitäten verbürgt. Die „Stunde Null", ohnehin eine fragwürdige Kategorie, ist zumal als musikgeschichtliche Größe inexistent.[3]

Woran lag es, dass die Absicht, „alle nazistischen und militärischen Einflüsse" aus dem Musikleben „zu entfernen", derart ins Leere lief? Die Frage ist, wenn man fundiert Auskunft geben will, nicht leicht zu beantworten. Die Akten zur Entnazifizierung von Musikerinnen und Musikern, die in Fülle überliefert sind, sind bisher erst in überschaubarer Zahl herangezogen worden.[4] Eine breit angelegte, systematische und vergleichende Untersuchung, die auch Verbindungslinien zwischen den

---

1 *Kommuniqué der Konferenz von Jalta*, zit. nach: *Entnazifizierung. Politische Säuberung und Rehabilitierung in den vier Besatzungszonen 1945-1949*, hg. von Clemens Vollnhals, München 1991, S. 7.

2 Ebenda, S. 55-64.

3 Albrecht Riethmüller pointiert im Vorwort des von ihm herausgegebenen Bandes *Deutsche Leitkultur Musik? Zur Musikgeschichte nach dem Holocaust* (Freiburg im Breisgau 2006, S. 7) „die Geburt der ‚Stunde Null' aus dem Geiste der Verdrängung." Siehe ausführlich auch seinen Beitrag *„Die Stunde Null" als musikgeschichtliche Größe*, in: *Geschichte der Musik im 20. Jahrhundert: 1925-1945* (= Handbuch der Musik im 20. Jahrhundert, Bd. 2), hg. von demselben, Laaber 2006.

4 Michael Custodis, *Entnazifizierung an der Kölner Musikhochschule am Beispiel von Walter Trienes und Hermann Unger*, in: *Deutsche Leitkultur Musik?*; *„unter Auswertung meiner Erfahrungen aktiv mitgestaltend". Zum Wirken von Wolfgang Steinecke bis 1950*, in: ebenda; *Theodor W. Adorno und Joseph Müller-Blattau: Strategische Partnerschaft*, in: *Archiv für Musikwissenschaft* 66 (2009), Heft 3; *Friedrich Blumes Entnazifizierungsverfahren*, in: *Die Musikforschung* 65 (2012), Heft 1; Thomas Eickhoff, *„Mit Sozialismus und Sachertorte ..." – Entnazifizierung und musikpolitische Verhaltensmuster nach 1945 in Österreich*, in: *Deutsche Leitkultur Musik?*; Friedrich Geiger, *„Can be employed": Walter Abendroth im Musikleben der Bundesrepublik*, in: *Deutsche Leitkultur Musik?*; Birgit Jürgens, *„Deutsche Musik" – Das Verhältnis von Ästhetik und Politik bei Hans Pfitzner*, Hildesheim et al. 2009; Michael Kater, *Composers of the Nazi Era. Eight Portraits*, New York et al. 2000 (dt. erweiterte Fassung Berlin 2004); Matthias Roth, *War Wolfgang Fortner ein Nazi? Der Komponist mit der Partei-Mitgliedsnummer 7.818.245 im Spiegel seiner „Entnazifizierungsakte"*, in: *Musik in Baden-Württemberg*, Jahrbuch 2005, Bd. 12; sowie jüngst, mit apologetischer Tendenz, Klaus Lang, *Wilhelm Furtwängler und seine Entnazifizierung*, Aachen 2012.

Einzelfällen berücksichtigt, steht hingegen noch aus. Wie erste Überblicksarbeiten zur französischen[5] und amerikanischen[6] Zone gezeigt haben, waren ferner die Rahmenbedingungen in den einzelnen Gebieten auch und gerade für die Musik sehr unterschiedlich, was generelle Einschätzungen erschwert.

Ein aussichtsreicher Weg scheint daher vor allem in einer dichten Beschreibung der Netzwerke zu liegen, die während der NS-Zeit geknüpft worden waren, aber in der Musikkultur der Weimarer Jahre wurzelten und nun im Zuge der Entnazifizierungsverfahren aktualisiert wurden. Dabei kamen in aller Regel hoch effektive Allianzen zustande, darunter auch solche, die aus musikhistorischer Perspektive zunächst höchst befremdlich anmuten. Eine dieser Allianzen, die in dem vorliegenden Buch unter dem Mikroskop betrachtet werden soll, war die Freundschaft zwischen dem Komponisten Werner Egk (1901-1983) und dem Musikpublizisten Heinrich Strobel (1898-1970). Auf der einen Seite der wohl erfolgreichste Jungkomponist des „Dritten Reiches", der von Hitler und Goebbels nach Kräften protegierte NS-Musikfunktionär und gemäßigte Modernist Egk – auf der anderen Seite der Auswanderer Strobel, der seit den 1920er Jahren engagiert für die neue Musik eingetreten war, dafür im „Dritten Reich" unter anderem in der Ausstellung „Entartete Musik" heftig geschmäht wurde, 1939 mit seiner jüdischen Frau Hilde Strobel, geborene Levy (1902-1983) nach Frankreich auswich und nach dem Zweiten Weltkrieg von Baden-Baden aus zu den mit Abstand einflussreichsten Förderern der internationalen musikalischen Avantgarde zählte. Wie geht das zusammen? Wie konnte jemand wie Strobel jemandem wie Egk maßgeblich durch die Entnazifizierung helfen?

Rasch wird deutlich, dass das Erstaunen über derartige Bündnisse von allzu schematischen Vorstellungen über die musik- und zeitgeschichtlichen Verhältnisse bestimmt wird. Bis heute weit verbreitet ist die Annahme, es habe gleichsam zwei Lager gegeben: eine „kulturbolschewistische", verfemte Avantgarde auf der einen Seite; und konträr dazu eine systemkonforme, traditionalistische Fraktion – ein Antagonismus, der sich offenbar maßgeblich im Zuge des Entnazifizierungsdiskurses etablierte und alle entlastete, die wie auch immer geartete Verbindungen zur Musikmoderne nachweisen konnten. Heinrich Strobels Gutachten für Werner Egks Entnazifizierungsverfahren 1947 beispielsweise, das wir im Anhang wiedergeben, liest sich wie eine Gründungsurkunde für diese dualistische Sichtweise. Wenngleich sich dafür selbstverständlich prominente Beispiele finden lassen, so greift sie als musikgeschichtliches Modell insgesamt viel zu kurz. Allianzen wie zwischen Strobel und Egk fallen aus diesem Schema. Weitaus charakteristischer ist das Chiaroscuro sowohl in politisch-ideologischer wie in ästhetischer Hinsicht, sind Grauzonen und persönliche Verflechtungen, die sich unter den Bedingungen der Diktatur verdichteten und nach 1945 ebenso schwer zu durchschauen wie hilfreich für die Entlastung waren. Dabei zeigt das in diesem Buch dargestellte Netzwerk um Werner Egk,

---

5   Andreas Linsenmann, *Musik als politischer Faktor. Konzepte, Intentionen und Praxis französischer Umerziehungs- und Kulturpolitik in Deutschland 1945-1949/50*, Tübingen 2010.
6   David Monod, *Settling Scores. German Music, Denazification, and the Americans, 1945-1953*, Chapel Hill und London 2005.

Hilde und Heinrich Strobel, dass es gerade die unwahrscheinlichen Partnerschaften sein konnten, die für besonders stabile Kontinuitäten sorgten.[7] Dankesschulden wurden erstattet, brisantes Wissen schuf Abhängigkeiten. Dabei konnten Personen wie Hilde Strobel, die weniger in der Öffentlichkeit stand als ihr Mann und daher musikhistoriographisch bislang keine Beachtung fand, Schlüsselrollen zufallen.

Gab es Besonderheiten, durch die sich der Entnazifizierungsdiskurs auf dem Gebiet der Musik von dem anderer gesellschaftlicher Segmente unterschied? Das hier untersuchte Beispiel legt mehrere Annahmen in dieser Richtung nahe, die in weiter ausgreifenden Arbeiten zu verifizieren und zu differenzieren wären:

1. Eine entscheidende Bedingung war, dass zwischen den Vertretern der Besatzungsmächte und den Besetzten ein mehr oder minder stillschweigendes Einverständnis über die Größe der „deutschen" Musik herrschte.[8] Dass Bach, Mozart und Beethoven Weltgeltung besäßen und „das deutsche Volk" auf musikalischem Gebiet gleichsam „führend", ja die Musik sogar die „deutscheste der Künste" sei, gehörte zu den nationalistischen Topoi des 19. Jahrhunderts, die im „Dritten Reich" verabsolutiert und permanent reproduziert worden waren.[9] Es zählt zu den größten Hindernissen der Entnazifizierung des Musikbereichs, dass diese Annahme auch jenseits der deutschen Grenzen zwar nicht in nationalsozialistischer Pointierung, aber doch im Grundsatz geteilt wurde. Vielfach lässt sich beobachten, dass das deutsche Superioritätsdenken auf diesem Gebiet sogar eher bestärkt wurde, um anderweitige Härten abzumildern. Einer Re-Education im Bereich der Musik fehlte somit die Basis.

2. Die Musik, ihre Komposition und Interpretation sind hoch spezialisierte Gebiete, die sich nicht willentlich erlernen lassen, sondern bestimmte Begabungen und Fähigkeiten voraussetzen. Auch das Sprechen über Musik wirkt auf Außenstehende oft hermetisch. Daher ist selbst bei Personen, die auf anderen Gebieten durchaus Autorität besitzen, häufig eine charakteristische Scheu festzustellen, sich zu musikalischen Fragen zu äußern. Es besteht die Neigung, insbesondere prominenten Komponisten und Interpreten einen Geniebonus zuzubilligen, der sie bis zu einem gewissen Grad der Kritik enthebt. Von dieser Aura des musikalischen Genies profitieren auch andere Sparten des Musikbetriebs. Im Entnazifizierungsdiskurs verschob diese Form des Respekts von vornherein die Hierarchien zwischen den Erziehern und den zu Erziehenden.

3. Hier deutet sich bereits ein Dualismus zweier Systeme an, der eine lange und überaus wirkungsmächtige Tradition aufweist, nämlich die Parallelexistenz eines Systems Musik und eines Systems Politik. Programmatisch ausformuliert von Vertretern der literarischen Romantik wie Wilhelm Heinrich Wackenroder oder E. T. A. Hoffmann, etablierte sich seit Beginn des 19. Jahrhunderts speziell

---

7   Ein vergleichbares Beispiel aus einem anderen Segment des Musiklebens bietet Custodis, *Theodor W. Adorno und Joseph Müller-Blattau*.

8   Vgl. hierzu auch Linsenmann, *Musik als politischer Faktor*, S. 102.

9   Celia Applegate und Pamela Potter, *Music and German National Identity*, Chicago 2002; Albrecht Riethmüller, *Musik, die „deutscheste" Kunst*, in: *Verfemte Musik. Komponisten in den Diktaturen unseres Jahrhunderts*, hg. von Joachim Braun, Vladimir Karbusicky und Heidi Tamar Hoffmann, Frankfurt am Main 1995.

im deutschen Sprachraum ein „Zwei-Welten-Modell",[10] bei dem eine metaphysische, religiös überhöhte Sphäre der Musik von der Sphäre der realen Welt streng geschieden wurde. Unter den Bedingungen der NS-Diktatur, welche die Grenzen zwischen Kunst und Politik systematisch verwischte,[11] gerieten diese beiden Systeme in ein komplexes Verhältnis wechselseitiger Anziehung und Abstoßung. Die Politik des „Dritten Reiches" brauchte die Musik, um ihre Herrschaft zu legitimieren, zu stützen und zu verbrämen. Die Musik war wiederum in hohem Maße auf eine Politik angewiesen, die ihre Rahmenbedingungen gestaltete und sie erheblich zu fördern versprach. Man profitierte voneinander, viele Interessen liefen in die gleiche Richtung. Zugleich jedoch bestand jene gegenseitige Verachtung fort, die ein festes Erbteil des romantischen Musikdiskurses bildet. Sie lässt sich etwa an den Tiraden ermessen, die Joseph Goebbels über „Künstler" vom Stapel ließ, die „politisch charakterlos" seien,[12] während auf der anderen Seite Komponisten wie Richard Strauss die „traurige Zeit" beklagten, in der „ein Künstler meines Ranges ein Bübchen von Minister um Erlaubnis fragen muss, was er componieren und aufführen lassen darf".[13] Wie sich hier deutlich zeigt, galten in den beiden Systemen unterschiedliche Wertmaßstäbe, die sich bei Bedarf vermengen und nach 1945 wieder trennen ließen. Aus der Differenz und Autonomie der beiden Systeme gewann so das stereotype Entlastungsargument, man habe doch „nur Musik gemacht", seine Durchschlagskraft.

4. Die Entnazifizierungsbehörden und später die deutschen Spruchkammern, die mit dem Musikbetrieb ebenfalls wenig vertraut waren, sahen sich einer indifferenten Situation gegenüber. Bündnisse und Gegnerschaften, die bei der Einschätzung individueller Belastung zu berücksichtigen gewesen wären, waren schwer zu durchschauen, da sie teils systemimmanent, teils systemübergreifend funktionierten. Innerhalb des künstlerischen Systems beispielsweise gab es einerseits erbitterte Grabenkämpfe zwischen Modernisten und Traditionalisten, die aus einer unbefangenen Perspektive etwa Hans Pfitzner und Arnold Schönberg als unversöhnliche Gegensätze erscheinen lassen. Gleichwohl verband beide ein so hohes Maß an Solidarität in der gemeinsamen Abgrenzung gegen das System Politik, dass Schönberg den Antisemiten Pfitzner gegen den Zugriff der Entnazifizierungspolitik in Schutz nahm.[14] Die Fürsprache eines Komponisten, der – wie jeder wusste – der im „Dritten Reich" verfemten Avantgarde zugehörte, besaß wiederum besonderes Gewicht. Insofern wirkten die Gegensätze und

---

10 Hans Heinrich Eggebrecht, *Musik im Abendland*, München und Zürich 1991, S. 592-648.
11 Friedrich Geiger, *Musik in zwei Diktaturen. Verfolgung von Komponisten unter Hitler und Stalin*, Kassel et al. 2004, S. 137-146.
12 Joseph Goebbels, Eintrag vom 5. Juli 1935, in: *Die Tagebücher*, im Auftrag des Instituts für Zeitgeschichte und mit Unterstützung des Staatlichen Archivdienstes Rußlands hrsg. v. Elke Fröhlich, Teil I *Aufzeichnungen 1923–1941*, Bd. 6 *August 1938-Juni 1941*, München 1998.
13 *Richard Strauss - Stefan Zweig. Briefwechsel*, hg. von Willi Schuh, Frankfurt am Main 1957, S. 158.
14 Eidesstattliche Erklärung Arnold Schönbergs für Hans Pfitzner vom 10. September 1947, als Faksimile beim Arnold Schönberg Center online unter http://www.schoenberg.at/scans/DVD022/7275.jpg (Abruf am 14. Juni 2013).

Verflechtungen zwischen den Systemen Musik und Politik zwar unter anderen Vorzeichen, aber nicht weniger wirkungsmächtig fort.

5. Wie insbesondere das Beispiel Egks zeigt, schlossen sich musikalischer Modernismus und Offenheit gegenüber dem NS-System nicht nur nicht aus, sondern das eine konnte das andere sogar begünstigen. Vor 1933 hatte Egk eine prekäre Karriere als Komponist von Musik verfolgt, die zwar keineswegs avantgardistisch war, aber auch nicht mit großem Publikum rechnen konnte, weshalb er jahrelang am Existenzminimum gelebt hatte. Je fragiler die öffentliche Akzeptanz eines Künstlers vor 1933 – und dies betrifft etliche Vertreter der Musikmoderne –, desto leichter konnte er bereit sein, moralische Zugeständnisse zu machen. Egk hat dies in seinem Entnazifizierungsverfahren auf die Formel gebracht: „Bei jedem Künstler kommt der Punkt, wo ihm die vollkommene und richtige Darstellung seiner Werke das wichtigste ist."[15] Noch rücksichtsloser hat Winfried Zillig, ein Schüler Schönbergs, denselben Sachverhalt artikuliert: „Dass ein Komponist, der als produktiver Mensch finanziell vollkommen in der Luft hängt, während der Staat für jeden Irren und jeden von einem Unfall Betroffenen sorgt, alles tut, um sich finanziell zu sichern, ist selbstverständlich."[16]

6. An den aufwendigen Prozessen der musikalischen Produktion, Interpretation, Distribution und Rezeption ist eine Vielzahl von Leuten häufig in sehr enger Zusammenarbeit beteiligt. Vom Komponisten über die aufführenden Musiker und die Verlagsmitarbeiter bis zu den Musikpublizisten stehen Menschen in sehr engem Kontakt und sind aufeinander angewiesen, damit das künstlerische Ergebnis zufriedenstellend ausfällt. Geht es um Musiktheater, kommen noch Intendanten, Regisseure, Choreographen, Tänzer, Bühnenbildner usw. hinzu. Diese vielfältig verzweigten Strukturen innerhalb des Musikbetriebs begünstigen die Entstehung von Netzwerken enorm. Auf musikalischem Gebiet sind persönliche Sympathien und Antipathien, Empfindlichkeiten und ästhetische Differenzen bedeutsamer für das Gelingen als in jeder anderen Kunstsparte. Um daher den Einzelfall in einem Entnazifizierungsverfahren adäquat einschätzen zu können, muss man nicht selten tief in biographische Verästelungen eindringen. Hilfeleistungen in bedrängter Situation beispielsweise, die persönlicher Sympathie entsprangen, konnten auch nach außen hin tiefe Differenzen in den künstlerischen Anschauungen überbrücken.

7. Das wechselseitige Wissen voneinander transformierte sich in ein Schweigekartell, von dem alle Beteiligten profitierten und durch das sich das System Musik hermetisch halten ließ, solange Abweichler durch das Kollektiv oder die institutionelle Macht Einzelner isoliert werden konnten.[17] Trotz heterogener ästhe-

---

15 Werner Egks Spruchkammerakte, in: Staatsarchiv München, Spruchkammerakten Karton 339 (Werner Egk) [EAWE], Blatt 47.

16 Ebd., Blatt 143f.

17 Sehr anschaulich beschreibt dies für den Wissenschaftsbetrieb Bernd Weisbrod, *Das Moratorium der Mandarine. Zur Selbstentnazifizierung der Wissenschaften in der Nachkriegszeit*, in: *Nationalsozialismus in den Kulturwissenschaften*, Bd. 2 *Leitbegriffe – Deutungsmuster – Paradigmenkämpfe. Erfahrungen und Transformationen im Exil*, hg. von Hartmut Lehmann und Otto Gerhard Oexle, Göttingen 2004.

tischer und politischer Haltungen konnten die Protagonisten der Entnazifizierungsnetzwerke, die sich über die gegenseitig ausgestellten Persilscheine in ihren wesentlichen Strukturen gut rekonstruieren lassen, daher zügig, erfolgreich und nachhaltig das Nachkriegsmusikgebiet unter sich aufteilen.

Die Rekonstruktion von Kontinuitäten des NS-Staates und ihrer Konsequenzen für das Musikleben der Nachkriegszeit stellt seit Jahren ein gemeinsames Arbeitsfeld der beiden Autoren dar. Bereits mit Blick auf Wolfgang Steinecke, dem Michael Custodis 2010 eine Monographie widmete, bewährte sich methodisch eine Analyse als Netzwerker. Dabei ging es – und geht es auch hier – nicht um einen theoretischen Anspruch im Sinne soziologischer Netzwerkmodelle, sondern pragmatisch darum, komplexe Strukturen als personelle Verbindungslinien zu beschreiben, die in den 1920er und frühen 1930er Jahren gewachsen waren, danach zwar unter den Bedingungen des „Dritten Reiches" unterschiedliche Transformationen, Störungen und Brüche erfahren hatten, als tragfähiges Gewebe alter Kontakte aber intakt geblieben waren und Kontinuitäten bis weit in die 1950er Jahre schufen. In den Gesprächen, die Michael Custodis in dieser Zeit mit dem ehemaligen Leiter der Ferienkurse Friedrich Hommel (1929-2011) führte, geriet immer wieder auch Heinrich Strobel in den Blick. Als Präsident der Internationalen Gesellschaft für Neue Musik und Leiter der Donaueschinger Musiktage repräsentierte er nicht nur zentrale Knotenpunkte im Netzwerk der neuen Musik, sondern verfügte als Leiter der Musikabteilung des Südwestfunks Baden-Baden und Herausgeber des legendären *Melos* auch über die notwendigen Ressourcen zur institutionellen wie publizistischen Durchsetzung von Werken wie von Karrieren.

Bei ersten punktuellen Recherchen in seinem Nachlass rückte schnell Strobels innige, Anfang der 1930er Jahre gewachsene Freundschaft zu Werner Egk ins Zentrum, die in Umrissen aus der Literatur zwar bekannt, in ihrer Tiefe bislang aber nicht abzuschätzen war. Forschungen, die Friedrich Geiger zur gleichen Zeit zu Werner Egk durchführte, konnten das Bild ideal ergänzen, so dass sich die Zusammenarbeit nahelegte. Als sich im Lauf der weiteren Recherchen noch herauskristallisierte, dass Hilde Strobel einen wesentlichen Einfluss auf diese Männerfreundschaft hatte und die in verschiedenen Archiven hierzu auffindbaren Quellen teilweise eine maßgebliche Neubewertung von personellen und institutionellen Kontinuitäten im deutschen Musikleben ermöglichten, entstand die Idee, dieser exemplarischen Figurenkonstellation eine ausführliche Studie zu widmen.

Die Recherche führte in zahlreiche Archive im In- und Ausland, wo sich eine Fülle neuer Unterlagen zusammentragen ließ, insbesondere auch zur bislang kaum bekannten Familiengeschichte Hilde Strobels. Der mikrohistorische Zugang, der hier gewählt wurde, bringt es mit sich, dass teilweise sehr ausführlich aus diesen Dokumenten zitiert wird, um den oft aufschlussreichen Ton der Korrespondenz wiederzugeben. Dabei ist anzumerken, dass viele der zitierten Briefe in Orthographie und Interpunktion fehlerhaft sind. Um einen möglichst authentischen Eindruck zu vermitteln, wurden keine Anpassungen vorgenommen, sondern die Passagen nach sorgfältigem Abgleich mit den Originalquellen unverändert abgedruckt;

nur besonders irritierende Stellen wurden gekennzeichnet. Um den Leserinnen und Lesern ein eigenes Urteil zu ermöglichen, findet sich eine Auswahl besonders aussagekräftiger Dokumente faksimiliert im Anhang.

Für ihre große Hilfsbereitschaft und die Offenheit, mit der sie die Entstehung dieses Buches ermöglicht und begleitet haben, sind wir zahlreichen Personen und Institutionen zu herzlichem Dank verpflichtet: Michael Albrecht und Dr. Susanne Knoblich (Landesarchiv Berlin), Ellen Bach (Bundesamt für zentrale Dienste und offene Vermögensfragen Berlin), Dr. Robert Becker, Kirstin Blös (Bibliothek der Hochschule für Musik und Theater Rostock), Oliver Bordin, Maestro Pierre Boulez, Dr. Pia Custodis, René F. van Dijk (Regionaal Archief Gorinchem), Dr. Karola Fings (NS-Dokumentationszentrum der Stadt Köln), Frank Geyer (Gartenamt bei der Stadtverwaltung Baden-Baden), Dr. Werner Grünzweig (Archiv der Akademie der Künste Berlin), Marianne Hahn, Stephanie Haller, Sabine Hartmann (Bauhaus-Archiv Berlin), Dr. Christian Hillen (Stiftung Rheinisch-Westfälisches Wirtschaftsarchiv zu Köln), Birgit Hommel, Prof. Christian und Caroline Hommel, Friedrich Hommel, Katrin Kokot (Deutsches Exilarchiv in der Frankfurter Nationalbibliothek), Dr. Antje Koolman (Landesamt für Kultur und Denkmalpflege im Landeshauptarchiv Schwerin), Dr. Philipp Küsgens, Iris Niemann (Musikbibliothek des Südwestrundfunks Baden-Baden), Dr. Nino Nodia (Bayerische Staatsbibliothek München), Robert Piencikowski (Paul-Sacher-Stiftung), Dagmar Rumpf (Stadtarchiv Baden-Baden), Oliver Scheidt, Dr. Christiane Strucken-Paland, Marion Thiem (IRCAM, Paris), José Tomas (Bureau de la Légion d'Honneur Paris) und Thomas Ulbrich (Brandenburgisches Landeshauptarchiv Potsdam). Besonderen Dank schulden wir den Archiven und Verantwortlichen, die wir für zentrale Bestände zu Egk und den Strobels konsultierten. Ohne ihre unvoreingenommene, Rückfragen immer zugängliche und stets hilfsbereite Unterstützung wäre eine sich auf die historischen Widersprüche einlassende Studie nicht zu realisieren gewesen. Namentlich danken wir hierfür: Jana Behrendt (Historisches Archiv des Südwestrundfunks Baden-Baden), Dr. Peter Hanser-Strecker und seiner Mitarbeiterin Monika Motzko-Dollmann (B. Schotts Söhne, Mainz), Dr. Claus Røllum-Larsen (Königliche Bibliothek Kopenhagen), Ingrid Rückert (Bayerische Staatsbibliothek München) sowie dem langjährigen Nachlassverwalter von Hilde und Heinrich Strobel, Dr. Egon Wagner. Ein abschließender herzlicher Dank gebührt Alexandra Gebbe und Melanie Völker (Waxmann Verlag) für ihre verständnisvolle Begleitung des Themas sowie die vorzügliche, umsichtige Betreuung des Manuskripts.

Münster und Hamburg, im Juli 2013
Die Verfasser

Personal

Werner Egk

Die Biographie Werner Egks (1901-1983) braucht hier nicht umfänglich rekapituliert zu werden, da sie weit besser erschlossen ist als die der beiden anderen Protagonisten dieses Buches.[18] Dabei stehen Versuche, die intensive Liaison des Komponisten mit dem „Dritten Reich" auszublenden oder herunterzuspielen, neben kritischen und abwägenden Untersuchungen von Egks Rolle im NS-Musikbetrieb.[19] Insgesamt zeichnet sich aufgrund der vorliegenden Arbeiten bereits ein Bild ab. Allerdings lassen sich darin anhand neuer Quellen einige Züge deutlicher herausarbeiten und ergänzen.

Zunächst sei auf die Affinität zur Ästhetik Bertolt Brechts und Kurt Weills eingegangen, die einige Werke Egks vor 1933 herauskehren. Nach 1945 hat der Komponist wiederholt auf diese Nähe hingewiesen, um dadurch seine gewissermaßen natürliche Distanz zum NS-Regime unter Beweis zu stellen.[20] Insbesondere das Oratorium *Furchtlosigkeit und Wohlwollen*, das 1931 von Hermann Scherchen in München mit einem Arbeiterchor und dem Orchester des Bayerischen Rund-

---

18 Siehe als historische Sichtweise den Personenartikel des *Melos*-Sachbearbeiters beim Mainzer Schott-Verlag Ernst Laaff, Art. *Werner Egk*, in: *MGG* Bd. X, Kassel et al. 1954 sowie Andreas Jaschinski, Art. *Werner Egk*, in: *MGG2^P* Bd. 6, Kassel et al. 1996. Ernst Krause, der Autor einer Biographie des Komponisten, die 1971 beim Ostberliner Henschelverlag erschien und im selben Jahr in Lizenz bei Heinrichshofen in Wilhelmshaven gedruckt wurde, begegnet bereits 1941 als Verfasser eines größeren Artikels, in dem Egk seine neuesten Kompositionspläne darlegte (*Neues von Werner Egk*, in: *Neues Wiener Tagblatt* vom 20. Juli 1941).

19 Siehe als Beispiel für die erste Tendenz Artikel von Ernst Krause, zuletzt im Sammelband *Werner Egk 1901-1983. Ausstellung zum Werner-Egk-Jahr 2001*, Donauwörth 2001, für die zweite Albrecht Riethmüller, *Komposition im Dritten Reich um 1936*, in: *AfMw* 38 (1981), Heft 4, die vielen Fundstellen bei Fred K. Prieberg (insbesondere im *Handbuch Deutsche Musiker 1933-1945*, CD-R Kiel 2004), Michael H. Kater, *Werner Egk. The Enigmatic Opportunist*, in: *Composers of the Nazi Era* (in der deutschen Fassung, Berlin 2004, mit erweitertem Egk-Kapitel) sowie Jürgen Schläder (Hg.), *Werner Egk. Eine Debatte zwischen Ästhetik und Politik*, München 2008.

20 Am offensichtlichsten in seiner mehrfach aufgelegten Autobiographie *Die Zeit wartet nicht. Künstlerisches, Zeitgeschichtliches, Privates aus meinem Leben*, München 1981 [1973]. Dort schildert er ausführlich den ersten Kontakt zu Brecht in Berlin (S. 163ff.), zitiert einen Angriff von Erich Roeder gegen „brechtisch anmutende Worte" in seinem *Peer Gynt*-Libretto (S. 307), erwähnt eine Nachkriegsbegegnung (S. 403 mit einem Kommentar zu seiner *Circe*-Uraufführung 1948, deren „Lichtfülle" allein Brecht erfasst habe), nutzt einen in seinem Sammelband *Musik – Wort – Bild. Texte und Anmerkungen, Betrachtungen und Gedanken* (München 1960) erschienenen Text von Heinrich Strobel, um aus berufenem Mund auf die Nähe seines Geburtsortes zu jenem des Augsburger Dichters Brecht hinweisen zu können (S. 465) und berichtet von seiner Zusammenarbeit mit Oscar Fritz Schuh und Caspar Neher („Brecht-Freund seit den Augsburger Zeiten", S. 469) für seine *Irische Legende* 1954/55. Diese Vereinnahmung von Brecht für Westdeutschland durch Anspielung auf seine schwäbische Abstammung wiederholt sich im Buch (S. 513) und endet mit einer künstlerischen Rückversicherung Egks bei Brechts Umgang mit Schauspielern im Vorfeld einer Neuinszenierung des *Abraxas*-Balletts 1966 (S. 515), mit dem er seinen eigenen Nimbus als politisch verfolgter Künstler zwei Jahrzehnte zuvor öffentlich hatte unter Beweis stellen können (siehe hierzu ausführlich das Kapitel *Freundschaftsdienste*).

funks uraufgeführt wurde, kann im „Zusammenhang von epischem Theater und Lehrstück"[21] gesehen werden und wurde von Egk selbst wie von anderen – darunter auch Heinrich Strobel[22] – als Ausweis einer Brechtschen und damit antifaschistischen Gesinnung angeführt. Betrachtet man das Stück jedoch näher, erweist sich dieser Zusammenhang als rein äußerlich, während die Botschaft, die Egk vermitteln will, zu den Anliegen Brechts in einem diametralen Gegensatz steht.

Ausweislich des Autographs wurde das Oratorium am 9. September 1930 in Obermenzing begonnen und am 8. April 1931 in Lochham beendet.[23] Das Studium der unveröffentlichten Originalfassung zeigt, dass die Änderungen, die Egk für die 1959 veröffentlichte Ausgabe vornahm,[24] insgesamt nicht allzu tief griffen. Am auffälligsten ist, dass die ursprüngliche Unterteilung in insgesamt 53 Einzelnummern und deren Überschriften getilgt wurden. Einige dieser ehemaligen Nummern wurden auch etwas gestrafft, gelegentlich der Tonsatz und die Instrumentierung entschlackt. Inhaltlich wie musikalisch aber änderte sich in der späteren Umarbeitung weniger, als Egks ausführliche „Anmerkungen zur Neufassung 1958"[25] suggerieren. Daher gewinnt, wer die Partitur von 1959 in Händen hält, auch von der Fassung 1931 einen guten Eindruck. Die konzeptionelle Orientierung an Brecht und Weill ist augen- und ohrenfällig. Die regelmäßig eingeschobenen rezitativischen „Berichte" (so die Überschrift über den ehemaligen Nummern 2, 4, 6, 9 13, 15, 18, 21, 23, 25, 27, 31, 33, 36, 41, 43, 45, 48 und 51) verbinden instrumentale („Sinfonie") und vokale Nummern („Chor"), von denen insbesondere der mehrfach erscheinende „Choral" (Nr. 35, 47, 52 bzw. 2 T. vor Z. 111, 4 T. nach Z. 123 und 2 T. vor Z. 150 in der Neufassung) deutlich das Vorbild der *Dreigroschenoper* durchscheinen lässt. Der von Egk selbst verfasste Text ahmt bis in Details den Duktus Brechts nach, wie gleich das Beispiel des ersten Chores zeigt:

> Der von einer Mücke gestochen wird,
> was nützt es ihm, wenn er sie tötet?
> Der von einer Schlange gebissen wird,
> was nützt es ihm, wenn er sie tötet?
> Da bleiben noch tausend Mücken,
> die bereit sind zu stechen!
> Da bleiben noch tausend Schlangen,
> die bereit sind zu beißen!
> Der den Angriff fürchtet,
> denkt an die Gegenwehr,

---

21 Robert Braunmüller, *Aktiv im kulturellen Wiederaufbau. Werner Egks verschwiegene Werke nach 1933*, in: Schläder, *Werner Egk*, S. 36.

22 Stellungnahme von Heinrich Strobel für Werner Egks Entnazifizierungsverfahren vom 12. September 1947: *Werner Egk und die Kulturfassade des Dritten Reiches*, in: Historisches Archiv des Südwestrundfunks (SWR), Nachlass Heinrich Strobel [NHS] XIV.2 Korrespondenz mit Werner Egk. 1945-1949 sowie in EAWE. [Dokument 13 im Anhang].

23 Bayerische Staatsbibliothek München Mus. Ms. Nr. 11911.

24 Werner Egk, *Furchtlosigkeit und Wohlwollen* für Tenor-Solo, Chor und Orchester. Studien-Partitur. Edition Schott 5020, Mainz [u.a.] 1959.

25 Egk, *Musik - Wort - Bild*, S. 75-78.

der den Tod fürchtet,

denkt daran zu töten.

Aber der bereit ist zu töten,

der zieht den Tod auf sich.

Aber der bereit ist zur Gegenwehr

der hat den Angriff zu fürchten.

Wie aber begegnet man der Gefahr?

Für den gibt es keine Gefahr,

der Furchtlosigkeit und Wohlwollen übt,

ohne an Gegenwehr zu denken.

Diese Moral wird anhand der Geschichte des indischen Bauern Gamani vermittelt, der aufgrund unglücklicher Zufälle dreimal zu Unrecht beschuldigt wird. „Er wehrt sich nicht gegen seine Beschuldiger, sondern begegnet ihnen mit Wohlwollen und folgt ihnen ohne Widerrede und ohne Furcht auf den Weg zum Gericht", so Egk. Dort wird er zum Tode verurteilt, Elefanten sollen ihn zertreten. Doch Gamanis „Vertrauen in die Kraft der Wahrheit ist so groß, daß er selbst in der äußersten Bedrängnis frei von Furcht ist. Da bleiben die Elefanten, die eben noch mit ihrem Schritt die Erde erschütterten, plötzlich stehen und kehren ruhig in ihren Stall zurück."[26] Die Lehre, die dieses Lehrstück verkündet, ist somit weniger ein bedingungsloser Pazifismus[27] als vielmehr die Aufforderung, sich den gegebenen Umständen widerstandslos anzupassen.

Die in dem Oratorium verkündete Maxime in die Tat umzusetzen, fand der Komponist nach 1933 auf mehreren Ebenen Gelegenheit. Was zunächst seine publizistischen Aktivitäten angeht, so hat Robert Braunmüller einschlägige Passagen aus Egks Aufsätzen für die Zeitschrift *Völkische Kultur* und anderen seiner damaligen Veröffentlichungen zusammengestellt, die an der Absicht, sich dem neuen Regime zur Zusammenarbeit zu empfehlen, keinen Zweifel lassen. Die Texte bedienen das gesamte Spektrum der NS-Ideologie, auch antisemitische Ausfälle fehlen nicht. So wird selbst Kurt Weill, eben noch Egks künstlerischer Leitstern,[28] im Oktober 1933 zusammen mit weiteren Vertretern des Songstils geschmäht: „Sie verheirateten mit einem verblüffenden geschäftlichen Instinkt und einer entwaffnenden Kaltblütigkeit den virtuos-artistischen Jazzstil mit der jiddischen Folklore und gaben aus Eigenem noch einen herzhaften Schuß sentimentaler Ironie dazu."[29] Es gelingt Egk hier, in einem einzigen Satz gleich sechs Ideologeme des NS-Musikdiskurses unterzubringen: die angebliche Geldgier („verblüffender geschäftlicher Instinkt") jüdischer Komponisten, die mit künstlerischer Skrupellosigkeit korrespondiere („Kaltblütigkeit"), das Seelenlos-Mechanische und „Rassefremde" („virtuos-artistischer Jazzstil", „jiddische Folklore") sowie die Unfähigkeit, „aus Eigenem"

---

26 Ebenda, S. 75.

27 So Egk in *Die Zeit wartet nicht*, S. 192f.

28 Vgl. hierzu Kater, *Werner Egk*.

29 Werner Egk, in: *Völkische Kultur*, Oktober 1933, S. 208f., zitiert nach Braunmüller, *Aktiv im kulturellen Wiederaufbau*, S. 53.

wirklich Originelles zu schaffen – hier seien höchstens künstlerischer Unernst und Verlogenheit zu erwarten („sentimentale Ironie").

Was seine eigenen Kompositionen betrifft, so lässt sich nach 1933 kein signifikanter Stilwechsel beobachten. Eher kann man von einer Verstärkung bestimmter stilistischer Tendenzen sprechen, die schon zuvor seine Musik geprägt hatten und nun dem neuen Regime besonders willkommen waren. Hierzu gehört eine erweiterte Tonalität mit bi- und polytonalen Schärfungen, eine überwiegend diatonisch orientierte Melodik, koloristischer Klangsinn, vitalistisch-volkstümliche Rhythmik und eine klassizistisch klare Formgebung. Egks Musik ist, wie Josef Häusler treffend schrieb, „zeitgenössisch, ohne zu revolutionieren, zielt auf Direktheit und breite Resonanz"[30] – und sie hatte, was das Wichtigste war, keinerlei Verbindung zur Schönberg-Schule. Egk komponierte denn auch umgehend etliche Werke, die das neue Regime feierten, beispielsweise *Bayerische Fahnen*, *Das große Totenspiel*, *Die Hohen Zeichen* und *Job der Deutsche*, eine „Musik für die nationalen Festspiele in der Kölner Messehalle", wie Egk 1934 in der Zeitschrift *Melos* erklärte.[31]

Neben solch ostentativ konformen Musiken entstanden große Bühnenwerke, deren ideologischer Gehalt weniger eindeutig zu fassen ist und unterschiedliche Auslegungen zulässt. Diese Ambivalenz, die bereits während der NS-Zeit Diskussionen auslöste,[32] haben Egk und seine Fürsprecher später als Beleg für die latente Widerständigkeit seines Musiktheaters angeführt. In der Literatur wurde hierzu bisher vor allem diskutiert, ob die Figur des Guldensack in der *Zaubergeige* (1935) antisemitische Züge trage und ob die Trolle in *Peer Gynt* (1938) im NS-Sinn als bösartige Parodie auf die „Systemzeit" aufzufassen oder im Gegenteil als Karikaturen von Regimegrößen zu verstehen seien. Mit Blick auf die *Zaubergeige* hat unlängst Robert Braunmüller jeden Zweifel beseitigt, dass Egk gezielt mit dem antisemitischen Hintergrund des Stoffes – dem Grimm'schen Märchen vom „Juden im Dorn" – arbeitete und diese Tendenz auch für die NS-Kulturpolitik nicht nur eindeutig, sondern sogar fast schon zu eindeutig war.[33] Letztlich hatte die Strategie der ideologischen Anbiederung Erfolg. Am 29. August 1934 berichtete der junge Komponist höchst animiert seinem Verleger Ludwig Strecker von einem Gespräch, das er mit dem Dramaturgen Wolfgang Nufer, seines Zeichens kulturpolitischer Referent bei der SS in Dresden und Herausgeber der Zeitschrift *Völkische Kultur*,[34] über die *Zaubergeige* geführt habe: „Dr. Nufer hat gelegentlich der Reichstheaterwoche mit Herrn vom Propagandaministerium und auch mit Schlösser über mich gesprochen und festgestellt dass ich dort (wegen der Musik zu den Kölner Spielen) sehr geschätzt

30 Josef Häusler, *Musik im 20. Jahrhundert. Von Schönberg zu Penderecki*, Bremen 1969, S. 169.
31 Vgl. zu diesem Komplex den ausgezeichneten Aufsatz von Robert Braunmüller, *Aktiv im kulturellen Wiederaufbau*. Das Zitat dort, S. 45, findet sich in *Melos Neue Folge* 13 (1934), Heft 1 (November), S. 11.
32 Siehe Kater, *Werner Egk* sowie die zahlreichen in der Spruchkammerakte erhaltenen Besprechungen aus den Jahren bis 1945.
33 Braunmüller, *Aktiv im kulturellen Wiederaufbau*, S. 55ff.
34 Prieberg, *Handbuch*, S. 4962f.

Abb. 1:   Werner Egk und Ludwig Strecker 1936 in Baden-Baden (NWE)

werde und mit Leichtigkeit erreichen könne, dass die Aufführung der Oper vom Propagandaministerium durch Rundschreiben den Theatern empfohlen werde."[35]

Auch die Presse hatte Egk fest im Blick und kümmerte sich dabei besonders um die NS-Organe. Eine undatierte handschriftliche Notiz dokumentiert eine entsprechende Bitte an den Verlag: „Herr Fresemann hat in seiner N.S.-Zeitung [*Bremer Zeitung*] eine Monsterseite Zaubergeige arrangiert und war tief gekränkt, weil nur die bürgerl. Konkurrenz einen [Klavier-]Auszug bekommen hat. [...] Bitte lieb zu ihm zu sein!"[36] Noch detaillierter dokumentiert ein Schreiben Egks an Strecker vom 24. Juni 1936 über den Werbeprospekt des Verlags für die *Zaubergeige*, mit welch strategischem Geschick der Komponist seine Karriere im Einklang mit dem braunen Regime vorantrieb. Dabei hatte er auch keine Skrupel, sich von ehemaligen Kollegen zu distanzieren, die mittlerweile in Ungnade gefallen waren:

> Der Prospekt kam gleichzeitig ich finde ihn sehr stattlich, ein Mangel dürfte aber sein, dass der V.[ölkische] B.[eobachter] nicht zitiert ist. Eine grosse Zahl von Intendanten wird nur nach dem Urteil solcher Blätter sich richten. Ich würde vorschlagen in dem Moment einen zweiten Prospekt folgen zu lassen in dem eine grössere Anzahl von Abschlüssen vorliegt, sagen wir etwa ein Dutzend. Dieser Prospekt könnte ganz bewusst nur auf deutsche

---

35 Werner Egk an Ludwig Strecker am 29. August 1934, in: Archiv des Schott-Verlags Mainz [ASM] Schachtel „Briefe 7841 bis 8071". August 1926 bis März 1938.
36 Ebenda.

Verhältnisse abgestimmt sein. Für diesen Fall wäre ich gern bereit eine entsprechende Zusammenstellung zu machen. […] Dass Kurt Eggers in meinem Steckbrief genannt ist dürfte nicht mehr günstig sein, soviel ich weiss ist er bereits abserviert, es ist besser dafür zu schreiben ‚Musik zu den ersten nationalen Festspielen Köln 33'.[37]

Was die Tendenz von Egks nächster Oper *Peer Gynt* betrifft, so findet sich in der Korrespondenz mit seinem Verleger ein Hinweis zur Interpretation der Trolle, die laut Regieanweisung im dritten Bild „als Verkörperung menschlicher Minderwertigkeit"[38] gedacht sind. Strecker schrieb Egk am 14. Februar 1940 über eine Inszenierung des Stücks, die in Darmstadt auf die Bühne gekommen war, und tadelte dabei einen Fehler der Regie: „Die Identifizierung der Troll-Welt mit den Dreigroschen-Typen ist freilich ein Irrtum, hässlich und überflüssig".[39] Dies scheint einerseits Egks spätere Verteidigungsstrategie zu stützen, dass mit den Trollen nicht Protagonisten der „Systemzeit", sondern NS-Granden persifliert werden sollten.[40] Andererseits kritisiert Strecker wenig später auch: „Für die Bürger unter den Zuschauern wirken die Dreigroschen-Typen, wie ich festgestellt habe, unsympathisch." Daraus könnte man schließen, dass die Troll-Welt eben nicht „unsympathisch" wirken sollte, sondern vom Komponisten letztlich positiv konnotiert war. Wenn hier tatsächlich Nazigrößen gemeint waren, sollten sie offenkundig zumindest nicht „unsympathisch" wirken. Doch es kursiert noch eine weitere Argumentation zu Egks Entlastung, die allerdings seiner eigenen Erklärung diametral zuwiderläuft. Danach seien die musikalischen Anspielungen auf die Musikmoderne der „Systemzeit", die in den Trollszenen nicht zu überhören sind,[41] als Hommage an künstlerische Richtungen gemeint gewesen, die unter dem NS-Regime geächtet waren.[42] Dazu würde die anscheinend angestrebte sympathische Wirkung der Troll-Sphäre passen, die Strecker bei der Darmstädter Inszenierung fehlte. Egk hätte demnach nur aus Gründen der Camouflage und nicht im Sinne einer negativen Wertung die unliebsame Musik fest mit der Unterwelt verbunden. In diese Richtung argwöhnte auch der Kritiker des *Völkischen Beobachters*, Hermann Killer:

---

37 Werner Egk an Ludwig Strecker am 24. Juni 1936, in: ebenda.
38 Werner Egk, *Peer Gynt*. Oper in drei Akten in freier Neugestaltung nach Ibsen, Klavierauszug von Hans Bergese, Schott: Mainz [u.a.] 1966, S. 69.
39 Brief von Ludwig Strecker an Werner Egk vom 14. Februar 1940, in: ASM Schachtel „Briefe 8072 bis 8366". April 1937 bis November 1948.
40 Egk, *Die Zeit wartet nicht*, S. 302.
41 Michael Walter fasst wie folgt zusammen: „In den Trollszenen greift Egk auf Tanz und Unterhaltungsmusik der zwanziger Jahre zurück, vom Charleston bis zum Tango. Diese Musik wird jedoch in einer Weise verfremdet, die der neuen Sachlichkeit nahesteht. Die Trollhymne ‚Tu nur, was dich erfreut' ist ein parodierter Choral. Auffallend ist hier vor allem die für die Jazzmusik typische gestopfte Trompete, die als führendes Melodieinstrument verwendet wird" (*Hitler in der Oper. Deutsches Musikleben 1919-1945*, Stuttgart und Weimar 2000, S. 178f.). Vgl. auch Frank Schneider, „*… nach langer Irrfahrt kehrst Du dennoch heim …" Werner Egks Peer Gynt. Ein musikalischer Fall zur Dialektik der Anpassung*, in: *Beiträge zur Musikwissenschaft* 28 (1986), S. 15f.
42 Strobel, *Werner Egk und die Kulturfassade des Dritten Reiches*, S. 1f. [Dokument 13 im Anhang].

Gewiß, Jazz-, Kabarett- und Song-Elemente, Dissonanzhäufungen, Synko-penrhythmik und ähnliches dienen hier im Wesentlichen zur Charakteri-sierung des Trollreiches, der Verkörperung des Niedrigen und Gemeinen. Aber da die Lyrik andererseits auffällig kurz gehalten wird, da für die höhe-re Sphäre der Solveigwelt nur sparsame musikalische Mittel eingesetzt sind, meist unter Verzicht auf blühende Melodik, liegt für den nicht genau mit den künstlerischen Absichten des Autors vertrauten Hörer die Gefahr der Mißdeutung nahe, zumal Egk gerade in den Trollszenen alle Register seiner Kunst zieht.[43]

Andererseits stellt sich dann die Frage, weshalb Egk die Trolle als „Verkörperung menschlicher Minderwertigkeit" aufgefasst wissen wollte und 1943 in einer Werk-einführung für die Pariser Aufführung in demselben Nazi-Jargon schrieb, sie reprä-sentierten „den rücksichtslosen Drang nach jener Freiheit, die eine Freiheit von je-der Verantwortung und Bindung ist".[44] Diese auch aus heutiger Perspektive nicht restlos aufzulösende ideologische Ambivalenz der Troll-Sphäre provozierte auch bei anderen Vertretern der NS-Presse, die eine Reverenz an die Musik der „Systemzeit" heraushörten, heftigen Widerspruch. Insbesondere ereiferte sich das Rosenberg-La-ger in Gestalt von Herbert Gerigk:

> Das Bild Peer Gynts, wie es von Ibsen geschaffen wurde, wird nach der Seite der Unterweltseinflüsse überbetont. Man kann sich des Eindrucks nicht er-wehren, daß Egk erst bei den orgiastischen Klängen der Höllenwelt richtig aus sich herausgeht. Da charakterisiert er treffend, aber gleichzeitig werden peinliche Erinnerungen an eine versunkene und von uns überwundene trau-rige Epoche der Musik wach.[45]

Doch Egk wusste die Rivalität zwischen Rosenberg und Goebbels zu nutzen und ließ seine Beziehungen zum Propagandaministerium spielen. Am 12. Dezember 1938 konnte er Strecker Entwarnung geben:

> Goebbels wurde persönlich sowohl von Schlösser und Drewes informiert wie von Tietjen. Er war wütend über den Angriff und wird demonstrativ eine Peer Gynt Aufführung besuchen. Der Führer wurde bereits am Samstag nach der Premiere von Tietjen über das Stück informiert und hat einen sei-ner persönlichen Referenten beauftragt die zweite Vorstellung zu besuchen,

---

43 Hermann Killer, *Uraufführung in der Berliner Staatsoper. Werner Egks „Peer Gynt"*, in: *Völkischer Beobachter* (Norddeutsche Ausgabe) vom 27. November 1938.
44 Werner Egk, *Peer Gynt als Oper. Entstehung und Einführung in das Werk*, in: *Pariser Zeitung* vom 26. September 1943, zitiert nach Boris von Haken, *Werner Egk in Paris: Musiktheater im Kontext der Besatzungspolitik*, in: Schläder, *Werner Egk*, S. 96.
45 Herbert Gerigk, *Musikpolitische Umschau*, in: *Nationalsozialistische Monatshefte* 10 (1939), S. 86f.

Abb. 2:   Szenenfoto aus Egks *Peer Gynt* (reproduziert in *Melos* 30 (1968), Heft 10 (Oktober),
           S. 329)

was inzwischen geschehen ist. Dieser Referent hat geradezu begeistert berichtet.[46]

Aus den Tagebüchern von Joseph Goebbels sind wir über die weiteren Ereignisse unterrichtet. Am 1. Februar 1939 trug der Propagandaminister seine Eindrücke
von der Aufführung ein, die er tags zuvor gemeinsam mit Hitler „demonstrativ"
besucht hatte:

> Abends mit dem Führer in der Staatsoper. Werner Egk *Peer Gynt*. Wir gehen
> beide mit starkem Argwohn hin. Aber der wird bald wegmusiziert. Egk ist
> ein ganz starkes, originales Talent. Geht eigene und auch eigenwillige Wege.
> Knüpft an niemanden und nichts an. Aber er kann Musik machen. Ich bin
> ganz begeistert und der Führer auch. Eine Neuentdeckung für uns beide.
> Den Namen muß man sich merken. Der Junge ist erst 27 [recte: 37] Jahre
> alt.
>
> Und seine Musik trägt ein ganz eigenes, starkes Gepräge. Schade, daß er ge-
> rade den *Peer Gynt* zum Komponieren wählte. Er hat es dabei schwer gegen
> Grieg. Und trotzdem setzt er sich durch.[47]

---

46 Brief von Werner Egk an Ludwig Strecker vom 12. Dezember 1938, in: ASM Schachtel „Briefe
    8072 bis 8366". April 1937 bis November 1948.
47 Goebbels, *Die Tagebücher*, S. 246.

Genau einen Monat später schildert Goebbels sorgfältige Vorbereitungen für einen „Künstlerempfang vor dem Führer", die dieser selbst in Augenschein nahm. Im Gespräch mit Theaterleuten ergriff Hitler dabei demonstrativ Partei für „Werner Egk und seinen *Peer Gynt*. Der wäre ohne Eingreifen des Führers unter die Räder gekommen."[48]

Ein bislang unbekannter Brief des Komponisten an Ludwig Strecker belegt, dass auch Egk zu dem erwähnten Empfang geladen war und dabei – entgegen seiner späteren Behauptung im Entnazifizierungsverfahren[49] – sehr wohl mit Hitler persönlich zusammentraf. Am 6. März 1939 berichtete der Komponist mit kaum verhohlenem Stolz an seinen Verleger:

> Und nun noch ein kurzes Stimmungsbild aus Berlin. Ich hatte Gelegenheit den Führer persönlich zu sprechen und er beglückwünschte mich aufs herzlichste. Herr Dr. Goebbels sagte mir wörtlich, dass ich mich darauf verlassen könne, dass er dafür sorgen werde, dass das Stück sich nicht nur in Berlin sondern in ganz Deutschland durchsetzt. Zu andern äusserte sich der Führer ganz übereinstimmend hervorragend. Er wolle das Stück noch vier bis fünfmal ansehen, er beneide Herrn Tietjen, dass es diesem vergönnt gewesen sei mich zu entdecken und nicht ihm! [...] Auch er werde persönlich dafür sorgen, dass das Stück überall gespielt werde und Ähnliches mehr! Herr Dr. Goebbels gab in meiner Gegenwart Anweisung, dass bei der nächsten Peer Aufführung in Berlin neue Besprechungen im Angriff und V. B. erscheinen, dass beim nächsten Führerbesuch offizielle Mitteilung an die Presse gemacht würde und dass ich ihn in Zukunft wenn mich der Schuh noch drücken sollte immer persönlich ihn [sic] erreichen könnte. [Der Reichsdramaturg] Herr Dr. Schlösser sagte er würde noch 24 Briefe an die Theater schicken unter anderem mit der Mitteilung der Stellungnahme des Führers und wenn ich wollte würde er auch selbst noch einen Aufsatz schreiben und so weiter.[50]

Dass Egk kein Nutznießer des NS-Regimes gewesen sei, wird man nach der Lektüre dieses Briefes kaum mehr behaupten wollen. In der Tat lassen sich in der Folge zahlreiche Aufführungen von *Peer Gynt* nachweisen, so bei den „Reichsmusiktagen" in Düsseldorf im Mai 1939, ferner Inszenierungen in Dresden, Darmstadt, Osnabrück, Bratislava, Halle, Prag, Frankfurt am Main, Gera, Essen, Breslau, Turin und Paris.[51] Dass die Führung des Regimes große Hoffnungen in den Komponisten setzte, ist offensichtlich. Wie Goebbels am 1. Juni 1939 in seinem Tagebuch notierte, hielten Hitler und er „Werner Egk für das stärkste Talent unter unserem

---

48 Ebenda, Eintrag vom 1. März 1939.
49 Festgehalten beispielsweise im Protokoll zur öffentlichen Sitzung der Spruchkammer am 17. Oktober 1947, in: EAWE Blatt 42-55.
50 Brief von Werner Egk an Ludwig Strecker vom 6. März 1939, in: ASM Schachtel „Briefe 8072 bis 8366". April 1937 bis November 1948.
51 Aufführungen bis 1944, die durch Rezensionen im Nachlass Egks sowie in Unterlagen des Bundesarchivs Berlin [BArch] (VBS 100 Nr. 2300003703) dokumentiert sind.

Abb. 3:   Werner Egk auf einem Sommerfest im Münchner Wohnhaus von Rudolf Heß,
17. Juli 1939 (Bayerische Staatsbibliothek München/Fotoarchiv Hoffmann)

musikalischen Nachwuchs".[52] Aus ihrer Sicht stand er für jene künstlerische NS-Moderne, die Goebbels umso eifriger propagierte, je weniger ringsum gewichtige und geeignete Vertreter zu erkennen waren. Talentierte und dabei strategisch agierende Komponisten wie Egk waren Mangelware, und so konnte er sich bald bester Kontakte und intensiver Förderung durch das Regime erfreuen.

Doch Goebbels schätzte Egk nicht nur künstlerisch, sondern wurde spätestens im Mai 1941 – anlässlich einer Auseinandersetzung um die Tantiemenverteilung zwischen den „ernsten" und den „unterhaltenden" Komponisten – auch auf sein politisches Geschick und seine pragmatische Anpassungsbereitschaft aufmerksam.[53] Durch diese Fähigkeiten unterschied sich der Homo novus Egk, der erst während der NS-Herrschaft bekannt geworden war, fundamental von Komponisten wie Richard Strauss, Hans Pfitzner oder Paul Graener. Sie repräsentierten eine andere künstlerische Generation, die bei allen ideologischen Konvergenzen mit dem NS-Staat starr auf der Autonomie des Systems Musik gegenüber dem System Politik beharrte und dadurch mit den Machthabern immer wieder über Kreuz geriet. Egk hingegen zeigte sich hier wesentlich flexibler. Daher ließ ihn Goebbels am 10.

---

52 Goebbels, *Tagebücher*, Teil I Bd. 6, S. 364.
53 Vgl. zum Folgenden Friedrich Geiger, *Werner Egk als Leiter der Fachschaft Komponisten in der Reichsmusikkammer*, Vortrag bei der Tagung *Die Reichsmusikkammer. Im Zeichen Begrenzung von Kunst* am 29. Juni 2013, im Druck.

Juli 1941 durch seine rechte Hand, Hans Hinkel[54], feierlich zum Leiter der Fachschaft Komponisten in der Reichsmusikkammer ernennen. Egk hat dieses Amt später als eine rein musikbezogene Angelegenheit dargestellt, also im Nachhinein versucht, die Systeme wieder zu entflechten – eine auch bei anderen Musikern gängige Exkulpationsstrategie.[55] Tatsächlich lässt sich jedoch zeigen, dass er als Leiter der Fachschaft Komponisten zwar nicht zu den verheerendsten Protagonisten der NS-Musikpolitik zählte, wenn man ihn mit Figuren wie Herbert Gerigk vergleicht. Gleichwohl arbeitete er in diesem Amt unmittelbar politischen Zielen des Regimes zu, insbesondere der Ausgrenzung so genannter „nichtarischer" Musiker aus dem Kulturleben und der Legitimation eines expansiven Militarismus.[56] Dabei profitierte er selbst enorm von der Vermengung der Systeme, nicht zuletzt mit Blick auf seine internationale Karriere. Denn man darf vermuten, dass es allein aufgrund ihrer künstlerischen Qualitäten erheblich schwieriger gewesen wäre, zwei Bühnenwerke von Egk – nämlich das Ballett *Joan von Zarissa* im Juli 1942 und die Oper *Peer Gynt* im September und Oktober 1943 – an der Grand Opéra in Paris unterzubringen.[57] Die deutsche Besatzung machte dies möglich. Sonderführer Lucht, Leiter der „Gruppe Kultur der Propagandaabteilung Frankreich", beschrieb in einem internen Bericht vom 28. Juli 1942, wie solche Lancierungen vor sich gingen. Man habe Kontakt zur Intendanz der Oper aufgenommen, um die Aufnahme deutscher Werke

> in den Pariser Opernspielplan zu erreichen. In diesen Unterhaltungen wurde aus taktischen Gründen darauf Wert gelegt, daß bei der Oper der Eindruck bestehen blieb, daß sie die Auswahl aus einer Reihe von Partituren weitgehend und selbständig und unbeeinflußt treffen konnte. In den gemeinsamen Erwägungen wurde für die bevorstehende Saison zugunsten der musikalischen Legende *Palestrina* von Hans Pfitzner und des Balletts *Joan von Zarissa* von Werner Egk entschieden […], das in seiner elementaren Theaterhaftigkeit und mit seiner musikalisch wie dramatisch urwüchsigen Dynamik Zeugnis für die Gegenwartsverbundenheit, Fortschrittsfreudigkeit und Gesundheit des deutschen Kulturwillens im Bereich des musikdramatischen Schaffens ablegt.[58]

---

54 Siehe zu Hans Hinkel ausführlich Friedrich Geiger: „*Einer unter hunderttausend*". *Hans Hinkel und die NS-Kulturbürokratie*, in: Matthias Herrmann und Hanns-Werner Heister (Hg.), *Dresden und die avancierte Musik im 20. Jahrhundert. Teil II: 1933-1966*, Laaber 2002 (*Musik in Dresden*, Band 5).

55 Siehe etwa Hans-Hubert Schönzeler, *Furtwängler*, London 1990, S. 61 oder Herbert Haffner, *Furtwängler*, Berlin 2003, S. 165ff. Siehe differenzierter Bernd W. Wessling, *Furtwängler. Eine kritische Biographie*, Stuttgart 1985, S. 277f.

56 Vgl. Geiger, *Werner Egk als Leiter der Fachschaft Komponisten*.

57 Vgl. hierzu von Haken, *Werner Egk in Paris*; außerdem Manuela Schwartz, *La musique, outil majeur de la propagande culturelle des nazis*, in: *La vie musicale sous Vichy*, hg. von Myriam Chimènes, Brüssel 2001.

58 Bericht des Gruppenleiters der Propagandastaffel vom 28. Juli 1942, zitiert nach von Haken, *Werner Egk in Paris*, S. 90.

Als Komponist und Dirigent des Werkes war Egk demnach aktiv an der kulturimperialistischen Politik der Besatzungsmacht beteiligt. Diese Politik spiegelt sich denn auch unmissverständlich in Presseberichten wie dem folgenden aus dem *Berliner Lokalanzeiger* vom 12. Juli 1942:

> Die Pariser Erstaufführung des Balletts *Joan von Zarissa* war nicht nur für die hier lebenden Deutschen ein Ereignis, sondern auch für die französische Theaterwelt, die voll Spannung dieser Begegnung entgegensah. Serge Lifar, der Ballettmeister und Solotänzer der Pariser Oper, hatte die Inszenierung übernommen und sie bewußt anders gestaltet, als er sie in Berlin und Wien gesehen hatte. Er wollte dem französischen Publikum eine „Vision von der deutschen Choreographie und ein Spiegelbild der heutigen deutschen Dynamik geben". [...] Die Franzosen, die in die musikalische und choreographische Eigenwilligkeit Werner Egks sich erst hineinfinden mußten, anerkannten zum Schluß durch begeisterten Beifall die außergewöhnliche Leistung des sein Werk selbst mit Hingabe dirigierenden deutschen Meisters.[59]

Auch bei der Aufführung von *Peer Gynt* kann von einer freiwilligen Entscheidung der Pariser Oper, wie Egk dies später darstellte,[60] keine Rede sein. Dies belegt ein Bericht des Sicherheitsdienstes der SS vom 25. Oktober 1943, aus dem hervorgeht, dass hier auf französischer Seite offenbar erhebliche Widerstände bestanden:

> Die Abneigung der französischen Theaterleiter, deutsche Stücke aufzuführen, entspricht der allgemeinen deutschfeindlichen Einstellung; die sowohl im Publikum wie auch unter der Künstlerschaft anzutreffen ist. [...] Die Wünsche deutscher Stellen werden zwar in den wenigsten Fällen abgelehnt; man geht scheinbar darauf ein, versteht es aber, die Aufführung des deutschen Stückes unter dem Vorwand von personellen, technischen und sonstigen Schwierigkeiten endlos hinauszuzögern oder nach Möglichkeit ganz zu verhindern. Die Verhandlungen und Bemühungen um die Oper *Peer Gynt* von Werner Egk, die kürzlich an der Großen Oper aufgeführt wurde, haben sich fast ein Jahr lang hingezogen.[61]

Gelang es Egk mit Unterstützung des Regimes somit buchstäblich, die Grenzen seiner künstlerischen Tätigkeit immer weiter auszudehnen, so endete seine Macht gleichwohl dort, wo auch der musikalische Bezirk endete. Dies musste er erfahren, als er versuchte, seinen achtzehnjährigen Sohn Titus vor gefährlichen Einsätzen an der Front zu schützen. Auf Egks Betreiben hin wandte sich Hinkel am 4. März 1943

---

59 Fred Feez, „*Joan von Zarissa*" *in Paris. Begeisterter Beifall für Werner Egk*, in: *Berliner Lokalanzeiger* vom 12. Juli 1942.
60 Egk, *Die Zeit wartet nicht*, S. 349-358.
61 „*Widerstände gegen die Aufführung deutscher Werke auf französischen Bühnen*" *(25. Oktober 1943)*, in: Heinz Boberach (Hg.), *Meldungen aus dem Reich: 1938-1945. Die geheimen Lageberichte des Sicherheitsdienstes der SS*, Bd. 15, Herrsching 1984, S. 5922-5925.

Abb. 4:
Gedenkstein für Werner Egk
auf dem Grundstück seines
ehemaligen Wohnhauses
in Lochham bei München,
Lindenstraße 1
(Foto: Lelia Geiger)

an den zuständigen Regimentskommandeur Voigt, konnte jedoch nichts erreichen. Bezeichnend ist indes Hinkels Argumentation:

> Als einziger Nachkomme seines Vaters ist Titus Egk entsprechend der reichsgesetzlichen Ordnung bis 50 Jahre nach dem Tode seines Vaters der Erbe und damit Treuhänder des heute schon so bedeutenden musikalischen Werkes seines Vaters. Werner Egk trug uns nun hier die in seinem Fall besonders verständliche Sorge um die Zukunft seines Sohnes bezüglich der Treuhänderschaft für sein musikalisches Lebenswerk vor. […] Der Unterfertigte richtet daher an Sie die höfliche Bitte, bei einem in Frage kommenden Einsatz des Kanoniers Titus Egk die gegebene Situation berücksichtigen zu wollen […]. Ich darf nochmals betonen, dass in jedem anderen Fall jedes auch nur ähnliche Ersuchen eines Vaters von hier aus schon aus grundsätzlichen Erwägungen abgewiesen würde, dass aber im vorliegenden Fall […] nichts unversucht bleiben darf, um das Werk eines Werner Egk in der kommenden Generation nicht Unbefugten preiszugeben.[62]

Hinkel versucht hier, das System Kunst gegenüber dem System Politik stark zu machen. Titus Egks Leben, so der Gedanke, sei schützenswerter als das anderer Sol-

---

62 Brief von Hans Hinkel an Major Voigt vom 4. Mai 1943, in: BArch VBS 100 Nr. 2300003703.

daten, weil ihm als „Treuhänder" eines „bedeutenden musikalischen Werkes" eine wichtige Funktion für die Zukunft der deutschen Kultur zukomme. Dass diese Argumentation, die sich an den „Gottbegnadeten"-Topos anlehnt,[63] nicht verfing, sondern Titus Egk nach Kriegsende verschollen blieb, ist ein Beispiel dafür, wie das aus Musikersicht als autonom zu respektierende System Kunst faktisch dem totalitären System Politik unterworfen blieb.

Da Egks Spruchkammerverfahren und die Nachkriegszeit in den folgenden Kapiteln noch ausführlich zur Sprache kommen werden, mögen an dieser Stelle einige knappe Hinweise genügen. Ende 1947 wurde der Komponist vollständig entlastet, nachdem sich das Verfahren über längere Zeit hingezogen hatte. Wichtig für Egk war dabei insbesondere der Skandal um sein Ballett *Abraxas*, das 1948 auf Betreiben des Bayerischen Kultusministers Alois Hundhammer abgesetzt wurde. Dies verlieh dem Komponisten die Aura eines verfemten Künstlers, was der immer wieder aufflackernden Kritik an seiner Entnazifizierung den Boden entzog. Die von Egk im Zuge seines Verfahrens in die Welt gesetzte, in seiner Autobiographie bestärkte und erst kürzlich von Michael Kater enttarnte Legende, er habe einer Widerstandsbewegung angehört,[64] schien plötzlich weniger unwahrscheinlich. So konnte Egk ab den späten 1940er Jahren eine zweite bedeutende Karriere im bundesdeutschen Musikleben entfalten, als Komponist ebenso wie als eminent einflussreicher Funktionär. Er starb als hochdekorierter Künstler, dem insbesondere in seiner bayerischen Heimat vielerorts ehrendes Andenken bewahrt blieb.

Hilde Strobel, geb. Levy

Es ist ein bekanntes historiographisches Problem, dass weit bis ins 20. Jahrhundert hinein viele weibliche Biographien nur schwer zu rekonstruieren sind. Und doch verwundert, dass eine Frau wie Hilde Strobel, die wesentlich die Entwicklung der musikalischen Avantgarde begleitete, in der musikwissenschaftlichen Literatur kaum Spuren hinterlassen hat. Trotz ihrer selbstbewussten Haltung als moderne Frau, als die sie in den zahlreichen im Archiv des Südwestrundfunks (SWR) erhaltenen Briefen auftritt, erscheint Hilde Strobel, wo sie überhaupt erwähnt wird, auf eine Rolle als Frau an der Seite ihres berühmten Mannes reduziert. Zugleich kann man sich bei der Durchsicht des Nachlasses in Baden-Baden nicht ganz des Eindruck erwehren, dass manche in der Korrespondenz noch erwähnten Unterlagen bewusst nicht im Nachlass deponiert wurden, um allzu private Informationen auch nicht posthum der Öffentlichkeit preiszugeben. Dies betrifft auch Teile der Korrespondenz zwischen Hilde Strobel und Werner Egk zu Beginn des Jahres 1946, worauf im nachfolgenden Kapitel näher eingegangen wird. Aber auch in ihren persönlichsten erhaltenen Briefen aus den späten 1940er Jahren, gerichtet an ihre in den USA lebenden Geschwister, ging sie nur knapp auf die zurückliegenden Erfahrun-

---

63 Vgl. hierzu Oliver Rathkolb, *Führertreu und Gottbegnadet. Künstlereliten im Dritten Reich*, Wien 1991.

64 Vgl. Kater, *Werner Egk*, S. 26f.

gen von Flucht und Leben im französischen Untergrund ein. Offenbar entsprach es ihrem Naturell, rückblickend kaum über die eigene Vergangenheit Auskunft zu geben. Dies bestätigt auch Egon Wagner, einer der letzten Zeitzeugen, der sie privat kannte. Als Justiziar des damaligen SWF pflegte er zunächst beruflichen Kontakt mit Hilde Strobel; nach dem Tod ihres Mannes befreundeten sich seine Frau und er enger mit ihr.[65] Gleichwohl konnten trotz einiger Überlieferungslücken insbesondere zum Kölner Kapitel ihrer Familiengeschichte – neben dem Krieg hat hier der verheerende Einsturz des Kölner Stadtarchivs 2009 viele Spuren vernichtet – etliche neue Informationen über Hilde Strobel zusammengetragen werden, mit denen sich ihre Vita nun in Umrissen skizzieren lässt.

Als letztes von drei Kindern der Eheleute Moritz Levy (geb. 4. November 1868 in Mülheim an der Ruhr, gest. 11. Mai 1933 in Köln) und Käthchen Levy, geborene Sussmann (geb. 25. Mai 1868 in Bochum) kam Hilde Bettie Strobel am 24. Juni 1902 im holländischen Gorinchem zur Welt.[66] Ihre am 1. März 1896 geborene Schwester Olga sowie ihr ein Jahr später, am 26. Mai 1897 geborener Bruder Fritz Siegmund waren ebenfalls in Holland zur Welt gekommen, da ihr Vater am 8. August 1891 von Köln in die bei Utrecht gelegene Kleinstadt umgezogen war und seine Frau ihm vier Jahre später (kaum einen Monat nach ihrer Heirat am 12. Mai 1895) dorthin folgte. Mit ihr war er seit dem 28. Dezember 1894 verlobt gewesen, wie aus einer Zeitungsannonce in der *Nieuwe Gorinchemsche Courant* hervorgeht.[67] In Gorinchem betrieb Moritz Levy ein Geschäft für Damenmode, zunächst als Filiale der Rotterdamer Firma Adolf Wisbrun & Julius Liffmann, ab dem 1. Januar 1899 dann in eigener Verantwortung. In dieser Übergangsphase wurde er von seinem Bruder Robert (geb. am 23. Februar 1874) unterstützt, der nach Auskunft des örtlichen Stadtarchivs vom 4. Oktober 1898 bis zum 26. März 1900 bei der Familie seines Bruders ebenfalls in Gorinchem lebte. Nach einer Steuerauskunft aus dem Jahr 1904 gingen die Geschäfte während der nächsten Jahre sehr erfolgreich, und zum 1. Januar 1905 trat Moritz Levy sein Unternehmen an einen nicht näher bekannten J. A. Polak ab.

Unter nicht geklärten Umständen musste Moritz Levy, der anschließend wieder unter dem Firmennamen von Wisbrun & Liffmann tätig war, am 11. September 1906 Bankrott anmelden, woraufhin die Familie am 20. Oktober zurück nach Köln zog und zunächst in der Eburonenstrasse Nr. 3 lebte. Dort ist sie im Adressbuch seit dem Jahr 1909 nachweisbar, zunächst unter der Wohnanschrift Lothringerstr. 21 und mit einem „Modengeschäft Cavalier" in der Venloerstraße 293. Ab dem Jahr 1912 war Käthchen Levy beim Amtsgericht Köln als Inhaberin registriert,[68] im vorletzten Kriegsjahr 1917 findet sich eine weitere Filiale in der Lütticherstraße 33-35 verzeichnet. Vier Jahre später verzog die Familie in die Buchheimerstraße

---

65 Auskunft von Egon Wagner in zwei Gesprächen mit Michael Custodis am 13. Dezember 2010 und 21. März 2012.

66 Vgl. zu den Familienangaben seiner Frau Heinrich Strobels Abstammungsnachweis vom 14. Februar 1939, in: BArch VBS 46 Nr. 2100044907. [Dokument 1 im Anhang].

67 Auskunft von René F. van Dijk, Regionaal Archief Gorinchem (Public Record Office of Gorinchem) am 5. September 2012.

68 Landesarchiv Nordrhein-Westfalen, Abteilung Rheinland [LAVR] Gerichte Rep. 115 Nr. 2964.

56, während die Herrenmodehandlung in der Lütticherstraße verblieb, jetzt unter dem Eigentümernamen von Moritz Levy. In den folgenden Jahren expandierte das Unternehmen weiter, so dass das Adressbuch von 1928 nun vier Standorte aufwies: zwei Filialen in der Venloerstraße 307 sowie der Neusserstraße 283 waren hinzugekommen.[69]

Das nächste überlieferte Dokument zu Hilde Strobels Familiengeschichte ist die Sterbeurkunde ihres Vaters, ausgestellt vom Standesamt Köln-Mühlheim am 12. Mai 1933, die bescheinigt, dass er am Vortag tot aufgefunden worden war. Hinter dem nüchternen Amtsvermerk „Tag und Stunde des Todes konnten nicht festgestellt werden"[70] verbirgt sich allem Anschein nach eine jener zahllosen Tragödien, die das seit kurzem herrschende NS-Regime verschuldete. In Heinrich Strobels Fragebogen zur Vorprüfung eines möglichen Spruchkammerverfahrens aus dem Jahr 1946 findet sich der Hinweis, dass Hildes Vater „Selbstmord wegen Judenboykott" begangen habe.[71] Beigesetzt wurde Moritz Levy auf dem jüdischen Friedhof in Köln-Bocklemünd.[72]

Hilde Strobels Briefe nach 1945 lassen vermuten, dass ihre Angehörigen keine praktizierenden Juden waren, sondern ihre Familie der über viele Generationen assimilierten säkularen jüdischen Bevölkerung Kölns angehörte, die den Großteil der dort lebenden Juden ausmachte.[73] Obgleich die Kölner jüdische Gemeinde zahlenmäßig die fünftgrößte im Deutschen Reich war, lag der Anteil so genannter Mischehen von Kölner Juden und Nichtjuden im Jahr 1931 bei 51 Prozent,[74] wobei nichts über die Religionszugehörigkeit von Hilde Strobels Mutter bekannt ist. Ein vom Kölner Rabbiner Zvi Asaria im Jahr 1959 vorgelegter Sammelband schildert eindrücklich, wie der seit 1932 immer offener zur Schau gestellte alltägliche Antisemitismus unmittelbar nach der Machtübernahme der Nationalsozialisten in massive Boykott-Aufrufe gegen jüdische Wirtschafts- und Einzelhandelsunternehmen umschlug und eine „Selbstmord-Epidemie"[75] auslöste. Vor diesem Hintergrund ist es sehr wahrscheinlich, dass sich die antisemitische Hetze in Köln so gravierend auf Moritz Levys Unternehmen auswirkte, dass er sich in seiner Verzweiflung das Leben nahm. Hierfür spricht auch, dass im Kölner Adressbuch des Jahres 1933 nur noch das Geschäft in der Venloerstraße aufgeführt wurde. Über das weitere Schick-

---

69 Angaben nach den erhaltenen Kölner Adressbüchern.

70 LAVR Bestand Standesamt Köln-Mühlheim, Sterberegister 1933 Nr. 318, Sterbeurkunde von Moritz Levy. Die im Strobel-Nachlass erhaltene Sterbeurkunde wurde am 4. November 1933 ausgestellt, ohne dass die zeitliche Differenz der beiden Dokumente zu erklären ist, siehe NHS, XIII. Vermischte Korrespondenz 1. 1938-1940, Mappe „Emigration".

71 NHS VII.3 1939-1946 Korrespondenz in Rechtssachen, Fragebogen datiert auf den 28. August 1946.

72 Auskunft von Karola Fings vom NS-Dokumentationszentrum der Stadt Köln am 20. November 2012.

73 *Zur Geschichte der Juden in Köln*, in: *Ich habe Köln doch so geliebt. Lebensgeschichten jüdischer Kölnerinnen und Kölner*, bearbeitet und herausgegeben von Barbara Becker-Jákli, Köln 1993, S. 324-339.

74 Britta Bopf, *„Arisierung" in Köln. Die wirtschaftliche Existenzvernichtung der Juden 1933-1945*, Köln 2004, S. 22f.

75 Zvi Asaria (Hg.), *Die Juden in Köln. Von den ältesten Zeiten bis zur Gegenwart*, Köln 1959, S. 332.

sal des „Modengeschäfts Cavalier" nach der Machtergreifung der Nationalsozialisten ist wenig aktenkundig geworden: Nachdem Moritz Levy die Filiale im Kölner Stadtteil Kalk an Josef Herz übertragen hatte und selbst nur noch als Prokurist firmierte, ließ er sich am 4. Januar 1933 wieder als Inhaber ins Handelsregister eintragen, ohne dass der neue Name „Josef Herz Herrenmoden Cavalier" wieder geändert worden wäre.[76] Hierzu passt auch eine Firmenannonce im Gemeindeblatt der Kölner Synagogengemeinde vom August 1938, nach der die Cavalier-Filiale in der Venloerstraße 307 zu diesem Zeitpunkt Jupp Herz gehörte und besonders bei Auswanderern mit „Herrenausstattungen in guten Qualitäten" um Kundschaft warb. Eine zweite Akte des Kölner Amtsgerichts datiert das Erlöschen dieser von Herz geführten und auf Moritz Levy eingetragenen Firma auf den 30. Dezember 1938.[77]

Nach dem Tod von Moritz Levy am 11. März 1933 kontaktierte das Amtsgericht Köln im Oktober seinen als Testamentsvollstrecker eingesetzten Sohn Fritz (von dem in der Korrespondenz mit Hilde Strobel noch oft die Rede sein wird). Er stellte in einem Schreiben an das Gericht fest, dass die Firma erloschen sei.[78] Dabei ist zum einen festzuhalten, dass beim Amtsgericht ein Testament vorlag, so dass das Erbe von Moritz Levy geregelt war. Zum anderen vermerkte der zuständige Berliner Notar, bei dem Fritz Levy sein Schreiben beglaubigen ließ, mit der Wohnanschrift Dernburgstraße 34 eine Adresse, die auch von seiner Schwester benutzt wurde. Eine Postzustellungsurkunde vom 23. März 1934 verzeichnete für Fritz Levy eine zweite Anschrift in der Preußenallee 34, die ebenfalls familiär belegt ist, diesmal als Wohnung von Heinrich und Hilde Strobel, wo sie für ihn das Testamentsvollstreckerzeugnis entgegennahm und diese Sendung mit dem Zusatz „Vermieterin" quittierte.[79]

Das Schicksal der weiteren Filialen von Moritz Levys Modehaus Cavalier ist unklar. Das Adressbuch von 1936 nennt als Inhaber des Geschäfts in der Neusserstraße 283 nun einen Peter Dors, in der Ausgabe von 1941/42 dann einen Peter Görgen als Inhaber des Ladens in der Venloerstraße 307. In Akten des Amtsgerichts Köln hat sich hierzu ein Restitutionsverfahren gegen Dors erhalten, das von Adolf Levit im Jahr 1952 beim Wiedergutmachungsamt des Landgerichts Köln angestrengt wurde. Es ist demnach davon auszugehen, dass er nach dem Tod von Moritz Levy die Cavalier-Filiale in der Neusserstraße 283 übernommen hatte und sie bis zur erzwungenen „Veräußerung im Jahr 1935" (so der Wortlaut der mit dem Vorgang betrauten Jewish Trust Corporation for Germany) führte.[80]

76 Schreiben der Industrie- und Handelskammer zu Köln an das dortige Amtsgericht vom 15. Februar 1932 sowie Aktenvorgang beim Amtsgericht vom 4. Januar 1933, in: LAVR Gerichte Rep. 115 Nr. 2837.

77 LAV NRW R Gerichte Rep. 115 Nr. 2964.

78 Schreiben von Fritz Levy an das Kölner Amtsgericht vom 25. Oktober 1933 sowie ein amtsgerichtsinternes Schreiben vom 11. November 1933, in: LAVR Gerichte Rep. 115 Nr. 2837.

79 In: ebenda.

80 Akte 10.481 der Oberfinanzdirektion Köln, in: Bundesamt für zentrale Dienste und offene Vermögensfragen Berlin. Der Ausgang des Verfahrens ist in den Akten nicht vermerkt, da Adolf Levit mangels erhaltener Unterlagen über die Enteignung seine Ansprüche nicht glaubwürdig belegen konnte und der Vorgang an die Wiedergutmachungskammer beim Landgericht Köln zurückverwiesen wurde.

Abb. 5:
Innenansicht des von Marcel
Breuer eingerichteten
Gymnastikstudio Levi,
Aufnahme von Wanda von
Debschitz-Kunowski
(© Bauhaus-Archiv Berlin
und Beate Ziegert)

Zu dieser Zeit hatte Hilde Levy Köln längst in Richtung Berlin verlassen, wo ab dem Jahr 1928 eine Hildegard Levy im örtlichen Adressbuch nachweisbar ist.[81] Der entsprechende Eintrag nennt als Postanschrift Hausnummer 10 in der Prinz Eugen-Straße, er ist ergänzt um den Vermerk „Eigentümerin". Da die Geschäfte ihres Vaters zu dieser Zeit vermutlich noch gut liefen, ist durchaus denkbar, dass er seine Tochter durch eine Berliner Immobilie absichern wollte. Auch der letztmalige Eintrag im Adressbuch der Ausgabe 1933[82] wäre zu erklären, da sie als Ehefrau von Heinrich Strobel seit zwei Jahren ihren Mädchennamen Levy abgelegt hatte und sich nach dem Tod ihres Vaters möglicherweise von der Immobilie trennte.

Ein Hinweis auf ihre Tätigkeit in Berlin findet sich in ihrer am 12. März 1931 ausgestellten Heiratsurkunde,[83] in der als Beruf „Gymnastiklehrerin" angeben war. Dies legt ihre Verbindung zum zeitgenössischen avantgardistischen Kunst- und

81 http://adressbuch.zlb.de/viewAdressbuch.php?CatalogName=adre2007&ImgId=276033&int ImgCount=2&CatalogCategory=adress&Counter=&CatalogLayer=5 (Abruf am 12. November 2012).

82 http://adressbuch.zlb.de/viewAdressbuch.php?CatalogName=adre2007&ImgId=312149& intImg Count=-5&CatalogCategory=adress&Counter=&CatalogLayer=6 (Abruf am 12. November 2012).

83 NHS XIII. Vermischte Korrespondenz 1. 1938-1940, Heiratsurkunde vom 12. März 1931, ausgestellt in Berlin am 5. März 1951.

Kulturleben der Spreemetropole nahe, wo sich im Jahr 1928 auf Einladung von Mary Wigman „bedeutende Schulen des modernen künstlerischen Tanzes und die daraus hervorgegangenen Tänzer, Pädagogen und Regisseure zum Fachverband ‚Deutsche Tanz-Gemeinschaft E.V.‘, Bund für tänzerische Körperbildung (Berlin), zusammengeschlossen"[84] hatten. Dass diese Notiz in der Musikzeitschrift *Melos* erschien, in deren Redaktion Heinrich Strobel zu dieser Zeit bereits journalistisch tätig war, könnte ferner darauf hindeuten, dass sich Hilde und Heinrich Strobel um diese Zeit und vermittelt über den modernen Tanz begegnet sind. Vor allem aber legt die Berufsangabe eine direkte Verbindung zum Bauhaus nahe. Marcel Breuer, der als Erfinder der Stahlrohrmöbel und als Architekt bereits international einen Namen hatte, richtete im Jahr 1930 das kunst- und architekturhistorisch bedeutende so genannte „Gymnastikstudio Levy / Levi" ein. Ein Artikel mit Grundriss und Abbildungen der Einrichtung und Möbelstücken in der Zeitschrift *Baugilde*[85] sowie eine Fotografie von Wanda von Debschitz-Kunowski (siehe Abb. 5) und weitere Aufnahmen von Marta Huth[86] zeigen originell gestaltete Räume, die die baulichen Gegebenheiten eines Lagerraums und einer darüber befindlichen Wohnung oberhalb einer Garageneinfahrt ideal ausnutzten. Dieses Studio war im Erdgeschoss eines alten Wohnhauses in der Dernburgstr. 34 gelegen und beherbergte einen „modernen Gymnastikraum mit anschließendem Wohnteil".[87] In der spärlichen hierzu verfügbaren Literatur finden sich keine konkreten Anhaltspunkte, für wen Marcel Breuer dieses Studio einrichtete.

Der einzige Text, der Überlegungen zu Hilde Levy enthält, konstatiert: „Über die Bauherrin ist außer ihrem Namen nichts bekannt. Es sind weder Angaben zur Auftragserteilung noch zum Entwurfsprozeß überliefert. Trotz des Mangels an Informationen zum Leben von Hilde Levi lassen sich Rückschlüsse auf die Bauherrin ziehen. Offenbar gehörte die Gymnastiklehrerin nicht zur Oberschicht von Berlin und war vielmehr eine derjenigen Auftraggeber, die sich dem ‚neuen Stil‘ allein aus Neigung verschrieben hatten." Im Telefonbuch von 1933 war das Studio nicht mehr enthalten.[88]

Dass es sich bei Marcel Breuers Auftraggeberin tatsächlich um die spätere Hilde Strobel gehandelt hat, lässt sich auch durch Erinnerungen des alten Berliner Freundes Hans Heinz Stuckenschmidt untermauern, der die Vorliebe der Strobels für moderne Wohnungseinrichtung sowie Heinrich Strobels Begeisterung für das Kunst- und Lebenskonzept des Bauhauses explizit erwähnt:

---

84 Vgl. eine entsprechende Notiz in der Rubrik *Nachrichten*, in: *Melos* 7 (1928), Heft 5 (Mai), S. 263.
85 Vgl. den namentlich nicht gekennzeichneten Artikel, in: *Baugilde: Mitteilungen des Bundes Deutscher Architekten* 1930, S. 2044f.
86 Aufzufinden im Landesarchiv Berlin [LAB] sowie u.a. in der Publikation *Berliner Lebenswelten der zwanziger Jahre. Bilder einer untergegangenen Kultur, photographiert von Marta Huth*, hg. vom Bauhaus-Archiv Berlin und der Landesbildstelle Berlin mit Jan T. Köhler, Jan Maruhn und Nina Senger, Frankfurt am Main 1996, S. 100f.
87 *Baugilde*, S. 2045.
88 *Berliner Lebenswelten der zwanziger Jahre*, S. 100f. Da Fritz Levy als Testamentsvollstrecker seines Vaters unter dieser Adresse im Oktober 1933 mit dem Amtsgericht Köln korrespondierte, muss das Studio oder eine andere Wohnung im selben Haus zu dieser Zeit noch existiert haben.

Wir waren uns einig in der Bewunderung moderner Malerei und Plastik, und Strobel konnte sich nicht satt hören an meinen Erzählungen über den Sommer 1923, den ich am Bauhaus in Weimar und im persönlichen Umgang mit dessen Meistern Paul Klee, Wassily Kandinsky, Lyon Feininger und dem ungarischen Konstruktivisten Laszlo Moholy-Nagy verbracht hatte. In ihrer Wohnung in Westend, nicht weit von der Paul Hindemiths am Sachsen-Platz, hatten sich Heinrich und Hilde ultramodern eingerichtet. Man saß auf Stahlrohrsesseln des damals beliebten Bauhaus-Typus, ‚direkt an die Zentralheizung anzuschließen', wie Strobel sie spöttisch charakterisierte. An den Wänden hingen graphische Blätter expressionistischer und kubistischer Maler.[89]

Nach der Heirat von Hilde und Heinrich Strobel im Jahr 1931 klafft in der Rekonstruktion ihrer Berliner Vita eine große Lücke. Erst mit Heinrich Strobels Weigerung, sich von seiner Frau scheiden zu lassen und den ab 1937 zunehmenden beruflichen Einschränkungen, den daraufhin vorangetriebenen Plänen der Strobels zur Übersiedlung nach Frankreich im darauffolgenden Jahr, dem mühevoll vorbereiteten und schließlich erfolglosen Antrag zur Emigration in die Vereinigten Staaten sowie ihrem von Kollaboration, Halblegalität und Deportationsangst geprägten Leben in Paris bis Kriegsende setzt die archivalische Überlieferung wieder ein. Diese Lebensphase wurde detailliert von Manuela Schwartz rekonstruiert,[90] so dass sich die Darstellung hier auf wenige, zentrale Wegmarken beschränken lässt, zu denen neues Material gefunden werden konnte oder die für die Rekonstruktion des Netzwerks zwischen ihr, ihrem Mann und Werner Egk von besonderer Bedeutung sind.

Ließ sich bis hierhin Hilde Strobels Biografie bereits nur schwer separat von der ihres Mannes darstellen, so verschmolzen mit der einsetzenden NS-Diktatur ihre Schicksale noch enger. Inge Schatz, eine Mitarbeiterin des Südwestfunks und enge Vertraute von Hilde Strobel,[91] erwähnt im Vorwort zu einem von dieser herausgegebenen Bildband mit nachgelassenen Aquarellen ihres Mannes, dass die Strobels aufgrund der immer schwierigeren Lebens- und Arbeitsbedingungen in Berlin bereits im Frühjahr und Sommer 1934 eine ausgedehnte Reise nach Italien und Frankreich unternahmen, um Möglichkeiten zur Auswanderung zu eruieren.[92] End-

89 Hans Heinz Stuckenschmidt, *Zur Einführung*, in: *Heinrich Strobel. Texte zur Musik unserer Zeit 1947-1970*, hg. von Hilde Strobel, Nürnberg (o.J.), S. 3f.

90 Manuela Schwartz, *„Eine versunkene Welt". Heinrich Strobel als Kritiker, Musikpolitiker, Essayist und Redner in Frankreich (1939-1944)*, in: *Musikforschung, Faschismus, Nationalsozialismus*, hg. von Isolde von Foerster, Christoph Hust und Christoph-Hellmut Mahling, Mainz 2001 und Manuela Schwartz, *Exil und Remigration im Wirken Heinrich Strobels*, in: *Musik – Transfer – Kultur. Festschrift für Horst Weber*, hg. von Stefan Drees, Andreas Jacob und Stefan Orgass, Hildesheim et al. 2009.

91 Auskunft von Friedrich Hommel, der zwischen 1976 und 1981 als Redakteur beim Südwestfunk tätig war.

92 Inge Schatz, *Vorwort* zu *Am Rande. Heinrich Strobel alias Karl Frahm*, hg. von Hilde Strobel, Zirndorf o.J. (1980). Manuela Schwartz zitiert unter Hinweis auf Hans Heinz Stuckenschmidt eine Publikation von Doris Obeschernitzki (*Letzte Hoffnung Ausreise. Die Ziegelei von Les Molles 1939-1942, Vom Lager für unerwünschte Ausländer zum Deportationszentrum*, Berlin 1999, S. 79 und 86), dass Heinrich Strobel 1936 zeitweise in der Künstlerkolonie Château-

gültig in die Tat umgesetzt wurden diese Pläne erst vier Jahre später, nachdem Hilde Strobel sich im Winter 1938 mit Unterstützung ihres Verwandten Daniel Lévy (der in seinen amerikanischen Papieren auch als Daniel Leon firmierte und den sie in der Korrespondenz durchgehend förmlich mit „Sie" anredete) vergeblich um ihre Emigration in die Vereinigten Staaten bemüht hatte. Trotz einer Bürgschaft ihres Cousins für ein Affidavit und des Versuchs, dank ihres Geburtsortes Gorinchem über die günstigere holländische Quote als Emigrantin akzeptiert zu werden, hatten diese Pläne keinen Erfolg.[93]

Ein bald nach Kriegsende von Hilde Strobel eingeleitetes Wiedergutmachungsverfahren hat sich als Aktenvorgang im Strobel-Nachlass des Südwestrundfunks, im Staatsarchiv Freiburg sowie mit ergänzendem Material im Brandenburgischen Landeshauptarchiv erhalten. Hieraus ist zu rekonstruieren, dass sie vom zuständigen Finanzamt Berlin-Charlottenburg Anfang Januar 1939 zur Zahlung der sogenannten Judenvermögensabgabe in Höhe von 7.200 Reichsmark (zahlbar in vier Raten) gezwungen wurde.[94] Da sie zur Begleichung dieser Summe ein Haus in Köln verkaufen musste, dessen Adresse Neusser Straße Nr. 283 identisch ist mit einer Filiale ihres Vaters, muss ihr diese Immobilie offensichtlich zuvor überschrieben worden sein. Ob dies noch zu Lebzeiten ihres Vaters geschah, ist unklar, da die entsprechende Grundbucheintragung (erhalten als unbeglaubigte Abschrift vom Juli 1949) zwar eine Umschreibung für den 10. März 1933 vermerkte (ihr Vater wurde zwei Monate später tot aufgefunden), ohne allerdings dabei Namen festzuhalten. Nach diesem Grundbuchauszug von Köln-Nippes verkaufte sie das Haus am 8. Februar 1939 für 37.000 Reichsmark[95] an den Kölner Kaufmann Helmut Laumann; die Grundbuchumschreibung wurde am 7. Juni 1939 abgeschlossen.[96] Die beim Oberfinanzpräsidium Berlin-Brandenburg hierzu angelegte Akte wurde nach Stempelvermerken bis zum 2. Januar 1945 gepflegt und war zur Wiedervorlage am 10. Oktober 1945 vorgesehen.[97] Nach einer Auskunft des Einwohnermeldeamtes vom 1. Dezember 1943, die sich ebenfalls in diesem Material erhalten hat, meldete sich

Noir bei Aix-en-Provence gelebt habe (Schwartz, *„Eine versunkene Welt"*, Anm. 27, S. 301). Einen auf Französisch verfassten Ergänzungsbericht zu seinem Fragebogen (datiert auf den 29. August 1946) eröffnete Heinrich Strobel mit der Feststellung, seit 1927 regelmäßige Reisen nach Frankreich unternommen zu haben, in: NHS VII.3 1939-1946 Korrespondenz in Rechtssachen.

93 Vgl. hierzu die zahlreichen Papiere, in: NHS XIII. Vermischte Korrespondenz 1. 1938-1940, Mappe „Emigration".

94 Brandenburgisches Landeshauptarchiv Potsdam [BLHA] Rep. 36 A Oberfinanzpräsident Berlin-Brandenburg (II) Nr. 37576 der Vermögenswertungsstelle zu Hilde Betty Strobel geb. Levy und Dr. Heinrich Strobel.

95 Mitteilung der Haus- u. Grundbesitz Dr. Conrad K.G. an den Oberfinanzpräsidenten Berlin vom 29. Mai 1942, dass das Kölner Haus Hilde Strobels von ihnen verwaltet worden war, bis es im Jahr 1939 von Helmut Laumann für RM 37.000,- gekauft wurde, in: ebenda.

96 Unbeglaubigte Abschrift vom 19. Juli 1949 des Grundbuches von Nippes, Bd. 140, Blatt Nr. 5233, in: NHS VII.8 1954 Korrespondenz Wiedergutmachung.

97 Diese Unterlagen wurden fortgeschrieben mit einem Schreiben des Badischen Ministeriums der Finanzen und der Jewish Restitution Successor Organisation aus dem Jahr 1952, da zur Rückerstattung des ehemaligen Besitzes im folgenden Jahr am 12. Mai 1953 vor dem Oberlandesgericht Köln ein Vergleich zwischen beiden Parteien geschlossen wurde. Sie sind erhalten in: ebenda.

Hilde Strobel am 20. März 1939 nach Frankreich ab, ihr Mann folgte ihr vier Wochen später am 26. April 1939.

Die Entscheidung für Frankreich, von wo aus die nächste Korrespondenz abgeschickt wurde, muss eine grundlegende gewesen sein, da zum einen der frankophone Heinrich Strobel seit den 1920er Jahren intensive Beziehungen zu französischen Künstlern, vor allem den führenden Pariser Komponisten hielt und mit Unterstützung seiner alten Berliner Redaktionskollegen hier am ehesten auf eine journalistische Betätigung hoffen konnte. Zum anderen setzten sich insbesondere die leitenden Mitglieder des Berliner Institut Français, Henri Jourdan und Jean Arnaud, mit mehreren Empfehlungsschreiben und ihren Kontakten für die Strobels ein.[98] In welchem Umfang sie bei ihrem Umzug nach Paris überhaupt Habseligkeiten mitnehmen konnten, ist unklar, aus heutiger Sicht überrascht allerdings, wie viele persönliche Papiere im Nachlass erhalten geblieben sind.[99] Wie sehr sich aber Hilde Strobel in dieser Zeit auf ihre französischen Freunde verlassen konnte, bestätigte nach 1945 der nun als Offizier für die französische Besatzungszone zuständige Jean Arnaud in einem undatierten Schreiben, dass im Nachlass auf Französisch sowie in deutscher Übersetzung vorliegt:

> Ich, der Unterzeichnete, Monsieur Jean Arnaud, Direktor der Information, bescheinige, seit langer Zeit Hilde Strobel, geb. Levy zu kennen. Im Jahre 1939 war Frau Strobel durch die Nazis gezwungen die „Judenkontribution" zu bezahlen. Um die gefragte Summe bezahlen zu können, war Frau Strobel gezwungen ihren Besitz (Grundstücke und bewegliches Vermögen) zu verkaufen. Dann mußte sie Deutschland verlassen um ihr Leben zu retten. Mit meiner Hilfe (zu dieser Zeit war ich Direktor des Institut de France in Berlin) erhielt Frau Strobel das Visum für Frankreich und konnte schließlich emigrieren. Sie ließ alles was sie besaß in Berlin und das fiel den Nazis in die Hände. Ich selbst habe einen Koffer mit Kleidung, die ihr gehörte, nach Frankreich geschickt. Das war alles, was sie retten konnte, da sie selbst nur 10,- Mk mitnehmen durfte. Frau Strobel hat in Frankreich als rassisch Verfolgte gelebt. Durch einen Erlaß des Novembers 1941 verlor sie als Jüdin ihre deutsche Nationalität.[100]

---

98 Vgl. ein Empfehlungsschreiben von Jean Arnaud für Heinrich und Hilde Strobel vom 23. März 1939, in: NHS XIII. Vermischte Korrespondenz 1. 1938-1940, Mappe „Emigration". Vgl. einen Brief von Hilde Strobel an ihre amerikanischen Verwandten Fritz und Bobby Level vom 2. Januar 1946, in: NHS XIII. Vermischte Korrespondenz 4. 1946-1949.

99 Hermann Heimerich erwähnte in den zitierten Dokumenten die Möglichkeit, auch Umzugskosten abzurechnen. Ob die Strobels davon Gebrauch machen konnten, ist allerdings nicht überliefert.

100 Undatierte Bestätigung von Jean Arnaud für Hilde Strobel (deutsche Fassung), in: NHS XIV.3 Korrespondenz 1945-1950. In einem Brief an das amerikanische Generalkonsulat in Paris vom 12. April 1939 ergänzte sie, dass sie am 17. März 1939 ein „kurz befristetes französisches Visum" bekommen habe, und bat um Übersendung ihrer noch in Berlin liegenden Papiere, um so schnell wie möglich nach Amerika auszuwandern, in: NHS XIII. Vermischte Korrespondenz 1. 1938-1940, Mappe „Emigration".

Aus zwei Briefen ihres amerikanischen Bürgen Daniel Lévy vom 26. März und 5. April 1939 geht hervor, dass Hilde Strobel das Visum für Frankreich sehr kurzfristig bekam, da sie zunächst in einem Schreiben vom 12. März 1939 diese Möglichkeit andeutete und sieben Tage später (am 19. März 1939, dem Vortag ihrer amtlichen Abmeldung in Berlin) unmittelbar vor der Abreise nach Paris stand und in den vergangenen Tagen letzte Vorbereitungen für eine mögliche Emigration in die USA getroffen hatte, die zu diesem Zeitpunkt nur für sie alleine beantragt wurde (eine entsprechende Option für Heinrich Strobel wurde zu diesem Zeitpunkt erst sondiert, worauf weiter unten genauer eingegangen wird). Dieser schien zu dieser Zeit schon nicht mehr in Berlin zu sein, da Lévy in mehreren Briefen vom Februar und März 1939 Hilde Strobels große Einsamkeit bedauerte.[101] In einem am 15. Januar 1940 entworfenen, auf Englisch formulierten Brief an das amerikanische Generalkonsulat in Marseille fasste Hilde Strobel ihre augenblickliche Lage zusammen und erwähnte, dass seit dem Frühling des vergangenen Jahres 1939 ihre Papiere beim Pariser Konsulat lägen und sie auf Platz 20 der holländischen Liste stünde. Da ihr Mann zur Scheidung gezwungen worden sei und er sich dagegen entschieden habe, seien ihm alle beruflichen Optionen in Berlin verwehrt worden, so dass er im Januar 1939 (also zwei Monate vor der amtlichen Abmeldung) nach Frankreich gegangen sei und ein Angebot des Atlantis-Verlags erhalten habe, eine Biographie über Claude Debussy zu verfassen.[102] Ferner erwähnte sie, dass ihrem Bruder die Emigration über Holland gelungen sei und er seit dem 20. Dezember 1939 in New York lebe.

Nach einem Brief des amerikanischen Konsularservice vom 6. Februar 1940, adressiert an ein Family Hotel in Aix-en-Provence (11 rue de l'Opéra), verlieren sich in den Archiven alle Spuren zu den Emigrationsplänen der Strobels, die sich offensichtlich nicht hatten umsetzen lassen, zumal Heinrich Strobel zu dieser Zeit im Gefangenenlager *Les Milles* interniert war und sich möglicherweise seine Frau unter diesen Umständen nicht von ihm trennen mochte. Der von Jean Arnaud erwähnte, auf November 1941 datierte Verlust aller staatsbürgerlichen Rechte Hilde

---

101 Vgl. hierzu einen Brief von Daniel Leon/Lévy an Hilde Strobel vom 24. Februar 1939, der sich bereit erklärte, im Zweifelsfall auch für ihren Mann zu bürgen, sollte er einen eigenen Auswanderungsantrag stellen. Jean Arnaud richtete am 23. März 1939 ein Schreiben an Hilde Strobel bereits an eine Adresse in Paris und hoffte, dass sie inzwischen gut angekommen sei. Diese Adresse (59, rue Vanneau, Paris VII) ist nur wenige Hausnummern von einer Anschrift entfernt (31, rue Vanneau), an die Henri Jourdan am 1. und 8. Juni 1939 Briefe an Heinrich Strobel schickte. In: ebenda.

102 Vgl. zur Datierung von Heinrich Strobels Abreise nach Frankreich Punkt 5 eines Briefs seines Berliner Bevollmächtigten Hermann Heimerich vom 14. April 1939, in: NHS VII.8 1954 Korrespondenz Wiedergutmachung: „Ich halte es für notwendig, daß Sie diese polizeiliche Abmeldung jetzt sofort vornehmen. Die polizeiliche Abmeldung allein ist aber nicht maßgebend dafür, ob Sie als Devisenausländer anzusehen sind oder nicht. Devisenausländer sind Sie in dem Augenblick geworden, in dem Sie sich zur Verlegung Ihres Wohnsitzes von Berlin nach Paris entschlossen haben. Dies ist meines Erachtens Ende März geschehen und ging aus Ihrem Briefe an mich vom 27. März hervor." Nach einem Schreiben des bevollmächtigten Rechtsanwalts Dr. A. Wachsmann in Baden-Baden an das Landesamt für Wiedergutmachung in Freiburg vom 12. Juli 1956 hatte Heinrich Strobel bis Februar seinen offiziellen Wohnsitz in Berlin, in: Landesarchiv Baden-Württemberg, Entschädigungsakte Heinrich und Hilde Strobel. Staatsarchiv Freiburg [StAF] F 196/1 Nr. 9535.

Strobels hatte sich als bedrohliche bürokratische Hürde im Jahr zuvor bereits angekündigt, da ihr deutscher Pass im Herbst 1940 abgelaufen war, so dass sie mit Schreiben vom 7. Oktober 1940 (ebenfalls aus Aix-en-Provence, mit der Anschrift 11 rue Chastel) das schwedische Konsulat in Marseille inständig bat, das beigefügte Dokument zu verlängern.[103] Ob dieser Bitte aber auch entsprochen wurde, ist nicht bekannt. In Heinrich Strobels im September 1946 verfasstem Fragebogen (der üblichen Grundlage für ein Entnazifizierungsverfahren) finden sich in einem ergänzenden, vierseitigen Kommentar einige Hinweise auf das Schicksal seiner Frau während der Jahre zwischen 1940 und 1945. So berichtete er, dass er nach seiner Freilassung aus der Lagerhaft im März 1940 kurz darauf bereits wieder inhaftiert wurde, im Oktober 1940 aber aus dem Lager floh, um seine Frau wiederzufinden, die im berühmt-berüchtigten *Camp de Gurs* am Westrand der Pyrenäen ebenfalls interniert war.[104] Nach diesen Angaben kehrten sie von Aix-en-Provence im folgenden Jahr 1941 gemeinsam nach Paris zurück. Obgleich sie die nächsten Jahre bis zum Ende des Krieges dort verbrachten, lassen sich aus den überlieferten Dokumenten und Zeitzeugenberichten kaum weitere Informationen über Hilde Strobel gewinnen, zumal sie sich vermutlich die meiste Zeit unauffällig hatte verhalten müssen und somit darauf bedacht gewesen sein dürfte, kaum Spuren zu hinterlassen. Überliefert ist in Strobels Ergänzungen zu seinem Fragebogen, dass sie im Mai 1944 nach Deutschland deportiert werden sollte, er dank seiner guten Kontakte zum Rundfunk (sowohl zur deutschen Seite als auch nach der Befreiung Frankreichs durch Charles de Gaulle zu Radio France) aber einen entscheidenden Hinweis von Oberstleutnant Dr. Bofinger, Gruppenleiter der Propagandastaffel, erhielt, der ihr zu falschen Papieren verhalf, mit denen sie bis zur Befreiung Frankreichs untertauchen konnte.[105] Als Zeugen für diese Aussagen benannte er Persönlichkeiten, von denen einige noch zur Sprache kommen werden: Claude Delvincourt, Arthur Honegger, Jean Françaix, Marcel Delannoy, Roger Déormière, Serge Moreux, Paul Bourdin, Paul Hindemith, Pierre Favareille, Léon Douarche, Gerhard Heller und Soulima Strawinsky.[106]

Der Ortswechsel von Paris nach Baden-Baden bedeutete für die Strobels eine Umwälzung ihrer Lebenssituation in jeglicher Hinsicht. Die prekäre politische und berufliche Situation in Paris verkehrte sich dank der Protektion der französischen Militärmachthaber, die Heinrich Strobel im Frühjahr 1945 das Angebot gemacht hatten, an führender Stelle den Rundfunk in der französischen Besatzungszone mit aufzubauen, ins Gegenteil. Zugleich kehrte Hilde Strobel, die zahlreiche Familien-

103 NHS XIII. Vermischte Korrespondenz 1. 1938-1940, Mappe „Emigration".
104 NHS VII.3 1939-1946 Korrespondenz in Rechtssachen, Ergänzungsblatt zum Fragebogen, S. 1: „En mars 40 libéré, puis du nouveau interné. Evadé en octobre pour retrouver ma femme qui s'était enfui du fameux camp de Gurs. Nous sommes à Aix-en-Provence dépourvu de tout moyen de subsistance."
105 Siehe Schwartz, *„Eine versunkene Welt"*, S. 305 sowie ebenda, S. 2: „M. Bofinger de Radio Paris, qui ne la connaissait pas, lui donne des faux papiers et la sauve jusqu'au moment de la libération."
106 Vgl. zu Claude Delvincourt und seiner im April 1941 übernommenen Leitung des Pariser Conservatoire National de Musique Susanne Gärtner, *Werkstatt-Spuren: Die Sonatine von Pierre Boulez*, Bern et al. 2008, S. 32f.

angehörige im Holocaust verloren hatte,[107] in das Land ihrer Verfolger zurück, wo sie sich als remigrierte Jüdin offener Ablehnung gegenübersah. Wie Heinrich Strobel in einem Brief an Tekla Hess, Ehefrau des Kunstsammlers Alfred Hess, im Jahr 1948 formulierte, war es vornehmlich der Wille seiner Frau Hilde gewesen, nach Deutschland zurückzukehren.[108] Wenn sie daher in Briefen an ihre amerikanischen Verwandten ihre Begeisterung schilderte und trotz der desolaten Versorgungslage im französischen Sektor nicht an der Richtigkeit der Entscheidung zweifelte, muss hinter dem Willen zur Mitgestaltung des Wiederaufbaus in Deutschland eine enorme Motivation und eine tiefe Verbundenheit mit der deutschen Kultur gestanden haben. So schrieb sie am 25. Januar 1946 an Verwandte in Südafrika:

> Wir sind also seit mehr als 2 Monaten wieder in Deutschland. Man ist in Paris seitens der französischen Besatzung an uns herangetreten und hat meinen Mann gebeten, die Leitung der Musikabteilung des neuaufzubauenden Senders in der franz. Zone zu übernehmen. Ich wurde gleich als Assistentin meines Mannes mitengagiert. Ich muss Euch sagen, dass die Arbeit des Aufbaus uns sehr gefällt, wenn wir auch noch kein Ergebnis zu verbuchen haben, denn der Sender wird erst in den nächsten Wochen anlaufen. Ihr könnt Euch denken, dass nach so langer Zeit in völliger Untätigkeit, wir uns wie die Löwen auf die Arbeit gestürzt haben. Das Land ist wunderschön und nicht vom Krieg zerstört.[109]

Bei ihren Geschwistern und Verwandten, denen die Flucht vor den Nazis gelungen war, stieß diese Begeisterung Hilde Strobels auf große Skepsis. Man verdächtigte sie offen der Kollaboration, da sie sich nicht nur in Deutschland trotz aller Geschehnisse zu Hause fühlte, sondern sich auch vom jüdischen Anteil ihrer Familiengeschichte distanzierte und am 1. Juli 1945 in Noisy le Sec zum Protestantismus

---

107 Brief von Hilde Strobel an Frank und Bobby Level vom 25. Januar 1946, in: NHS XIII. Vermischte Korrespondenz 4. 1946-1949: „Mit der gleichen Post bekam ich einen Brief von Tante Paula aus Johannisburg und Herbert. Der Brief wurde aus Paris nachgeschickt. Sie las meine Annonce, resp. die von Daniel, mit der ich Euch suchte. Sie erzählt mir, dass die Tanten Else, Selma und Meta und Kurt Moser in KZs umgekommen sind. Von Holland aus deportiert. Wenn ich sowas höre, erscheint es mir immer wieder wie ein Wunder, dass ich dadurch gekommen bin und bin umso dankbarer für das, was Heinrich aufsichgenommen [sic] hat und bewundere noch nachträglich die Tücke, mit der wir es geschafft haben."

108 Schreiben von Heinrich Strobel an Tekla Hess vom 12. November 1948, in: NHS XIV.3 Korrespondenz 1945-1950: „Meine Frau hat diese schwere Zeit ganz gut überstanden, und sie ist eigentlich der Hauptgrund dafür, dass wir wieder nach Deutschland gegangen sind."

109 Brief von Hilde Strobel an Tante Paula und Onkel Herbert vom 25. Januar 1946, in: NHS XIV.3 Korrespondenz 1945-1950. Vgl. auch einen Brief von Hilde Strobel an Hermann Heimerich vom 17. Januar 1946, in: NHS VII.8 1954 Korrespondenz Wiedergutmachung: „Wir sind also nach langen schweren Jahren zurückgekehrt. Meinem Mann ist gelungen, was fast unmöglich war: er hat mich durchgebracht und dies, wie sich denken können [sic], unter den schwersten Gefahren für sich selbst. Wir sind vor zwei Monaten zurückgekehrt, d.h. man hat uns in Paris gebeten, den Sender in der französischen Zone mitaufzubauen. Mein Mann leitet die Musikabteilung und ich assistiere ihm. Wenn der Sender auch noch nicht angelaufen ist, so können wir doch jetzt schon sagen, dass diese Aufbauarbeit uns sehr viel Freude macht."

konvertiert war.[110] Zur Quellenlage ist zu bemerken, dass sich nur ihre Briefe im Durchschlag erhalten haben, denen man aber entnehmen kann, dass die Verwandten die Briefe aus Deutschland zum Informationsaustausch zirkulieren ließen oder in Auszügen exzerpierten. Die erhaltene Korrespondenz ist aber auch deshalb sehr aussagekräftig, weil man sich aufgrund anhaltenden Papiermangels und hoher Portokosten für Luftpostbriefe auf wenigen Blättern viel mitzuteilen hatte, so dass sehr komprimiert die wichtigsten Lücken im gegenseitigen Wissen über die vergangenen Jahre geschlossen wurden. Meist begann Hilde Strobel die Briefe mit Schilderungen über ihren neuen Alltag in Baden-Baden und wurde in einem separaten Abschnitt anschließend von ihrem Mann ergänzt, der darüber hinaus auch die aktuellen politischen Kontexte deutlich ansprach. Ein solches Schlüsseldokument ist ein Brief vom 18. Januar 1946, in dem zunächst Hilde Strobel ihre Situation reflektierte:

> Da möchte ich Euch zunächst sagen, dass ich wirklich glücklich und stolz bin über Euer Vertrauen, das mir Eure Freundschaft beweist und mir unendlich viel mehr wert ist, als all Eure materielle Hilfe (und Ihr wisst, wie wir diese brauchen). Uebrigens habe ich es nicht anders erwartet, aber es tut dennoch wohl zu erfahren, dass man sich nicht getäuscht hat. Nun zu den Tatsachen. Was man Euch erzählt hat (Taufe und Arisierung) ist eitel Stunk und Lüge und zeugt von einer totalen Unkenntnis der Gesetzgebung des 3. Reiches. Ich bin während des 3. Reiches weder getauft noch arisiert worden, wenn ich es gewünscht hätte, so wäre es garnicht [sic] möglich gewesen. Tatsache ist, dass ich die erste Zeit ohne Papiere und reichlich gefahrvoll, später mit falschen französischen Papieren und falschen Namen, mich durchgeschlagen habe. In welche Situationen das meinen Mann gebracht hat und wie oft er mit einem Bein im KZ gestanden hat, lässt sich gar nicht schildern. Eine andere Tatsache ist allerdings, dass ich nie auf eine Unterstützung meiner Rassegenossen habe rechnen können, dass sie mir im Gegenteil schon manchen üblen Streich damals in Aix gespielt haben, lediglich auf die Tatsache hin, dass ich mit einem Arier verheiratet bin. Das war, ich muss es leider sagen, Grund mir zu misstrauen. Ich habe damals furchtbar darunter gelitten, ich konnte nicht begreifen, dass so etwas überhaupt möglich ist. Und da muss ich sagen, in meiner furchtbaren Einsamkeit und um mich noch mehr wenn möglich mit meinem Mann verbunden zu fühlen, habe ich mich an die Protestanten gewandt, die, ohne Zögern mir geholfen habe [sic] und mit deren seelischem sowie praktischen Beistand ich jederzeit rechnen konnte. Viele Jahre später, als ich wieder nicht aus noch ein wusste, und ich mich an jüdische Komités wandte um Arbeit und wenn möglich Schutz zu finden – völlig ergebnislos – haben mir wieder die Protestanten geholfen.

---

110 Vgl. einen Brief von Hilde Strobel an einen Fridolin vom 25. September 1950, in: Deutsches Exilarchiv in der Deutschen Nationalbibliothek Frankfurt, Material zu Heinrich und Hilde Strobel [DEA]: „Übrigens ist die Frage der Rückkehr nicht ganz einfach. Nicht alle können vergessen und das muss man bis zu einem gewissen Grade, sonst wird man seines Lebens nicht froh. Ich persönlich fühle mich sehr wohl hier und möchte nicht wieder weg, muß aber zugeben, daß nicht Viele so denken wie ich. Meinen Geschwistern z.B. ist es unverständlich."

Dann habe ich mich sehr viel später – es war genau am 1. Juli 1945, also als alles vorbei war, von Pastor Guetal, in Noisy le Sec bei Paris, taufen lassen und zwar nicht aus Oportunismus [sic], sondern aus voller Ueberzeugung. Pastor Guetal hat mich lange, in schwerster Zeit betreut, er hat mich wirklich vom Protestantismus überzeugt. Dieser Schritt war für mich eine Ueberzeugungssache, Dankbarkeit und das Bedürfnis zur letzten Verbundenheit mit meinem Mann. – Diese ganzen Dinge zu schreiben, ist ein wenig peinlich, denn sie berühren mich wirklich mehr als Ihr vielleicht annehmen könnt. Und man hat so seinen Stolz. Ihr müsst sie aber wissen. – Das es aber Menschen und auch noch sogenannte Freunde gibt, die ohne etwas zu wissen, die im Vergleich zu uns und vor allem zu Heinrich, ein leichtes Leben hatten, nun wie die Wölfe über ihn herfallen – deprimiert mich zu tiefst. Ich möchte den sehen, der das auf sich genommen hätte, was Heinrich ohne auch nur einen Moment zu wanken auf sich genommen hat. Ihr kennt Heinrich, er ist viel zu stolz um auf diese Dinge einzugehen. Er sagt sich: sollen sie doch, sie können mich… ich habe Dich (nämlich mich) durchgebracht, der Rest ist mir egal.[111]

Nach abschließenden Familiennachrichten ergänzte Heinrich Strobel den Brief pointiert um einige Anmerkungen:

Hätte ich nicht mit meinem Herzen und mit meinem Rundfunk so viel zu tun so würde ich auch noch eine Epistel loslassen. Aber Hilde hat es schon getan – und dann habe ich bis jetzt in meinem Leben immer gearbeitet, und zwar im Sinne des alten guten Kulturbolschewismusses wie diese Nazi-Idioten es nannten – wahrscheinlich mehr und nützlicher als die dreckigen Mäuler, die sich heute über mich zerfransen – unnützlich hier, unnützlich dort und nur alleweil bereit zu stänkern. Ich möchte einmal wissen, wieviele von diesen traurigen Gesellen hätten eine jüdische Frau durch diese Zeit des Wahnsinns durchgebracht. Wieviele von Ihnen wären da weich geworden, wo wir nicht weich wurden. Briefe schreiben (und seien sie vom größten alles [sic] Thomasse) und im New Yorker Kaffe sich das Maul zerreißen, fern von Bomben und SD – da gehört nicht viel dazu – aber das wißt Ihr ja selber – und es hat mich sehr gefreut, daß Ihr nicht so denkt wie diese – was ja selbstverständlich war.

---

111 Brief von Hilde und Heinrich Strobel an Frank und Bobby Level, in: NHS XIII. Vermischte Korrespondenz 4. 1946-1949. Eineinhalb Jahr später rechtfertigte sich Hilde Strobel noch einmal für ihre Entscheidung zur Taufe: „Ich verstehe nicht ganz die Frage wie ich mit meinem Problem fertig werde, Liebe Bobby. Wenn Du meinst, dass dadurch das Problem Jude zu sein, behoben ist, so muss ich Dir antworten, dass die Taufe mit dem Komplex garnichts [sic] zu tun hat. Das ist ja eine reine Angelegenheit des Glaubens und hat mit dem Problem ‚Jude', das hier noch immer im Hitlerschen Sinne ‚rassisch' ist, überhaupt nichts zu tun. Man darf ja nicht glauben, dass sich viel geändert habe, man wird vorläufig nicht umgebracht, das dürfte wohl so ziemlich die einzige Aenderung sein." Brief von Heinrich und Hilde Strobel an Frank und Bobby Level vom 3. Oktober 1947, in: ebenda.

Ja, meine Lieben, ich war auf diese Dinge gefasst, nach den edlen Erfahrungen von Aix – ich kann nicht behaupten, daß sie meiner so schon ramponierten Gesundheit grade [sic] zuträglich sind – sei's drum. Ich bitte, die Herrschaften, mich kreuzweise am Arsch zu lecken, bis sie an der Scheiße ersticken.[112]

Beim Aufbau des Rundfunks in Baden-Baden im Herbst 1945 und der Vorbereitung der Sendefähigkeit waren viele Tätigkeiten und Kompetenzen noch unklar abgegrenzt. So empfahl Hilde Strobel neben ihren assistierenden Aufgaben an der Seite ihres Mannes auch französische szenische Werke zur Sendung und übersetzte sie. Mit Beginn des Sendebetriebs im folgenden Jahr bemühte sich der erste Intendant des Südwestfunks, Friedrich Bischoff, bald um eine Professionalisierung der künstlerischen Übersetzungen und musste in einem Schreiben vom 19. August 1946 Hilde Strobel schließlich darauf hinweisen, dass ihr Aufgabenbereich als Sachbearbeiterin keine redaktionellen Tätigkeiten zuließe.[113] Gleichwohl blieb Hilde Strobel auch in den folgenden Jahrzehnten eng mit der künstlerischen Arbeit beim Sender und der redaktionellen und konzeptionellen Gestaltung des Programms durch ihren Mann verbunden, so dass Zeitzeugen und Kollegen wie Friedrich Hommel und Egon Wagner auch von Tätigkeiten Hilde Strobels als Aufnahmeleiterin bei Studioproduktionen berichteten. Da weitere Stationen ihrer Lebensgeschichte an der Seite ihres Mannes in den nächsten Kapiteln ausführlich thematisiert werden, endet diese biographische Skizze mit wenigen Anmerkungen zu den letzten Lebensjahren von Hilde Strobel, wie schon zu Kindheit, Jugend und ihrer Zeit in Berlin nur spärliche Anhaltspunkte zu rekonstruieren waren. Der plötzliche Tod ihres Mannes im Jahr 1970 stürzte Hilde Strobel in tiefe Trauer, aus der sie – soweit der Korrespondenz zu entnehmen ist – nie mehr herausfand. In ihren letzten Jahren wurde sie durch eine Erkrankung an Osteoporose zunehmend gebrechlich und litt unter starken Schmerzen. Sie verstarb im Frühsommer 1983 und wurde am 24. Juni 1983 auf dem Hauptfriedhof Baden-Baden neben ihrem Mann beigesetzt.[114] Nach Ablauf der zwanzigjährigen Nutzungsrechte wurde die Grabstelle im Jahr 2004 neu belegt, so dass sich auch hier keine Spuren von ihr erhalten haben.

Heinrich Strobel

Als offenbar ältestes von drei Kindern des wohlhabenden Kaufmanns Heinrich Strobel und seiner Frau Dor. Amalie Strobel, geb. Schöntag (einer fränkischen Beamtentochter) wurde Heinrich Eduard August Strobel am 31. Mai 1898 in Regens-

112 Brief von Hilde und Heinrich Strobel an Frank und Bobby Level vom 18. Januar 1946, in: NHS XIII. Vermischte Korrespondenz 4. 1946-1949. [Dokument 8 im Anhang].
113 Brief von Friedrich Bischoff an Hilde Strobel vom 19. August 1946, in: NHS XIV.3 Korrespondenz 1945-1950.
114 Auskunft von Frank Geyer vom Gartenamt bei der Stadtverwaltung Baden-Baden, Abteilung Friedhof und Bestattungen vom 20. September 2012.

burg geboren.[115] Ein Sendemanuskript von 1971, das auf autobiographischen Skizzen Strobels basiert, schildert seine Kindheit als eine Zeit, in der er früh eigene Wege ging und ihn wenig mit seiner Familie verband.[116] Eingedenk einer beiläufigen Notiz, dass er „seit 1930 in schlechtem Einvernehmen" mit seiner Familie war und die einzigen von ihm geschätzten familiären Beziehungen zu seiner Schwiegerfamilie Levy bestanden[117], ist es nicht erstaunlich, in den erhaltenen Archivalien fast keine Spuren seiner Eltern[118] und auch nur einen dürren Kommentar über seinen Bruder („ein alter Pg.", der nach Kriegsende „als Chefkonstrukteur und Direktionsmitglied zu Ford nach Köln"[119] ging) zu finden. Im Jahr nach dem Tod ihres Mannes erwähnte Hilde Strobel in einem Brief einen Besuch ihrer Schwägerin Herta Strobel,[120] mit der sie jedoch nach eigener Aussage kaum etwas verband.

In den autobiographischen Skizzen ließ Heinrich Strobel die Emanzipation vom Elternhaus bereits in der Kindheit beginnen, indem er sich langsam und stetig seine Interessengebiete, die ihn jenseits der ungeliebten Schulzeit fesselten, selbst eroberte: „Die Kunst, die Musik sollte mein Lebensinhalt werden, die deutsche Sprache mein wichtigstes Handwerkszeug und die Geschichte meine große Leidenschaft, von der Praehistorie bis zu den Hohenstaufen."[121] Nach seinem kriegsbedingt um ein Jahr vorgezogenen Abitur an der Regensburger Oberrealschule im Jahr 1916 musste er zwei Jahre als Soldat dienen. Während sein Vater als Reserveoffizier in deutsch-nationaler Begeisterung schon 1914 verlangt hatte, sein Sohn solle sich als Kriegsfreiwilliger melden, erwirkte seine Mutter durch ihre familiären Beziehungen zum bayerischen Kriegsminister eine Einberufung weit hinter der Front zum Dritten Bayerischen Fußartillerieregiment. In dem ihm eigenen, humoristisch-sarkastischen Tonfall berichtete Strobel im zweiten Teil seiner autobiographischen Skizzen, dass er Kriegsdienst und Waffenanwendung in jedem Fall hatte vermeiden wollen und dank einer Fußverletzung, die er sich während der kurzen soldatischen Ausbildungszeit bei einem Unfall mit einer Lafette zugezogen hatte, mit vorgetäuschten Schmerzen zehn Monate im Lazarett zubringen konnte, unterstützt vom leitenden Arzt, der sich als Bekannter seiner Eltern aus Regensburg herausstellte.[122] Während eines wohlwollend verordneten Erholungsurlaubs in der Heimat ver-

---

115 Vgl. Historisches Archiv des Südwestrundfunks Sendemanuskript „Heinrich Strobel – Autobiographische Skizzen" [SWR HSAS] I: *Puer Castrae Réginae*, Sendedatum 30. März 1971, 21.30 Uhr, Redaktion Josef Häusler, Produktion Bernhard Rübenach, Sprecher Gert Westphal S. 2, sowie den im Anhang abgebildeten Abstammungsnachweis Strobels. [Dokument 1 im Anhang].

116 Ebenda, S. 6ff.

117 NHS VII.3 1939-1946 Korrespondenz in Rechtssachen, Anmerkung zu Punkt 101 im Entnazifizierungsfragebogen, datiert auf den 28. August 1946.

118 Wie aus einer Aktennotiz an Heinz Schneider-Schott vom 20. Mai 1957 hervorgeht, ließ Heinrich Strobel seiner Mutter Amalie regelmäßig ein *Melos*-Exemplar nach München schicken, in: ASM Mappe 37046.

119 Brief der Strobels an Frank und Bobby Level vom 5. August 1948, in: NHS XIII. Vermischte Korrespondenz 4. 1946-1949.

120 Brief von Hilde Strobel an einen Fridolin vom 16. September 1972, in: DEA.

121 SWR HSAS I, S. 12.

122 SWR HSAS II: *Der Held von Avricourt*, Sendedatum 13. April 1971, 20.18 bis 22 Uhr, Redaktion Josef Häusler, Produktion Bernhard Rübenach, Sprecher Gert Westphal, S. 9.

brachte Heinrich Strobel viel Zeit in der Buchhandlung von Hermann Baumann, einem weiteren Freund seiner Eltern, setzte sich dort erstmals intensiv mit Literatur auseinander (bevorzugt von Schiller, Heine, Wedekind und Büchner) und entdeckte seine Leidenschaft für Bühnenstoffe. Das Misstrauen gegen die bürgerliche Welt seiner Eltern intensivierte sich, als ihm bei dem Kunstkenner Baumann schließlich auch ein Exemplar des *Blauen Reiters* in die Hände fiel und er zum ersten Mal Abbildungen von Kandinsky, Marc und Picasso sowie Schönbergs faksimilierte *Herzgewächse* entdeckte:

> Erst in der Distanz von Jahrzehnten wird mir klar, welche Bedeutung meine Gespräche in Baumanns Buchladen für meine künftige Entwicklung hatten. Meine stockkonservative Einstellung zur Musik konnte zwar noch nicht erschüttert, aber immerhin angekratzt werden. Ohne Zweifel wurde mein Interesse für die Bildende Kunst geweckt und gerade für die Malerei der Gegenwart. Als Augenmensch, der ich bin, fand ich zu diesem Bereich der Kunst früher eine Beziehung als zur modernen Musik.[123]

Für einige Monate kam Heinrich Strobel zwar noch zurück in den aktiven Militärdienst, dank erneuter mütterlicher Einflussnahme aber in einem ruhigen Frontabschnitt im Grenzgebiet von Elsass-Lothringen, wo er die Zeit vornehmlich mit der Lektüre von Flaubert, Rolland und gesellschaftskritischen deutschen Autoren verbrachte.[124] Als sich seine Einheit wenige Wochen vor Kriegsende über Lüttich von der Front zurückzog und dabei sukzessive auflöste, nutzte er mit einigen Kameraden schließlich die Gelegenheit, über Aachen zu desertieren und nach Regensburg zurückzukehren.[125]

Die ersten Monate nach Kriegsende verbrachte Heinrich Strobel als Kapellmeistervolontär und Repetitor am heimischen Regensburger Stadttheater, bis er im folgenden Jahr 1919 in München ein Studium der Musikwissenschaft, Kunstgeschichte, Literaturwissenschaft und Pädagogik aufnahm. Wie er in einem Lebenslauf von 1946 vermerkte, hörte er „zwischendurch"[126] auch Vorlesungen in Leipzig und Berlin, bis er im Jahr 1922 sein Studium bei Adolf Sandberger mit einer „magna cum laude" bewerteten Dissertation über *Johann Wilhelm Hässlers Leben und Werke* abschloss.[127] Schon vor der Beendigung dieser heute nur noch in einem Exemplar in der Münchner Universitätsbibliothek erhaltenen, zweihundertdreißig Seiten starken Schrift hatte Strobel begonnen, für die *Thüringische Allgemeine Zeitung* in Erfurt als

---

  Ob die beiden Sendemanuskripte mit Strobels autobiographischen Notizen im Wortlaut übereinstimmen, konnte nicht überprüft werden.

123 Ebenda, S. 13f.

124 Ebenda, S. 22ff.

125 In verschiedenen Unterlagen zur NS-Zeit (sowohl dem Fragebogen zur Aufnahme in die Reichsschrifttumskammer 1939 als auch den Erläuterungen zum Entnazifizierungsfragebogen 1946, die im Anhang als Dokument 2 abgebildet sind) findet sich die Angabe, Frontkämpfer gewesen zu sein.

126 Lebenslauf von 1946, in: NHS XIV.3 Korrespondenz 1945-1950.

127 Vgl. zum Prädikat seiner Arbeit einen Lebenslauf von Strobel, datiert 9. Mai 1939, in: BArch VBS 46 Nr. 2100044907.

Musikkritiker zu arbeiten. In der Rückschau ging er mit sich als angehendem Musikwissenschaftler aber hart ins Gericht:

> Das Interesse für die deutsche Sprache wurde mir durch die heimatlichen und nationalen Themen gründlich ausgetrieben – das jämmerliche, unbeholfene Gestammel meiner Dissertation über Joh. Wilhelm Hässler ist ein deplorabler Beweis dafür. Ich musste durch eine harte Schule gehen, um eines Tages Kritiken und Feuilletons schreiben zu können, die ich heute noch mit Vergnügen lese.[128]

Nach sieben Jahren journalistischer Tätigkeit für die *Thüringische Allgemeine*, bei der er sein Interesse zunehmend auf aktuelle Kunstentwicklungen richtete, holte ihn der einflussreiche Theater- und Filmkritiker Herbert Ihering 1927 als Musikreferent und Schriftleiter zum *Berliner Börsen-Courier*. Von 1928 bis Januar 1939 schrieb er außerdem für das *Berliner Tageblatt*. Inmitten des pulsierenden Kulturlebens der Spreemetropole etablierte sich Strobel rasch als einer der führenden Propagandisten der musikalischen Avantgarde und pflegte enge Kontakte zu Größen des Musik- und Theaterlebens wie Erwin Piscator, Bertolt Brecht, Paul Hindemith und Otto Klemperer. In diese Zeit fällt auch seine Heirat mit Hilde Levy am 12. März 1931, nachdem eine erste Ehe, über die sich keine weiteren Informationen erhalten haben, geschieden worden war.[129]

Als Exponent der neuen Musik und Ehemann einer Jüdin brachte die Machtübergabe an die Nationalsozialisten im Januar 1933 für Strobel einschneidende Veränderungen und zunehmende Gefahr. Anlässlich einer späteren Begegnung mit dem Komponisten Wladimir Vogel erinnerte er sich an die bedrohliche Atmosphäre:

> Ich habe ihn zuletzt in jenem denkwürdigen Konzert der Berliner Funkstunde im März 1933 gesehen. Ansermet dirigierte die erste Symphonie von Honegger. Plötzlich mußte abgebrochen werden, da eine Hitler-Rede übertragen wurde. Es war das erste Mal, und unser Chok war nicht gering, daß sich die Politik derartige Eingriffe in das künstlerische Programm erlaubte. Ich sehe uns noch im Zimmer des damaligen Leiters der Musikabteilung sitzen (der bald darauf herausflog): Ansermet, Klemperer, Roger Sessions, Vogel, und ich erinnere mich noch des Entsetzens, das unsere Stimmen erzittern ließ.[130]

Als Folge des wachsenden Drucks auf politisch suspekte oder unliebsame Intellektuelle übernahm Heinrich Strobel 1933 von Hans Mersmann die Schriftleitung des vierzehn Jahre zuvor von Hermann Scherchen begründeten Avantgar-

---

128 SWR HSAS II, S. 13.
129 Lebenslauf [1946], in: NHS XIV.3 Korrespondenz 1945-1950. Vgl. auch seinen Lebenslauf vom 9. Mai 1939, in: BArch VBS 46 Nr. 2100044907.
130 Heinrich Strobel, *Schweizer Tagebuch II*, in: *Melos* 19 (1949) Nr. 2 (Mai), S. 50f.

de-Sprachrohrs *Melos*, an dessen Redaktion er seit 1928 als Autor beteiligt war.[131] Lange konnte die Zeitschrift, inzwischen verlegt beim Mainzer Schott-Verlag, in der bisherigen Ausrichtung nicht gehalten werden, trotz deutlich angepasster Nummern wie im Oktober 1933, als unter dem Titel *Das neue Italien. Faschismus und Kunst* der von der „nationalsozialistischen Revolution" gestifteten „neuen und engen Verbindung"[132] ein Themenheft gewidmet wurde, um „zu erfahren, was der Faschismus an kultureller Aufbauarbeit geleistet hat und welche künstlerischen Tendenzen mit dem Regime Mussolinis in den Vordergrund getreten sind."

Für die ersten Hefte des Folgejahrgangs 1934 zunächst mit dem editorischen Hinweis „Melos – Neue Folge" versehen, wurde die Zeitschrift von Strobel noch in diesem Jahr in das *Neue Musikblatt* überführt.[133] Die redaktionelle Fokussierung auf moderate, heute weitgehend unbekannte zeitgenössische Künstler, historisierende Inszenierungen und gediegene musikwissenschaftliche Artikel über alte deutsche Meister verdeutlicht die beabsichtigte Geste Strobels und des Schott-Verlags gegenüber den neuen Machthabern, mit der symbolischen Aufgabe des alten *Melos*-Titels (unter Beibehaltung der Jahrgangszählung) auch die mit Hermann Scherchens „Kampfblatt für neue Musik" assoziierte Haltung aufzugeben und bei gleichbleibendem inhaltlichen Niveau sich fortan mit den neuen ideologischen Leitlinien der NS-Kulturpolitik zu arrangieren. Dass die Feinde der neuen Musik Strobels Engagement für die Avantgarde der Weimarer Zeit aber nicht vergessen hatten, wurde nach außen spätestens 1938 sichtbar, als bei den Düsseldorfer Reichsmusiktagen Hans Severus Zieglers berüchtigte Ausstellung *Entartete Musik* auch Heinrich Strobel brandmarkte.[134] Da Strobel in seiner Doppelfunktion als Schriftleiter des

---

131 Ludwig Strecker, *70 Jahre Heinrich Strobel*, in: *Melos* 35 (1968), Heft 5 (Mai), S. 177. Siehe auch Ernst Laaffs Darstellung seiner eigenen Rolle bei der Umstellung vom *Melos* auf das *Neue Musikblatt*, in: Ernst Laaff, *Zehn Jahre Wiederaufbau der Zeitschriften im Schott-Verlag*, in: *Festschrift für einen Verleger. Ludwig Strecker zum 90. Geburtstag*, hg. von Carl Dahlhaus, Mainz 1973, S 283ff. Siehe zur Vorgeschichte des *Melos* ergänzend Hans Oesch, *Das ‚Melos' und die Neue Musik*, in: ebenda sowie die Zusammenschau von Geleitworten und zentralen Texten der ersten Jahrgänge im Jubiläumsheft zum 25. Jahrgang des *Melos* (1958), Heft 1 (Januar).

132 Redaktionelles Vorwort, in: *Melos*-Themenheft *Das neue Italien. Faschismus und Kunst* 12 (1933), Heft 10 (Oktober), S. 323.

133 Ernst Laaff, *Das neue Melos*, in: *Melos* 35 (1968), Heft 5 (Mai), S. 178: „Als Anno 1934 ‚Melos' – als Zeitschrift für angeblich ‚entartete Musik' – nicht mehr erscheinen konnte, lud Johannes Petschull, zu jener Zeit Leiter der Zeitschriften-Abteilung bei Schott, Strobel und mich zu einer Besprechung nach Mainz ein; es ging dabei um die Gründung des „Neuen Musikblattes", das in veränderter Form die ‚Melos'-Tradition fortführen sollte. Vom November 1934 erschien es bis zum März 1943; die ersten sechs Hefte trugen noch den Untertitel ‚Melos Neue Folge', der dann auch verschwinden mußte. Seit 1938 übernahm ich selbst im Hause Schott die Zeitschriften-Abteilung und vertrat bald den Schriftleiter Strobel, der nach Frankreich emigrieren mußte. Anfangs konnte er noch von Paris aus mitarbeiten, später wurde ihm auch dies durch Berliner Parteistellen unmöglich gemacht."

134 Vgl. die Abbildung einer *Melos*-Titelseite als Beispiel für journalistischen „Musikbolschewismus" sowie die namentliche Nennung von „Dr. Heinrich Strobel, der die Zeitschrift ‚Melos' zum Tummelplatz aller Dolchstöße gegen das Deutsche in der Musik machte und als ‚Avantgardist' des jüdischen Kunstbolschewismus Geschichte zu machen glaubte" (in: Hans Severus Ziegler, *Entartete Musik. Eine Abrechnung*, zitiert nach der zweiten Auflage, Düsseldorf 1939, S. 8 und 10). Die als Portrait Strobels abgedruckte Zeichnung von Benedikt Fred Dolbin schließt dabei (ohne Nennung der Quelle) einen Kreis zu einer „Kritik der

Neuen Musikblattes und zuständiger Redaktionsmitarbeiter des *Berliner Tageblattes* eine so wichtige Veranstaltung wie die vom Propagandaministerium forcierten Reichsmusiktage nicht umgehen konnte, bemühte er sich um eine möglichst sachliche Berichterstattung. So fragte er – auf Briefpapier des *Neuen Musikblattes* – am 17. April 1938 bei seinem zwölf Jahre jüngeren Kollegen Wolfgang Steinecke (dem späteren Gründer der Darmstädter Ferienkurse) an, ob er „den Bericht für das Berliner Tageblatt übernehmen [könne]. [...] Bei Düsseldorf möchte ich Sie nochmal daran erinnern, dass der Bericht den offiziösen Charakter des Festes kennzeichnen und mit Eilboten am 30. Mai früh in Mainz, Weihergarten 5 [Sitz des Schott-Verlags] sein muss".[135] Im nächsten erhaltenen Brief, ebenfalls wieder auf Briefpapier des *Neuen Musikblattes*, bedankte sich Strobel für die ausgewogene Darstellung Steineckes und kommentierte in seinem typischen ironischen Tonfall seine eigene schwierige Position in dieser Angelegenheit:

> Ich möchte nicht versäumen, Ihnen für Ihre prompte Berichterstattung über Düsseldorf zu danken. Die Berichte gefielen auch der Redaktion sehr gut. Ich denke, daß sich im Herbst eine noch regelmäßigere Zusammenarbeit ergibt. Wie lang ist eigentlich noch die Düsseldorfer Ausstellung? Könnten Sie mir noch eine Broschüre besorgen? Meinen engsten Freunden und Gönnern möchte ich dieses schöne Dokument nicht vorenthalten.[136]

Hinter der bürokratischen Fassade hatte Strobel zu dieser Zeit die Macht der Reichskulturkammer und ihrer berufsständischen Untergruppen längst zu spüren bekommen. Nach erbrachtem Ariernachweis war er trotz seiner jüdischen Frau „mit Zulassung des Ministers" Goebbels am 19. März 1934 in die Schriftleiterliste des Reichsverbands der deutschen Presse aufgenommen worden,[137] so dass er wie erwähnt als Musikreferent für das *Berliner Tageblatt* tätig sein sowie als Schriftleiter das *Neue Musikblatt* herausgeben konnte. Um ergänzend zu seiner 1927 begonnenen Arbeit beim *Berliner Börsen-Courier* dort auch Kunstkritiken und Reiseberich-

---

Kritik" betitelten Ausgabe der Zeitschrift *Der Scheinwerfer* (hg. von Hannes Küpper, 1. Jg., 14./15. Heft vom Mai 1928, S. 21), in der Strobel sein Verständnis von Musikkritik formuliert hatte: „Kritik kann nur üben, wer um die geistigen Strömungen der Zeit Bescheid weiß, wer lebendigen Anteil an ihr nimmt. Kritik erfordert stärkstes Verantwortungsgefühl." Vgl. hierzu auch Albrecht Dümling und Peter Girth (Hg.), *Entartete Musik. Katalog zur kommentierten Rekonstruktion*, Düsseldorf 1988.

135 Brief von Heinrich Strobel an Wolfgang Steinecke vom 17. April 1938, in: Nachlass von Wolfgang Steinecke im Stadtarchiv Darmstadt [NWS]. Zum Kontext von Steineckes Düsseldorfer Berichterstattung siehe ausführlich Michael Custodis, *Traditionen – Koalitionen – Visionen. Wolfgang Steinecke und die Internationalen Ferienkurse in Darmstadt*, Saarbrücken 2010, S. 60ff.

136 Brief von Heinrich Strobel an Wolfgang Steinecke vom 8. Juni 1938, in: NWS.

137 Vgl. ein Schreiben des Reichsverbands der deutschen Presse an Heinrich Strobel vom 19. März 1934 sowie ein Schreiben des Leiters des Reichsverbands der deutschen Presse an die Reichsschrifttumskammer vom 26. April 1939, in: BArch VBS 46 Nr. 2100044907.

te veröffentlichen zu können, hatte sich Strobel das Pseudonym Karl Frahm zugelegt.[138]

Strobels berufliche Perspektiven waren während dieser Jahre eng verknüpft mit
dem Schicksal des *Berliner Tageskuriers* und blieben prekär. Sein Redaktionskolle-
ge Paul Fechter berichtete in seinen Memoiren von regelmäßigen Nachstellungen
des Reichspropagandaministeriums, wann „endlich der nichtarisch versippte Doktor Heinrich Strobel"[139] das Blatt verlassen und sich von seiner Frau scheiden lassen
würde. Diesem Drängen habe man sich mit Unterstützung des bestens im Berliner Kultur- und Politikbetrieb vernetzten Wilhelm Furtwängler zu entledigen gesucht. Hinter dieser Verbindung zwischen der Redaktion und Furtwängler ist Strobel selbst zu vermuten, der durch sein Eintreten für Paul Hindemith (von der 1928
erstmals erschienenen, engagierten Komponistenbiographie bis zur Affäre um dessen Oper *Mathis der Maler*) ein Anliegen mit dem Dirigenten teilte. Zum anderen
hatte Furtwängler, dokumentiert durch ein Schreiben des Propagandaministeriums
vom 22. Dezember 1937, mit einem in den Akten nicht erhaltenen Gutachten auch
Strobels Eintragung in die Sonderliste der Kunstschriftleiter ermöglicht,[140] nachdem man ihn mit Bescheid vom 17. August 1937 mit „sofortiger Wirkung" von
der regulären Kunstschriftleiterliste gestrichen hatte, „da nach den jetzigen Bestimmungen mit einer Nichtarierin Verheiratete für die Kunstbetrachtung (einschließlich Buchbesprechung) nicht zugelassen" seien.[141] Das in diesen Berliner Jahren für
Strobel aktive Netzwerk von Unterstützern sollte nach 1945, als es galt, das deutsche Musikleben neu zu strukturieren, unter genau umgekehrten Vorzeichen wieder von Bedeutung werden.

Da sich aber auch das *Berliner Tageblatt* nur bis Januar 1939 auf dem Zeitungs-
markt halten konnte, schränkten sich die Lebens- und Arbeitsbedingungen von
Hilde und Heinrich Strobel immer mehr ein.[142] Nachdem er in der Düsseldor-

---

138 Hinter diesem Pseudonym ist keine Anspielung auf den Geburtsnamen Herbert Ernst Karl
    Frahm des fünfzehn Jahre jüngeren, späteren Bundeskanzlers Willy Brandt zu vermuten.
    Strobel hatte seine publizistische Doppelidentität vermutlich durch blindes Tippen im
    Berliner Telefonbuch gefunden, so dass auch die Namensparallele zu einem DDR-Künstler
    Zufall bleibt (vgl. hierzu Schatz, *Vorwort* zu *Am Rande*). Soweit es rekonstruierbar ist, war
    dieser Karl Frahm in den Jahren 1947 und 1948 an der Staatlichen Hochschule für Musik in
    Rostock Schüler von Rudolf Wagner-Régeny. Ergänzend haben sich im Literaturarchiv der
    Berliner Akademie der Künste mehrere Briefe Karl Frahms an Johannes R. Becher aus dem
    Jahr 1947 erhalten, die darauf hindeuten, dass Frahm einige Texte von Becher vertonte.
139 Paul Fechter, *An der Wende der Zeit*, zitiert nach ebenda, S. 3.
140 Vgl. das entsprechende Schreiben des Reichspropagandaministeriums an Heinrich Strobel
    vom 22. Dezember 1937 in Strobels Akte bei der Reichsschrifttumskammer, in: BArch VBS
    46 Nr. 2100044907. Eine zweite Stellungnahme steuerte Emil Preetorius, Grafiker, Illustrator
    und von Hitler protegierter Bühnenbildner der Bayreuther Wagner-Festspiele, bei.
141 Schreiben des Landesverbands Berlin im Reichsverband der deutschen Presse an Heinrich
    Strobel vom 17. August 1937, in: Akte zum Restitutionsverfahren der Strobels beim Landes-
    amt für die Wiedergutmachung Freiburg i. Br., StAF Bestand F 196/1 Nr. 9535. Vgl. eine
    entsprechende Mitteilung des Reichsministeriums für Volksaufklärung und Propaganda
    vom 22. Dezember 1937 an Heinrich Strobel, in der Akte *Reichsschrifttumskammer Heinrich
    Strobel*, in: BArch VBS 46 Nr. 2100044907.
142 Vgl. eine politische Beurteilung des Gau-Personalamts Berlin, als Gau-Hauptstellenleiter
    Kühn am 28. September 1939 vertraulich dem Präsidium der Reichsschrifttumskammer
    meldete: „Der Schriftleiter Dr. Heinrich Strobel ist mit einer Jüdin verheiratet. Ich kann daher

fer Ausstellung als Vertreter der „entarteten Musik" angegriffen worden war, muss ihm bewusst geworden sein, dass er die Schriftleitung des *Neuen Musikblattes* nicht mehr lange würde behalten können. Im September 1938 ging er offensichtlich davon aus, dass er zwar noch weiterhin journalistisch in Berlin tätig sein könne, aber mit dem Ende seiner Leitung die ganze Zeitschrift eingestellt würde. Wolfgang Steinecke teilte er auf Papier des *Berliner Tageblatts* brieflich mit:

> Ich schlage Ihnen vor, mir doch zu Beginn jedes Monats, [sic] eine Karte mit den wichtigsten Sachen zu schreiben, die Sie besuchen. Dann wird alles klappen. Unser N.M. verschwindet, das werden Sie wohl schon wissen. Dafür erscheint eine „Deutsche Musikzeitung", Herausgeber: Wilhelm Furtwängler, Hauptschriftleiter: Müller-Blattau. Ich wirke bloß mehr beratend mit, und das ist mir auch lieber. Sie können aber ruhig mit mir alles abmachen, soweit es die Berichterstattung betrifft. […] Vielen Dank auch für die Übersendung der Broschüre, ich hatte das ganz vergessen, da ich selbst Juli/ August nicht hier war.[143]

Vor diesem Hintergrund erklären sich auch die seit Mitte 1938 forcierten Bemühungen der Strobels, Deutschland zu verlassen und Hilde Strobel in die sichere amerikanische Emigration zu verhelfen. Heinrich Strobels Redaktionskollegen waren nach dem Ende des *Berliner Tageblatts* überwiegend bei der *Deutschen Allgemeinen Zeitung* (*DAZ*) untergekommen, was ihm aufgrund der weiterhin verweigerten Scheidung von seiner Frau verwehrt blieb. Hier kam ein weiteres Mal Paul Fechter ins Spiel, der für ihn die Option aushandelte, als Auslandskorrespondent der *DAZ* nach Frankreich zu gehen. Die aus dieser Zeit in diversen deutschen und französischen Zeitungen erhaltenen Texte Strobels sind mit seinem Namen gezeichnet, sofern es sich um Berichte zum Musikleben und Konzertkritiken handelt. Die Reiseberichte und feuilletonistischen Betrachtungen zum französischen Kulturleben hingegen erschienen wieder unter seinem Pseudonym Karl Frahm. Die Formalie, dass Heinrich Strobel nach Frankreich nicht ins Exil ging, sondern regulär ausreiste, spielte eine Rolle, als er noch von Berlin aus am 14. Februar 1939 die Aufnahme in die Reichsschrifttumskammer beantragte, um unter seinem Pseudonym im Berliner Herbig-Verlag eine Sammlung von Kochrezepten zu veröffentlichen, mit denen er bei einer großen Leserschaft in den Jahren zuvor Erfolg gehabt hatte.[144]

---

die Gewähr für seine politische Zuverlässigkeit nicht übernehmen." Aktenzeichen St 359/39 – IV/K, in: ebenda.

143 Brief von Heinrich Strobel an Wolfgang Steinecke vom 29. September 1938, in: NWS. [Dokument 3 im Anhang] Die Schriftleitung des *Neuen Musikblattes* musste Strobel im Frühjahr 1939 abgeben, das letzte Heft unter seiner Verantwortlichkeit erschien im März 1939. Nach seinem Weggang blieb die Zeitschrift aber erhalten und erschien, im Impressum vermerkt als „i.V.", unter der Leitung von Fritz Bouquet. Es sollte bis zum November 1942 dauern, bis man mit dem Artikel *Deutsche Zeitgenossen im französischen Spiegel* wieder einen Beitrag Strobels im *Neuen Musikblatt* lesen konnte.

144 Vgl. die spätere Wiederveröffentlichung des Buches *Koche mit Karl Frahm* [1939 im F.A. Herbig-Verlag], Berlin 1950 [bei W. Büxenstein]. Siehe auch seinen Aufnahmeantrag in die Reichsschrifttumskammer (RSK), datiert auf den 14. Februar 1939 und amtlich gestempelt am 4. März 1937, in: BArch VBS 46 Nr. 2100044907. Neben der Erwähnung seines Front-

Laut Mitteilung der Reichsschrifttumskammer (RSK) vom 14. Oktober 1939 (adressiert noch an die alte Berliner Anschrift) wurde Heinrich Strobel sogar von der Pflichtmitgliedschaft in der RSK befreit. Komplizierter wurde es im folgenden Jahr, als seine Mitgliedschaft in dieser Kammer zum 23. November 1940 gelöscht wurde und demzufolge seine aus Paris nach Berlin übermittelten Texte plötzlich nicht mehr veröffentlicht werden konnten. Strobel schrieb umgehend an die zuständige Stelle der Reichsschrifttumskammer und gab dabei eine Übersicht zu seiner beruflichen Situation während der zurückliegenden Monate:

Sehr geehrter Herr Metzner!

Ich erhalte soeben von Herrn Dr. Fechter, dem Feuilletonleiter der DAZ, die Mitteilung, dass ich von der Liste der Schriftsteller gestrichen sei.

Diese Tatsache kann nur auf einer Verwechslung oder Mißverständnis beruhen. Ich bin im Auftrag der DAZ und im Einverständnis mit den Behörden im Februar 39 gegangen, um laufend für die Zeitung zu berichten, wie Ihnen Dr. Fechter bereits mitteilte. Meine Mitarbeit erfolgte bis in die letzten Tage vor dem Kriege unter meinem für die feuilletonistischen Beiträge amtlich zugelassenen Pseudonym Karl Frahm. Ich war in Paris bei der Botschaft gemeldet und in ständiger Verbindung mit dem Leiter des RDP Frankreich, Dr. Krug von Nidda.

Im Sommer 39 befand ich mich am Cap Martin, um dort meine eben erscheinende Biographie über Debussy zu schreiben. Bei Kriegsausbruch wurde mir das Ueberschreiten der franz.-italienischen Grenze durch die Gendarmerie unmöglich gemacht: ich wurde sofort ins Lager Fort Carré in Antibes eingeliefert. Während meiner Internierung, die bis in den Herbst 40 dauerte, wurde ich wegen meiner Arbeit für die deutschen Zeitungen als suspekt behandelt. Meine Befreiung aus dem Lager, sowie meine jetzige Rückkehr nach Paris wurde auf Veranlassung des OKW bewirkt. Seit September stand ich mit der deutschen Kommission in Aix-en-Provence in dauernder Verbindung, ebenso mit der DAZ. Ich bin hier in Paris bei der Botschaft und den sonstigen zuständigen obersten Behörden gemeldet. Ich habe meine Arbeit für die DAZ auf deren Wunsch hin bereits aufgenommen.

Ich gestatte mir darauf hinzuweisen, daß ich niemals der Gruppe der Schriftsteller angehörte, sondern Mitglied des RDP bin. Aus dieser Tatsache schließe ich, daß es sich wieder um eine jener Verwechslungen handelt, deretwegen ich schon in den französischen Lagern in unangenehmsten Situationen kam.

---

kämpferstatus unter Punkt 14 listete er unter Punkt 26 seine publizistischen Tätigkeiten für das *Berliner Tageblatt*, seit dem 1. Februar 1939 für die *Deutsche Allgemeine Zeitung*, die *Deutsche Zukunft* seit 1938 sowie die Schriftleitung des *Neuen Musikblatts* auf. Nach der im Bundesarchiv Berlin erhaltenen Karteikarte der Reichsschrifttumskammer vom 14. Februar 1939 war Heinrich Strobel nicht Mitglied der NSDAP.

In jedem Fall bitte ich, die Streichung, wenn sie wirklich mich betreffen sollte, sofort rückgängig zu machen, da sie unbegründet und daher unberechtigt ist.

Sie werden wohl verstehen, sehr geehrter Herr Metzner, da ich sehr bittere Zeiten hinter mir habe, und zwar ausschließlich wegen meiner journalistischen Tätigkeit in Frankreich. Ich hoffe, daß Sie Verständnis für die Dringlichkeit einer positiven Erledigung meiner Angelegenheit haben, und ich wäre Ihnen sehr verbunden, wenn Sie sowohl Herrn Dr. Fechter wie mir umgehend Bescheid geben würden.[145]

Paul Fechter hatte einen Monat zuvor ebenfalls Kontakt zu Metzner aufgenommen, um Widerspruch gegen die Begründung einzulegen, dass Strobel von der Schriftleiterliste wegen „Verlassen des Reichsgebietes" gestrichen worden sei, da dieser „im Auftrag der DAZ und im Einvernehmen mit dem Verlag seinerzeit für das Feuilleton der Deutschen Allgemeinen Zeitung nach Frankreich entsendet worden ist, um von dort aus, wie er es auch bis zum Kriegsausbruch unter dem Pseudonym Karl Frahm getan hat, ständig in feuilletonistischer Form über Land und Leute zu berichten."[146] Nach einem handschriftlichen Vermerk in Strobels Akte bei der Reichsschrifttumskammer vom 4. März 1941 war die Angelegenheit zwei Monate später gütlich bereinigt, da Strobels Arbeiten nicht weiter genehmigungspflichtig seien, „sofern er seinen ständigen Wohnsitz im Ausland hat".

Eine Schwierigkeit für die Darstellung der Lebenssituation von Heinrich Strobel in Paris besteht darin, dass sich seine Strategien zum Aufbau neuer Netzwerke vor Ort, die Pflege bestehender Kontakte[147] sowie der diskrete Versuch, unter Verwendung seiner Beziehungen die französische Metropole nur als Durchgangsstation in die USA zu nutzen, auf mehreren Ebenen abspielten, so dass die Rekonstruktion dieser verschiedenen Stränge zwischen den Jahren 1939 und 1941 mehrfach hin- und herspringen muss. Die von Strobel geschilderten Lebensumstände in Frankreich, die sich mit den bereits zitierten Mitteilungen seiner Frau an ihre amerikanischen Verwandten decken und durch die Recherchen von Manuela Schwartz in wesentlichen Stationen bestätigt wurden, umreißen mit wenigen Worten eine komplizierte Taktik: Einerseits stand Strobel in enger Tuchfühlung mit der deutschen Botschaft, um mit seinen langjährigen Verbindungen zu französischen Künstlern die deutsche Kulturpropaganda in Paris zu unterstützen und gleichzeitig journalistisch die französische Kultur für deutsche Zeitungen zu portraitieren.[148] Andererseits dokumentierte er seine Vorliebe für moderne französische Musik in Form

145 Schreiben von Heinrich Strobel an Kurt Metzner vom 16. Februar 1941 (Hotel Palais d'Orsay), in Strobels Akte bei der Reichsschrifttumskammer, in: BArch VBS 46 Nr. 2100044907.
146 Brief von Paul Fechter an Kurt Metzner vom 4. Januar 1941, ebenda.
147 Beispielsweise rief er sich am 27. Mai 1939 bei Willi Schuh, seinem Kritikerkollegen bei der *Züricher Zeitung*, in Erinnerung und bat ihn um Vermittlung beim zuständigen Redakteur Hans Barth. Seine Themenvorschläge zu Kunst-, Architektur- und Literaturbetrachtungen wurden von Barth am 8. August 1939 allerdings als unpassend abgelehnt. In: NHS XIII. Vermischte Korrespondenz 1. 1938-1940, Mappe „Emigration".
148 Schwartz, *Exil und Remigration*, S. 391.

einer Debussy-Biographie, die er für Martin Hürlimanns von Berlin nach Zürich gewechselten Atlantis-Verlag verfasste.[149] Um erstens aber überhaupt weiterhin an den diskreten Informationsströmen der Presseredaktionen partizipieren zu können, zweitens damit das Auskommen für sich und seine Frau zu bestreiten und drittens ihre Sicherheit durch eben diesen kontinuierlichen Zugang zu exklusiven Netzwerken absichern zu können, musste er so flexibel taktieren.

Zum Zeitpunkt seiner zitierten Stellungnahme im Frühjahr 1941 gegenüber der Reichsschrifttumskammer, inmitten des seit mehr als einem Jahr anhaltenden Zweiten Weltkriegs, hatte sich die Option einer möglichen Emigration für Heinrich Strobel längst zerschlagen, und bemerkenswerterweise hatte auf Seiten möglicher Fürsprecher in den Vereinigten Staaten genau dieses taktische Verhalten während der Pariser Jahre Misstrauen bezüglich seiner Glaubwürdigkeit genährt. Wie bereits im Zusammenhang der Emigrationspläne von Hilde Strobel erwähnt, hatten sich die Strobels seit der Machtergreifung der Nationalsozialisten mit dem Gedanken getragen, das Land zu verlassen, und unternahmen daher mehrere Reisen nach Italien und Frankreich, zumeist zu Musikfesten und anderen dienstlichen Anlässen Heinrich Strobels, wie er in einer Anlage zu seinem Entnazifizierungsfragebogen vermerkte. So besuchte er (vermutlich in Begleitung seiner Frau) in den Jahren 1933, 1935 und 1937 den Maggio musicale in Florenz, unternahm auf Einladung seines Schwagers „Fritz Levy (Frank Level), damals in Amsterdam und Rotterdam […] eine Erholungsreise nach Aegypten [im] Januar 1937" und machte sich im darauffolgenden Jahr auf eine „ergebnislose Reise nach London wegen Auswanderung"[150]. Wie aus Korrespondenz mit Hermann Heimerich hervorgeht – einem laut Briefkopf als „Devisenberater und Helfer in Steuersachen" amtlich zugelassenen „Beratenden Volkswirt", den die Strobels als Bevollmächtigten mit der Abwicklung der Formalitäten in Berlin beauftragt hatten –, ließ Heinrich Strobel vier Monate nach seinem vermutlich im Januar erfolgten Umzug ein Auswanderersperrkonto einrichten und versuchte, die Überschüsse aus dem Verkauf des Kölner Hauses seiner Frau auf dieses Konto übertragen zu lassen. Offensichtlich hatten die Strobels sogar eine Anfechtung des Kaufvertrags in Betracht gezogen, da Heimerich am 10. Mai 1939 nach Paris schrieb: „Ich kann mir nicht recht vorstellen, welchen Nutzen eine solche Anfechtung bringen könnte. Ihre Frau muß das Haus auf alle Fälle verkaufen; es könnte sich also doch höchstens darum handeln, von einem

---

149 In einem Beitrag für Hilde Strobels postum herausgegebene Würdigung ihres Mannes berichtet ihr alter Weggefährte aus Berliner Zeiten, Hans Heinz Stuckenschmidt, dass die Entstehung der Debussy-Monographie von den späteren Widmungsträgern, Paul und Maja Sacher, unterstützt wurde, was in die Pariser Jahre der Strobels fällt. Hans Heinz Stuckenschmidt, *Zur Einführung*, in: *Heinrich Strobel. Texte zur Musik unserer Zeit 1947-1970*, hg. von Hilde Strobel, Nürnberg (o.J.), S. 7f. Vgl. ergänzend auch einen Brief von Martin Hürlimann an Heinrich Strobel (La Thérèse, Pinchinats par Aix en Provence, Bouches du Rhone) vom 28. März 1940, in: NHS XIII. Vermischte Korrespondenz 1. 1938-1940, Mappe „Emigration".
150 NHS VII. Korrespondenz in Rechtssachen 3. 1939-1946, Ergänzung zu Punkt 125 als Anlage zum Fragebogen (datiert auf den 28. August 1946). [Dokument 2 im Anhang].

anderen Käufer einen höheren Kaufpreis zu erhalten. Ich halte Derartiges für sehr zweifelhaft."[151]

Wie ein Brief von Louis P. Lochner vom Berliner Büro der Associated Press an „Schriftleiter Strobel" beim Berliner Tageblatt vom 10. Januar 1939 dokumentiert, war er in die von Hilde Strobel forcierte Planung, über Holland auszuwandern, offensichtlich involviert. Allerdings ist nicht zu klären, wen genau die Mitteilung Lochners betroffen hätte (also Hilde, Heinrich Strobel oder beide): „Mein lieber Kollege! Die holländische Quote steht ausgezeichnet. Die Auswanderung kann in wenigen Monaten erfolgen, ja sogar vielleicht auf Wochen verkürzt werden, vorausgesetzt dass die nötigen Vorbedingungen erfüllt sind."[152] Wie sich aus Briefen im Deutschen Exilarchiv in der Frankfurter Nationalbibliothek rekonstruieren lässt, bemühte sich Heinrich Strobel eindeutig ab dem Sommer 1939 von Paris aus, ebenfalls in die Vereinigten Staaten zu emigrieren. So berichtet ein Assistent der American Guild for Cultural Freedom am 20. Juni 1939, dass er von Fritz Levy aufgesucht worden sei und dieser die Anliegen seines Schwagers vorgetragen habe. Dem Wunsch, Strobel „ausser der Quote nach USA herueberkommen zu lassen",[153] stünden aber außerordentliche und kaum lösbare Schwierigkeiten gegenüber. Zur Verbesserung seiner Chancen erhielt Strobel, der parallel wohl auch eine Arbeitsbeihilfe der American Guild beantragt hatte, den Rat, eine Reihe exilierter Komponisten oder Schriftsteller als mögliche Zeugen zu nennen und sie auch selbst um Unterstützung zu bitten: „Ich selbst kenne natuerlich Ihre Arbeiten aus dem Melos und dem Musikblatt, aber unsere amerikanischen Freunde moechten gerne durch Referenzen unterrichtet sein."

Ein mögliches Treffen der beiden in Paris kam im August 1939 nicht zustande, da Strobel sich zu dieser Zeit am Cap Martin aufhielt, um an seiner Debussy-Biographie zu arbeiten. In einem Brief vom 10. August 1939 berichtete er aber, „nach Amerika an Ihre Organisation" geschrieben zu haben, und bestellte Grüße an Ernst Krenek, Arnold Schönberg, Otto Klemperer und Artur Schnabel.[154] Diese Namen waren wohl gewählt, kannte Strobel sie doch seit den 1920er Jahren, so dass es sich anbot, sie jetzt als Gewährsleute für seine eindeutige Haltung auf Seiten der modernen, jetzt als entartet verfemten Musik ins Spiel zu bringen, zumal sie als Mitglieder der von Thomas Mann und Albert Einstein repräsentierten Deutschen Akademie im Exil zur renommierten American Guild for German Cultural Freedom gehörten und – neben anderen Künstlern und Intellektuellen wie Sigmund Freud, Ernst Toch, Martin Buber, Alfred Döblin, Lion Feuchtwanger, Bruno Frank, Paul Hindemith, Emil Ludwig, Heinrich Mann, Otto Klemperer, Alfred Neumann, Rudolf Olden, Max Reinhardt, Joseph Roth, Erwin Piscator, Ernst Toller, Bruno Walter, Franz Werfel, Arnold Zweig, Stefan Zweig, Karl Barth, Hermann Kantorowicz,

---

151 Schreiben von Hermann Heimerich an Heinrich Strobel vom 10. Mai 1939, in: Akte zum Restitutionsverfahren der Strobels beim Landesamt für die Wiedergutmachung Freiburg i. Br. StAF F 196/1 Nr. 9535.
152 Brief von Louis P. Lochner an Heinrich Strobel vom 10. Januar 1939, in: NHS XIII. Vermischte Korrespondenz 1. 1938-1940, Mappe „Emigration".
153 Brief eines Assistenten (Name unleserlich) an Heinrich Strobel vom 20. Juni 1939, in: DEA.
154 Brief von Strobel an einen Herrn Gedalschaft [kaum lesbar] vom 10. August 1939, in: ebenda.

Alfred Mendelssohn-Bartholdy, Erwin Schrödinger und Veit Valentin – mit ihrer Bekanntheit für den guten Ruf der Organisation einstanden.[155] Neben ihren prominenten Vertretern verfügte die Akademie durch Mitarbeiter wie den Schriftsteller Peter von Mendelssohn, der nach dem Abitur 1926 als Volontär beim *Berliner Tageblatt* begonnen hatte, zwei Jahre später als deren Hilfskorrespondent nach London gegangen war und im Jahr 1936 von Wien aus begonnen hatte, den Aufbau der Exilakademie in Europa vorzubereiten, über exzellente Verbindungen, um über die wesentlichen Strömungen und Vertreter des europäischen Kultur- und Wissenschaftslebens im Bilde zu sein.

Eine besondere Rolle bei der Deutschen Akademie im Exil sollte für Heinrich Strobel aber Volkmar Zühlsdorff spielen, der im Januar 1938 deren Geschäftsführung übernommen hatte und von New York aus ihre Geschicke lenkte. Der im Frankfurter Archiv verwahrten Exilakte von Strobel liegt ein Memorandum von Zühlsdorff mit Datum vom 19. August 1939 bei, in dem er sich misstrauisch und bestens informiert zeigte:

> I have seen from copies of correspondence that Dr. Heinrich Strobel has applied for a scholarship. I should like to add to his application file a few facts which I learned in Paris from a reliable source. Dr. Strobel has been in Germany until some months ago. He has been, during all that time, music critic at the Berliner Tageblatt. He left because his wife is Jewish. When he arrived in Paris, he expressed the intention to go on writing also for Nazi German papers. Dr. Strobel took a flat of ffrs. 1000 a month, which is much for Paris. He is now at Cap Martin on the Cote d'Azur, an expensive part of France. Whether he is invited there, I do not know.[156]

Eine direkte Konsequenz dieser Stellungnahme ist nicht überliefert. Es bleibt aber festzuhalten, dass die Emigrationsbemühungen Heinrich Strobels von Frankreich aus, wo er sich fast wie ein Muttersprachler verständigen konnte, ins englischsprachige Ausland jenseits des Atlantiks (dessen Sprache er nach seinen eigenen Maßstäben nicht zufriedenstellend beherrschte) stagnierten. Anfang Januar des folgenden Jahres 1940 hakte sein Schwager Frank Levy noch einmal mit einer ausführlichen Bittschrift bei der American Guild nach (die allerdings bereits zwei Tage später abschlägig beschieden wurde):

> My brother in law has written also the biographie of Paul Hindemith. A year ago, the German authorities gave him an ultimatum. If he divorced my sister he could stay in Germany and remain a public writer, if he should not divorce my sister, he should lose his position and his income. My brother in

---

155 Vgl. zur Struktur und den Tätigkeiten der Organisation das Kapitel *American Guild for German Cultural Freedom. Die amerikanische Hilfsorganisation und ihre Träger*, in: Volkmar Zühlsdorff, *Deutsche Akademie im Exil. Der vergessene Widerstand*, Berlin 1999, S. 60-77. Vgl. zu weiteren Namen Volkmar Zühlsdorff, *In Begleitung meiner Zeit. Essays und Kommentare, Erinnerungen und Portraits, Berichte und Dokumente*, München 1998, Abschnitt „*Stationen und Erschütterungen*" – *1936-46: Deutsche Akademie im Exil*, S. 64.
156 Memorandum für die Akten von Volkmar Zuehlsdorff vom 19. August 1939, in: DEA.

law, of course decided to stay with his jewish wife. He left Germany with her and stayed with her in the South of France until the war broke out. Since then they put him in a camp called ‚Camp de Rassemblement Les Millets [Milles] – Aix en Provence‘. My sister moved to Aix en Provence too, where she is lonely and is not allowed to see her husband. The intention of my brother in law was since long to come to the United States, where he wanted to work on his special territory: modern music, and before all modern american music. When I was at yours last summer you asked me to make my brother in law send over the proof that he has been lector at a German High-School. As a matter of fact, my brother in law tried hard to get the confirmation of the University where he has lectured, but, as in the meantime war interrupted all correspondence between France and Germany he was not able to give you any evidence of his lectorship.[157]

Nach freundlicher Auskunft von Pierre Boulez, der in späteren Jahren mit Hilde Strobel eng befreundet war, erzählte sie ihm aus ihrer Vergangenheit bevorzugt von der Berliner Zeit, aber nur sehr wenig über ihre Kölner Jugend sowie die Jahre in Frankreich.[158] Über ihr Leben in Aix-en-Provence weiß Boulez allerdings zu berichten, dass sie dort als Putzhilfe arbeitete, um bis zur Freilassung ihres Mannes etwas Geld zu verdienen. Zur Erläuterung der biographischen Umstände, die zwischen von Zühlsdorffs Memorandum vom August 1939 und der dringlichen Petition seines Schwagers vom Januar 1940 liegen, muss an dieser Stelle eingeflochten werden, dass Heinrich Strobel (auf dem Rückweg vom Cap Martin nach Paris) am 20. September 1939 im „Camp de Rassemblement Les Milles – Aix en Provence“[159] interniert wurde, einem Lager, das unmittelbar nach dem Ausbruch des Zweiten Weltkriegs für verdächtige Ausländer eingerichtet worden war. In einer Erklärung für seinen ehemaligen Mitinsassen Hermann Spitz gab Strobel 1956 Einblick in den harten Lageralltag:

> Ihrem Wunsch entsprechend bestätige ich Ihnen gerne, dass die Zustände, die seinerzeit in unserem Internierungslager in Les Milles herrschten, menschenunwürdig waren. Wir waren in einer völlig verdreckten Ziegelfabrik untergebracht. Es standen uns keine Betten zur Verfügung, sondern wir mussten auf dünnen, schmutzigen Strohschütten zu Hunderten, manchmal zu Tausenden auf dem Boden hausen. Es waren nicht einmal die primitivsten sanitären Einrichtungen vorhanden, so dass die Internierten gezwungen waren, sich behelfsmässig solche Einrichtungen selbst herzustellen. Meines

---

157 Mit Datum vom 2. Januar 1940 [fälschlich datiert auf 1939] schrieb Frank Levy an die American Guild for Cultural Freedom in New York, in: DEA.
158 Schriftliche Auskunft von Pierre Boulez an Michael Custodis vom 14. Dezember 2012.
159 Vgl. einen Brief von Heinrich Strobel an einen Präsidenten vom 10. Januar 1940 aus dem Lager, in: NHS XIII. Vermischte Korrespondenz 1. 1938-1940, Mappe „Emigration“.

Erachtens hat die Unterbringung in diesem Lager den Vorschriften der Haager Konvention nicht entsprochen.[160]

Da in Paris Strobels Inhaftierung nicht unbemerkt geblieben war, bemühte sich Henri Jourdan, sein Freund aus Berliner Tagen, mit einer Ehrenerklärung („Certificat de loyalisme") bei den französischen Behörden um seine Freilassung, ab Januar 1940 unterstützt durch Paul Claudel, Igor Strawinsky und Paul Sacher.[161] Nachdem er im März bereits befreit worden war,[162] wurde er am 20. Mai 1940 von Gendarmen abgeholt und erneut interniert. Nach seinen französischen Erläuterungen zum Entnazifizierungsfragebogen brach er aber im Oktober 1940 dort wie erwähnt aus und begab sich auf die Suche nach seiner Frau, die sich im „berühmten Lager de Gurs"[163] befand. Diese Angaben stehen im Widerspruch zu Recherchen von Manuela Schwartz, nach denen Strobel Ende 1940 oder Anfang 1941 durch die Hilfe des Oberkommandos der Wehrmacht befreit wurde.[164] Dabei ist in Erinnerung zu behalten, dass Frankreich seit dem 22. Juni 1940 unter Okkupation der Deutschen Wehrmacht stand und Strobel seine guten Kontakte zur deutschen Botschaft und den dort zentrierten politischen Netzwerken nun zu nutzen wusste, so dass man ihn vor allem gegen Attacken aus dem Amt Rosenberg schützen konnte. Die Veränderung seiner persönlichen Lebensumstände, ablesbar an seinem Jahreseinkommen, ist von ihm sogar in seinem Meldebogen aus dem Jahr 1950 festgehalten worden. Während er für die Jahre 1932 bis 1940 immer schneller sinkende steuerpflichtige Einnahmen notierte (1932 und 1933 je RM 20.000, 1934 RM 15.000, 1935 bis 1938 RM 8.000, 1939 RM 4.500, 1940 RM 1.200), schwankte nach Beginn der deutschen Okkupation sein Gehalt (1941 und 1942 je Franc 150.000, 1943 Franc 170.000, 1944 Franc 100.000), um im Jahr nach der Absetzung des Vichy-Regimes, als mit dem Ende des Zweiten Weltkriegs und dem Beginn seiner Tätigkeit beim Südwestfunk in Baden-Baden die größten Veränderungen dieser Jahre zu verzeichnen waren, sprunghaft anzusteigen (1945 Franc 300.000).[165]

Für die Umbruchzeit 1940/41 hingegen finden sich in Strobels Nachlass Unterlagen, die in einem Ordner mit Notizen zu seinen Memoiren abgelegt sind: zwei undatierte Bemerkungen zu seiner Zeit im Lager Les Milles sowie jenen Monaten zwischen dem Ende seiner Inhaftierung im März und der Rückkehr in die Seine-Metropole. Diese Notate verweisen auf seine wichtigsten Unterstützer in jener Zeit,

---

160 Erklärung von Heinrich Strobel für Hermann Spitz vom 4. Januar 1956, in: NHS XIV.7 Korrespondenz 1. November 1954 bis 31. Dezember 1956. Strobel reagierte mit seiner Erklärung auf ein Schreiben von Hermann Spitz (mit Briefkopf des NDR Hamburg) vom 21. Dezember 1955.

161 Schwartz, „Eine versunkene Welt", S. 302f. Egon Wagner berichtete Michael Custodis in einem Gespräch am 13. Dezember 2010, dass Hilde Strobel nach eigener Aussage in ihrer Pariser Zeit insbesondere von Maja Sacher diskret und großzügig finanziell unterstützt worden sei.

162 Angabe in seinen französischen Erläuterungen zum Entnazifizierungsfragebogen. Vgl. auch Schwartz, *Exil und Remigration*, S. 390.

163 NHS VII.3 1939-1946 Korrespondenz in Rechtssachen [Erläuterungen zum Entnazifizierungsfragebogen Heinrich Strobel, Dokument 2 im Anhang].

164 Schwartz, „Eine versunkene Welt", S. 303.

165 Meldebogen vom 14. Januar 1950, in: StAF D 180/2 Nr. 220.186.

Abb. 6:   Heinrich Strobel bei einer Aufführung im Lager Les Milles (reproduziert in *Melos* 35 (1968), Heft 3 (März), S. 190)

Paul Fechter und Paul Sacher. Mit Fechter inszenierte Strobel mit allen zur Verfügung stehenden Mitteln während der Inhaftierung Theaterstücke und szenische Parodien. So notierte er, dass Strawinskys *Geschichte vom Soldaten* aufgeführt werden sollte und man dafür durch Sacher sogar eine Schallplattenaufnahme des Stücks erhielt, so dass ein nicht näher bezeichneter „Mr. Schlesinger, in der Art von Rosbaud ein Genie, was musikalisches Gedächtnis betrifft"[166], das Aufführungsmaterial „rekonstruieren" konnte.

Ferner inszenierte man *Die lustigen Nibelungen* von Oscar Straus, worin Strobel in der Rolle des Giselher mit Riesenohren glänzte (siehe Abb. 6). Zudem hielt er stichwortartig Erinnerungen an die Zeit nach der Inhaftierung fest: „In Aix 1 Zimmer gehabt. Mit den Rädern hinausgefahren, Pinienzapfen gesammelt, in Säcken nach Hause geschleift, um damit zu heizen. Lange gezögert, zur Fliegerkommission zu gehen. Eines Tages kam ein höherer Offizier. War zufällig ein Bekannter von Fechter. Dadurch konnte ich offen mit ihm reden. Hat uns dann Schein gegeben zur Rückkehr nach Paris."[167]

Über die anschließenden Jahre in Paris und den Umgang, den er dort beruflich und privat pflegte, ist wenig überliefert, hauptsächlich aus Korrespondenz mit dem Schott-Verlag. Im Frühjahr 1941 kam dieser Kontakt wieder zustande („unse-

---

166 NHS VIII. Memoiren-Unterlagen.
167 Ebenda. Vgl. ergänzend auch Notizen über die Pariser Zeit. [Dokument 24 im Anhang].

re Korrespondenz war lange unterbrochen"[168]) und Ludwig Strecker erwähnte, dass sein Bruder Paul zu dieser Zeit gerade bei der Pariser Zeitung arbeite.[169] Gerichtet waren die Schreiben an die Feldpostadresse 43200 Z, unter der die Deutsche Botschaft in Paris zu erreichen war. Im nächsten Brief, datiert auf den 24. März 1941, bedankte man sich für einen ausführlichen Bericht Strobels über seinen Lageraufenthalt und zeigte sich erfreut über dessen Bitte, einige Nummern des *Neuen Musikblatts* zugeschickt zu bekommen: „Sie werden darin sicherlich mancherlei finden, was Sie ohne viele Schwierigkeiten als Ihres Geistes Kind erkennen können. […] Seit Ihrem Weggang zeichnet der Musikredakteur einer hiesigen Tageszeitung in Vertretung des Schriftleiters. Nach alter Gewohnheit wird jedoch die eigentliche Arbeit im Verlag geleistet."[170] Zum Ende des Briefes wurde ein Besuch von Ludwig Strecker in Paris innerhalb der nächsten zwei Wochen angekündigt. Dort begegnete Strobel Paul und Ludwig Strecker wieder und nutzte die Gelegenheit, „manch weit verbreiteten Irrtum richtig"[171] zu stellen, wie er Ernst Laaff einen Monat später schrieb. Dabei dankte er Laaff mit anerkennenden Worten auch für die zugesandten Exemplare des *Neuen Musikblattes* und bot, „sofern es ‚erwünscht' ist", seine schriftstellerische Hilfe an, da ihm sehr an einer dauerhaften Verbindung zum Verlag gelegen sei.

Die im Archiv des Mainzer Schott-Verlags verwahrte Korrespondenz ist für die Rekonstruktion dieser Lebensphase der Strobels von außerordentlichem Wert. Anhand des Briefwechsels mit Ernst Laaff und Ludwig Strecker lässt sich nachvollziehen, welche Produktivität Strobel in den Jahren 1941 bis 1943 entfaltete und insbesondere, dass er dafür mehrfach auch Reisen nach Deutschland unternahm. Wie den Quellen zu entnehmen ist, war einer seiner bevorzugten Anlaufpunkte in Deutschland das Rhein-Main-Gebiet. Mehrmals kam er nach Frankfurt, um Konzerte wie die Uraufführung von Werner Egks überarbeitetem *Columbus* am 13. Januar 1942[172] sowie Hermann Reutters Oper *Odysseus* im Herbst 1942 zu besuchen[173] und von dort aus nach Mainz zu Schott zu fahren.[174] Wie wechselnde Postfachadressen zeigen, an die man aus Mainz Briefe an Strobel schickte, nutzte er

168 Brief von Ludwig Strecker an Heinrich Strobel, in: ASM Mappe 68290. Aus einer Zahlungsübersicht von Ludwig Strecker geht hervor, dass am 1. Juli und 1. August 1938 Zahlungen an die Hanseatische Krankenversicherung für Hilde Strobel (RM 8,-) sowie für Amalie Strobel, Heinrich Strobels Mutter, (RM 35,-) geleistet worden waren, ohne dass sich eine Erklärung für diese Buchungen finden ließ. In: ebenda.

169 Aus einem Brief von Heinrich Strobel an Ernst Laaff vom 26. Dezember 1941 geht hervor, dass auch Paul Strecker im direkten Umfeld der Deutschen Botschaft verkehrte, da er von Schott abgeschickte Post dort in Empfang nahm, in: ebenda.

170 Brief von Ernst Laaff an Heinrich Strobel vom 24. März 1941, in: ebenda.

171 Brief von Heinrich Strobel an Ernst Laaff vom 16. April 1941, in: ebenda. Am 25. April 1941 bedankte sich Laaff für Strobels anerkennende Worte zur Gestaltung des *Neuen Musikblatts* und versicherte ihm, mit Bekanntgabe seiner Pariser Adresse die regelmäßige Übersendung der Zeitschrift in die Wege geleitet zu haben.

172 Brief von Heinrich Strobel an Ernst Laaff vom 6 Januar 1942, in: ASM Mappe 21102.

173 Brief von Heinrich Strobel an Ernst Laaff vom 30. September 1942, in: ASM Mappe 21105, Brief an Strobel vom 1. Oktober 1942 sowie Mitteilung an Strobel vom 10. Juni 1942, in: ebenda Mappe 21108.

174 Brief von Heinrich Strobel, vermutlich an Willy Strecker, vom 23. September 1941, in: ASM Mappe 6829..

auch Dependancen der Pariser Zeitung in Frankfurt und Köln[175], ohne dass dabei nachträglich zu klären ist, ob er auch die dortigen Büros frequentierte oder man ihm von dort aus seine Post nur nachsandte. Aus weiteren Briefen Strobels geht hervor, dass er Anfang April 1941 mindestens einmal an seine alte Wirkungsstätte nach Berlin zurückkehrte,[176] sich im Dezember 1941 in Wien aufhielt, im Juli und August 1942 eine ausgedehnte Reise durch Deutschland und Österreich unternahm (und dabei u.a. in Bayreuth und Salzburg Station machte[177]) und zum Jahresbeginn 1943 „seit Wochen in ganz Frankreich herum [sauste]"[178], um Vorträge über Bach zu halten. Da er zu dieser Zeit bereits wieder regelmäßig für Schott schrieb, ließ er seine Honorare über einen Herrn Pilzäcker bei der Devisenstelle der Reichspressekammer abrechnen, was auf mehrere Einkommensquellen in Frankreich und Deutschland sowie regelmäßig ausbezahlte Tantiemen für seine Hindemith-Biographie und die gerade vom Atlantis-Verlag auf den Markt gebrachte Debussy-Monographie schließen lässt.

Darüber hinaus diente er dem Schott-Verlag ab Herbst 1941 auch als Verbindungsmann zum Pariser Musikleben und erbat mehrmals eine Auswahl repräsentativer Werke der jüngeren Generation: „Gibt es denn in diesem Genre nicht irgendetwas, das man hier vorstellen könnte, von Bresgen, Egk, Degen, Höller, Mohler, Schroeder, David, Berger? Ich frage Sie, weil Sie diese Dinge doch allgemein übersehen. Es wäre sehr nett, wenn Sie mir bald Bescheid gäben. Wenn ich mich nicht darum kümmere, kommt doch nichts Rechtes heraus."[179] Auf die inhaltliche Gestaltung der Programme wollte Strobel, wie er Laaff gegenüber mehrfach betonte, explizit aber keinen Einfluss nehmen, „denn dies könnte als eine Bevormundung höherer Stellen ausgelegt werden."[180] Denn wie ein Brief von Laaff an Strobel vom 14. September 1942 offenlegt, übersandte der Strobel wohl gesonnene Fritz Piersig, der als Leiter der Propagandastaffel bei der Wehrmacht den gesamten Musikbetrieb im besetzten Frankreich kontrollierte und über beste Verbindungen zum Pariser Kulturleben sowie zu den deutschen Besatzungsinstanzen vor Ort und dem Berliner Propagandaministerium verfügte,[181] im Bedarfsfall Material zur Prüfung an seinen ehemaligen akademischen Lehrer Hans Joachim Moser, der zu dieser Zeit als Sach-

175 Briefe von Ernst Laaff an Heinrich Strobel vom 23. Juli und vom 23. September 1942, in: ASM Mappe 21108 bzw. 21105.

176 Brief von Heinrich Strobel an Ernst Laaff vom 2. April 1942, in: ASM Mappe 21104.

177 Brief von Heinrich Strobel an Ernst Laaff vom 26. Dezember 1941 sowie vom 23. September 1942, in ASM Mappe 68293 bzw. 21105.

178 Brief von Heinrich Strobel an Ernst Laaff vom 21. Februar 1943, in: ASM Mappe 68295.

179 Brief von Heinrich Strobel an Franz Willms vom 5. November 1941, in: ASM Mappe 68292. Vgl. auch zwei Briefe von Ernst Laaff an Heinrich Strobel vom 17. November sowie vom 22. November 1941 (in: ebenda Mappe 68295) über ein beim Deutschen Institut von einem Dr. Bökenkamp betreutes Programm mit Kammermusiken und Streichquartetten von Brahme, Fortner, Gerster und Hessenberg.

180 Brief von Ernst Laaff an Heinrich Strobel vom 23. September 1942, in: ASM Mappe 21105.

181 Brief von Ernst Laaff an Heinrich Strobel vom 14. September 1942 an Heinrich Strobel, in: ASM Mappe 21108. Gegenstand der entsprechenden Mitteilung war Strobels Artikel *Deutsche Zeitgenossen im französischen Spiegel*, mit dem er nach seinem Weggang vom *Neuen Musikblatt* erstmals wieder dort publizierte: „Wichtig für Sie zu wissen wird es noch sein, daß der Veröffentlichung des Artikels politische Bedenken nicht im Wege stehen. Das hat ein Briefwechsel mit Dr. Piersig gezeigt und die Überreichung des Materials an den Verlag via

bearbeiter der Reichsstelle für Musikbearbeitungen in Goebbels' Ministerium fungierte.

Den überlieferten Dokumenten nach hielt Heinrich Strobel engen Kontakt zu Piersig und vermittelte ihm auch Verbindungen zu Künstlern in Paris.[182] Beispielsweise begegnete Piersig mehrmals Arthur Honegger, u.a. gemeinsam mit Strobel am 2. Februar 1942 anlässlich eines Empfangs, der von Piersigs Propagandastaffel für französische Musikschaffende im Hotel Ritz gegeben wurde und bei dem vermutlich auch der Leiter der Musikabteilung im Berliner Propagandaministerium, Heinz Drewes, anwesend war.[183] Wie Strobel im März 1942 Laaff mitteilte, stand das Bemühen der deutschen Behörden in Paris um Honegger – den „einzig ernst zu nehmenden Mann"[184] – im Widerspruch zu seiner distanzierten Wahrnehmung aus Frankreich, dass er in Deutschland als „unerwünscht" galt. Flankierend bemühte man sich auch bei Schott um Honegger und stellte bei Verhandlungen mit dem Pariser Verlag Salabert, die ebenfalls Strobel vor Ort vorbereitete und unterstützte,[185] diesen Komponisten ins Zentrum der Gespräche.

Nach Einträgen in seinem Taschenkalender traf Honegger im Oktober 1942 und Februar 1943 auch mehrfach mit Werner Egk in Paris zusammen, über den er wohlwollende Texte für die französische Zeitschrift *Comœdia* schrieb.[186] Recherchen von Christiane Strucken-Paland zufolge bestand zu dieser Zeit eine enge Dreiecks-Konstellation zwischen Strobel, Honegger und Egk, wenn dieser in Paris weilte. So trafen Strobel und Honegger ab Dezember 1941 mehrfach zusammen, beispielsweise am 25. März, 10. April und 23. Dezember 1941, um bei dieser Gelegenheit durch Strobels Vermittlung vermutlich ein Visum für eine Auslandsreise Honeggers im folgenden Januar 1942 zu erwirken, die aus ungeklärter Ursache aber nicht stattfand.[187] Zwei Jahre später schien Honegger sogar in Erwägung gezogen zu haben, ein Libretto von Strobel zu vertonen, ohne dass hierzu weitere Details bekannt wären.[188]

Es ist durchaus zu vermuten, dass Heinrich Strobels bereits mehrfach zitierte französische Erläuterungen zu seinem Entnazifizierungsbogen insbesondere auch dazu dienten, seine Nähe zur deutschen Besatzungsmacht mit der permanenten Lebensgefahr seiner Frau zu rechtfertigen und seine eigene Position in Paris als Vermittler und Fürsprecher des französischen Kulturlebens darzustellen. Beispielswei-

---

Professor Moser im Propagandaministerium, der das Material von Dr. Piersig erhalten hat und es an die Schriftleitung weiterreichte zur entsprechenden Verwertung." (*Neues Musikblatt* 21 (1942), Heft 81 (November), S. 5.)

182 Schwartz, „*Eine versunkene Welt*", S. 313ff. Siehe zu Piersig diverse Fundstellen, in: Prieberg, *Handbuch* (u.a. Personenartikel, S. 5267ff.).

183 Christiane Strucken-Paland, „*On n'a rien à me reprocher*". *Arthur Honegger und die Frage der Kollaboration*, in: *Arthur Honegger. Werk und Rezeption / L'œuvre et sa réception*, hg. von Peter Jost, Bern et al. 2009, S. 126f.

184 Brief von Heinrich Strobel an Ernst Laaff vom 3. März 1942, in: ASM Mappe 21103.

185 Brief von Heinrich Strobel an Ernst Laaff vom 2. April 1942, in: ASM Mappe 21104 sowie von Fritz Willms an Heinrich Strobel vom 19. März 1942, in: ebenda Mappe 21108.

186 Nach einer Anmerkung bei Strucken-Paland revanchierte Egk sich mit einer begeisterten Kritik von Honeggers *Antigone*. Strucken-Paland, „*On n'a rien à me reprocher*", S. 128.

187 Ebenda, S. 116ff. und 124.

188 Ebenda, S. 124f.

Abb. 7:   Hilde Strobel, Paul Bourdin, Werner Egk und Elisabeth Egk in Paris (Foto: NWE)

se findet sich dort die Angabe, dass er noch 1943 Kontakt zu Freunden bei der Musikabteilung von Radio France aufgenommen und dort vor allem französische moderne Musik präsentiert habe. Verbindungen der Strobels zu Protagonisten des Pariser Kulturbetriebs belegen die beiden abgebildeten Fotos aus dem Jahr 1942, verwahrt im Nachlass von Werner Egk in der Bayerischen Staatsbibliothek in München. Abb. 7 zeigt Hilde Strobel und das Ehepaar Egk zusammen mit dem Journalisten Paul Bourdin (1900-1955), der bei der *Frankfurter Zeitung* gearbeitet hatte und nach deren Stilllegung als Auslandskorrespondent der *Deutschen Allgemeinen Zeitung* in Paris tätig war. Laut dem Personenartikel im Internationalen Biographischen Archiv wurde Bourdin „für den Auslandsdienst als zu francophil befunden und abberufen".[189]

Abb. 8 belegt den freundschaftlichen Kontakt der Strobels und Egks zur Familie des französischen Komponisten Marcel Delannoy (1898-1962), einem früheren Schützling Arthur Honeggers, der einen zeitgemäßen von Jazz und Renaissancemusik gleichermaßen beeinflussten Stil pflegte, avantgardistischen Bestrebungen aber dezidiert fern stand.[190]

Wie rasch sich das Blatt nach den relativ ruhigen Jahren 1942 und 1943 gegen die Strobels wendete, verdeutlicht die drohende Deportation Hilde Strobels im Mai 1944. Ihr Mann hielt auch diese Szene in den Erläuterungen des Fragebogens fest und erklärte ihre glückliche Rettung mit der Hilfe durch „M. Bofinger vom fran-

189 Eintrag „Bourdin, Paul" in: Munzinger Online/Personen – Internationales Biographisches Archiv (50/1955 vom 5. Dezember 1955), www.munzinger.de (Abruf am 15. Mai 2013).
190 François-Gildas Tual, Art. *Marcel Delannoy*, in: *MGG2ᴾ* Bd. 5, Kassel et al. 2001.

Abb. 8:   Marcel Delannoy, Mme Delannoy, M. Delannoy, Hilde Strobel, Werner Egk, Elisabeth
           Egk und Sohn Delannoy (Foto: NWE)

zösischen Radio", der ihr – ohne sie zu kennen – falsche Papiere ausgestellt habe,
mit denen sie sich bis zur Befreiung Frankreichs verstecken konnte. Wie Manuela Schwartz recherchierte, war Bofinger Oberstleutnant und Gruppenleiter für den
Rundfunk, also Teil des deutschen Propagandaapparates,[191] was einmal mehr darauf
hindeutet, wie eng sich bei Strobel Kollaboration und Schutz seiner Frau verflochten. In seinen Erläuterungen hielt er sich auch in der Frage, wie er die folgende
Zeit zubrachte, bedeckt, indem er nur angab, sich „bei Freunden" dem drohenden
Einberufungsbefehl durch Verstecken entzogen zu haben, de facto aber bei Soulima Strawinsky untertauchte, dessen Haltung gegenüber der deutschen Besatzungsmacht ebenfalls Ambivalenzen aufweist.

Bei Prieberg stößt man hingegen ohne weitere Quellenangabe auf eine gegen-
teilige Darstellung, nach der Strobel trotz einer mehrfach verlängerten Uk-Stellung
(die nur durch hohe politische Protektion zu erhalten war) im Sommer 1944 zum
Dienst im Landsturm antreten musste, um die Befestigungen von Paris zu bewa-
chen, und bei der Befreiung von Paris im August 1944 in Kriegsgefangenschaft geriet.[192] Im Kontrast hierzu schrieb Strobel in den Ergänzungen zum Entnazifizierungsbogen, dass seine Frau und er von der „Concierge 102 rue de l'Université"

---

191 Schwartz, „*Eine versunkene Welt*", S. 305.
192 Prieberg, *Handbuch*, S. 7061. Da Prieberg ab 1952 als freier Mitarbeiter Sendungen für den
    Südwestfunk produzierte und mit Strobel in direktem Kontakt stand, ist zu vermuten, dass
    solche Informationen über ihn aus persönlichen Gesprächen stammen. Auch in einem Brief
    von Werner Egk an Ludwig Strecker vom 4. September 1944 findet sich ein entsprechender
    Hinweis: „Von Strobel hörte ich kurz nach der Aufgabe von Paris, dass er eingezogen worden
    wäre, seitdem nichts mehr." In: ASM Schachtel „Briefe 8072 bis 8366". April 1937 bis
    November 1948.

im März 1944 bei der Gestapo denunziert und in Drancy interniert worden seien. Im Dezember 1944 sei Hilde Strobel, er selbst einen Monat später befreit worden.[193] Anschließend sei seine Frau erneut denunziert worden, dieses Mal von der „Concierge ihres kleinen Appartements", mit einer darauf folgenden weiteren Inhaftierung. Mit Hilfe „der Herren vom 2. Militärbüro" und seines alten Freundes aus Berliner Tagen, Henri Jourdan, der inzwischen zum Leiter der Émissions allemandes de la Radio-diffusion française ernannt worden war, habe Strobel sie befreien können. Auf diese glückliche Wendung folgten laut Strobel aber weitere Denunziationen durch „ältere kleine Angestellte des Radios" und ihnen unbekannte, deutsche Emigranten, bis der Fall vom Pariser Polizeipräfekten im April 1945 endgültig zu den Akten gelegt worden sein soll.

Als die Umwälzungen der folgenden Monate – die Übernahme der Musikabteilung beim Südwestfunk zum Aufbau des Rundfunks in der französischen Besatzungszone und der damit verbundene Umzug von Paris nach Baden-Baden – hinter Heinrich Strobel lagen und er nach den vielen Einschränkungen der vergangenen Jahre plötzlich eine Fülle neuer Optionen hatte, fasste er in einem Lebenslauf 1946 wesentliche Punkte zusammen:

> Seit April 1945 freie Mitarbeit an den deutschen Sendungen der Radiodiffusion francaise. Aufgrund dieser Arbeit im Nov. 1945 vom Gouvernement militaire als Abteilungsleiter für Musik an den aufzubauenden Rundfunk der französischen Zonen nach Baden-Baden berufen. […] Augenblicklich mit der Herausgabe eines neuen Buches über Paul Hindemith beschäftigt. Ab 1. Okt. Wiederherausgabe der Zeitschrift MELOS bei Schott in Mainz. Mai 1946 Angebot der englischen Militärregierung als Leiter der Musikabteilung an den Hamburger Rundfunk zu kommen. Juli 1946 Angebot des Kultministeriums [sic] Württemberg-Baden, die Hochschule für Musik in Stuttgart zu übernehmen. Beide Angebote stehen noch für mich offen.[194]

Diese sachliche Zusammenstellung biographischer Stationen und entscheidender Wendepunkte ergänzt ein Brief Hilde Strobels vom 2. Januar 1946 um persönliche

---

193 Vgl. hierzu auch die Abschrift einer Eingabe von Pierre Favareille (12 Place de Laborde, Paris 8e), Claude Delvincourt (Directeur du Conservatoire National, Membre du Front National de la Résistance), Léon Douarche (Préfet Honoraire, 34 Quai de Passy) und Soulima Strawinsky (compositeur de musique et pianiste, 7 rue Antoine Chantin, Paris 14e) an das französische Innenministerium vom September 1944, in: NHS VII.3 1939-1946 Korrespondenz in Rechtssachen.

194 NHS XIV.3 Korrespondenz 1945-1950, Lebenslauf [1946]. In einem Brief an Paul Sacher vom 19. Juli 1946 gab Heinrich Strobel eine ähnliche Zusammenfassung: „[…] Vorher möchte ich Ihnen sagen, daß meine Frau und ich hier in Baden-Baden am Südwestfunk gelandet sind, ich als Leiter der musikalischen Abteilung, sie als Sachbearbeiterin in französischer Literatur. Wir haben ein sehr bewegtes Leben hinter uns, nach altem Brauche von beiden Seiten beunruhigt. Es ist bekanntlich schwer, mit einer eigenen Meinung in der Welt zu stehen. Ich habe sie in den dunklen Zeiten durchgehalten – und trotz aller Bemühungen und Berliner Befehle ist es dem SD nicht gelungen, uns einzufangen, da ich vermutlich gerissener war als die Herren Verbrecher und einige zuverlässige Freunde hatte. Seit März 45 habe ich die musikalischen Sendungen der Radiodiffusion in ‚Frankreich spricht zu Deutschland' gemacht, und so sind wir hierher gekommen." In: ebenda.

Eindrücke, die sie als so privat und existenziell empfand, dass sie selbst ihrem Bruder und ihrer Schwägerin in Hollywood kaum zu schildern waren. Ihr Bericht ist so dicht formuliert, dass er hier im Zusammenhang zitiert werden soll:

> Aber das muss ich dennoch sagen: Ihr wundert Euch, dass es uns noch an Freiheit des Ausdrucks fehlt; wenn man so lange Jahre Angst und immer wieder Angst haben musste für jede Bewegung, jedes Wort, so braucht es eben seine Zeit, bis man sich der liberty bewusst wird. Ausserdem gibt es Dinge, die man erlebt hat, über die man kaum reden kann aber bestimmt nicht schreiben. Das wird auch wieder kommen, aber Ihr müsst ein wenig Geduld haben. Die Eindrücke sind noch nicht vernarbt. Genügt es nicht, dass wir uns alle wiedergefunden haben und dass wir darüber mehr als glücklich sind? Ihr wollt wissen, wie alles kam. Also in kurzen Worten: Du, mein Stümpes, wirst Dich vielleicht noch unseres französischen Freundes Jourdan in Berlin erinnern. Wir trafen also eines Tages, völlig unerwartet Jourdan in Paris. Er leitete die Emissionen für Deutschland und Oesterreich bei der Radiodiffusion und bat Henri ihm musikalische Beiträge zu machen. Dann trafen wir durch Jourdan seinen damaligen Mitarbeiter in Berlin, M. Arnaud, der jetzt hier der Directeur de l'Information ist. Arnaud, der mir übrigens seinerzeit bei meiner Auswanderung schon sehr behilflich war, machte uns bekannt mit dem Leiter des hiesigen Rundfunks (der zu der Zeit nur erst ein Plan war), als er sich vorübergehend in Paris aufhielt. Und nun ging die Sache innerhalb von wenigen Tagen. Es war eine irrsinnige Raserei für Papiere, Ausreise etc. Wir kamen notorisch nicht zum atmen und innerhalb von wenigen Tagen reisten wir ab. Wir sind also hier, sprangen sofort in die Arbeit, und kamen seither kaum zum Bewusstsein. […] Es wird noch lange dauern, bis man hier wieder lernt wirklich demokratisch zu denken. Es ist komisch, ich komme in die furchtbarsten Gewissenskonflikte. Es ist irrsinnig schwer, nicht hart zu sein und sich seine Objektivität zu bewahren. Denn zu milde darf man auch wieder nicht sein, denn keiner will natürlich dabei gewesen sein.[195]

Vier Monate später ergänzten die Strobels diese Schilderung mit Details zum gerade begonnenen Sendebetrieb:

> Wir senden nun seit vier Wochen. Hört Ihr uns? Kurze Welle 47,66. Unser Programm ist sehr gut und wir erkennen die Auswirkungen daran, dass man sich schon darum reisst, bei uns mitzuwirken. […] Hier einige Angaben für den Fall des Interesses. Intendant ist Friedr. Bischoff, vor 1933 Intendant des Breslauer Senders. Musikalische Leitung: Euer Schwager. Der Sender wurde aus dem Nichts geschaffen. Es fehlte an den notwendigsten Dingen. Alles wurde mit Hilfe der französischen Autoritäten geschaffen. Heute wird Musik

---

195 Brief von Hilde Strobel an Frank und Bobby Level vom 2. Januar 1946, in: NHS XIII. Vermischte Korrespondenz 4. 1946-1949. [Dokument 6 im Anhang].

von Strawinsky, Hindemith, Bartok, Milhaud etc. in bester Ausführung gemacht. […] Auch die Sparte Tanzmusik ist hervorragend besetzt mit einem eigenen Hot-Ensemble, bestehend aus vier Mann. […] Es heisst allgemein, dass wir der beste deutsche Sender sind, was die Brust Eures Schwagers nicht wenig vor Stolz schwellen lässt. – Das will ich Euch aber sagen, das ist kein Schmus: ohne Eure Hilfe hätten wir das nicht schaffen können. Das ist nur mit zusetzlichen [sic] Lebensmitteln zu erreichen, weil man nämlich sonst einfach umkippen würde vor Schwäche und Ueberarbeitung.[196]

Wie bei vielen Persönlichkeiten mit künstlerischer Profession flossen auch bei Heinrich Strobel die Grenzen von Berufs- und Privatleben ineinander. Dies intensivierte und verkomplizierte sich durch das Schicksal seiner jüdischen Frau, das ihn zu Kompromissen und Entscheidungen zwang, die seine Biografie nachhaltig prägten. Sein in den 1920er Jahren eingeschlagener Weg, abseits der akademischen Musikwissenschaft als Sprachrohr der Moderne zu wirken, hatte Strobel nach 1933 in Bedrängnis gebracht. Nach Kriegsende jedoch, als die politischen Verhältnisse sich umkehrten, erwies sich sein bisheriger Lebensweg als großer Vorteil: der ehemalige Außenseiter war für die Ziele der Entnazifizierung plötzlich eine Idealbesetzung. Diese biographische Wende der Strobels wurde durch ein Netzwerk aus Freunden, Kollegen und Gleichgesinnten ermöglicht. Jean Arnaud, der neue Leiter der „Division d'Information" in der französischen Militärverwaltung, hatte mit seinem Freund Heinrich Strobel sofort einen politisch zuverlässigen und überaus fachkundigen Leiter der Musikabteilung zur Hand, der den Mangel des Senders an Ressourcen durch seine Erfahrung und seine exzellenten internationalen Kontakte ausgleichen konnte.[197] Administrativ begünstigte diese Entscheidung der unmittelbar von der französischen Militärregierung anerkannte Status der Strobels als Opfer des NS-Regimes. Er wurde wenige Jahre später vom Badischen Staatskommissariat für politische Säuberungen bestätigt,[198] als sie formal ein Spruchkammerverfahren beantragt hatten, um für eine erste Reise zurück nach Frankreich einen Pass zu erhalten.

An diesem Punkt ist an den Brief von Heinrich Strobel an Tekla Hess aus dem Jahr 1948 zu erinnern, in dem er bekannte, vor allem seiner Frau zuliebe nach

---

196 Brief von Hilde Strobel an Frank und Bobby Level vom 3. Mai 1946, in: ebenda.
197 Agnete Schüler, *Die Entstehung des SWF und seine Vorgeschichte* [1976], in: SWR DS 412, S. 3.
198 Vgl. die Entscheidung des Badischen Staatskommissariats für politische Säuberung, Spruchkammer Freiburg, vom 2. Februar 1950, dass Hilde Strobel nicht betroffen ist. Mit gleichem Datum erging ein gleichlautender Bescheid an Heinrich Strobel, in: NHS VII.8 1954 Korrespondenz Wiedergutmachung. Siehe auch ein Schreiben des Untersuchungsausschusses für politische Säuberung in Freiburg vom 27. Dezember 1949 an Strobel, den auf den 20. März 1946 datierten Mitarbeiterfragebogen in Strobels Personalakte sowie die Feststellung: „Politisch verfolgt, da er sich nicht von seiner jüdischen Frau trennte." Mit Inkrafttreten des Bundesgesetzes zur Entschädigung für Opfer der nationalsozialistischen Verfolgung (Bundesentschädigungsgesetz – BEG) sechs Jahre später beantragten die Strobels ein entsprechendes Verfahren und erhielten vom zuständigen Landesamt in Freiburg i. Br. DM 6000 zugesprochen, in: StAF F 196/1 Nr. 9535.

Deutschland zurückgekehrt zu sein.[199] Denn trotz der vielen neuen Möglichkeiten und bei allem Rückhalt der französischen Militärmachthaber für seine Arbeit behinderten die zwischenmenschlichen, bürokratischen und materiellen Lebensumstände den Alltag immens. Vieles hatte sich verändert – so auch Strobels Beziehung zu Paul Hindemith, für die eine fundierte Auseinandersetzung noch aussteht[200] –, und aus vielen Briefen jener Jahre geht hervor, wie groß die Aufmerksamkeit war, die sein Name und seine neu entfaltete Wirkung weit über Baden-Baden hinaus erzeugte. Ablesbar ist dies an zahlreichen Abwerbungsversuchen. Strobel sollte beispielsweise für die russische Presse zurück nach Berlin kommen, die Musikabteilung beim Hamburger Radio aufbauen,[201] die Leitung des Theaters sowie der Musikhochschule in Stuttgart übernehmen,[202] Intendant des Berliner Philharmonischen Orchesters in Berlin werden[203] oder einen neu zu errichtenden Lehrstuhl für zeitgenössische Musik an der Universität in Mainz bekleiden. Die zuletzt genannte Initiative hatte bereits eine Vorgeschichte in den 1920er Jahren, deren Verlauf Strobel auch bezüglich des Mainzer Angebots skeptisch stimmte: „1924 wollte ich mich an der Universität Jena als Privatdozent der Musikwissenschaft habilitieren, konnte mich aber gegen die damals schon mächtige Reaktion nicht durchsetzen."[204]

Briefe in Strobels Nachlass vermitteln einen Eindruck davon, wie sich die amerikanischen Verwandten und französischen Freunde der Strobels untereinander über deren Situation informierten. In Anbetracht langer Transportwege, unzuverlässiger Postzustellungen und teurem Porto wurde jede Möglichkeit zum Nachrichtenaustausch genutzt. Um den offiziellen Dienstbeginn der Strobels in Baden-Baden

---

199 Schreiben von Heinrich Strobel an Tekla Hess vom 12. November 1948, in: NHS XIV.3 Korrespondenz 1945-1950.

200 Ebenda: „Hindemith ist erst kürzlich hier gewesen, im Wesen unverändert, in seinen Anschauungen aber sehr akademisch und unerbittlich. Wir sind uns ziemlich in die Haare gekommen." Siehe zu Strobels sich verändernden Ansichten über Hindemith auch eine kritische Passage an Frank und Bobby Level vom 19. Februar 1949, in: NHS XIII.4 1946-1949 Vermischte Korrespondenz.

201 Brief von Hilde und Heinrich Strobel an Frank und Bobby Level vom 25. Mai 1946, in: ebenda.

202 Brief von Hilde und Heinrich Strobel an Frank und Bobby Level vom 7. Juni 1946 (Heinrich Strobels Textanteil), in: ebenda: „Inzwischen habe ich nun auch von der russischen Zeitung in Berlin ein Angebot bekommen – und ein neues aus Stuttgart, ans Theater und an die Hochschule, da steckt Ruppel [Karl Heinz Ruppel, Freund und Kritikerkollege aus Berliner Tagen] dahinter. Ich glaube zwar nach wie vor, daß es für uns Intellektuelle in der franz. Zone am besten ist – aber die Ernährungslage nimmt derartige Formen, daß man es einfach nicht mehr machen [sic]." Siehe auch den Brief von Hilde Strobel an Frank und Bobby Level vom 26. August 1946, in: ebenda: „Heinrich hat ein großes Angebot nach Stuttgart. Ich glaube aber nicht, daß etwas daraus wird, denn er ginge zu ungern aus der französischen Zone. Mein Stümpes, Du fehlst ihm schrecklich, er hat niemanden, mit dem er sich besprechen könnte."

203 In einem Brief vom 5. November 1948 unterbreitete Louise Hartung Heinrich Strobel den Vorschlag, Intendant des Berliner Philharmonischen Orchesters zu werden, nachdem der Gedanke in gemeinsamen Gesprächen bereits im Vorjahr aufgekommen war. Per Telegramm signalisierte Strobel am 27. Januar 1949 Interesse, sagte nach Gesprächen mit den Berliner Musikkritikern Walter Marth und Dr. Bauer vom *Kurier* bzw. dem *Tagesspiegel* aufgrund der politischen und kulturpolitischen Verhältnisse mit einem Schreiben an Louise Hartung am 19. Februar 1949 aber definitiv ab. In: NHS XIV.3 Korrespondenz 1945-1950.

204 Formale Bewerbung von Heinrich Strobel bei Jean Arnaud vom 14. Oktober 1946, in: ebenda.

herum – ihre polizeiliche Anmeldung datiert auf den 19. November,[205] der offiziel-le Dienstantritt beim Südwestfunk auf den 27. November 1945[206] – schrieb ein ge-meinsamer Freund der Strobels aus Paris an Hildes Schwester und ihren Mann in Hollywood, Bobby und Frank Level:

> Ich hätte Euch schon früher geantwortet, aber ich wollte Euch gleichzei-tig meinen Bericht über Strobel's geben, die ich gleich angerufen hatte und die letzte Woche bei uns waren, gerade rechtzeitig, um sie noch mit unseren Eizes [= Ratschlägen] zu versehen (wir hätten sie beide nicht wiedererkannt, seit wir sie zuletzt in Aix sahen). Es geht ihnen gut, dank Eurer Pakete und des letzten, in der Schweiz herausgekommenen Buches über Debussy. Mo-ral ausgezeichnet nach all dem, was sie erlebt haben (die Ueberlebenden hier wundern sich nicht mehr über die Erlebnisse Anderer, aber Euch würden die Haare zu Berge stehen). Es sind zwei Kinder, vollständig weltfremd, Künstler, die zeitweilig, vollständig ahnungslos und unbewusst, das Richtige getan ha-ben, und so am Leben geblieben sind. Sie haben viel Glück gehabt, und die Strähne scheint weiterzulaufen. Man hat Strobel einen Stuhl an der Tübin-ger Universität angeboten, Hilde als seine Sekretärin, sie haben angenommen, und das ist gut so. Sie werden im Anfang eine nicht rosige Zeit haben, dage-gen haben sie die Zukunft für sich. Sie haben hohe Protektoren, und nur so war die Realisierung möglich. Sie sind – glaube ich – gestern abgereist.[207]

Die Gründe, die diversen Angebote nicht anzunehmen, sondern trotz der schwie-rigen Verhältnisse in Baden-Baden zu bleiben, liegen auf zwei Ebenen, einer per-sönlichen und einer sachlichen. Zum einen lag es, wie Strobel seinem Schulfreund Otto Walter erläuterte, an den Städten, die an ihn herantraten, da er „eine merk-würdige Abneigung habe, an Orte zurückzukehren, an denen ich früher längere Zeit gelebt habe, ausgenommen nur die verschiedenen südfranzösischen Stellen, an denen ich liebenswürdigerweise eingesperrt war.“[208] Zum anderen ließ sich die Not, die während der ersten Nachkriegsjahre besonders in der französischen Besat-

---

205 Polizeiliche Meldung in Baden-Baden zum 19. November 1945. In: Entschädigungsakte Heinrich und Hilde Strobel, in: StAF F 196/1 Nr. 9535.
206 Vgl. den Dienstvertrag Heinrich Strobels aus seiner Personalakte (SWR), datiert auf den 27. Januar 1949, mit dem ein erster Vertrag vom 27. November 1945 aufgehoben und ersetzt wurde. Ein Glückwunschschreiben von Friedrich Bischoff für Heinrich Strobel vom 15. November 1955 deutet darauf hin, dass der tatsächliche Dienstantritt exakt 10 Jahre zuvor stattfand: „Am 15. November 1945, wahrscheinlich an einem sehr grauen Tag in der Zeit des damaligen deutschen Zusammenbruchs, entschlossen Sie sich, Ihre Dienste dem ehemaligen Militärsender anzubieten.“
207 Brief von Eric Muhlstein (Paris VIII, 15 Villa Wagram St. Honoré) an Bobby und Frank Level (6855, Pacfic View Drive, Los Angeles 28, California) vom 18. November 1945, in: NHS XIII.4 1946-1949 Vermischte Korrespondenz. Der Tonfall des Briefes ist sehr vertraut und herzlich, so dass anzunehmen ist, dass Muhlstein die Levels aus der Zeit vor ihrer Emigration kannte. Aus einem Brief Hilde Strobels vom 15. August 1946 an ihre Schwester geht hervor, dass Heinrich Strobel drei Monate zuvor schon beschlossen hatte, den Ruf nicht anzunehmen (in: ebenda).
208 Brief von Heinrich Strobel an Otto Walter vom 6. September 1956, in: NHS XIV.7 Korrespondenz 1. November 1954 bis 31. Dezember 1956.

zungszone herrschte, durch Care-Pakete der amerikanischen Verwandtschaft leidlich überbrücken. Ein Großteil der Korrespondenz, die während dieser Zeit von den Strobels über den Atlantik geschickt wurde, handelte daher von ihrer desolaten Lage, kaum die Notwendigkeiten des täglichen Lebens zur Verfügung zu haben, und mündete regelmäßig in Bitten um Kleidung, Zigaretten und Kaffee (als Luxusgüter wie auch als Tauschware), Grundnahrungsmittel wie Dosenfleisch und Mehl, Zeitungen und Bücher, aber auch spezielle Radioröhren, um einem ihnen wohlgesonnenen Verbindungsoffizier innerhalb des Senders, Commandant Louis Hirn, einen Gefallen tun zu können.[209]

Verschiedene im Jahr 1948 angestellte Überlegungen, möglicherweise doch noch in die USA auszuwandern, die sie mit ihren amerikanischen Verwandten Frank und Bobby Level erörterten, ließen die Strobels schließlich fallen, da sie sich zu alt fühlten, keine Aufgabe dort für sich sahen und sich auch für nicht ausreichend anpassungsfähig hielten: „Es kommt auch dazu, daß ich über viele Dinge so persönliche Ansichten habe, daß ich fürchte, in den Kreisen, die wir durch den Aufbau kennen, doch auf manche Schwierigkeiten zu stossen."[210] Doch auch drei Monate später hatten die Gedankenspiele bezüglich einer Auswanderung noch nicht an Reiz verloren:

> Ich hätte persönlich nichts dagegen, als Kolonialamerikaner herumzulaufen. Jedenfalls besser als Sowjetfaschismus. Das muß schlimmer sein als je unter den Nazis – und ich habe Leute gesprochen, die absolut authentische Berichte gaben! Gebet Euch da keiner Propaganda-Illusion hin, die von der Sonne Hollywoods beglänzt sind. Alle Leute sagen mir, ich solle als Professeur an ein USA-College gehen. Wie macht man so etwas? Mit unserm Freunde Frank in Amsterdam hatten wir den Plan erwogen, nach Südafrika zu gehen. Conservatoire und Radio in Johannisburg oder Capetown. Gefiele mir eigentlich besser. Da sind noch nicht so viele europäische Mediokritäten.[211]

Da die weiteren beruflichen Stationen Heinrich Strobels Gegenstand der folgenden Kapitel sind, bleibt zum Abschluss dieser biographischen Skizze noch ein Blick auf

---

209 Siehe z.B. den Brief von Heinrich und Hilde Strobel an Frank und Bobby Level vom 7. Dezember 1945, in: NHS XIII.4 1946-1949 Vermischte Korrespondenz.
210 Brief von Heinrich und Hilde Strobel an Frank und Bobby Level vom 1. März 1948, in: ebenda.
211 Passage von Heinrich Strobel in einem Brief an Frank und Bobby Level vom 15. Juli 1948, in: ebenda. Auch in einem Brief an Heinz Schneider-Schott vom 19. Juni 1957 brachte er seine Aversion gegen die Kulturpolitik jenseits des Eisernen Vorhangs deutlich zur Sprache, als er sich wütend über eine unabgestimmte Übernahme seines 1948 im *Melos* erschienenen Artikels über Werner Egks *Abraxas* für ein Weimarer Programmheft äußerte, da er von sich aus „niemals gestatten [würde], dass man in der Sowjetzone etwas von mir abdruckt," in: ASM Mappe 37046. Siehe auch eine Passage in einem Brief an Frank und Bobby Level vom 1. März 1948, in: NHS XIII.4 1946-1949 Vermischte Korrespondenz: „Wir haben den Nazismus zu gründlich kennen gelernt, um ihn nochmal in der noch schlimmeren Form der Sowjets erleben zu wollen. Ich kenne die geistige Situation Europas zu genau, um nicht zu wissen, daß auf diesem Gebiet die Sowjets nur wiederholen, was die Nazis schon einmal machten – den Schwindel von der Volkskunst kennen wir zur genüge, und von der ‚demokratischen' Einheitspartei haben wir auch genug."

seine letzte Lebensphase zu werfen. Nach einem überaus arbeitsreichen Leben mit zahlreichen, schon für sich genommen sehr anspruchsvollen Positionen – als Leiter des Musikabteilung des Südwestfunks und Veranstalter der 1950 wiederbelebten Donaueschinger Musiktage, Herausgeber des *Melos* und regelmäßiger Autor in anderen Periodika sowie über mehrere Jahre als Vortragsredner der Darmstädter Ferienkurse, Librettist für Rolf Liebermann, Autor mehrfach wiederaufgelegter Komponistenbiographien über Hindemith, Debussy und Strawinsky sowie Weltpräsident der Internationalen Gesellschaft für Neue Musik (IGNM) von 1956 bis 1969 – sah Heinrich Strobel mit Vorfreude seiner Pensionierung entgegen, um sich u.a. der Ausarbeitung seiner Memoiren zu widmen. Um seinen siebzigsten Geburtstag im Jahr 1968 herum finden sich in verschiedenen Briefen Hinweise darauf, dass er sich seit einiger Zeit wegen Herzbeschwerden in Behandlung hatte begeben müssen.[212] Gleichwohl kam sein Tod am 18. August 1970 für seine Frau sehr überraschend und wurde von ihr während der folgenden elf Jahre, um die sie ihren Mann überlebte, nie überwunden, wie aus sehr persönlichen Briefen voller Trauer hervorgeht, die sie Freunden und alten Weggefährten schrieb.

---

212 Brief von Heinrich Strobel an Kazimierz Serocki vom 1. März 1968, in: Königliche Bibliothek Kopenhagen, Archiv der Internationalen Gesellschaft für Neue Musik [AISCM]. Bereits 1946 hatte er als Folge von Unterernährung und Überanstrengung von Herzbeschwerden berichtet, siehe den bereits zitierten Brief vom 18. Januar 1946.

Kontaktaufnahmen

Die Verbindungen von Werner Egk zu Hilde und Heinrich Strobel zeigen exemplarisch, wie sich aus gemeinsamen beruflichen und musikalischen Interessen eine beständige Freundschaft entwickeln konnte, obgleich die Zeitumstände nicht nur die einzelnen Lebensgeschichten, sondern auch das Verhältnis zueinander sehr unterschiedlich prägten. Der erzwungene Wechsel der Strobels nach Paris und die Rückkehr nach Deutschland, zwei Neuanfänge unter völlig veränderten politischen und ökonomischen Bedingungen, stellten auch ihre sozialen Beziehungen unter wechselnde Vorzeichen. So bestätigt die überlieferte Korrespondenz die nahe liegende Annahme, dass seit 1933 eine zunehmende Abhängigkeit des nach Naziterminologie „gemischtrassigen" Ehepaars Strobel von Werner Egk bestand, die sich nach 1945 schlagartig ins Gegenteil verkehrte. Denn nun verfügte Heinrich Strobel durch den Südwestfunk und das wieder gegründete *Melos* über entscheidende materielle und publizistische Ressourcen. Vor allem aber war ein öffentliches Eintreten Strobels und seiner Frau, einer verfolgten Jüdin, für den NS-belasteten Egk nun von unschätzbarem Wert. Die Beziehungen von Werner Egk zu Heinrich und Hilde Strobel sind daher ein aufschlussreicher Untersuchungsgegenstand. Vergleicht man ihre gut dokumentierten Kontaktaufnahmen während der 1930er Jahre und im Winter 1945/46, so lassen sich unterschiedliche psychologische und diplomatische Strategien der Akteure erkennen. Sie spiegeln zeittypische Denkmuster und Verhaltensweisen wider und liefern so ein Fallbeispiel dafür, wie man sich die Entstehung von Entnazifizierungsnetzwerken für das bundesdeutsche Musikleben modellhaft vorstellen kann.

Entwicklung der Freundschaft

Die Wege von Werner Egk und Heinrich Strobel kreuzten sich allem Anschein nach erstmals im Berliner Musikleben Anfang der 1930er Jahre,[213] möglicherweise im Umfeld gemeinsamer Bekannter. Strobel verfügte als einer der führenden Musikkritiker der Spreemetropole und Mitarbeiter des *Melos* über beste Verbindungen zu den führenden Namen des Kunst- und Kulturbetriebs, während Egk nach seinem Umzug nach Berlin im Jahr 1928 die Nähe von Persönlichkeiten wie Kurt Weill und Erwin Piscator suchte. Bei einer Durchsicht des *Berliner Börsen-Couriers* und des *Berliner Tageblatts* aus jenen Jahren fällt auf, dass regelmäßig Texte von Strobel im *Börsen-Courier* erschienen, während er nur gelegentlich im *Tageblatt* schrieb. Die erste Erwähnung des damals 27-jährigen Egk in einer dieser beiden Zeitungen findet sich im Juni 1930 im *Börsen Courier*, wo seine Funkmusik *91 Tage*

---

213 Im Rahmen der Spruchkammerverhandlung gegen Egk am 17. Oktober 1947 gab Strobel als Zeuge zu Protokoll, er „kenne Egk seit 1931/32", in: EAWE, Blatt 55.

Zeitgeschehen auf eine Textmontage von Robert Seitz lobend besprochen wurde.[214] Dem Autorenkürzel „L. Bd." nach stammt dieser kurze, „Radiokritik" betitelte Artikel nicht von Strobel. Die Sendung war immerhin von so großem öffentlichen Interesse, dass auch das *Tageblatt* die Besprechung eines Autors mit dem Kürzel „Sti" veröffentlichte, der ausführlich auf Egks Musik einging und trotz einiger kritischer Bemerkungen dem Werk innovatives Potenzial attestierte:

> Der Komponist Werner Egk stellt in dieser Chronik Nachrichten zusammen, die ihm aus dem vergangenen Vierteljahr symptomatisch erscheinen: Sportrekorde und Lebensrettung, Alkoholverbot und Zuchthausbrand in Amerika, Chinas Kampf, die nationalistische Demonstration Gandhis, Hungermärsche durch Deutschland, Arbeitslosigkeit, Hunger und wieder Hunger; dazwischen die Londoner Flottenkonferenz, Abrüstungsverhandlungen und phantastische Zahlen von ununterbrochener Aufrüstung. Alles in kurzen Meldungen, wie sie der drahtlose Dienst gab: eine teils im Chor gesprochene Wochenschau, die an den kontrastierenden Filmtitel erinnert, den die Russen propagieren. Die Musik illustriert die Gegensätze, unterstreicht ironische Pointen und sucht eine Atmosphäre zu schaffen, die den Hörer Anklage und Drohung in diesen Ereignissen miterleben läßt. Zwischen den sieben Teilen fassen „Gedenkstrophen" von Robert Seitz das Ereignis nochmals zusammen und schließen mit einem Aufruf zur Gewaltlosigkeit. – Dabei fehlt es dem Ganzen oft an präziser Schärfe; manches wirkt zu sehr als melodramatisches Lehrgedicht mit Nutzanwendungen, und die Musik verwischt gelegentlich den Stil, der durch den Aufbau aus kurzen Tagesnachrichten gegeben ist. Aber mit diesem Hörspiel ist ein neuer Weg gezeigt, der zum Ziele führt, wenn er nur konsequent weiter verfolgt wird.[215]

Der in Egks Nachlass in der Bayerischen Staatsbibliothek erhaltene Teil der Korrespondenz mit Hilde und Heinrich Strobel umfasst mehrere Dutzend Briefe und beginnt mit einem Schreiben Strobels vom Dezember 1933. Der überwiegende Teil ist in einem Ton gehalten, der zwar im Lauf der Jahre zunehmend persönlicher wurde, aber so offiziell blieb, dass die Briefe auch Außenstehenden oder politischen Instanzen hätten vorgelegt werden können. Nur ein geringer Teil der Korrespondenz ist hingegen in einem charakteristisch vertrauten, ironischen und absurd verdrehten Stil abgefasst, der von Nichteingeweihten kaum zu dechiffrieren ist. Der erstaun-

---

214 *Berliner Börsen Courier*, Nr. 259, S. 7 vom Juni 1930. Das Handbuch *Schallaufnahmen der Reichs-Rundfunk G.m.b.H von Ende 1929 bis Anfang 1936* (o.O., o.J., Eintrag unter Nr. 2022 auf S. 390) nennt den Komponisten als Texturheber und erwähnt Seitz nur als Autor einer Gedenkstrophe. Die im Handbuch verzeichnete Aufnahme entstand am 4. Juni 1930 im Senderaum des Berliner Rundfunks mit dem hauseigenen Berliner Funkorchester unter Leitung von Egk und Franziska Kinz, Gerd Fricke und Ernst Ginsberg als Sprechern. Zwei Jahre später verzeichnet das Handbuch eine Musik Egks zu einer Funkfassung von Shakespeares *Othello*, die von Wolf Heinrich Graf Baudissin eingerichtet wurde und am 22. September 1932 unter der Spielleitung von Hermine Körner mit dem Münchener Funkorchester unter Leitung von Karl List entstanden ist (Nr. 2266 auf S. 459).
215 *Berliner Tageblatt*, Juni 1930 Nr. 264.

lichste dieser Briefe, gezeichnet von Strobel als Karl Frahm und undatiert, ist im Anhang wiedergegeben.[216] Hierin fungiert beispielsweise ein „Baron de la Bierre et Victoire" als Deckname für Fritz Piersig („Bier"-„Sieg"), während Walter Gieseking zum „Tastensudler Wiesekling" verbrämt wird.

Das unausgewogene Mengenverhältnis zwischen „öffentlichen" und „privaten" Briefen deutet darauf hin, dass vertrauliche Informationen nach Möglichkeit mündlich kommuniziert wurden. Zudem erwähnte Strobel selbst, dass er sich während des „Dritten Reiches" gemeinsam mit seinen Kritikerkollegen Robert Oboussier, Karl Heinz Ruppel und Karl Korn einen äsopischen Tonfall zugelegt habe, der ihre wahren Ansichten verschleierte:

> Wir haben uns einen Jargon für solche Lobeszwecke angewöhnt, der sich so vollkommen von der Schreibweise unterschied, die wir bei seriösen Anlässen benutzten, daß jeder Leser – und der Leser war damals viel feinhöriger als heute – dies ohne weiteres bemerkte. Diese Methode habe ich mit heuchlerischer Kunst bis zum bitteren Ende betrieben. Vielleicht verdanke ich dieser von Ruppel und Korn mit noch größerer Virtuosität gehandhabten Methode, daß ich schriftstellerisch auch in meiner Pariser Zeit, nämlich während der deutschen Besetzung, keine ernsten Schwierigkeiten hatte.[217]

Auch Korn, enger Freund der Strobels aus Berliner Zeiten und nach Kriegsende Mitbegründer und Feuilletonleiter der *Frankfurter Allgemeinen Zeitung*, hob in einem Geburtstagsgruß Strobels „Kunst der Ironie, des scharfen Witzes, der, darf ich sagen, Verfremdung des Lebens durch das satirische Spiel"[218] hervor:

> Ihre existentielle Mimikry ist von sturen Menschen nicht immer verstanden worden. Aber Sie können versichert sein, daß Sie vielen, die Ihnen begegnet sind, mehr waren als der eminente Musikkenner. Ihre scheinbaren Clownerien waren vielen durchschaubar als eine Tarnform von Existenz, die dem Intellektuellen ein Ausschlupf aus dem riesigen Kehrichthaufen zeigt. Sie haben nie darüber geredet, und ich würde nicht darüber schreiben, wenn nicht der Siebzigste einem die Zunge löste, da der Sinn solchen Tages doch wohl der ist, Bilanz zu ziehen und zu danken. Wir haben, lieber Strobel, in unserm Lande arg viele Leute, die sich intellektuell aufführen, feingeistig tun und ihr Leben lang nicht einmal sich selbst eingestehen, was für ein geistiges Talmileben sie führen. Sie wissen das kraft Ihrer hohen Intelligenz und Ihrer nicht minder hohen Empfindlichkeit für falsche Töne. In Abwehr dagegen haben Sie ein Leben lang die Ironie und den Spott als Tarnung benutzt.

Ob diese Strategie einer ironischen Brechung propagandistischer Rhetorik durchweg glückte und als Erklärung für einen regimeaffinen Tonfall immer greift, mag

---

216 Bayerische Staatsbibliothek München Ana 410 (Nachlass Werner Egk) [NWE]. [Dokument 4 im Anhang].
217 Schatz, *Vorwort* zu *Am Rande*, S. 2.
218 Karl Korn, *Ohne Tarnung*, in: *Melos*-Heft zu Strobels 70. Geburtstag (1968, Heft Mai), S. 187.

bei genauerer Betrachtung mancher Artikel aus der Feder Strobels – insbesondere aus Paris sowie für Goebbels' publizistisches Prestigeprojekt *Das Reich* – bezweifelt werden. Die Eröffnung eines Überblicksartikels zum *Pariser Musikleben 1942* kann ein Beispiel liefern: „Dank der tatkräftigen Fürsorge der deutschen Besatzungsbehörden ist das Pariser Musikleben bald nach dem Waffenstillstand wieder in Gang gekommen."[219] Nach weiteren lobenden Bemerkungen über die wohltuende Aufmerksamkeit, die das Musikleben nach der mangelnden Beachtung durch den französischen Staat nun endlich erfahre – „trotz mancher großer Worte, mit denen die Franzosen schnell bei der Hand sind" – zog Strobel den Schluss, dass Frankreich „der Vielfalt starker junger Talente in Deutschland [...] nichts entgegenzusetzen" habe und unterstellte zum Beweis Ollivier [sic] Messiaen, sich im „verschwommenen Ästhetizismus" zu verlieren oder auch Jean Hubeau, sich mit „einer gefälligen Oberflächlichkeit" zu begnügen. In einem zweiten Artikel vom November 1942 griff er solche Gedanken wieder auf und sah – im Kontrast zur Kraft und Vitalität der gerade in Paris aufgeführten Stücke von Egk und Pfitzner – diese Schwächen „im Wesen des Franzosen"[220] als „Mangel an Neugierde" und „Kulturhochmut" begründet.

Als Probe auf den Ironiegehalt solcher Texte können Briefe Strobels an Ernst Laaff dienen, die erkennbar nicht doppeldeutig formuliert sind, sondern ernsthafte Anmerkungen zu seinen Artikeln mitteilen. Zum ersten merkte er an, dass „der skeptische Ton [...] leider nicht zu vermeiden [ist]. Denn qualitativ ist eben hier nicht viel los",[221] was Laaff in der darauffolgenden Woche aufgriff: „Der skeptische Ton scheint nach dem Inhalt des Artikels völlig gerechtfertigt. Merkwürdig, daß man sich von hier aufgrund der verschiedenen Einzelberichte ein so viel erfreulicheres Bild von dem Kulturleben in Paris zu machen pflegt."[222] Auch zum zweiten Artikel haben sich vergleichbare Absprachen erhalten, nachdem Laaff am 14. September 1942 bei Strobel einen weiteren Überblicksartikel geordert hatte, um ausgehend von den Aufführungen Egks und Pfitzners in Paris allgemeinere Überlegungen zur gegenwärtigen Situation anzustellen: „Im Mittelpunkt der Betrachtung soll ja nicht allein Egk stehen, sondern die Aufnahme der deutschen Musik in Frankreich."[223]

Die ersten beiden überlieferten Briefe, die Strobel an Egk richtete, spiegeln den Umbruch von *Melos* zum *Neuen Musikblatt*. Im ersten Schreiben vom 4. Dezember 1933 bat Strobel für einen von Ludwig Lade verfassten Portraitartikel über Egk, der wenige Wochen später dann im ersten Heft des folgenden Jahrgangs im *Melos* erschien[224], noch um eine kleine Notenbeilage. Im parallel erschienenen Monatsheft des *Melos* war gerade eine wohlwollende Besprechung Strobels über Egks *Quattro*

---

219 *Pariser Musikleben 1942*, in: *Neues Musikblatt* 21 (1942), Heft 75 (April), S. 5.

220 *Deutsche Zeitgenossen im französischen Spiegel. Pfitzner und Egk in Paris*, in: *Neues Musikblatt* 21 (1942), Heft 81 (November), S. 5.

221 Brief von Heinrich Strobel an Ernst Laaff vom 2. April 1942, in: ASM Mappe 21104.

222 Brief von Ernst Laaff an Heinrich Strobel vom 8. April 1942, in: ASM Mappe 21108.

223 Brief von Ernst Laaff an Heinrich Strobel vom 14. September 1942, in: ebenda. Vgl. ergänzend einen Brief von Laaff an Strobel vom 23. September 1942, in: ASM Mappe 21105.

224 Ludwig Lade, *Werner Egk*, in: *Melos* 13 (1934), Heft 1 (Januar).

Canzoni. Vier italienische Lieder gedruckt worden. Das zweite Schreiben vom 5. Februar 1935 dokumentiert bereits einen wesentlich vertrauteren Umgang. Strobel bat um einen neuen Text von Egk für das *Neue Musikblatt*, nachdem er im Dezemberheft des Jahrgangs 1934 ein Selbstportrait von Egk abgedruckt hatte, das ihm ausgesprochen gut gefallen hatte: „Wollen Sie nicht einmal über ein allgemeines Thema für etwas für mich schreiben, so wie Sie das in der *Völkischen Kultur* tun? Es läge mir sehr viel daran. Lassen Sie es sich doch einmal durch den Kopf gehen und geben Sie mir dann Bescheid."[225] Vor allem aber verdeutlicht dieser Brief, dass Egk von Strobel als führende Kraft innerhalb der Generation nach Hindemith, Strawinsky und Schönberg sehr geschätzt wurde und er seinem Urteil über andere junge Musiker vertraute: „Wie ich lese, wird von K. A. Hartmann dieses Jahr etwas in Karlsbad gespielt. Ich möchte das zum Vorwand nehmen um über Hartmann etwas zu bringen. Ich verlasse mich dabei auf Ihre Empfehlung. Kann der Mann selbst ein Portrait schreiben oder wer kann es sonst?"

Während Egk durch solche Anfragen zumindest Strobels journalistische Schwerpunkte bedingt beeinflussen konnte, verfügte er wenige Jahre später durch seine Ämter bei der Reichsmusikkammer und der Urheberrechtsgesellschaft Stagma sowie als bevorzugter Hauskomponist in Berlin und Frankfurt über noch weit bessere Möglichkeiten, die Entwicklung des deutschen Musiklebens mitzubestimmen. Dieser Einfluss wurzelt aber schon in den frühen 1930er Jahren, als Egk binnen kurzem von einer Lokalgröße zu einer prominenten und hofierten Persönlichkeit aufstieg. An diesem Aufstieg hatte Strobels gezielte publizistische Unterstützung sicherlich einen nicht zu unterschätzenden Anteil, zumal die Werke Egks und die von Strobel betreuten Musikblätter *Melos* bzw. *Neues Musikblatt* aus demselben Hause Schott in Mainz stammten. Im Verlauf der neun Erscheinungsjahre des *Neuen Musikblatts* wurden entsprechend häufig Beiträge über Egk und seine Uraufführungen publiziert.[226]

---

225 Brief von Heinrich Strobel an Werner Egk vom 5. Februar 1935, in: NWE. Vgl. auch eine ähnliche Bitte von Strobel um einen weiteren Artikel in seinem Brief an Egk vom 29. März 1935 sowie eine entsprechende Postkarte vom 1. April 1935 (ebenda).

226 Die Artikel beginnen mit Werner Egks Selbstportrait (1934, Heft Dezember). Es folgen (nur Artikel direkt zu Egk, in anderen Nummern finden sich z.B. auch Anzeigen des Verlags oder Fotos von Inszenierungsproben, Jan. 1941 für *Joan von Zarissa*): K.H., *Werner Egks „Georgica"* (1935, Heft März), Werner Egk, *Werner Egk über seine „Zaubergeige"* und *Lochhamer Opernbrief* (1935, Heft Mai), Robert Oboussier, *Ein großer Opernerfolg. Werner Egks „Zaubergeige"* (1935, Heft Juni), G.D., *Ein Ballett von Egk in Antwerpen* sowie Kpff. [Hans Wilhelm Kulenkampff], o.A. und h.st. [Heinrich Strobel], *Oper aus drei Jahrhunderten. „Boris" in der Originalgestalt. Egks „Zaubergeige" in Berlin. Hans Stiebers „Eulenspiegel"* und o.A., *Egks Dirigentenerfolg* (alle 1936, Heft März), Helmut Schmidt-Garre, *Egks Zaubergeige in München* (1937, Heft April), Heinrich Strobel, Rudolf Maack, Heinz Joachim und Karl Heinz [K.H.] Ruppel, *Das neue Opernschaffen. Dresden: „Daphne" von Richard Strauß. „Max und Moritz" mit Musik. Berlin: „Peer Gynt" von Werner Egk. Gera: „Julius Cäsar" von Malipiero* (1938, Heft Dezember), K.H. Ruppel, *„Joan von Zarissa". Ein neues Ballett von Werner Egk* (1940, Heft Februar), o. A., *Werner Egk und Frankfurt* (1941, Heft Mai), Werner Egk, *Zum Problem des zeitgenössischen Opernschaffens. Musikdrama – Musizieroper – Volksoper?* (1941, Heft Juni), o. A., *Werner Egk Leiter der Fachschaft Komponisten* (1941, Heft Juli/August), K.H. Ruppel, *Egk-Uraufführung in Frankfurt a.M. – „Columbus". Bericht und Bildnis* (1942, Heft Januar), K.H. Ruppel, *Orff und Egk in der Berliner und Wiener Staatsoper* und Heinrich Sievers, *Werner Egks „Columbus" in Braunschweig* (beide 1942, Heft März), Heinrich Strobel, *Pariser Mu-*

Nähme man allein die erhaltenen Briefe als Indizien für die Kontaktpflege, so könnte man den Eindruck gewinnen, der Ortswechsel der Strobels von Berlin nach Paris habe die Verbindung zu Egk abreißen lassen, zumindest aber stark eingeschränkt. Die im Nachlass Egks auffindbare Korrespondenz endet am 29. April 1937 mit einem kurzen organisatorischen Schreiben Strobels und setzt am 8. März 1943 wieder ein, erneut mit einem Brief Strobels, diesmal auf Papier der Pariser Zeitung. Bereits der einleitende Absatz verrät indes, dass man zuvor in Kontakt gestanden hatte: „Ich habe den Vorschlag von Herrn Prof. Reznicek der Schriftleitung unterbreitet, und wird das Nötige eingeleitet werden [sic]. Ich glaube, dass wir in Bezug auf Draesicke [sic] ein gutes Werk tun könnten. Der Künstler ist leider hier völlig unbekannt. Vielleicht ist nach Erscheinen Ihres Artikels eine Aufführung der Sinfonia tragica hier zu bewerkstelligen."[227] Insofern dürften es vor allem persönliche Gespräche zwischen Egk und den Strobels gewesen sein, mit denen sie ihre Freundschaft pflegten, da Egk (wie im vorigen Kapitel erläutert) sich im Jahr 1942 längere Zeit für Gastdirigate und die Aufführung seines *Peer Gynt* in Paris aufhielt. Wenn sich für die Berliner Zeit ein persönlicher Umgang von Egk zwar mit Heinrich, nicht aber auch mit Hilde Strobel eindeutig nachweisen lässt, so ist er für die Pariser Zeit dokumentiert. Der Nachlass Egks enthält entsprechende Fotos, die zumindest teilweise wohl von dem begeisterten Fotografen Heinrich Strobel stammen. Eines davon (Abb. 9) zeigt seine Frau mit Werner Egk und dessen Frau Elisabeth auf dem Sockel der monumentalen Nashorn-Statue von Alfred Jacquemart, die sich vor dem Musée d'Orsay befindet. Die Wahl dieser Kulisse belegt den privaten Rahmen der Begegnungen, da Heinrich Strobels Faible für außergewöhnliche Tiere wie Nashörner seinen Freunden bewusst war. Später spielte Egks Glückwunschtext zu Strobels siebzigstem Geburtstag, *Enthüllungen oder Der Rhinocerotide aus Bayern*, bereits im Titel darauf an.[228] Er ist mit dem korrespondierenden Foto bebildert, das nun Strobel und Egk vor der Statue zeigt. Der Schlusspassus des Briefes vom 8. März 1943 bestätigt den vertrauten Eindruck, den das Foto vermittelt, wenn sich Heinrich Strobel für die gemeinsame Zeit in Paris bedankte: „Wir hoffen alle, dass Sie bald wieder zu recht erfolgreichem Wirken nach hier kommen und begrüssen Sie ganz allgemein und freundlichst."[229]

In den Jahren zwischen 1937 und 1943, für die keine Korrespondenz dokumentiert ist, verschoben sich die Karrieren von Strobel und Egk vollständig gegeneinander. Der eine, vormals Fördernde, verlor seine Position als führender Musikjournalist in Berlin und einflussreicher Herausgeber eines der wichtigsten Sprachrohre für moderne Musik, erlebte Lagerhaft, die Verfolgung seiner Frau und einen diplomatisch heiklen beruflichen Neuanfang in Paris. Der andere stieg währenddessen zu einem nicht mehr von Strobel, sondern von Hitler und Goebbels protegierten

sikleben (1942, Heft April; in dieser Ausgabe finden sich viele weitere Fotos und kleinere Notizen zu Egk), Karl Laux, *Der Melodiker Werner Egk* (1942, Heft September), Heinrich Strobel, *Deutsche Zeitgenossen im französischen Spiegel. Pfitzner und Egk in Paris* (1942, Heft November).

227 Brief von Heinrich Strobel an Werner Egk vom 8. März 1943, in: NWE.

228 Erschienen im *Melos*-Heft zu Strobels 70. Geburtstag (1968, Heft Mai).

229 Brief von Heinrich Strobel an Werner Egk vom 8. März 1943, in: NWE.

Abb. 9:   Hilde Strobel mit Werner und Elisabeth Egk 1942 in Paris (Foto: NWE)

Komponisten und Verbandsfunktionär auf. Vor diesem Hintergrund liegt auf der Hand, dass Werner Egk für Heinrich Strobel ein sehr wichtiger Kontakt war. Hatte er sich für den jungen Egk aus künstlerischer Überzeugung engagiert, konnte er nun mit dessen Hilfe über viele Entwicklungen in Deutschland im Bilde bleiben und zuweilen den Redaktionen, denen er in Paris zuarbeitete, exklusive Texte von und über Egk liefern, insbesondere im Umfeld der viel beachteten Pariser Aufführungen des *Peer Gynt*.[230] Im Gegenzug konnte er sich dank seiner exzellenten Verbindungen zur deutschen Botschaft und den zuständigen Kulturoffizieren für die Aufnahme von Egks Musik in die Spielpläne der französischen Metropole einsetzen, so dass die elf aus den Jahren 1943 und 1944 überlieferten Briefe nicht nur Bitten um Textbeiträge Egks für Strobels Redaktionen enthalten, sondern auch Berichte über laufende Hintergrundgespräche mit Spielleitern und Intendanten. Etliche dieser Briefe sind wieder in einem vertraut-ironischen Duktus abgefasst (einen undatierten, durch viele Details verschleierten dreiseitigen Brief zeichnete Strobel beispielsweise als „Alcofribas Naso"[231]). Schon im ersten dieser Schreiben vom 29. März 1943 bleiben viele Informationen für heutige Leser hinter Wortspielen und Namensverdrehungen verborgen. Nicht alle Personen sind so leicht zu entschlüsseln wie der Musikreferent an der Deutschen Botschaft, Fritz Piersig, hinter dem Namen „Fierselig". Ob diese Art von verschlüsseltem Schreiben geistreiche Spielerei oder konspirative Camouflage war, lässt sich aus heutiger Sicht kaum entscheiden.

---

230 Offizielles Schreiben von Strobel an Egk vom 24. August 1943 auf Briefpapier der *Pariser Zeitung* mit Bitte um einen Artikel über die Oper, in: NWE.
231 [Dokument 5 im Anhang].

Bei genauerem Hinschauen entdeckt man in diesen Briefen auch Details, die das unscharfe Bild von Heinrich Strobel als einem Journalisten, der nach seiner traumatischen Lagererfahrung vor allem in Paris blieb und sich dort möglichst unauffällig verhielt, in seinem beruflichen Alltag etwas konturieren. Einem Brief an Werner Egk vom 20. November 1943 zufolge unternahm er in dieser Zeit auch ausgedehnte Vortragsreisen in Frankreich, wo er über jüngere deutsche Komponisten sprach und neben Orff besonders auch Egk vorstellte. Er bat diesen, an Orff einen beigefügten Brief weiterzuleiten, und fragte für weitere Vorträge dringlich nach Aufführungs- und Szenenfotos, die er sich aber nicht etwa nach Paris, sondern an ein Frankfurter Postfach schicken ließ.[232] Aus Briefen Strobels an seinen Kollegen Ernst Laaff, der das *Neue Musikblatt* bei Schott weiter betreute, geht hervor, dass Strobel mindestens im Juli und Oktober 1942 in Deutschland war und dabei auch nach Frankfurt kam. Dass er dort ein Postfach einrichten ließ, deutet darauf hin, dass dies öfter der Fall war.

So operiert ein weiterer Brief Strobels an Egk wenige Wochen später mit komprimierten Formulierungen und Andeutungen, die einen regelmäßigen Informationsaustausch zu dieser Zeit vermuten lassen. Er berichtete von einigen Vorträgen über zeitgenössische Musik, bei denen er von Igor Strawinskys Sohn Soulima (der zu Strobels direktem Umfeld in Paris gehörte) am Klavier und der Sängerin, die in Egks *Peer Gynt* die Rolle der Rothaarigen („Rouquine") sang, unterstützt wurde. Schwer zu entscheiden ist, ob die lobende Erwähnung der „Sinfonia" eines „D. Wager" ironisch gemeint ist oder nicht. Möglicherweise geht es um die *Symphonie dramatique* op. 68 von Anton Dewanger (1905-1974), einem aus Österreich stammenden Komponisten, die in der Tat genau die von Strobel genannte Dauer aufweist.[233] Die Erwähnung Dewangers in einem Brief Werner Egks vom 16. Januar 1946, der weiter unten ausführlich zitiert wird, deutet wie Strobels Formulierung von der „verdienten Anerkennung" darauf hin, dass dieser Komponist dem Besatzungsregime nahe stand. Sollte Egk für ihn wirklich „einmal etwas tun" oder meinte Strobel gerade das Gegenteil?

> Habe recht schöne Erfolge mit Vorträgen über zeitgenössische Musik gehabt und dabei auch einiges aus buranischen Liedern, dem Monde und dem Kolombe zum besten gegeben, mithilfe Ihrer hiesigen Ro[u]quine und Igors kleinem Sohne. Auf dem Reger ist er schwächer als auf der Orphikleide. Habe noch etwas vergessen: Eine sehr schöne und überaus wohlklingende Sinfonia von D. Wager. Man merkt garnicht [sic], dass sie 65 Minuten dauert und war ein stürmischer Erfolg. Sie könnten für den Autor vielleicht einmal etwas tun. Er hat hier nun eine verdiente Anerkennung gefunden, in dem er die Leitung der neuen Musikschule erhielt. Ich verstehe, dass sie private Sorgen haben – um wieder was persönliches zu sagen – aber wer hätte sie nicht! Der Degenery [= Wagner-Regeny] schrieb mir, dass ihm alles niederbrannte.[234]

---

232 NWE.

233 Nach der Angabe im Katalog der Deutschen Nationalbibliothek, der auch ausweist, dass das Werk in Paris bei Gérard Billaudot verlegt wurde.

234 Brief von Heinrich Strobel an Werner Egk vom 12. Dezember 1943, in: NWE.

Auch bei den wenigen aus dem Jahr 1944 im Nachlass Egk erhaltenen Briefen wechseln wieder private und offizielle Schreiben. Die Dokumente umfassen den Zeitraum von Januar bis April[235] und kreisen um eine geplante Aufführung von Egks *Columbus* (1942 hatte der Komponist das Stück, das ursprünglich als Funkoper konzipiert und 1934 in der Münchner Tonhalle uraufgeführt worden war, zur Oper umgearbeitet) bei Radio Paris, dem zentralen Propagandaorgan des Vichy-Regimes, das nach der Befreiung Frankreichs im darauffolgenden Jahr bei weit reichender personeller Kontinuität nun den Kampf gegen Hitler-Deutschland propagandistisch unterstützte.[236] Der erste Brief am 14. Januar 1944 auf Papier der *Pariser Zeitung* hatte offiziellen Charakter. Mit höflich-distanzierten Formulierungen informierte Strobel über den Planungsstand und schloss sogar mit dem Hitler-Gruß, so dass er offenkundig mit fremden Augen rechnete. Hierzu könnte als Antwortschreiben ein zweiseitiger Brief von Egk mit Datum vom 22. Januar 1944 passen. Ausführlich überlegte der Komponist darin, wie das nötige Aufführungsmaterial durch zuverlässige Leute von Schott nach Frankreich gebracht werden könne und welche Schritte für eine zügige Einstudierung des *Columbus* zu unternehmen seien. Mit Bedauern lehnte er Strobels Vorschlag ab, ihn bald in Paris zu besuchen, da er sein „teures Weib nicht allzu lange allein und verlassen in der durch vom Himmel fallende Explosivkörper und Feuerstoffe gefährdeten Heimat zurücklassen"[237] wollte. Auch das Schicksal seines Sohnes Titus machte ihm Sorgen: „A propos, mein Sohn weilt leider allzusehr nahe der Urbrutstätte jener Mönche die mich in St. Stefan zu Augsburg erzogen haben. Ihren Namen sollt Ihr nie erfahren, es waren Benediktiner."[238] Abschließend bedankte er sich für einen Vortrag Strobels, den dieser „im Institut" über ihn gehalten hatte und von dem er über eine Stabshelferin Schwartze erfahren hatte. Laut Egk war diese „unbeschreiblich gerührt über das Mass uneigennützigster Freundschaft, das Sie mir hier wiederum durch Ihre bekannt trefflichen Formulierungen und überhaupt bewiesen haben. Innigen Dank!"

Der nächste von Strobel auffindbare Brief stammt vom 16. März 1944. Er wurde ohne Briefkopf, also vermutlich als Privatpost verschickt und wirkt sprachlich wie inhaltlich wieder sehr vertraut. Zugleich belegt er ein weiteres Mal, wie sehr sich Strobel um Egk und die Aufführung seiner Musik bemühte, indem er davon berichtete, wie er dank der Unterstützung eines befreundeten Diplomaten gegen zu erwartende Widrigkeiten das Aufführungsmaterial nach Paris bekam, so dass es ihm mit der abschließenden Grußformel „Dies in aller Eile und Treue" offen-

---

235 Werner Egk berichtet in seinen Memoiren über einen Brief vom Mai 1944 (*Die Zeit wartet nicht*, S. 360).
236 Cécile Méadel, *Pauses musicales ou les éclatants silences des Radio-Paris*, in: Chimènes, *La vie musicale sous Vichy*.
237 NWE Mappe Theater.
238 In einem Schreiben an seinen Verleger im Februar 1945 findet sich eine weitere Notiz zu seinem Sohn: „Von Titus hören wir seit der Russenoffensive auch nichts mehr, er war in Polen. Hoffentlich steht wenigstens noch das Wiesbadener Haus Ihres Bruders Willy. Ich finde das Einzige was man noch tun kann ist Kontakt halten, damit wenigstens einer vom andern weiss, soweit es überhaupt möglich ist." Brief von Werner Egk an Ludwig Strecker vom 25. Februar 1945, in: ASM Schachtel „Briefe. 8072 bis 8366". April 1937 bis November 1948.

sichtlich ernst war.[239] Da Egk in den nächsten Wochen anscheinend eine Antwort schuldig blieb, setzte Strobel am 5. April mit einem weiteren Privatbrief nach, in dem er sich auch nach dem Wohlergehen von Titus Egk erkundigte, was zeigt, dass man auch auf familiärer Ebene Sorgen und Nöte teilte. Der letzte aus Paris von Strobel erhaltene Brief an Egk (diesmal eine Antwort auf einen nicht überlieferte Gegenbrief Egks vom 2. April und datiert auf den 13. April) berichtete vom aktuellen Planungsstand zur *Columbus*-Aufführung. Offensichtlich erwartete man dringend Egks Besuch in Paris, und Strobel fasste seine Nachrichten wieder straff zusammen:

> Ich beantworte ihn sogleich, um die von Radio-Paris ausgesprochene Bitte, den Colomben nun im Junius zu starten mit allem Nachdruck zu unterstützen. Sie dürfen uns nicht im Stiche lassen. Ausserdem ist die Sache von höchster Stelle hier als wünschenswert und notwendig bezeichnet worden. Sie würden unserer Arbeit einen argen Strich durch die Rechnung machen. […] Wie die Dinge liegen, scheint nun auch die Sonne[240] dem Werke günstig, ihre Wärme sog alle Wolken auf. Sie brennt sozusagen darauf, den Columbus zu bestrahlen. Die Solisten sind bereits an der Arbeit, und das Orchester ist froh, nicht immer die Fünfte von Beethoven und die Erste von Brahms spielen zu müssen.[241] Sonst ist es still, d.h. die Besuche folgen sich am laufenden Bande, und ich muss schon an mich halten, um einigermassen meine schriftstellerischen Betriebe aufrecht zu erhalten. […] Welche Hekatomben von Besuchern aber könnten die Freude aller ersetzen, die Ihr einziges Wiederkommen hervorrufen würde. Geben Sie bald Ihr heiß ersehntes „Ja" und seien Sie herzlichst begrüßt
>
> von Ihrem ergebenen
>
> Strobel[242]

Alte Verbundenheit in der Nachkriegszeit

Vergleicht man das Lebensgefühl der Strobels in Paris, wie sie es ihren Freunden und Verwandten rückblickend in Briefen schilderten, mit den biographischen Zeugnissen aus jenen Jahren, ergeben sich einige Unstimmigkeiten. Betrachtet man ihre damaligen Umstände ausschließlich als von permanenter Sorge um Leib und Leben geprägt, wie sie es retrospektiv beschrieben, dann passen Äußerungen wie folgende von Heinrich Strobel an einen alten Bekannten aus Pariser Zeiten, Albert Buesche, nicht ins Bild, dem er am 21. März 1950 schrieb:

---

239 NWE.

240 Hier scheint Strobel chiffriert von demselben höheren deutschen Amtsinhaber zu sprechen, den auch Egk in seinem weiter unten zitierten Brief vom 16. Januar 1946 als „Herrn Sonnen" erwähnt. Der Name ließ sich bislang jedoch nicht verifizieren.

241 Eine Anspielung auf ein Karajan-Gastspiel in den Wochen zuvor, das in den vorigen Briefen mehrmals zur Sprache kam.

242 NWE.

Im Dezember und Januar war ich in Paris. Sie können sich denken, dass beinahe aus jeder Strassenecke, ja beinahe aus jedem Haus irgendeine Erinnerung heraussprang. Wenn die Dinge auch nicht immer angenehm waren, ich habe doch gesehen, dass ich eigentlich immer noch mehr in Paris als in Deutschland lebe.[243]

Es scheinen vor allem die persönlichen Kontakte zu gleichgesinnten Kollegen und zuverlässigen Freunden gewesen zu sein, die ihnen ihre Zeit in Frankreich zu einer nachhaltig prägenden Lebensphase werden ließen, so dass sie auch im Rückblick diese noch sehr wertschätzten. Auch in den Zeilen von Hilde Strobel an einen Pasteur Martin Wilhelm schwang eine Spur von starkem Heimweh, wenn sie ihm aus dem sicheren Baden-Baden am 6. Juli 1946 schrieb: „Haben Sie, lieber Pasteur immer noch so viel zu tun und hetzte Mme Jeanne sich immer noch so ab. Jetzt haben Sie sicher Ihre Ferien, ich denke an voriges Jahr um diese Zeit, da wir so gemütlich bei Ihnen zusammen waren. Franchement: das fehlt uns hier sehr, gute Freunde."[244]

Nach den erhaltenen Archivalien waren in der unmittelbaren Nachkriegszeit Hilde Strobels Verwandte in den Vereinigten Staaten (insbesondere ihr Bruder in Hollywood) die wichtigsten Gesprächspartner. Unterhaltungen wurden wieder aufgenommen, die offensichtlich in den Wirren der letzten Kriegstage in Paris und dem übereilten Ortswechsel nach Baden-Baden (den man sich unter den damaligen Verkehrs- und Reisebedingungen als zeitaufwändig und beschwerlich vorzustellen hat) abgerissen waren. Diese Unterbrechung kann allerdings nach der Quellenlage zeitlich nicht präzise bestimmt werden, da sich aus Paris keine persönlichen Unterlagen der Strobels erhalten haben. Wie bereits im biographischen Abschnitt zu Hilde Strobel erwähnt, hatten sich auch in die Kommunikation mit Bobby und Frank (Fritz) Level Missverständnisse eingeschlichen. Die ersten brieflichen Kontaktaufnahmen, die durch den unzuverlässigen und lückenhaften Transport der Post nach Übersee erschwert wurden, konnten aber diese Meinungsverschiedenheiten schnell beheben. Der offene Ton dieser Briefe, von denen nur die Schreiben der Strobels nach Amerika in ihrem Nachlass beim SWR überliefert sind, und die präzisen Schilderungen ihrer neuen Lebenssituation in der französischen Besatzungszone verdeutlichen insbesondere ihre Einstellung gegenüber NS-Kontinuitäten, wie sie in Kunst, Kultur und Politik der unmittelbaren Nachkriegszeit allgegenwärtig waren. Sie liefern daher Maßstäbe, an denen sich ihr Verhalten gegenüber Werner Egk einschätzen lässt.

In den ersten Briefen in die USA machten die Strobels den starken Impuls, Gesprächsfäden wieder aufzunehmen und neu zu knüpfen, selbst zum Thema und schilderten, wie viel Trost und Freude sie daraus zogen, vermisst, gesucht und gefunden worden zu sein. So schrieb Hilde Strobel am 16. Januar 1946:

---

243 Brief von Heinrich Strobel an Albert Buesche vom 21. März 1950, in: SWR Ordner P 05737. Ordner Bl-Bz 1950 Mappe II.
244 Brief von Hilde Strobel an Pasteur Martin Wilhelm vom 6. Juli 1946, in: NHS XIV.3 Korrespondenz 1945-1950.

Ihr könnt Euch garnicht [sic] vorstellen, wie es uns freut, nun aus allen Teilen Deutschlands Briefe zu bekommen von Menschen, die sich freuen, nach so langen Jahren wieder von uns etwas zu hören. Einer scheint es dem anderen zu erzählen. Es tauchen Leute auf, von denen wir garnichts mehr wussten und nicht mehr am Leben glaubten. Es ist eine gewissen [sic] Genugtuung zu erfahren, dass man nicht vergessen war.[245]

Das Bedürfnis, die durch NS-Terror, Krieg und Vertreibung versprengte Familie und die Freunde wieder zusammenzuführen, teilten die Strobels mit den meisten Zeitgenossen. Sie bedienten sich auch der Hilfe des Roten Kreuzes und gaben noch von Paris aus Suchanzeigen nach vermissten Angehörigen auf:

Mit der gleichen Post bekam ich einen Brief von Tante Paula aus Johannisburg und Herbert. Der Brief wurde aus Paris nachgeschickt. Sie las meine Annonce, resp. die von Daniel, mit der ich Euch suchte. Sie erzählt mir, dass die Tanten Else, Selma und Meta und Kurt Moser in KZs umgekommen sind. Von Holland aus deportiert. Wenn ich sowas höre, erscheint es mir immer wieder wie ein Wunder, dass ich dadurch [sic] gekommen bin und bin umso dankbarer für das, was Heinrich auf sich genommen hat und bewundere noch nachträglich die Tücke, mit der wir es geschafft haben.[246]

Neben dem gedanklichen Austausch mit vertrauten Menschen hatte der neugeknüpfte Kontakt zu Familienangehörigen für viele Bewohner der Besatzungszonen den ganz praktischen Sinn, über Hilfspakete die tägliche Not zu lindern. Einem Brief Hilde Strobels vom 20. Dezember 1945 ist zu entnehmen, dass sie und ihr Mann schon in Paris Sendungen ihrer Verwandten erhalten hatten,[247] so dass auch hier keine neuen Kontakte zu knüpfen, sondern lediglich unterbrochene Verkehrswege zu reorganisieren waren. So oft in den Briefen der Strobels aus dieser unmittelbaren Nachkriegszeit von Hunger und Mangel an Dingen des täglichen Lebens die Rede war, so konzentriert berichteten sie zugleich als Zeitzeugen vom Zustand Deutschlands und den alten und neuen Überzeugungen ihrer Landsleute. Hier stehen scharfe Beobachtungen neben Mitteilungen neuer Angebote für Heinrich Strobel, wobei etwa die Ablehnung der Offerte, zum *Tagesspiegel* nach Berlin zu wechseln, auch mit der desolaten Wohnungs- und Versorgungslage dort begründet wurde. So schrieb Hilde Strobel am 23. März 1946, wenige Tage, bevor der Sendebetrieb beim SWF am Monatsende beginnen sollte:

Heinrich ist natürlich in seinem Element als Kämpfer für Hindemith, Strawinsky, Bartok und was sonst gut und teuer ist. Hoffentlich kann er endlich etwas seine Ideale verwirklichen. Uebrigens, das wird Euch interessieren, er bekam dieser Tage ein Angebot von der Amerikanischen Zeitung in Berlin

---

245 Brief von Hilde Strobel an Frank und Bobby Level vom 16. Januar 1946, in: NHS XIII. Vermischte Korrespondenz 4. 1946-1949.
246 Brief von Hilde Strobel an Frank und Bobby Level vom 25. Januar 1946, in: ebenda.
247 Brief von Hilde Strobel an Frank und Bobby Level vom 20. Dezember 1945, in: ebenda.

„Der Tagesspiegel". Abgesehen, dass wir nun hier sind, reizt es ihn wenig nach Berlin zu gehen. Wir hatten erst kürzlich einen Besuch aus Berlin, der uns Schönstes aus dieser ehemaligen Kapitale erzählte: Frage „Wo kann man hier etwas Warmes essen", Antwort „Zweiter Schutthaufen links." Da klettert man herum, findet auch endlich einen Verschlag und wenn man Glück hat, bekommt man auch irgendeine ungeniessbare warme Flüssigkeit vorgesetzt. Man kann auch gut essen, dass [sic] kostet ein Essen 400.- Rm. Von Spittelmarkt bis Halensee, so erzählt er, steht kein Haus. Am Alexanderplatz ein Schwarzer Markt, wo es alles zu unvorstellbaren Preisen zu kaufen gibt. […] Soeben bekamen wir wieder einen Besuch aus Freiburg, wo ein Teil der ehemaligen Frankfurter Zeitung ein sehr gutes Blatt macht. Die wollen nun Heinrich auch wieder haben. Das Geriss um die paar begabten Menschen in Deutschland, könnt Ihr Euch nicht vorstellen. Man muss seine ganze Kraft zusammennehmen, um nicht in den Strudel zu geraten. Wenn in der Woche nur zwei Angebote, statt drei kommen, so wundern wir uns. Wir lassen uns aber nicht verrückt machen und wir nehmen auch zunächst nichts anderes an. Man kann nur eine Sache machen. Heinrich hat nur mit seinem Schweizer Verleger ein neues Buch abgeschlossen, das er in einem Jahr beendet haben muss.[248]

Während die Kontaktaufnahme zu Angehörigen und Freunden nicht zuletzt der emotionalen Rückversicherung und der Rekonstruktion gemeinsamer Vergangenheit diente, lassen Heinrich Strobels Kontaktaufnahmen zu alten Weggefährten auch die Intention erkennen, gerissene berufliche Netzwerke neu zu knüpfen, gemeinsame Projekte, die wie das *Melos* die eigene Haltung repräsentierten, wieder aufleben zu lassen und mittels dieser Netzwerke auch dem Wiedererstarken alter Gegner und unliebsamer Konkurrenten entgegen zu wirken. Wenn Strobel in einem Brief an die Verwandten seiner Frau im Februar 1946 seine Eindrücke von einer Fahrt durch Süd- und Westdeutschland schildert, verschmelzen all diese Motive:

Zum ersten Mal, meine Lieben, habe ich etwas von Deutschland gesehen: Karlsruhe, Mannheim, Ludwigshafen, Mainz – oder ungeheure Trümmerhaufen, in denen die Menschen hausen und so tun, als wäre alles noch wie früher. Denn dies das Seltsame [sic]: das Leben geht weiter, es gibt Konzerte und Theater, in Bretterbuden, Kinos, es werden Geschäfte gemacht, in unterirdischen Höhlen, und in einem Vorortswirtshaus spielt eine Jazz Band für das Red Cross, Neckar Corner. Die Herren hatten schönen Kaffe [sic] und Kuchen, boten mir aber keinen an. Das war nicht nett. Sonst aber hatte ich einen guten Eindruck aus der amerik. Zone. Alles ordentlich, überall Aufbau, keine kleinlichen Schikanen, keine Paraden, keine Siegerallüren – und immerhin so viel zu essen, daß die Leute leben können. Schönes Weißbrot, Metzgerläden voller Waren. Das alles ist ganz anders und neu für mich

---

248 Brief von Hilde Strobel an Frank und Bobby Level vom 23. März 1946, in: ebenda.

gewesen. Aber das Entscheidende ist doch die Zerstörung. Ihr könnt Euch nicht vorstellen, wie gespenstig [sic] der Anblick von zerstörten Strassen ist. Herrliche Theaterkulissen sind dabei. Und wenn dann noch aus dem Zerfall unzerstört der Mainzer Dom hervorbricht, roter Stein vor dem blauen Himmel – dann muß man fast sagen: endlich kann man den alten Knaben richtig besehen.

In Mainz habe ich meine alten Freunde von Schott besucht. Sind schon in bester Fahrt. Wollen auch MELOS wieder machen, nur gefällt ihnen der Titel nicht. Haben Angst vor den Kommis, das sind die Roten, im Gegensatz zu den Amis. Haben vielleicht recht, denn die Wahlen in der Ami-Zone zeigen, daß die Leute nichts von den Kommis wissen wollen. Und das kann man verstehen. Denn ist ein braunes Hemde in ein rotes umgetauscht [sic]. Man wechselt wohl nur die Farbe. Ich habe auch die ersten Briefe von Hindemith gesehen – die alte fabelhafte Sachlichkeit und (wie zu erwarten) kein Haß. Ich soll schnell eine neue Auflage meines Hindemith-Buches machen. Und das bei all dieser tollen Rundfunkarbeit.[249]

Ganz ähnlich klingt auch ein Brief von Strobel vom Juni 1946, mit dem er den Kontakt zu seinem alten Freund und Kritikerkollegen Hans Heinz Stuckenschmidt wieder aufnahm:

Wie oft haben wir von Ihnen gesprochen – plötzlich schupft er aus der unverdienten Soldatenhaut! Also, wollen Sie nicht hierher zu mir in die Musikabteilung kommen. Als Dramaturg und Sachbearbeiter für Kammermusik. Das Essen ist knapp, die künstlerischen Möglichkeiten unermeßlich. Freund Baruch aus Prag ist auch schon da – leider schwer krank. Sonst geht es uns gut. Meine Frau ist Sachbearbeiterin für franz. Literatur und Spielleiterin für Schmonzetten. Im ganzen haben wir Glück gehabt – und unsere franz. Freunde haben sich trefflich bewährt, besonders Honegger. Ich bin in Eile, denn ich muß hinunter zu einer Probe – Es ist fast wie in alten Zeiten, und die so lang nicht mehr beackerten Waizenfelder des Kulturbolschewismus blühen, dank meines Humus. Wagner spielen wir nicht, auch nicht Graener und Kilpinen.[250]

Ein Brief wenige Monate zuvor ergänzt dieses Panorama um eine aufschlussreiche Anekdote, die fließende Übergänge zwischen politischen Hierarchien und künstlerischen Autoritäten erkennen lässt. Bei einem Treffen der Strobels mit einem weiteren alten Berliner Redaktionskollegen, Karl Heinz Ruppel, trafen sie auch auf Newell Jenkins, der Heinrich Strobel noch aus den Zeiten des alten *Melos* als Meinungsführer und Vordenker der neuen Musik kannte:

---

249 Ergänzung eines Briefes von Hilde Strobel an Frank und Bobby Level vom 7. Februar 1946 durch Heinrich Strobel, in: ebenda.
250 Brief von Heinrich Strobel an Hans Heinz Stuckenschmidt vom 20. Juni 1946, in: NWE XIV.3 Korrespondenz 1945-1950.

Ich vergass [sic] im letzten Brief eine merkwürdige Begebenheit zu erzählen. Bei unserem Besuch bei Ruppels trafen wir, d.h. Heinrich den einzigen Amerikaner wieder, den er jemals in seinem Leben kennen gelernt hatte, nämlich ein junger Musiker namens Jenkins, den er vor Jahren auf einem Musikfest in Donaueschingen kennen lernte. Dieser Mr. Jenkins ist jetzt der Musikbeauftragte der amerikanischen Zone. Es war eine grosse Wiedersehensfreude. Er bestellte Heinrich auch Grüsse von Hindemith, die uns natürlich besonders erfreuten. Da mussten wir an die hübsche Haltung von Stiedry denken, von der Du liebe Bobby uns berichtetest. Es sind also G.[ott] s.[ei] D.[ank] nicht alle Menschen gleich.[251]

Die Zeitumstände hatten aus alten Kontakte neue gemacht. Zwar hatten sich vor dem Hintergrund der Militärregierung neue Hierarchien gebildet. Doch zugleich zeigen sich hier die typischen Eigenheiten des kulturellen Sektors, die jene Hierarchien oftmals wieder umkehrten oder zumindest relativierten. Denn der zuständige, junge Kontrolloffizier war sich der musikhistorischen Rolle von Strobel wohl bewusst, fühlte sich kulturell dessen Sphäre zugehörig und respektierte bereitwillig seine Kompetenz. Zu rekonstruieren, wie sich die Nachkriegsnetzwerke mit alten Kontakten verwoben, ist entscheidend, um die tatsächlichen Autoritäten einschätzen zu können. Die Rekonstruktion wird indes dadurch erschwert, dass diese Netzwerke nur selten offen zu Tage traten, während sie den Zeitgenossen dafür umso präsenter waren.

Auch Wolfgang Steinecke, den Heinrich Strobel über die gemeinsame Arbeit bei diversen überregionalen Organen wie der *Deutschen Allgemeinen Zeitung*, dem *Neuen Musikblatt* und der Wochenzeitschrift *Das Reich* aus den 1930er Jahren kannte, erschien relativ bald nach Kriegsende wieder in seinem Umfeld. Dies lässt sich u.a. mit Hilfe von Briefen ab Juli 1946 rekonstruieren.[252] Zur Eröffnung von Steineckes ersten Internationalen Ferienkursen für Neue Musik im Jahr 1946, die angesichts der Versorgungsengpässe und Finanznöte im fast vollständig kriegszerstörten Darmstadt rückblickend kaum vorstellbar erscheinen und nur durch die Rückendeckung des Oberbürgermeisters Ludwig Metzger für seinen Kulturreferenten Steinecke möglich wurden, lud dieser seinen nun in Baden-Baden benachbarten Kollegen Strobel ein, sich mit einem Vortrag über „Moderne Musik in Frankreich" an den Ferienkursen zu beteiligen.[253] Bei den vielen für den Wiederaufbau des Darmstädter Kulturlebens von Steinecke zu erledigenden Aufgaben und der Fortführung seiner journalistischen Tätigkeit wird in der Literatur bisweilen übersehen, dass die Konzeption und Vorbereitung der Ferienkurse tatsächlich nur einen kleinen Teil seiner Arbeit ausmachte und fast nebenbei zu erledigen war

---

251 Brief von Hilde Strobel an Frank und Bobby Level vom 22. Februar 1946, in: NWE XIII. Vermischte Korrespondenz 4. 1946-1949.

252 Ausführlich zu Strobels Kooperation mit Steinecke: Custodis, *Traditionen, Koalitionen, Visionen*, S. 50f. und 69-75.

253 Brief von Wolfgang Steinecke an Heinrich Strobel vom 24. Juli 1947, zitiert nach ebenda, S. 69.

(nicht ohne Grund kündigte Steinecke bereits 1947 erstmals seine Stellung als Kulturreferent und wandelte sie, nachdem er auf Bitten Metzgers zurückgekommen war, im Frühjahr 1950 in eine freie Mitarbeit um, so dass er die Ferienkurse zusätzlich zu seinem journalistischen Broterwerb fortan nur noch nebenberuflich betreute). Steineckes Einladung an Strobel erfolgte daher relativ kurzfristig am 24. Juli 1946, also einen Monat vor Beginn der Kurse, und bereits fünf Tage später nahm Strobel sie an – „Das Thema ist mir ja einigermaßen vertraut".[254] In den folgenden Jahren war Strobel oft zu Gast in Darmstadt und genoss dort einen nahezu legendären Ruf als Pionier der neuen Musik. Dabei ist sein Einfluss nicht zuletzt auch auf die ökonomische und publizistische Macht zurückzuführen, mit der er als Leiter der Musikabteilung des Südwestfunks beispielsweise über das hauseigene Orchester verfügen, für dieses Kompositionsaufträge vergeben und überdies durch das wiedergegründete *Melos* bei Schott die publizistischen Kanäle kontrollieren konnte. Aber auch Strobels exzellente Kontakte zur französischen Besatzungsbehörde waren für Steinecke ein wichtiges Argument, um bei der Darmstädter Kulturverwaltung für eine Umwandlung seines Ferienkurs-Netzwerks in eine feste Institution zu werben, zumal die Ausrichtung der Kurse als internationale, völkerverbindende Veranstaltung wenige Jahre nach Kriegsende ins Programm passte.[255] Mit einer sehr kritischen Einstellung gegen den deutschen, noch stark NS-indoktrinierten Nachwuchs nutzte Strobel seine Vorträge in Darmstadt, um das vermeintliche Herrschaftswissen dieser jungen Generation provokativ zu hinterfragen. So waren die ersten Kursjahrgänge noch stark auf einen stilistischen Ausgleich zwischen dem, was in den 1930er und 1940er Jahre in Deutschland zu hören gewesen war, und den vergleichsweise moderaten Erneuerungen amerikanischer und exilierter europäischer Komponisten bedacht. Entsprechend berichtete er Frank und Bobby Level kurz nach dem Ende der Ferienkurssaison 1947, dass

> die jungen Ignoranten, voller Stolz darauf, der „Stolz der Nation" zu sein, fanden, daß ich sie durch meine „diktatorische" Art zu sehr eingeschüchtert habe, aber ich habe Ihnen klar gemacht, daß sie eben nichts wissen, und das hat sie in ihrem kerndeutschen HJ-Gefühl getroffen. […] In der Eisenbahn müßtet Ihr einmal im neofaschistischen großdeutschen Halbreiche fahren, da täten Euch die Augen übergehen wie dem Könige von Thule – glaubet nit was in Eiren Gazedden steht: dieses Volk ist hoffnungslos, eine proletarisierte Heerde von nationalistischen Hornviechern! Nur die Alliierten sind schuld, dass es ihnen heute so dreckig geht; der Hitler hat's so gut gemeint, und das Weltjudentum wollte es eben nicht, daß die Welt am deutschen Wesen genese – das ist die deutsche öffentliche Meinung nach zwei

---

254 Brief von Heinrich Strobel an Wolfgang Steinecke vom 29. Juli 1947, zitiert nach ebenda. Siehe hierzu Heinrich Strobels Vortrag *Die zeitgenössische Musik Frankreichs* [1946], in: *Im Zenit der Moderne. Die Internationalen Ferienkurse für Neue Musik Darmstadt 1946-1966*, Bd. 3, hg. von Gianmario Borio und Hermann Danuser, Freiburg im Breisgau 1997, S. 149-166. Vgl. auch seinen Vortrag über Igor Strawinsky im Folgejahr 1947, in: ebenda, S. 293-305.

255 Siehe eine entsprechende Vorlage bei der Darmstädter Stadtverwaltung vom 5. Oktober 1947, zitiert in Custodis, *Traditionen, Koalitionen, Visionen*, S. 49ff.

Jahren interalliierter Erziehung zur Demokratie. Wenn bloß die Besatzung nicht weggeht, sonst werden wir alle gehängt, die heute mit ihr arbeiten. […] …ja was sagt Ihr zur allgemeinen Lage? Ich persönlich bin für die Aufteilung Deutschlands – aber die Allgemeinheit will wenigstens die deutsche Einheit, wenn es schon das Reich nicht mehr gibt. Diese Einheit wird wohl einen Hammer nebst Sichel in die Brust gedrückt bekommen, und die Partei wird dann in einem Maße auferstehen, daß es einem schwindlich wird – in der zuständigen Zone ist dies wohl schon mit bestem Erfolg durchgeführt worden. Ich habe in Kranichstein genug intelligente Leute aus Berlin gesprochen. Sie zittern davor, daß die Amis abziehen. Offen gestanden zittern wir alle davor, die wir uns westlich festgelegt haben. Aber was wollt Ihr: man kann doch nicht für Schostakowitsch sein, für diese völlig altmodische Kdf-Volkssymphonik mit Steppensehnsucht, wenn es einen Strawinsky, Bartok, Hindemith, Honegger usw. gibt. Es ist übrigens bezeichnend, alle geistigen Reaktionäre sind hier für Schostakowitsch, in einem Münchener katholo-pangermanistischen Musikblatte wird zugleich Schostak. gelobt und ich angepöbelt, wegen undeutscher Haltung natürlich – könnt Ihr Freund Stiedry oder sonstigen ahnungslosen Ressentiments-Stänkerern mal zeigen.[256]

Auch Werner Egk war in Darmstadt zunächst präsent. In den Jahren zwischen 1947 und 1951 war er wiederholt Teilnehmer der Ferienkurse und ab 1948 auch mit Stücken im Konzertprogramm vertreten.[257] Doch unterschied Heinrich Strobel bei aller Sympathie für ihn offensichtlich zwischen persönlicher Loyalität und aktueller Bedeutung. So bot er Steinecke für die Kurssaison 1949 einen Vortrag über die fünf „bedeutendsten Musiker unserer Zeit" an, zu denen er neben Schönberg, Strawinsky, Bartók und Hindemith auch Arthur Honegger zählte, nicht aber Egk, den er – wie noch zu zeigen sein wird – von Baden-Baden aus gleichwohl mit *Melos*-Artikeln, Gastdirigaten, entlastenden Papieren im Entnazifizierungsverfahren und Aufführungen nach Kräften unterstützte.[258] Dies führt zum nächsten Abschnitt, worin die Kontaktaufnahme zwischen Strobels und Werner Egk nach 1945 rekonstruiert wird.

Erneuerte Freundschaft

Die Quellen geben Auskunft darüber, dass Heinrich Strobel und Werner Egk sich über viele Jahrzehnte nahe standen und in späteren Jahren – zumeist anlässlich runder Geburtstage – ihre Freundschaft und ihre Kontaktaufnahme nach Kriegs-

---

256 Brief von Heinrich und Hilde Strobel an ihre amerikanischen Verwandten vom 2. August 1947, in: NWE XIII. Vermischte Korrespondenz 4. 1946-1949.
257 Siehe hierzu die Programmlisten in: Borio und Danuser, *Im Zenit der Moderne* Bd. 3, S. 532 (1948), 535 (1949) und 544 (1951) sowie Egks Brief an Wolfgang Steinecke vom 17. November 1947, in: NWS.
258 Brief von Heinrich Strobel an Wolfgang Steinecke vom 28. Februar 1949, in: SWR Ordner P 05733. Ordner St-T-U-V 1949 Mappe I.

Abb. 10: Hilde Strobel, Werner Egk, Wolfgang Fortner und Elisabeth Egk 1947 in Baden-Baden (NWE)

ende auch öffentlich kommentierten.[259] Bezeichnenderweise sind diese wechselseitigen Würdigungen ganz auf die beiden Männer beschränkt, ganz im Gegensatz zur privaten Korrespondenz, wo auch Elisabeth Egk vorkommt. Vor allem aber wurden inhaltsschwere Briefe zwischen Hilde Strobel und Werner Egk gewechselt; der Ton der beiden wirkt oft sehr privat und vertraut. Noch vor Kriegsende begann sich Hilde Strobel mit Egk zu duzen (im Unterschied zu ihrem Mann, der erst Ende der 1950er Jahre zum Du überging) und einige Anspielungen Egks beziehen sich auf eine gemeinsame Zeit in Frankreich, ohne dass aber konkrete Fakten berichtet werden. Gelegentlich wirkt der Austausch intim. Egk hatte nachweislich in seinem Leben zahlreiche Affären, auch mit Heinrich Strobel korrespondierte er darüber anzüglich und verheimlichte dies auch öffentlich nicht, etwa als er in seiner Autobiographie einen eindeutigen Brief Strobels an ihn zitierte.[260] Die im Strobel-Nachlass des SWR und im Egk-Nachlass der Bayerischen Staatsbibliothek verwahrte Korrespondenz ist jedoch an entscheidenden Stellen lückenhaft. Es muss daher offen bleiben, ob zwischen Hilde Strobel und Werner Egk zeitweise ein mehr als freundschaftliches Verhältnis bestand.

259 Egk, *Die Zeit wartet nicht*, S. 375: „Seit dem Abend der Uraufführung des Heiligen Antonius mit Eliette Schenneberg ist der Kontakt zu Strobel nie mehr abgerissen."
260 Ebenda, S. 456f., darin Strobel an Egk am 16. April 1953: „Ich hoffe, daß Herr Bigonnet Sie für Aix einlädt. Bei dem großen Geldmangel dort unten ist das nicht sicher. Bestellen Sie rechtzeitig Zimmer bei Madame A. B. S. Es ist eine sehr liebenswürdige Dame, die allen Ihren Wünschen entsprechen wird, bis auf den bekannten, denn ich fürchte, sie ist lesbisch."

Nach den erhaltenen Briefen begann die Kontaktaufnahme nach Kriegsende mit einer Postkarte Egks vom 30. Dezember 1945, nachdem er offensichtlich von dem besagten Major Jenkins gehört hatte, Strobel sei zurück in Deutschland: „Die Behauptung, Sie wären hier, war für uns eine stärkere Sensation als die Atombombe. Ich kanns bloss nicht recht glauben. Warum hätte ich dann nichts gehört. Und Hilde?"[261] Wenige Tage darauf, im Januar 1946, entspann sich ein reger Briefverkehr zwischen Egks Wohnort Lochham bei München und Baden-Baden. Ein Schlüsseldokument ist dabei ein ausführlicher Brief von Egk mit einem ergänzenden Passus direkt an Hilde Strobel, datiert auf den 16. Januar 1946, der mit vielen persönlichen Erinnerungen an die gemeinsame Zeit in Berlin und Paris beginnt und Hinweise darauf enthält, dass die Strobels Egk Habseligkeiten anvertraut hatten. Auf engem Raum vereint dieser Brief so viele Informationen, dass er zugunsten einer besseren Lesbarkeit in einzelne Abschnitte untergliedert und auf Kernpassagen begrenzt wurde (im Anhang findet er sich als vollständig faksimiliertes Dokument):

> Während der letzten Monate legte ich von Zeit zu Zeit trüben Sinnes jene schöne Platte auf, die mir Eure Stimmen bewahrt hat, ich weiss nicht, ob Ihr noch daran denkt, wie wir das Ding in dem Studio besprochen haben, es war kurz vor meiner letzten Abreise aus der Stadt, in der Ihr damals mit mir Schweinefleisch, trefflich zubereitet von der geborenen Levy und Euern Rotwein geteilt habt. Ich wusste von Euch nur, was mir die degenerierte hatte mitteilen konnte [sic] und das war nicht viel. Gefreut hats mich natürlich zu hören, dass der eben erst Eingezogene sich, klassischen defaitistischen Traditionen folgend so rasch wieder ins Zivil gestürzt hat. Ich sehe ihn eben noch in dem bewussten Bistro verschwinden und nach kurzer Weile hinten wieder raus kommen. Ich sehe die geborene in der leeren Wohnung des Bruders Soulimas ängstlich harren, ich höre beinahe ihr Herzklopfen und ihren Erleichterungsseufzer, als der Ersehnte endlich ankommt. [...] Irgendjemand behauptete, er [= Strobel] wäre später in dem üblen Lager Noisy le Sec gesichtet worden. Das hat mir die trübsten Befürchtungen eingeflösst. Das Naheliegendste wäre nun gewesen, ich hätte seinen Koffer ausgepackt und seine Anzüge aufgetragen. [...] Überhaupt der Koffer: Den habe ich von einem Schlupfwinkel in den andern gezerrt und erfolgreich behütet, wie meinen Augapfel.[262]

In einer aufschlussreichen Passage berichtete Egk anschließend vertraulich über seine Situation während der letzten Kriegsmonate – sein Sohn Titus wurde inzwi-

---

261 Postkarte von Werner Egk an Heinrich Strobel vom 30. Dezember 1945, in: NHS XIV.2 Korrespondenz mit Werner Egk 1945-1949.

262 Siehe zu Soulima Strawinsky eine weitere Notiz von Werner Egk, in: *Enthüllungen oder Der Rhinocerotide aus Bayern*, in: *Melos* 35 (1968), Heft 5 (Mai), S. 182: „Vor Gegenständen hatte er [= Strobel] niemals Angst, auch nicht vor Bomben. So blieb er einmal, während diese fielen, unbewegt im vierten Stock jenes denkwürdigen Hauses in der Pariser Rue de l'Université sitzen, wo er zeitweise wohnte, und begehrte, weiter Karten zu spielen. Vergeblich! Der schnellste Mitspieler war der langbeinige Soulima, der zweitschnellste war ich."

schen an der Ostfront vermisst. Bezeichnenderweise kommentierte er in keinem seiner Briefe an Hilde und Heinrich Strobel seine verschiedenen Verbandsposten, künstlerischen Karrierestationen oder Protektionen während der NS-Zeit. Über die Gründe lässt sich nur spekulieren. Einerseits konnte er sicher sein, dass Heinrich Strobel zumindest über alle Erfolge Egks, die noch in seine eigene Berliner Zeit fielen, im Bilde war. Dazu passt, dass er nur über die letzten Monate bis Kriegsende Bericht erstattete, so dass davon auszugehen ist, dass zwischen ihm und den Strobels in dieser Zeit kein Kontakt bestand. Andererseits könnte es auch bedeuten, dass er in politischer Hinsicht nur so viel preisgeben wollte, wie man in Baden-Baden ohnehin über ihn wusste, so dass er zum einen den Blick auf seine ungebrochene künstlerische Produktivität (die Grundlage seiner Freundschaft zu Strobel) lenkte und zum anderen auch den Stand der Dinge referierte, was gemeinsame Freunde wie Carl Orff und einflussreiche Akteure im Nachkriegsmusikleben wie dessen Schüler Newell Jenkins betraf. Zum Zeichen alter Vertrautheit mit Strobel bediente er sich dabei der erwähnten Privatdiktion:

> Die letzten Kriegsmonate habe ich mich auch aus einem Schlupfwinkel in den andern verzogen. Hier war die Stellung nicht mehr zu halten, da eines Tages der Bereitstellungsbefehl für den Frontvolkssturm ankam. Ich ging nach Niederbayern, wo die Schweine wachsen und schrieb eine Komoedie. Wenn ich mich nicht selbst unterhalten hätte, wäre ich vor Langeweile umgekommen. Die Komoedie werde ich Euch gleichzeitig schicken. Es kommt keine Musik darin vor, die man im Rundfunk aufführen könnte. [...] Aus Niederbayern floh ich nach dem Ammersee, wo ohnehin schon Euer Koffer stand, da sich die siegreichen Truppen der Aliierten [sic] der Donau näherten. Vom Ammersee aus fuhr ich mit dem Fahrrad eine Nasenlänge vor den amerikanischen Panzern nach Lochham zurück und kam gerade noch zurecht um bei der Einquartierung den liebenswürdigen Hausherrn zu spielen. [...] Dass sich der Antigone [gemeint ist Arthur Honegger, der hier metonymisch nach seiner Oper benannt wird] bewährt hat, freut mich ungemein und ehrt ihn nicht minder. Bewähren tut sich so leicht keiner, das kann man wohl sagen. Ich habe hier gehört, der Antigone wäre der collaboration [sic] verdächtigt worden, ebenso der Francaix und verschiedene andere, über welche Ehrendes in dem seinerzeitigen Germanenblättchen gestanden hätte. Es wäre mir sehr wissenswert zu erfahren, wer da drüben abgesoffen ist und warum. Von Solange [Schwarz] sagt man sie habe zwo Jahre an der Oper Zwangsferien, weil sie von einem Admiral zum Essen eingeladen worden wäre. – Jenkins ist ein junger Sieger, ehedem ein Schüler des grossen Orffeus, seine schlechteste Seite ist, dass er mir keine Pakete schickt.[263]

Dramaturgisch war der Brief klug aufgebaut. Nach einer nostalgischen Reminiszenz an die gemeinsame Pariser Zeit und einem Überblick über die Schicksale ge-

---

263 Brief von Egk an Strobels vom 16. Januar 1946, in: NWE und NHS XIV.2 Korrespondenz mit Werner Egk 1945-1949. [Dokument 7 im Anhang].

meinsamer Bekannter flocht Egk nun eine Bitte ein, deren Tragweite ihm bewusst war. Indirekt machte er seine politische Vergangenheit nun doch zum Thema, indem er für sein Spruchkammerverfahren (das im folgenden Kapitel im Zentrum stehen wird) entlastende Zeugnisse akquirierte. Bezeichnenderweise richtete er diese Passage – da er sein Gegenüber förmlich mit „Sie" ansprach – an Heinrich Strobel, wodurch er sich vordergründig auf die beruflichen Aspekte bezog, für die er bei Strobel noch immer Unterstützung gefunden hatte. Bisher allerdings hatte dieser sich in einer defensiven Position befunden, da er die Entdeckung und Deportation seiner Frau hatte fürchten müssen und sich daher zu Kompromissen genötigt sah, deren Grad an persönlicher Überzeugung nie voll zu bestimmen sein wird. Jetzt aber, von Baden-Baden aus und mit vollem Rückhalt der französischen Militärbehörden, war Strobel plötzlich ein einflussreicher Akteur auf einem Feld, auf dem sich alte und neue Mitspieler mischten und veränderte Regeln galten. Vormals mächtige Deutsche mussten sich in Entnazifizierungsverfahren gegenüber Instanzen rechtfertigen, die alliierter Kontrolle unterlagen. Egk wählte daher seine Worte wohl, wenn er die Notwendigkeit, seine politischen Verhältnisse zu klären, mit monetären Engpässen begründete, ganz unverhüllt die von Strobel erhofften Aussagen soufflierte und dieses Anliegen mit einer Geste der Solidarität abfederte. Denn indem er andeutete, er habe unlängst Attacken gegen Strobels Erzfeind Herbert Gerigk lanciert, rückte er sich in das Licht, ebenfalls ein entschiedener Gegner und Opfer dieses NS-Musikideologen gewesen zu sein:

> Nun ein ernstes Wort, alles lauter witzlose Sachen, die mir keinen Spass machen und Ihnen auch nicht, aber „Muss es sein?" „Es muss sein." Im Herbst fuhr ich nach Frankfurt, weil ich mit dieser Stadt einen Vertrag auf Lieferung abendfüllender Opernwerkel [sic] habe. Wegen der Bomben bekam ich seit Januar keinen Pfennig mehr. Stadtväter verlangten meine Durchleuchtung bei den amerikanischen Behörden. Durchleuchtung hat sieben Wochen lang stattgefunden. Ergebnis: Egk kann machen was er will und bekam von der Stadt zunächst Geld bis Oktober. Schön. Jetzt aber ist es zwecks Weiterzahlung dringend benötigter Gelder unerlässlich, dass ich auch noch bei einem deutschen Frankfurter Hauptausschuss Antrag auf Durchleuchtung stelle. Werde das auch tun. Wäre Ihnen unendlich dankbar, wenn Sie mir zwecks Vorlage bei diesem Verfahren ein ausgiebiges Dokument verfassen würden, aus dem in unzweideutigen Wendungen hervorgeht, dass ich kein Faschist (Wenn die Sonne auf den Stoff scheint faschist er) sondern ein Antifaschist bin, dass Sie und unsere französischen Freunde (Honnegger!) [sic] mich aus diesem Grunde gefördert haben (und nicht den Dewanger) und so fort. Formale Belastungen gegen mich gibt es nicht, aber „der Egk war doch so viel in Paris"! Bitte schreiben Sie gerade über diesen Punkt und über den ganzen Kreis von französischen, Schweizer [sic] und sonstigen Antifaschisten, mit dem wir verkehrt haben und über die kunstpolitischen Tendenzen in deren Verfolg ich lanciert wurde und zwar nicht vom Promi und auch nicht von Herrn Sonnen, sondern von deren natürlichen Antipoden. Hier in

der amerikanischen Zone wird das alles sehr genau genommen und schon bei der amerikanischen Durchleuchtung wurde ich gebeten wenn möglich sogar Kindheitserinnerungen zu Papier zu bringen, damit die Wissenschaft endlich erforschen kann, ob ich etwa militaristische Neigungen oder psychische Strukturfehler im Sinne von Rosenbergs Weltanschauung aufzuweisen habe. Es wird zweckmäßig sein Namen zu nennen, wie Honegger, Gireaudoux [sic] oder Wasserhahn, wenn der nicht selbst im Verschiss ist, wie hier erzählt wurde. Ausserdem ist Ihnen doch vielleicht noch die Pressekonferenz Peer Gynt in Berlin in Erinnerung, auf der ich mir die besondere Wertschätzung der braunen Journaille zugezogen habe? Wäre sehr wichtig auch darüber was zu schreiben, sonst ende ich im zeitgenössischen Bewusstsein noch als Günstling von Gerigk. ------ Dem Schwein habe ichs übrigens besorgt, wann wo und wie ich konnte und ich hoffe, dass er seine Rundreise durch die alliierten Gefängnisse schon angetreten hat.

Dem geschickten Übergang von seiner Bitte um ein Entlastungszeugnis auf die moralische Anklage von Herbert Gerigk, für die er Strobels Zustimmung antizipieren konnte, folgte eine weitere Wende im Briefaufbau. Denn wenn er im nachfolgenden Passus das tragische Schicksal seines vermissten Sohnes Titus schilderte und damit Fäden des persönlichen Gesprächs aus der Kriegszeit weiterspann, so war diese Trauer mit Sicherheit tief und echt. Strobel aber durch diese Geste in den Kreis der Mitfühlenden und Trauernden zu integrieren, bot indes zugleich die taktische Option, sich selbst zum Opfer der „Nazibrut" zu stilisieren, zum „Antinazi", dessen Sohn für die oppositionelle Haltung seines Elternhauses mit der Versetzung zu einer Strafkompanie hatte bezahlen müssen. Dass damit die Aussagen Egks keineswegs überinterpretiert werden, zeigt gleich die nächste Zeile. Es bedurfte nur weniger Schritte, um gedanklich vom vermissten Sohn zur eigenen Widerstandshaltung zu kommen, dann die höchst erfolgreiche Teilnahme an der Olympiade 1936 als ebenso schicksalshaft wie jetzt den Verlust des Sohnes darzustellen und damit zu relativieren, um schließlich an die Dringlichkeit eines entlastenden Gutachtens zu erinnern:

> Titus ist nicht zurück, wir wissen nichts von ihm, ausser dass er von einem deutschen Kriegsgericht zweieinhalb Jahre Gefängnis wegen durchaus unmilitärischen Benehmens bekam und im März noch im Osten bei einer Strafkompanie war. Die ganze Nazibrut sitzt natürlich schon längst zuhause. Hier in der Strasse fehlen drei Jungens, von denen man nichts weiss, alles Söhne von Antinazis. Ja, Gottes Wege sind wunderbar. Wenn ich daran denke, was für schönes Wetter bei der Olympiade war! Seien Sie mir nicht gram, dass ich bei Ihrer ausfüllenden Arbeit auch noch Schriftliches von Ihnen erbitte, aber für mich wäre es sehr nötig.

Doch auch damit endete dieser Brief noch nicht. Egk ließ noch eine Passage für Hilde Strobel folgen, und hier bekam die Kontaktaufnahme ihre persönlichste

Note. Da ein Brief von Hilde Strobel, auf den Egk sich bezieht, nicht überliefert ist, lässt sich nur mutmaßen, dass sie ihn darin gesiezt hatte, worauf er nahezu beleidigt reagierte: „Ich war doch nicht besoffen, als wir uns zu duzen begannen. Es hat bei Gott lange genug gedauert, bis es soweit war, dafür war es aber, wie Dein Brief zeigt auch nicht dauerhaft. […] Ich bin unendlich begierig Eure Geschichte einmal genau und authentisch zu hören, Paul hat mir vielleicht einen Räuberroman erzählt und es war alles ganz anders?" Mit „Paul" ist aller Wahrscheinlichkeit nach Paul Bourdin gemeint, mit dem Egks und Strobels, wie das oben abgebildete Foto zeigt, in Paris Umgang pflegten. Auch ihn dürfte Egk um ein entlastendes Schriftstück gebeten haben, zumindest findet sich in Egks Spruchkammerakte ein auf den 30. September 1947 datierter Persilschein Bourdins, der damals, wie der Briefkopf verrät, als Chefredakteur der Berliner Abendzeitung *Der Kurier* amtierte.[264]

Ob Egk auch ohne Heinrichs Wissen Briefe mit Hilde Strobel tauschte, bleibt offen, da seine Formulierung dies einerseits nahelegt, sich andererseits jedoch in einem Brief an Hilde und Heinrich Strobel gemeinsam findet. In jedem Fall antwortete Hilde Strobel knapp zwei Wochen später unabhängig von ihrem Mann, der gerade verreist war, und versicherte Egk ihrer ungebrochenen Freundschaft. Auch dieser Brief soll in seinen wesentlichen Passagen zitiert werden. Er ist überaus bedeutsam, da sie Egk darin für seine freundschaftliche Treue und Unterstützung in den schweren Zeiten ihrer Verfolgung dankte. Dabei ist ihre Formulierung bemerkenswert, dass sie „erfahren habe", wie er sich diskret und ohne viel Aufhebens für sie entscheidend eingesetzt hätte. Offensichtlich geschah dies zum damaligen Zeitpunkt ohne ihr Wissen, so dass sie erst später von einem nicht genannten Eingeweihten über Egks Eintreten für sie informiert wurde:

> Und jetzt kommt es: ich habe in Deutschland nämlich nur wenige Freunde, die mich nicht verraten haben und zu diesen wenigen gehörst Du in erster Linie. Es wird Dir wahrscheinlich gleichgültig sein, aber ich möchte Dir jetzt, nachdem der ganze Gauchmar überstanden ist, es doch mal sagen. Es gehörte in diesen Jahren ja leider Mut dazu mit einer Jüdin zu verkehren und, wenn es nötig war, sogar für sie einzutreten. Trotzdem Du dich dessen nie gerühmt hast, so habe ich es doch erfahren, dass Du mehr als einmal, Schlimmstes, das über meinem Haupte schwebte, verhindert hast. Ich weiss wohl, dass Du selber damit allerhand riskiertest. Du brauchst nicht rot zu werden vor Scham, ich höre auch schon auf. Aber man kann ja nie wissen. Sollte in diesem Punkt irgendjemand einmal an Dir zweifeln, so schick ihn nur zu mir. Es schiene mir allerdings komisch, denn Du hast ja wohl nie aus Deinem Herzen eine Mördergrube gemacht und ich weiss, dass Du mehr als einmal unliebsam aufgefallen bist und überwacht wurdest. So hat man es mir wenigstens erzählt, und ich weiss, dass es stimmt, denn ich kenne Deine Gesinnung. Das ist nur eine Kleinigkeit, aber ich bin Dir dennoch dankbar

---

264 EAWE, Blatt 227. In einem späteren Brief an Heinrich Strobel vom 2. März 1946 erwähnt Egk noch einmal den Namen „Paul". Von diesem habe er „Erfreuliches gehört. Seine Zeitung steht in Berlin in allerbestem Geruch", was ebenfalls auf Bourdin hindeutet. NHS XIV.2 Korrespondenz mit Werner Egk 1945-1949.

dafür: Dass Du mir seinerzeit, als ich auswandern musste mit 10,- Mk in der Tasche und nichts mitnehmen durfte, einige Kleider gerettet hast und mir später bei einer Gelegenheit geschickt. Ich kann mich zwar nicht mehr erinnern, wer mir die Sachen brachte, auch kannte ich die Dame nicht. Das tut ja auch nichts zur Sache.[265]

Egks vierzehn Tage später folgender Antwortbrief dokumentiert die intimste Variante des ironischen Privatidioms, er formulierte ebenso überschwänglich wie frivol. Die Hilde gleichsam von Heinrich separierende Grußformel am Schluss, insbesondere aber die Anspielung „Liebhaberwert" zeigen eindeutig, dass zumindest von Egks Seite aus eine erotische Komponente mit im Spiel war. Zugleich ist aber auch offensichtlich, wie erleichtert er war, mit Hilde Strobel als bereitwilliger Zeugin eine verfolgte Jüdin zu seinen Gunsten aufbieten zu können. Nahezu übergangslos skizzierte er – nicht ohne Zynismus – seine Wünsche für einen Persilschein:

> Heissen Dank dafür, dass Du Deine berühmte Flagge so schnell hast wehen lassen. Du hast wirklich ein guterhaltenes, gutes Herz, das kann ich Dir bestätigen, Du kannst es überall vorzeigen, es macht Dir keine Schande. Deine Formulierungen, die mich zu Tränen gerührt haben (je versais un océan de larmes, un déluge de larmes, un ou meme deux ruisseaux de larmes, les larmes coulerent sur ma poitrine et plus bas jusque aux genoux). Wirklich, ein heisses Bad die Woche habe ich gespart. Meine Scham ist ganz rot geworden vor Freude, dem schönen Götterfunken. Schade, dass ich Deinen Brief nicht vorzeigen kann, er hat einen ungeheuren Affektionswert, Liebhaberwert sozusagen, aber ich brächte es nicht übers Herz ihn den profanen Augen einer Feststellungskommission zu preis geben [sic]. Was man dafür braucht ist etwas ganz nüchternes im Stil einer gewöhnlichen Zeugenaussage: „Ich kenne den Burschen seit dem Jahr 1930 er ist mir als aktiver Nazifeind und Antifaschist und konsequenter Antimilitarist bestens bekannt. Ich war Zeuge als er anno soundso den mutmasslich der résistance angehörenden Herrn Delange und Hochneger Rapis von ihm systematisch ermittelte Einzelheiten und Nachrichten über und aus deutschen KZ und Vernichtungslagern übergab. Ich war Zeuge wie er Herrn Frick aus der Schweiz die Namen deutscher Nazis nannte, die sich besonderer Vergehen in Frankreich schuldig gemacht hatten, z.B. Herrn Gerigk, der die Nationalbibliothek um wertvolle Handschriften bestohlen hatte, mit der Bitte das in der Schweiz an entsprechende alliierte Stellen weiterzuleiten. Ich selbst bin eine Geborene, trotzdem waren wir in Freundschaft verbunden." Punkt aus. Das wäre mir sehr, sehr wertvoll. Vielleicht erinnert sich Heinrich an dies und Du Dich an Jenes. Auch Greven den Filmgangster habe ich verschiedenen Leuten ans Herz gelegt. Er hat die französischen Autoren um ihre Filmeinkünfte geprellt. Solche Episoden hats ja mehrere gegeben und entweder warst Du oder aber Henri anwesend. Habe also noch und nochmals heissesten Dank

---

265 Brief von Hilde Strobel an Werner Egk vom 29. Januar 1946, in: ebenda.

für Deine treue und teure Schreibe und sei mit dem Deinigen, wie auch insbesondere und partiell aufs herzlichste gegrüsst von Deinem[266]

Ob der nächste von Hilde Strobel erhaltene Brief, datiert auf den 25. Februar 1946, die Antwort auf Egks Werben und Bitten vierzehn Tage zuvor war, scheint auf den ersten Blick fraglich, weil die Formulierungen eher vage und andeutungsweise gehalten sind:

mein Schrieb konnte Dir also nicht helfen z. A. – und was Du möchtest, geht nicht. Die Herren, deren Du dich so liebevoll erinnerst, würden höchst erstaunt sein und denken Du lebest auf dem Mond (nicht dem vom Kollegen) [= Orff]. Sie sind fast alle entweder Fußleidend, oder schwach auf der Brust oder haben sonstige Beschwerden. Calme-toi, comme disait la charme soeur an cachot. Du hast ein Dach überm Kopf, was die von Pforzheim nicht sagen können.[267]

Zieht man allerdings die damaligen Postverbindungen in Betracht, scheint es so gut wie unmöglich, dass innerhalb von zwei Wochen ein weiterer Briefwechsel stattgefunden haben kann – auch Egks Antwort auf Hildes Brief, die dem Duktus nach postwendend erfolgt sein dürfte, hatte rund vierzehn Tage benötigt, ebenso die Schriftwechsel zuvor. Liest man daraufhin den Brief Hilde Strobels genauer, bleiben kaum Zweifel, dass sie sich auf Egks Schreiben vom 13. Februar bezieht. „Mein Schrieb konnte Dir also nicht helfen z. A." greift dessen Satz „Schade, dass ich Deinen Brief nicht vorzeigen kann, […] ich brächte es nicht übers Herz ihn den profanen Augen einer Feststellungskommission zu preis geben" auf; dabei ist „z. A." möglicherweise als ironisches, den öffentlichen Dienst parodierendes Kürzel für „zur Anstellung" aufzulösen – Egk benötigte das Schreiben ja, um beruflich tätig werden zu können. Die Formulierung „und was Du möchtest, geht nicht" weist sodann Egks Bitte um die soufflierte „Zeugenaussage" zurück. Als Begründung für ihre Weigerung, dem Komponisten wie gefordert ein falsches oder zumindest stark geschöntes Zeugnis auszustellen, nennt sie verklausuliert die Gefahr, dass alte NS-Protagonisten wie Gerigk und Greven – „die Herren, deren Du dich so liebevoll erinnerst" – einen solchen Schwindel nicht tolerieren würden. Unklar bleibt der Satz: „Sie sind fast alle entweder fußleidend, oder schwach auf der Brust oder haben sonstige Beschwerden" – möglicherweise ist damit gemeint, dass es diesen „Herren" gelingen werde, sich ihrerseits mit fadenscheinigen Begründungen der Entnazifizierung zu entziehen, weshalb man weiterhin mit ihnen zu rechnen habe. Der Brief schließt mit dem Rat, Egk solle in Ruhe abwarten, schließlich ginge es ihm als Hausbesitzer noch gut im Vergleich zu anderen.

Folgt man dieser Interpretation von Hilde Strobels Zeilen, dann offenbaren sie in nuce die ganze Ambivalenz, die das Verhältnis zwischen den Strobels und Egk kennzeichnete. Auf der einen Seite war Hilde Strobel davon überzeugt, dass Egk ge-

---

266 Brief von Werner Egk an Hilde Strobel vom 13. Februar 1946, in: ebenda.
267 Brief von Hilde Strobel an Werner Egk vom 25. Februar 1946, in: NWE.

sinnungsmäßig mit den Nazis nicht konform ging und dass er ihr trotz des für ihn damit verbundenen Risikos geholfen hatte. Dies zu bezeugen, war sie jederzeit bereit („Sollte in diesem Punkt irgendjemand einmal an Dir zweifeln, so schick ihn nur zu mir"). Doch Egk durch falsche oder übertriebene Angaben, die er ihr in die Feder diktierte, zu einem Widerstandskämpfer zu stilisieren – dazu war sie nicht bereit. Allem Anschein nach hat Egk nach dieser konziliant formulierten, in der Sache aber klaren Abfuhr nicht mehr versucht, von Hilde Strobel einen Persilschein zu erhalten – in seiner gesamten, fast vierhundert Seiten starken Spruchkammerakte findet sich nichts dergleichen.

Dass das Verhältnis zwischen Egk und den Strobels tatsächlich fragil und anfällig für Missverständnisse war, geht auch aus einem Brief Egks vom 2. März 1946 hervor, adressiert nun wieder an Heinrich Strobel. In einem Nebensatz spielte Egk auf einen Besuch bei ihrem gemeinsamen Freund Carl Orff an, der ihm anscheinend angedeutet hatte, dass Strobel über sein Drängen in Sachen Persilschein irritiert gewesen sei. Der Komponist spielte daraufhin Strobel gegenüber die Bedeutung herunter, die das Verfahren für ihn hatte. De facto jedoch hing von dessen Ausgang für ihn alles ab, da seine Einkünfte blockiert waren: „Aus den nebelumwallten Erzählungen des Carministen gewann ich den Eindruck, als hätte ich Sie, ohne es zu wissen und zu wollen, erschreckt. Keine Ursach'! Vermutlich ist der ganze Krampf jetzt überhaupt hinfällig. Ich trachte zu meinen Geldern ohne weitere Bekenntnisse zu kommen. Fürs nächste habe ich ohnehin genug zu tun."[268]

In den folgenden Wochen und Monaten zeigte sich jedoch die wirkliche Relevanz des Spruchkammerverfahrens daran, dass Werner Egk es akribisch vorbereitete und die zahlreichen Kontakte, die ihm aus seinen bisherigen Verbandsposten und künstlerischen Positionen noch zur Verfügung standen, strategisch auf das Ziel eines Freispruchs ausrichtete. In einem Brief an Hilde Strobel vom 28. April 1946 signalisierte er, welche Freude es ihm machen würde, die Strobels in Baden-Baden endlich einmal wiederzusehen, falls ihn Heinrich einmal zu einem Dirigat verpflichten könnte. Die Voraussetzung für ein solches Engagement blieb jedoch weiterhin die Klärung seiner politischen Vergangenheit. Man hätte durchaus erwarten können, dass Egk in gewohnt vertraulich-ironischer Weise den diesbezüglichen Stand der Dinge mitteilen würde. Doch diesmal fiel der Ton eher geschäftsmäßig aus, indem Egk zwar entscheidende Details preisgab, zugleich aber deren strikte Vertraulichkeit anordnete, als spräche er zu Untergebenen:

> Natürlich wäre es grossartig Euch wieder mal zu sehen. Vielleicht könnt Ihr es doch schaffen, dass ich mal bei Euch etwas machen kann. Von mir aus den heiligen Antonius oder eine Hindemith Symphonie oder was von dem schon heilig gesprochenen Igor. Für Euren Dienstgebrauch, nicht aber zur privaten Weitergabe teile ich Euch Folgendes mit. Ich habe erfahren, dass die gesamten Akten der verblichenen Reichskulturkammer in den Besitz der von allen Besatzungsmächten anerkannten Berliner „Kammer der Kunstschaffen-

---

268 Brief von Werner Egk an Heinrich Strobel vom 2. März 1946, in: NHS XIV.2 Korrespondenz mit Werner Egk 1945-1949.

den" unbeschädigt übergegangen sind. Im Hinblick darauf habe ich Untersuchungen gegen mich bei dieser Kammer beantragt. Das Ergebnis habe ich verbrieft und gesiegelt in der Hand. Es wird mir nach eingehender Prüfung nicht nur die Unantastbarkeit meiner künstlerischen und öffentlichen Tätigkeit bescheinigt, sondern darüber hinaus die Tatsache, dass dem verantwortlichen politischen Prüfungsausschuss Dokumente vorlagen, durch die meine antifaschistische Gesinnung und Aktivität als erwiesen anzusehen ist. Bei Bedarf könnt Ihr auch eine beglaubigte Abschrift bekommen. Doch dies nur am Rande.[269]

Die von Egk erwähnte „Kammer der Kunstschaffenden"[270] war im Juni 1945 als Übergangsbehörde gegründet worden, die im ehemaligen Gebäude der Reichskulturkammer in der Schlüterstrasse 45 in Berlin residierte, deren Aktenbestände übernommen hatte und die meisten ihrer ehemaligen Angestellten weiter beschäftigte. „Hier erhielt man die notwendigen Fragebögen zur Rechenschaftslegung über seine Tätigkeit während der NS-Zeit und wenn nötig auch die Adressen von Kollegen, die über einen Auskunft geben konnten, und empfing dann schließlich, was in den meisten Fällen geschah, seinen Unbedenklichkeitsnachweis",[271] so auch Egk noch im April 1946. Allerdings bewahrte ihn dieses Papier nicht vor dem eigentlichen Spruchkammerverfahren, auf das im nächsten Kapitel näher eingegangen wird.

Schließlich sticht aus der regelmäßigen Korrespondenz zwischen Egk und den Strobels ein undatierter, auf das Jahr 1948 oder 1949 anzusetzender Brief von Egk heraus, der unter der freundschaftlichen Oberfläche ein latentes Misstrauen auf Baden-Badener Seite spüren lässt. Das Schreiben, das Egks ausführliche Rechtfertigung auslöste, ist nicht überliefert, doch seine Antwort mit nummerierten Abschnitten, die offenkundig unangenehme Fragen Hilde Strobels abarbeiten, weist auf den Verdacht hin, er habe gegenüber Strobel illoyal agiert. Egk war es offensichtlich sehr wichtig, diesen Verdacht schnell zu beseitigen, und er deutete an, dass verschwörerische Kreise an einem Zerwürfnis zwischen ihm und Strobel interessiert sein könnten:

---

269 Brief von Werner Egk an Hilde Strobel vom 28. April 1946, in: ebenda. Auch bei anderen Gelegenheiten beschränkte Egk sich auf konspirative Andeutungen, etwa in einem Brief an Hilde Strobel vom 24. Oktober 1946, in: ebenda: „Liebe Hilde, vielen Dank für Deine Zeilen, inzwischen wirst Du wohl auch meinen Brief mit der Nachricht über Deine hier gebliebene Kostümjacke bekommen haben. Zunächst möchte ich nicht schreiben, weder mit noch ohne Namennennung [sic], später dagegen sehr [sic]. Vielleicht denkt Heinrich daran, sich gerade in Bezug auf Münchner Berichte nicht so zu binden, dass später überhaupt nichts mehr zu machen ist."
270 Vgl. hierzu den ausführlichen Aufsatz von Bärbel Schrader, *Die erste Spielzeit und die Kammer der Kunstschaffenden*, in: *Unterm Notdach. Nachkriegsliteratur in Berlin 1945-1949*, hg. von Ursula Heukenkamp, Berlin 1996, S. 229-266.
271 Ebenda, S. 252.

Liebe Hilde,

umgehend die Antwort auf Deinen Fragebogen:

1) Albert[272] verdankt seine Stellung nicht mir sondern dem auch mir in diesem Umfang unerwarteten Erfolg seines Gastkonzertes. Für dieses Konzert habe ich ihn auf seine Bitte hin im August empfohlen. Dies entspricht meiner Gepflogenheit jedem einen Gefallen zu tun, der mich darum ersucht, wenn ich es verantworten kann.

2) Ich habe Albert nicht veranlasst zu meinem Konzert nach Darmstadt zu fahren.

3) Ich habe mich selbstverständlich weder Albert noch anderen gegenüber jemals unliebsam über Strobel geäussert.

4) Wenn ich ein Konzert in Paris arrangieren könnte, so würde ich das für mich selbst machen.

5) Wie schon gesagt habe ich mich überhaupt nie gegen Strobel geäussert; habe im Übrigen auch keine Ursache, im Gegenteil.

Soweit der Fragebogen. Dass Ihr überhaupt auf derart unsinnigen Klats[ch] reagiert ist erstaunlich. Was in Baden und besonders im Funkhaus auf diesem Gebiet möglich ist, habe ich bei meinem letzten Aufenthalt dort erfahren, als bei Ponelle eine Meldung eintraf, Elisabeth wohnte heimlich mit mir in der Kanne, während sie friedlich in Lochham sass! Das Ganze erscheint mir reichlich blödsinnig. Es ist wirklich sehr störend, dass unser gutes und altes Einvernehmen mit Klatsch belastet wird in einem Moment, in dem ich im Begriff bin Strobels unmittelbaren und direkten Einfluss auch auf Salzburg auszudehnen was mir wichtig erscheint. Ich frage mich nur, wer in Baden-Baden eigentlich ein Interesse daran hat, zwischen Strobel und mich einen Keil zu treiben!

Ich hoffe, Du kommst im Oktober zu uns! Wir würden uns freuen![273]

---

272 Gemeint ist vermutlich der Dirigent und Pianist Herbert Albert (1903-1973).

273 Egk trieb diese Angelegenheit anscheinend so um, dass er auch seinen Mentor Ludwig Strecker um Vermittlung bat: „In Baden bin ich offenbar durch Strobel auf den Abschussetat gesetzt worden (Bischoff hat den Goethe Auftrag zurückgezogen), da sie sich dort offenbar einbilden, ich hätte aus schierer Bosheit gegen meine Wohltäter das Engagement des Kapellmeisters Albert in München betrieben. Ich wäre Ihnen dankbar, wenn Sie Strobel das Unsinnige einer solchen Annahme klar machen könnten." Brief von Werner Egk an Ludwig Strecker vom 26. September 1948, in: ASM Schachtel „Briefe. 8072 bis 8366". April 1937 bis November 1948.

Freundschaftsdienste

Mit Beginn seiner Arbeit in Baden-Baden zum Herbst 1945 boten sich Heinrich Strobel innerhalb weniger Wochen Perspektiven, wie er sie bis zu diesem Zeitpunkt noch nicht erlebt hatte: Zum einen ließen sich Pläne wieder aufnehmen, die bis in die 1920er Jahre zurückreichten, als er sich publizistisch als Vertreter der Avantgarde einen Namen gemacht hatte. Dies manifestierte sich in verschiedenen Projekten mit dem Schott-Verlag. Neben der überarbeiteten Neuauflage seiner zwanzig Jahre alten Hindemith-Biographie von 1928 ist vor allem die Wiedergründung der Zeitschrift *Melos* zu nennen, die im November 1946 erstmals wieder bei Schott erscheinen konnte. Trotz anhaltender journalistischer Angriffe ehemaliger Vertreter des NS-Musiklebens, die relativ nahtlos Anstellung als Musikkritiker bei kleineren und größeren Tageszeitungen gefunden hatten,[274] musste Strobel sich dank des politischen Rückhalts der französischen Besatzungsmacht und des ersten Intendanten des Südwestfunks, Friedrich Bischoff, nicht mehr grundlegend legitimieren. Vielmehr verfügte er durch die institutionellen und ökonomischen Ressourcen des Senders plötzlich auch über künstlerische Spielräume, um den Wiederaufbau des deutschen Musiklebens entscheidend mitzugestalten.

Dabei, so könnte man annehmen, habe Strobel seine Einladungen im Interesse einer „mission civilisatrice", wie das französische Synonym für „reeducation" lautete, bevorzugt an Vertreter der bis vor kurzem als „entartet" geschmähten Musik, zumindest aber Künstler mit politisch unbedenklicher Vita gerichtet. Betrachtet man jedoch die Liste von Dirigenten und Komponisten, die von ihm zu Gastspielen nach Baden-Baden eingeladen oder mit Kompositionsaufträgen bedacht wurden, muss diese Annahme differenziert werden. Namen wie Ernest Bour, André Cluytens, Werner Egk, Wilhelm Furtwängler, Paul Hindemith, Arthur Honegger, Otto Klemperer, Hans Schmidt-Isserstedt, Paul Sacher und Igor Strawinsky, die zwischen 1946 und 1951 in Baden-Baden als Dirigenten gastierten,[275] sprechen dafür, dass Strobels Arbeit als Musikfunktionär allein aus politischer Warte nicht zu erklären ist. Denn sowohl politische Belastete wie Schmidt-Isserstedt und Furtwängler als auch prominente Emigranten wie Otto Klemperer zählten zu seinen ersten Gästen, so dass Strobels Auswahl offenkundig weitere Aspekte berücksichtigte. Künstlerische Gesichtspunkte, alte Freundschaften, musikgeschichtliche Bedeutung und durchaus auch Rücksicht auf Publikumsvorlieben flossen dabei ineinander. Diese aus Sicht der Entnazifizierung inkonsequente Haltung hat ihre Parallele in Strobels Ablehnung von Spruchkammerverfahren, deren Sinn als Instrumente für die Redemokratisierung der Deutschen er bezweifelte. Zum einen hatten sich viele NS-Sympathisanten und ehemalige Parteigänger dank ihrer guten Verbindungen rasch in

---

274 Geiger, *„Can be employed"*.

275 Sabine Friedrich, *Rundfunk und Besatzungsmacht. Organisation, Programm und Hörer des Südwestfunks 1945 bis 1949*, Baden-Baden 1991, S. 145. Der Autorin ist allerdings zu widersprechen, wenn sie an gleicher Stelle Strobels Vergabe eines Kompositionsauftrags an Werner Egk als mutige Haltung interpretiert, um diesen noch unbekannten Künstler „erstmals einer breiteren Öffentlichkeit" vorzustellen.

der Nachkriegsgesellschaft wieder an führenden Stellen etablieren können, so dass das Ziel einer personellen „Säuberung" offensichtlich zu weiten Teilen verfehlt wurde. Zum anderen lehnte Strobel die Vorstellung einer deutschen Kollektivschuld ab. Sobald er daher in seinem eigenen Entnazifizierungsverfahren als Opfer des Nationalsozialismus bestätigt worden war, wozu hauptsächlich die Verfolgung seiner Frau den Ausschlag gab, suchten etliche Weggefährten, Kollegen und Freunde, die sich in unterschiedlicher Weise im NS-Staat kompromittiert hatten, Kontakt zu Heinrich Strobel und baten ihn und seine Frau um entlastende Dokumente.

Analog der Einladungspolitik im Südwestfunk und der vielfältigen Ausrichtung des *Melos* entschieden die Strobels diese Bitten nicht nach einem starren Schwarz-Weiß-Schema. Soweit es sich aus den erhaltenen Archivalien rekonstruieren lässt, betrachteten sie solche Anfragen vielmehr vor dem Hintergrund individueller biographischer Konstellationen, bei denen Konzessionen an den NS-Staat gegen Verdienste abgewogen wurden, etwa die Unterstützung von Bedrängten, wie sie den Strobels selbst während ihrer Zeit in Frankreich zuteil geworden war. In einem Brief an Bobby und Frank Level gab Strobel im Herbst 1947 genaue Auskunft über seine Ablehnung formalisierter Prozesse wie Spruchkammerverfahren und charakterisierte sie als Sinnbild für die desolate Gesamtlage in Deutschland:

> Der nexte Winter wird eine gadasdrofe (wie neulich eine Hörerin über Strawinsky an mich schrieb) – das Folg der Wichte und Stenker! – die furchtbare Trockenheit hat fast überall die Ernte vernichtet, seit Monaten ist kein Tropfen Regen gefallen. Es werden viele eingehen, aber nur solche, die nicht in der Partei waren – für die anderen wird durch die Behörden schon gesorgt. Ihr habt keine Vorstellung von dem Grade der Nazifizierung sowohl der öffentlichen Meinung wie der Verwaltung. Ueberall sitzen die Nazis wieder drin, mit einem schönen Papier bewaffnet, dass sie „denazifiziert" sind, und somit verbreiten sie einen Gestank, gegen den selbst der Gestank Deiner leider nicht geäußerten Ansichten über die polodosche Lache, lb. Fritz, nur wie Schiaparellis neuestes Parfüm: au secours riechen würde... [...] Vor ein paar Tagen habe ich Riesenkrach gegen die neue Urlaubsordnung des SWF geschlagen, weil da zusätzliche Urlaubstage für Kriegsversehrte vorgesehen waren – also erwiesene Mörder – und nicht für die politisch und rassisch Verfolgten. Das ganze NSWF Lager schlug Zeter und Mordio.[276]

In vielen Briefen an die Levels schilderten die Strobels ihre Eindrücke im Nachkriegsdeutschland. Auch ein Schreiben zum Heiligen Abend des Jahres 1947 kreiste zu wesentlichen Teilen um dieses Thema. Da auch bei dieser Quelle viel persönliche und politische Kommentare ineinander übergehen, soll sie im Zusammenhang zitiert werden:

---

276 Undatierter Brief von Heinrich und Hilde Strobel an Frank und Bobby Level [September oder August 1947], in: NHS XIII. Vermischte Korrespondenz 4. 1946-1949.

Meine Lieben, da ist nun das sog. Weihnachten, und der Beschiß ist noch größer als je und die Pleite vollkommen. Wenn man bedenkt, daß es gelungen ist, nach zwei Jahren einer Kapitulation, die kein Mensch in Deutschland mehr wahr haben will, den deutschen Nationalismus wieder in vollste Fahrt zu bringen, dann muß man schon die Herren herzlichst beglückwünschen. Der Fehler liegt m.E. an zwei Dingen: einmal an der vollkommen mißlungenen Denazifizierung und dann daran, daß es in diesen zwei Jahren immer schlechter wurde. Da glaubt natürlich kein Mensch an die Segnungen der Demokratie. Ausserdem: wie sollen die Leute sich dazu bekehren, wenn jeder der vier Zonenherren einen anderen Begriff von Demokratie hat – und derjenige östlich der Elbe aufs Haar dem Nazismus gleicht, nur mit anderen Vorzeichen und mit einer Konsequenz, die seinen Vorgänger (ausgenommen die Judenfrage) mangelte (sonst wären wir alle nicht mehr am Leben). Von der geistigen Verwirrung macht Ihr Euch alle überhaupt keine Vorstellung. Es ist so, daß die demokratischen und nazistischen Reaktionäre wunderbarst zusammenwirken, um eine Herrschaft der unnachgiebig sturen Mittelmäßigkeit zu erreichen. In diesem Sinne liegts, daß mit verstärkten Kräften der Kampf gegen den sog. Kulturbolschewismus weitergeht und Leute wie wir von allen Seiten und mit allen gemeinen Mitteln denunziert und bekämpft werden. Der Fall ist hoffnungslos, das habe ich eingesehen. Leider aber sind wir zu alt, um noch einmal in ein anders Land zu gehen – und dazu käme ja wohl auch nur Südamerika in Frage. Persönlich haben wir einen großen Verlust erlitten, indem unser Freund Arnaud, der Direktor der Information, dieser Tage in Erkenntnis der hoffnungslosen Situation ausgeschieden ist. Das war immerhin eine Stütze an der höchsten Stelle – und es wird bald sich zeigen, daß sie mir fehlt. Wenn man sich vorstellt, daß dieses ganze Land, das zerstört ist und hungert, nur von dem neuen Kriege träumt, der Deutschland wieder zu bekannten „Ehren" bringen wird, dann möchte man wirklich Selbstmord begehen. Diesem Sauvolk ist nicht zu helfen, es verdient eine Riesen-Gaskammer, sonst nichts. […] Da fällt mir eben ein, daß ich dieser Tage als EINZIGER [sic] im ganzen Radiohause von 400 Leuten einen erbitterten Kampf führte gegen das Spielen der größten Nazi-Schlager aus der Kriegszeit – und natürlich vor den Ohren sämtlicher beteiligten Nationen „total" unterlag. Man will ja die Hörer fangen, und da die Sender der US-Zone in dieser Hinsicht wahrhaft vorbildlich sind, so dürfen wir nicht zurückstehen …[277]

Schon im Jahr zuvor hatten sie Bobby und Frank Level eine ähnliche Schilderung gesandt. Hilde Strobel hatte zunächst von ihren Schwierigkeiten berichtet, als remigrierte Jüdin in Deutschland selbstbewusst aufzutreten: „Ich habe immer noch nicht gelernt, daß ich wieder ein Recht habe mich anderen gegenüber zu behaupten

---

277 Brief von Heinrich und Hilde Strobel an Frank und Bobby Level vom 24. Dezember 1947, in: ebenda. [Dokument 20 im Anhang].

und laß mich immer noch einschüchtern. Denkt nur nicht, daß der elende Geist hier ausgerottet sei."[278] Wie häufig in ihren Briefen an die amerikanischen Verwandten setzte Heinrich Strobel das Schreiben fort und erläuterte seinen Pessimismus über die sich stetig verschlechternden Zustände in Deutschland anhand der Entnazifizierungspraxis:

> Das neue System der Spruchkammern – wo der Nazi gegen Geldstrafe sich „entlasten" kann – führt dazu, daß die Burschen sich überall wieder einnisten – denn sie haben ja ihren Schein – und die andern, die keinen Schein brauchen, weil sie nämlich nicht „belastet" sind – die werden nun von ihnen dauernd denunziert. Der deutsche Charakter! Die deutsche Treue! Die deutsche Tiefe! Ihr habt keine Vorstellung, wie sie mich anekeln, nachdem ich wieder 10 Monate in diesem Land bin. Es gibt keine Rettung für dieses Volk von erbärmlichen Knechtsnaturen – da hat Freund Ruppel vollkommen recht. Es gibt nur eines, das wir alle erhoffen: eine ewige Okkupation. [...] Von der Verblödung selbst der Klugen habt Ihr keine Ahnung. Im Volk herrscht eine Lethargie, die zum Teil natürlich durch die schrecklichen Kriegsjahre und die große Not zu erklären ist. Wie immer leiden natürlich die kleinen Leute am meisten. Ich sage nicht, daß sie am Nazismus schuldlos sind. Aber solange man den Menschen keine Hoffnung gibt, daß es besser wird – und solange sie nicht sehen, daß man es wirklich besser macht – ist alle Mühe vergeblich. Mit einem sturen Schematismus erreicht man nichts. Und der blüht mehr denn je.

Um diese Haltung der Strobels noch genauer zu differenzieren, soll im Folgenden die öffentliche Position, die Heinrich Strobel in seinen Texten und der redaktionellen Ausrichtung von *Melos* vertrat, mit den Ansichten verglichen werden, die er in diversen Persilscheinen zum Ausdruck brachte. Dass bei diesen Materialien immer auch Werner Egk zur Sprache kommt, unterstreicht die Bedeutung, die diese Freundschaft nach außen wie nach innen für Strobel besaß.

Veröffentliche Äußerungen über die NS-Zeit

Wie bei anderen Zeitschriften, die bald nach Kriegsende wieder aufgelegt oder neu konzeptioniert wurden, stellte man auch dem ersten, vierzehn Hefte umfassenden Nachkriegsjahrgang des *Melos* ein programmatisches Vorwort voran, das eine Bilanz des Musiklebens während der zurückliegenden Jahre zog und daraus Konsequenzen für die zukünftige Ausrichtung des Blattes ableitete.[279] Bereits im ersten Absatz gab Strobel über das Stichwort „Entartung" allen Lesern einen autobiogra-

---

278 Brief von Hilde Strobel an Frank und Bobby Level vom 26. August 1946, in: ebenda.
279 In der Jahrgangszählung schloss man 1946 die Lücke zum letzten *Melos*-Jahrgang 1934. Dabei überging man kommentarlos, dass das *Neue Musikblatt* die Jahrgangszählung des *Melos* eigentlich bis Nr. 22 (1942) fortgeführt hatte.

phisch konnotierten Hinweis auf seine Motive, die Zeitschrift wiederzubeleben. Anschließend rief er den in den USA wirkenden Paul Hindemith zur Leitfigur für die Renaissance moderner Musik in Deutschland aus:

> Freilich gab es einen deutschen Musiker, der die angedeutete Entwicklung nicht nur maßgebend mit bestimmte, sondern ihr sogar einige richtungsweisende Impulse verlieh. Heute ist er einer der wenigen großen Erscheinungen der Weltmusik. Diesen Musiker haben die rosenbergischen Schandmäuler solang mit ihrem stinkichten Speichel begeifert, bis er, angeekelt von ihrem Treiben, ihnen den Rücken kehrte. Er war praktisch seit 1933 für die Deutschen außer Hörweite. Es ist tatsächlich so, daß die einzige bedeutende Leistung der deutschen Musik in unserer Zeit den Deutschen selbst unbekannt ist: das Werk Paul Hindemiths.[280]

Diese Argumentation hatte jedoch wenig mit der Strategie der alliierten Besatzungsmächte gemein, die deutsche Bevölkerung mit ihrer Exilkultur zu konfrontieren, um ein Gegengewicht zur zwölfjährigen germanisierten NS-Propaganda zu schaffen. Vielmehr nahm Strobel die „Ehre der deutschen Musiker und des musikfreudigen Publikums" in Schutz, die der musikalischen NS-Indoktrination widerstanden hätten: „Die Maestri der NS-Musik waren so jämmerlich, daß sie trotz allen Feldgeschreis nur permanente Niederlagen erlebten."[281] Wer unter diese „Maestri" zu rechnen sei, blieb der Phantasie der Leserschaft überlassen. Das oppositionelle Lager ehrenhafter Komponisten, die „mit den arisch-heroischen Musikanweisungen der Parteiclique nicht das geringste gemein" gehabt hätten, wurde dagegen ausdrücklich durch zwei Namen benannt: „Carl Orff und Werner Egk standen in klarem Widerspruch zum Exerzierreglement der Partei. In ihrer Musik kann man alles eher entdecken als das heroische Wiehern des Parteihengstes." Die markanten Formulierungen, die den Generalverdacht gegen alle in Deutschland Verbliebenen offensiv ansprachen und zu entkräften versuchten, verraten unwillkürlich Strobels Wissen darum, wie heikel seine Apologie von Orff und Egk war. Der deutschen Leserschaft des *Melos* waren diese Namen wohl vertraut, und sie verbanden mit ihnen nicht unbedingt heroischen Widerstand. Strobels rhetorische Strategie näherte sich hier Apologeten wie Friedrich Blume an, denen er in *Melos* ebenfalls ein Forum gab. Wie Strobel seine journalistische Expertise, stellte Blume seine akademische in den Dienst einer Entlastung jener im Lande gebliebenen kompositorischen Elite, auf die man zwei Jahre nach Kriegsende nicht verzichten wollte – zumal der verehrte Hindemith trotz aller Werbung keine Neigung zur Rückkehr erkennen ließ: „Die kleinen Zugeständnisse", so Blume, „die manche tüchtigen Komponisten an die herrschende Klasse machten, sollen keineswegs beschönigt oder gar entschul-

---

280 Heinrich Strobel, Vorwort zum ersten Nachkriegsjahrgang, *Melos* 14 (1946), Heft 1 (November), S. 4.
281 Ebenda.

Abb. 11:
Werner Egk 1947 als Dirigent
beim Südwestfunk
(Foto: Bildarchiv des SWR)

digt werden. Im Ganzen aber muß ein unbefangener Beobachter doch sagen, daß
die deutschen Komponisten sich nicht haben ‚fertig machen' lassen.“[282]

Im Abstand mehrerer Hefte waren fortan regelmäßig Nachrichten und Artikel
über Werner Egk zu finden. In seiner Doppelbegabung als Komponist und Dirigent baute ihn *Melos*, auch als heimischen Ersatz für Hindemith, publizistisch zum
väterlichen Mentor der jungen Komponistengeneration und zur führenden Stimme der zeitgenössischen Musik auf. So schrieb in der Dezember-Ausgabe des Jahrgangs 1947 Gerth-Wolfgang Baruch, Strobels enger Mitarbeiter beim Südwestfunk
und bei *Melos*, nicht nur, dass Werner Egk in Baden-Baden das *Concertino für Klavier und Blasorchester mit Schlagzeug* des gerade 21-jährigen Fortner-Schülers Hans

---

282 Friedrich Blume, *Musikwissenschaft und Gegenwart*, in *Melos* 14 (1947), Heft 3 (Januar), S. 5.
   In Wortwahl und Argumentation ähnelt der Text der stark beschönigenden *Bilanz der Musikforschung*, mit der Blume ein Jahr später das gleichnamige Verbandsorgan der Gesellschaft
   für Musikforschung eröffnete. Siehe auch Heinrich Strobels Beitrag *Orffische Zwiesprache. Zur
   Uraufführung der „Bernauerin“*, in: *Melos* 14 (1947), Heft 10/11 (August/September), S. 297:
   „Die wahre Premiere der Carmina Burana fand in Dresden während des Krieges statt. Damals begann erst der Aufstieg des Meisters. Er wurde zum Mittelpunkt der musikalischen Widerstandsbewegung. Kein deutscher Musiker hat auf einer deutschen Bühne den Gegnern des
   Nazismus so viel Auftrieb gegeben wie Carl Orff in seinen letzten Werken, die während des
   schlimmsten Terrors herauskamen.“

Werner Henze zur Uraufführung gebracht habe, sondern betonte überdies, dass dieses Konzert Teil umfangreicher Maßnahmen zur Förderung „namhafter deutscher Musiker von richtungsweisender Bedeutung und junger Talente"[283] gewesen sei. Man habe Egk „als Gastdirigent für vier Konzerte in dieser Saison verpflichtet"; darüber hinaus habe er die Zusage gegeben, „eine ‚Sonate für Orchester' zu komponieren." Weitere Aufträge waren an Boris Blacher für ein musikalisches Hörspiel sowie an den beim Südwestfunk angestellten Karl Sczuka ergangen, der zur Förderung „gepflegter Unterhaltungsmusik" ein „Divertimento für Orchester" schreiben sollte.

Auch die inkognito vom *Bureau des Spectacles et de la Musique* (BSM) der französischen Militärbehörden verlegte Zeitschrift *Die Quelle*[284] bot Egk im zweiten Heft ihres ersten Jahrgangs 1947 ein Forum. Dem Abdruck von Szenen aus seinem Stück *Das Zauberbett* war ein Lebenslauf beigegeben, der alle politischen Aspekte seiner Vita verschwieg und das Bild eines gänzlich unverdächtigen Künstlers zeichnete, der als Komponist und Dirigent schon größere Erfolge hatte feiern können.[285] Weiter hinten im Heft wurde dieses Bild um eine frankophile Nuance mit der Meldung ergänzt, dass seine konzertante Kantate *Die Versuchung des Heiligen Antonius* im Rahmen eines Sinfoniekonzerts des SWF-Orchesters im Baden-Badener Kurhaus uraufgeführt worden war und die „Solopartie des fesselnden, ungemein virtuos geschriebenen Werks, das 1945 entstanden ist, […] Eliette Schenneberg von der Großen Pariser Oper"[286] übernommen hatte.

Strobel hatte somit in *Melos* von Anfang an eine Haltung vorgegeben, die politischen Schuldzuweisungen eher auswich und dazu tendierte, künstlerische Qualitäten höher zu bewerten als kompromittierende Zugeständnisse an den NS-Staat. Gleichwohl gingen in der *Melos*-Redaktion immer wieder auch kritische Leserzuschriften ein. Im Januar 1948 nahm man Proteste gegen eine etwas despektierliche Glosse über Richard Strauss zum Anlass, mit einem redaktionellen Beitrag zu reagieren, der den Deutschen eine Haltung nahelegte, die anstelle von verlogener Servilität oder pathetischer Schuldbekenntnisse einen Sinn für „Bescheidung"[287] demonstriere. Mit Blick auf die kritische Leserpost konstatierte man, dass man diese

---

283 Gh. Bh. [Baruch], *Angriff auf das goldene Gemüt. Uraufführung von Henzes Klavierkonzert unter Werner Egk in Baden-Baden*, Melos 14 (1947), Heft 14 (Dezember), S. 423. Im *Melos*-Heft vom Januar 1948 findet sich ein Beitrag zur Ballettmusik „Abraxas" von Werner Egk, „die unter Leitung des Komponisten in einem öffentlichen Sinfoniekonzert des Südwestfunks in Baden-Baden stattfand". Siehe auch Manfred Hohenlohe, *Egk-Uraufführung in Baden-Baden*, in: ebenda, S. 21f.: „Daß aber trotz Reichsmusikkammer und einer vom ‚Reich' geleiteten Kunstpolitik einzelne Komponisten ihren geraden künstlerischen Weg auch im Dritten Reich gegangen sind, zeigt das Beispiel von Werner Egk, der in seinem künstlerischen Schaffen (und das beweisen gerade heute eindeutig seine neuen Werke) damals keine Konzessionen an die offizielle Kulturpolitik und an das Publikum machte."

284 Linsenmann, *Musik als politischer Faktor*, S. 209ff.

285 *Die Quelle. Zeitschrift für Theater, Musik, Film*, hg. von Wolfgang Amadeus Peters, Baden-Baden 1 (1947) Nr. 2, S. 41.

286 Ebenda, S. 124. Hierzu passt ein gleichlautender Artikel *Festesstimmung im Baden-Badener Alltag* von Strobels Kollege Baruch im folgenden dritten Heft der *Quelle* sowie in der Rubrik „Kulturelles Leben – Die amerikanische Zone" eine Meldung zur anstehenden Aufführung von Egks *Circe* in Frankfurt im Oktober 1947 unter der Leitung von Bruno Vondenhoff.

287 Redaktionelle Kolumne *Mehr Respekt*, in: *Melos* 15 (1948), Heft 1 (Januar), S. 18.

„nicht ohne Freude" gelesen habe, da sie ein anhaltendes Gefühl für Wertmaßstäbe und „Respekt vor großer Leistung" repräsentiere, Werte also, welche die Redaktion ihrerseits in der Behandlung eminenter deutscher Musikerpersönlichkeiten wie Richard Strauss durch politische Instanzen vermisste:

> Diesen Respekt vor einem künstlerischen Schaffen, das der gesamten Menschheit zugedacht ist, vermissen wir, wenn wir davon lesen, daß man den dreiundachtzigjährigen Richard Strauß (der als Österreicher in der Schweiz lebt und eben in England begeistert geehrt wurde) vor eine kleinstädtische Spruchkammer schleifen will, um ihn wegen gewisser scheinbarer Willfährigkeiten gegenüber dem „Dritten Reich" zur „Verantwortung" zu ziehen. Wir sagen „scheinbar": denn es ist für jeden Kenner klar, daß ein Mann von der menschlichen Souveränität eines Richard Strauß innerlich nie etwas mit den Propagandisten der nationalsozialistischen Kunstverdummung zu tun haben konnte. Das wissen auch seine Ankläger, die (wie man sagt) irgendwo im finstersten Bayern sitzen sollen. Aber darum geht es gar nicht. Es geht um etwas ganz anderes. Nämlich um den Kampf der Mittelmäßigen gegen die starke und eigengewachsene Persönlichkeit. Das „Dritte Reich" hat diesen Kampf mit allen Mitteln des Terrors geführt. Heute machen sich Anzeichen dafür bemerkbar, daß er mit den neuen demokratischen Mitteln einer Gesetzgebung weitergeführt werden soll, die auf künstlerische Bereiche überhaupt nicht anwendbar ist. Hört man nicht, daß auch Hans Pfitzner vor eine Spruchkammer soll? Wir wollen die politischen Schwächen, für die auch große Künstler anfällig sind, nicht entschuldigen. Doch glauben wir, daß man endlich einmal einen Trennungsstrich machen muß zwischen den kleinen menschlichen Fehlern (die auch bei anderen großen Meistern vorhanden waren) und der geistigen Leistung.

Strobels Haltung, sich einerseits klar auf die Seite der ehemals „entarteten" neuen Musik zu stellen und andererseits deren Gegner gegen staatliche Eingriffe zu verteidigen, scheint nur auf den ersten Blick ambivalent. Bei näherem Zusehen liegt sie in der Konsequenz eines bürgerlichen, in der deutschen Romantik verfestigten Kunstverständnisses, wonach das System „Musik" vom System „Politik" strikt zu trennen sei. Mochten die ästhetischen Differenzen innerhalb des musikalischen Systems noch so erbittert ausgetragen werden, so schloss sich doch eine gemeinsame Front, wenn es um die Zumutungen der Politik ging – zumal man solcher aufgrund der vergangenen zwölf Jahre ohnehin überdrüssig war. Auch Hans Heinz Stuckenschmidt plädierte 1947 für die Autonomie und Unantastbarkeit des Systems „Musik": „Man hat uns zwölf Jahre lang in der Verachtung und Ablehnung des L'art-pour-l'art-Prinzips erzogen, bis viele glaubten, es gäbe überhaupt kein Eigengesetz der Kunst mehr."[288] Offenkundig verband es Musiker aller Richtungen, dass die Kriterien der alliierten Entnazifizierung als mindestens ebenso kunstfern wie die

---

288 Hans Heinz Stuckenschmidt im November 1947 in der ersten Nummer der Zeitschrift *Stimmen*, zit. nach Ulrich Dibelius, *Moderne Musik I 1945-1965*, München ⁵1991, S. 23.

der Nazis empfunden wurden. Nur so ist es zu erklären, dass unmittelbar vom Antisemitismus Betroffene wie Strobel und sogar Arnold Schönberg[289] selbst den überzeugten Traditionalisten und Antisemiten Hans Pfitzner gegen die Zumutungen der Tagespolitik in Schutz nahmen:

> Wir glauben, daß der Respekt vor dem, was ein Künstler der Menschheit gegeben hat – sei es „Ariadne auf Naxos" oder „Palestrina" – die kleinen Schwächen wohl aufwiegt. Die Geschichte fragt nur nach dem Werk – und nicht danach, ob sein Schöpfer Royalist oder Republikaner war. Sonst müßte Balzac in der französischen Republik verboten sein; denn er war ein überzeugter Royalist. Man wird sich vielleicht fragen, warum wir gerade an dieser Stelle für Richard Strauß eintreten. Wir tun es, weil wir es uns zur Aufgabe gestellt haben, die wahren Maßstäbe für die Musik wieder zur Geltung zu bringen. Wir tun es, weil wir die große künstlerische Persönlichkeit in ihrer Gesamtheit respektieren – und mag sie auch noch soviel Verachtung für die neue Musik haben, für die wir eintreten. Wir tun es, weil wir die Mittelmäßigkeit für den größten Feind aller Kunst halten, gleichviel welchen politischen Kittel sie sich umhängt. Wir tun es, weil wir in dem großen Künstler und insbesondere in dem großen Musiker den edelsten Boten für die Annäherung der Völker sehen.

Schon zu seiner Pariser Zeit verhielt sich Strobel gegenüber Pfitzner und seiner Oper *Palestrina* ambivalent und bemühte sich beispielsweise im März 1942, die Publikation eines Artikels über die Oper zeitlich auf ihre Aufführung in Paris abzustimmen, „damit die Sache einen unantastbaren deutschen Rahmen hat".[290] Im November 1942 ging er dann wiederum in einem Brief an Laaff auf Pfitzner ein, um einen für den Komponisten wenig schmeichelhaften Artikel anzukündigen: „Herr Pfitzner wird nicht allzusehr erfreut sein – wenn man aber weiss, wie wenig hoch er im Promi [= Propagandaministerium] im Kurse steht, dann ist es unbedenklich. Im übrigen gebe ich Ihnen plein pouvoir, den mildernden Rotstift walten zu lassen …".[291]

In circa 1948 zu datierenden Notizen für einen Vortrag bei den Darmstädter Ferienkursen ging Strobel ebenfalls ausführlich auf die Spruchkammerpraxis gegenüber Künstlern ein. Auch hier ist als charakteristische Komponente die Verachtung der entnazifizierenden „Tribunale" als künstlerisch inkompetent und politisch ineffizient zu erkennen. Implizit trifft auch sie der Vorwurf der „Kulturbarbarei", da sie kunstfremde Kriterien an die „besten" Komponisten anlegen. Noch stärker gilt dies freilich für alle Vertreter eines künstlerischen Biologismus' – Strobel spielt auf Ernest Ansermet an –, da „physiologische Vorgänge" niemals als „Masstab eines geistigen Phänomens wie die Musik" gelten könnten. Auch hier geht es folglich in ers-

---

289 Siehe die eidesstattliche Erklärung Schönbergs für Pfitzner vom 10. September 1947, als Faksimile beim Arnold Schönberg Center online unter http://www.schoenberg.at/scans/ DVD022/7275.jpg (Abruf am 14. Juni 2013).
290 Brief von Heinrich Strobel an Ernst Laaff vom 3. März 1942, in: ASM Mappe 21103.
291 Brief von Heinrich Strobel an Ernst Laaff vom 4. November 1942, in: ASM Mappe 21107.

ter Linie um den Schutz des autonomen Systems „Musik", wenn Strobel gegen den fortgesetzten Einfluss der alten Nazis protestiert:

> In diesem Lande hat man Künstler – und zwar gerade die besten – der schuldhaften Unterstützung eines Terror-Regimes bezichtigt und vor Tribunale geschleppt, die in geistigen Dingen jedenfalls keine all zu große Kompetenz hatten, bloß weil sie dageblieben waren und weil jeder an seinem Platz, das Möglichste tat, um inneren Widerstand gegen die Kulturbarbarei zu leisten – während die wahren Schuldigen in aller Heimlichkeit entlastet oder als „nicht betroffen" befunden wurden, so daß sie heute bereits wieder mächtige Stellungen inne haben – zum Beispiel an einem führenden Staatstheater – oder wie mir berichtet wurde daß der Autor des Judenlexikons der Musik heute bereits wieder sein Handwerk als – Musikkritiker ungestört ausübt. [gestrichen: Ich werde mich hüten, seinen Namen zu nennen. Dann käme ich wegen Verdächtigung eines ordentlich Denazifizierten vor eine Spezialspruchkammer – und würde verurteilt, weil ich trotz seiner Nachstellungen noch am Leben bin und meine jüdische Frau auch noch am Leben ist.]

> Der Vorwand der Währungsreform zur Abtötung der Neuen Musik

> Die feigen Musiker haben eine gewaltige Unterstützung bekommen in einem grossen Dirigenten, der augenblicklich von Ort zu Ort reist – nicht nur als „König" oder Kaiser oder Abgott des Taktstocks, sondern als Redner und die Neue Musik als biologisch minderwertig brandmarkt.

> A) persönliche Polemik liegt mir fern, aber man muss die Dinge aussprechen.

> B) physiologische Vorgänge sind kein Masstab [sic] eines geistigen Phänomens wie die Musik

> C) biologisch <u>minderwertig</u> – eine bedenkliche Terminologie – der Weg zum rassisch Minderwertigen ist verdammt nah.

> <u>Warum erwähne ich diese Dinge?</u>

> Weil sie Wasser auf die Mühle des reaktionären deutschen Spiessbürgers sind. Er ist und bleibt unser grösster Feind.[292]

Privates Engagement

Wie eng Strobels journalistische Tätigkeit für *Melos* mit seiner täglichen Rundfunkarbeit in Baden-Baden verzahnt war, verdeutlichen – noch stärker als die Kompositionsaufträge, auf die meist hingewiesen wird – die Engagements renommierter Interpreten. Entsprechend finden sich in *Melos* regelmäßig Notizen zu laufenden oder abgeschlossenen Entnazifizierungsverfahren von Dirigenten und Solokünst-

---

292 NHS XVI. Vorträge 1946-1953. 8. Vortrag Kranichstein (undatiert).

lern, beispielsweise im Februar 1947 über Walter Gieseking, der wenige Wochen später zwei umjubelte Konzerte in Baden-Baden gab:

> Nach einer Erklärung von Major W. Dubensky, Leiter der Abteilung für Film, Theater und Musik bei der Nachrichtenkontrolle der Militärregierung für Hessen, ist das Spielverbot für den Pianisten Walter Gieseking, das aus politischen Gründen verhängt worden war, aufgehoben worden. Da Gieseking nie Mitglieder der NSDAP. [sic] gewesen und deshalb vom Gesetz der politischen Befreiung nicht betroffen ist, wird sein Fall nicht vor der Spruchkammer verhandelt.[293]

Mit Strobels Bemühungen, auch Wilhelm Furtwängler für einen Auftritt in Baden-Baden zu gewinnen, schließt sich ein weiterer Kreis zu seiner Berliner Zeit. Die beiden hatten, verbunden durch ihr gemeinsames Engagement für Hindemith, stets kollegialen Umgang gepflegt. Zudem hatte sich Furtwängler, wie erwähnt, mit einem Gutachten für Strobel erfolgreich für dessen Aufnahme in die Sonderliste für Kunstschriftleiter eingesetzt. Auch zu Furtwängler findet sich eine Notiz in *Melos*, die im Frühsommer 1947 den Abschluss seines Spruchkammerverfahrens meldete.[294] Bereits ein Jahr früher hatte Strobel Bobby und Frank Level von der Idee berichtet, als gezielte Geste den berühmten Dirigenten zusammen mit dem jüdischen Geigenstar Yehudi Menuhin zu verpflichten: „Eben höre ich, daß Furtwängler wieder erlaubt ist – ich will ihn einladen, mit Menuhin hier zu spielen – das wäre ein ganz großer Schlag – für die Antisemiten sowohl – wie für die Kunst!"[295] Allerdings sollten noch einige Monate vergehen, bis Furtwängler tatsächlich beim Südwestfunk gastierte – doch auch dann noch war die schlechte Versorgung der Bevölkerung im französischen Besatzungsterritorium ein Problem, weshalb die Strobels besondere Gäste bei sich zu Hause aufnahmen.[296]

Zwei Briefe Hilde Strobels an ihren Bruder und ihre Schwägerin, die im Abstand weniger Wochen im Januar 1947 verfasst wurden, geben Einblick in ihre

---

293 Notiz in *Melos* 14 (1947), Heft 4 (Februar), S. 124: *Gieseking spielt wieder*. Siehe auch eine Notiz im April-Heft 1947, S. 189, dass Gieseking in Baden-Baden mit „stürmischem Erfolg" Beethovens Es-Dur-Konzert spielte. „Am folgenden Tag gab er einen Klavierabend mit Werken von Debussy, Ravel und Poulenc, der nicht weniger begeistert aufgenommen wurde." Siehe hierzu einen Brief von Hilde und Heinrich Strobel an Frank und Bobby Level vom 22. März 1947, in: NHS XIII. Vermischte Korrespondenz 4. 1946-1949. [Hilde Strobel]: „Morgen spielt bei uns Gieseking, das erste mal nach seiner Entnazifizierung (schönes Wort, was?). B-B steht natürlich bereits Kopf."

294 *Melos* 14 (1947), Heft 7/8 (Mai/Juni), S. 215: Notiz *Furtwängler wieder zugelassen*: „Wilhelm Furtwängler darf wieder dirigieren. Die bereits im Dezember erfolgte Entlastung des berühmten Dirigenten durch die Spruchkammer wurde jetzt durch den Entnazifizierungs-Ausschuß der Viermächte-Kommandantur bestätigt."

295 Brief von Hilde und Heinrich Strobel an Frank und Bobby Level vom 14. Juni 1946, in: NHS XIII. Vermischte Korrespondenz 4. 1946-1949.

296 Heinrich Strobel, *Libretti für Rolf* [*Melos* 1970/9], in: *Heinrich Strobel. Texte zur Musik unserer Zeit 1947-1970*, S. 80: „Wenn aber ein Gast kam, was häufig der Fall war, schlüpfte ich ins Bett, damit der andere Stuhl für ihn frei blieb. Auch Wilhelm Furtwängler mußte dieses trauliche Heim akzeptieren."

Sichtweise. Im ersten Schreiben konzentrierte sie sich auf Privates und Anekdotisches:

> Freitag bekommen wir hohen Besuch – Furtwängler. Wir wollen sein erstes Konzert hier in Baden-Baden machen, möglichst mit Menuhin als Solist, aber das wird sich wohl nicht bewerkstelligen lassen. Da er von hier aus in die Schweiz fährt und ich die Aus und Einreise habe, werde ich vielleicht mit ihm fahren. Alleine will ich mich nicht auf diesen abenteuerlichen Rutsch begeben. Man muß nämlich von Weil bis Basel zu Fuß laufen und das mit Koffer, denn ich soll ja dort unsere bei Bloch hinterlassenen Schallplatten holen. Es ist kalt und glatt. Hals und Bein möchte ich mir nicht brechen. [… Fortsetzung des Briefes am 9. Januar 1947] Jeden Augenblick wird Furti erwartet. Die Weiber reißen bereits das Telefon herunter. Nun ist der gute Mann schon über die Sechzig und kann sich immer noch nicht der Weiber erwehren. Was Berühmtheit nicht alles macht.[297]

Im zweiten Brief ging sie auch auf politische Aspekte ein:

> Wir hatten vorige Woche eine Übertragung des Londoner Konzerts von Bruno Walter. Leider will er selbst nicht nach Deutschland kommen. Ich find es spricht für seine menschliche Größe, dass er heute ein Werk von Strauß aufführt. Immerhin war Strauß seinerzeit gleich bereit Walter zu vertreten, als er herausgeschmissen wurde. […] Oh, man wird bescheiden. Der Große Furti, er hat gerne bei uns mitgegessen und es wurde dabei gewaltig Euer Loblied gesunden. Es gab köstliche amerikanische Nudeln, eine Fleischdose wurde geopfert und als Nachspeise gab es ein Göttergericht aus Cacao und Haferflocken. Und er war sehr dankbar. Von den Deutschen ist er inzwischen entnazifiziert worden, aber ich weiß nicht, ob das Urteil endgültig ist. Es ist wohl da noch ein Urteil der interalliierten Kommission abzuwarten.[298]

Im Mai 1947 berichtete Strobel wieder nach Amerika von den Schwierigkeiten, Furtwängler für Baden-Baden zu gewinnen: „Wird er kommen? Oder kömmt er nicht? Gemeint ist Willi, der Furtwängler. Er ist von der Bräune offiziell abgewaschen und hat uns versprochen, das erste Konzert in der frz. Zone zu dirigieren."[299]

Heinrich und Hilde Strobel verfolgten, wie ihre Briefe bezeugen, die politischen Implikationen dieser Zeit aufmerksam und beobachteten in ihrem Umfeld die unterschiedlichsten Haltungen. Nicht alle so genannten Persilscheine, die sie Bekannten und Freunden ausstellten, ließen sich biographisch nachverfolgen. Doch über Johannes Petschull beispielsweise ist man, dank der Recherchen von Sophie Fetthauer zu Musikverlagen im Dritten Reich und etlicher Fundstellen in Prie-

---

297 Brief von Hilde und Heinrich Strobel an Frank und Bobby Level vom 8./9. Januar 1947, in: NHS XIII. Vermischte Korrespondenz 4. 1946-1949.
298 Brief von Hilde Strobel an Frank und Bobby Level vom 21. Januar 1947, in: ebenda.
299 Brief von Hilde und Heinrich Strobel an Frank und Bobby Level vom 22. Mai 1947, in: ebenda.

bergs *Handbuch Deutsche Musiker,* inzwischen relativ gut orientiert. Geboren im Jahr 1901, bekam er durch seine Tätigkeit für den Mainzer Schott-Verlag, wo er ab 1927 vornehmlich die Zeitschrift *Melos* betreute, Kontakt zum beinah gleichaltrigen Heinrich Strobel. Als Mitglied der NSDAP seit 1937[300] nutzte Petschull die Zeitumstände, um sich zwei Jahre später von Schott unabhängig zu machen, indem er als geschäftsführender Gesellschafter den „arisierten" Leipziger Verlag C. F. Peters übernahm, dessen Annexion er zuvor noch selbst für den Schott-Verlag ausgehandelt hatte.[301] Mit Unterstützung von Staatsrat Kurt Hermann wiederholte er zwei Jahre später dieses Verfahren, übernahm als direkter Konkurrent seines früheren Arbeitgebers die ebenfalls „arisierte" Wiener Universal Edition und konnte sich in langwierigen Gerichtsprozessen gegen die Ansprüche des Hauses Schott behaupten.[302] Ausgestattet mit guten Kontakten zum Propagandaministerium erhielt er in Vertretung von Edgar Bielefeldt im Frühjahr 1942 einen Sitz im Beirat der Urheberrechtsgesellschaft Stagma, um kurz darauf als Nachfolger von Hans Sikorski einen ständigen Sitz zugesprochen zu bekommen.[303] Trotz juristisch komplizierter Rückübertragungen des Peters-Verlags an den Erben Walter Hinrichsen behielt er seinen Posten als Geschäftsführer bei Peters und überstand auch sonst alle potenziellen Hürden wie die Entnazifizierung und den Wiedereinstieg in die Geschäftswelt unbeschadet.

Die Überlieferung zu Petschull im Nachlass der Strobels beginnt ein Jahr nach ihrer Rückkehr nach Deutschland, als Heinrich Strobel den amerikanischen Verwandten seiner Frau am 5. Dezember 1946 zwei Zeilen über ihren gemeinsamen Bekannten schrieb: „In Stuttgart hörte ich endlich einmal was von unserm alten Freund Petschull, den Ihr doch auch noch gekannt habt. Er hat sich ein wenig arg angebräunt, ist aber ein anständiger Mensch und hat einen großen amerikanischen Protektor gefunden, der ihn nun wieder in den deutschen Musikverlag hebt."[304]

---

300 Prieberg, *Handbuch,* S. 5170.

301 Sophie Fetthauer, *Musikverlage im „Dritten Reich" und im Exil,* Hamburg ²2007, S. 178f. und Albrecht Dümling, *Musik hat ihren Wert. 100 Jahre musikalische Verwertungsgesellschaft in Deutschland,* Regensburg 2003, S. 217.

302 Fetthauer, *Musikverlage,* S. 201-207. Nach den im Landeshauptarchiv Koblenz sowie dem Hessischen Hauptstaatsarchiv in Wiesbaden erhaltenen Fragebögen zur Entnazifizierung wurden Wilhelm und Ludwig Strecker am 17. Mai bzw. am 4. Juni 1947 als vom Gesetz nicht betroffen eingestuft. Da Wilhelm Strecker angab, seit 1922 argentinischer Staatsbürger zu sein, fiel er als Ausländer nicht in die Zuständigkeit der Entnazifizierungsgesetze und wurde mit Datum vom 20. November 1945 durch das Commandement en Chef Français en Allemagne, Baden-Baden für berufliche Tätigkeiten wieder zugelassen. Als Beleg, darüber hinaus Schaden durch die Nationalsozialisten erlitten zu haben und sich als Gegner und Opfer des Systems darzustellen, führte er zur entsprechenden Frage 115 den Streit um die Wiener Universal Edition an, ohne seinen Widersacher Petschull oder die vorherige „Arisierung" der UE zu erwähnen. Statt dessen erläuterte er, dass ihm dieser Verlag „widerrechtlich von dem Propagandaministerium abgenommen [wurde], da mein Verlag Schott sich im Widerspruch mit der Naziweltanschauung sich betätigte (Veröffentl. unerwünschter – Fall Hindemith – internationaler und jüdischer Autoren. Aktenmässig belegt. Beliebig viele Zeugen." [sic]

303 Fetthauer, *Musikverlage,* S. 179.

304 Brief von Heinrich und Hilde Strobel an Frank und Bobby Level vom 5. Dezember 1946, in: NHS XIII. Vermischte Korrespondenz 4. 1946-1949. Siehe auch einen Brief von Hilde Strobel an Frank und Bobby Level vom 20. Dezember 1946 (ebenda) über eine Aufführung von Hindemiths Oper *Mathis der Maler* und den für Stuttgart engagierten Bühnenbildner Wilhelm

Zwar ist aus heutiger Sicht nicht immer zu entscheiden, wie viel die Strobels während ihrer Zeit in Frankreich und des bald darauf einsetzenden Zweiten Weltkriegs von den Umtrieben ihrer Freunde in Deutschland hatten erfahren können. Im Falle Petschulls, der über die gemeinsamen Verbindungen zum Schott-Verlag viele Berührungspunkte mit Heinrich Strobel besaß, besteht aber eine hohe Wahrscheinlichkeit, dass die Andeutung der „ein wenig argen Bräunung" konkret auf seine Übernahme arisierter Verlage anspielte. Die Annahme liegt nahe, dass dies vergleichbare Erfahrungen wachrief, die Hilde Strobel und ihre Familie mit den Geschäften ihres Vaters Moritz Levy und den Zwangsverkäufen ihrer eigenen Immobilien hatten machen müssen. Es ist bemerkenswert, dass selbst in diesem Fall für Strobels die alte Freundschaft mehr wog als die Verfehlungen Petschulls in der NS-Zeit. Der erste von diesem erhaltene Brief, datiert auf den 9. Dezember 1946, erreichte Strobel wenige Wochen nach dem ersten Heft des im November wieder erschienenen *Melos* und dokumentiert Petschulls anhaltende Distanz zum Schott-Verlag:

> Was ist mit „Melos"? Wenn ich mir auch sehr, sehr gewünscht hätte, daß wir zusammen wieder ein Blatt machten, so ist die Lage hier [Berlin] dazu vorläufig schlecht geeignet und es schien mir wichtiger, daß Sie überhaupt ein Blatt machten. Deshalb habe ich mich über die Ankündigung aus Mainz sehr gefreut. Allerdings höre ich mittlerweile, daß es Schwierigkeiten gegeben hat und die Sache nicht so läuft, wie erwartet, weil die Schottischen Söhne nicht überall so angesehen werden, wie sie gern möchten. (Ganz offen gesagt: Die Tatsache Ihrer Verbindung mit den Söhnen bedaure ich; denn es hat sich leider erwiesen, daß es ihnen an menschlicher Anständigkeit mangelt.)[305]

Strobels Antwortschreiben, formuliert drei Wochen später, fiel moderat im Ton, aber deutlich in der Sache aus. Wieder zeigte er sich als Pragmatiker, der bei der Durchsetzung seiner Projekte notgedrungen kompromissbereit war, da die Nachkriegsbedingungen wenige Spielräume ließen. Eine offensive Position hätte ihm wichtige Türen verschlossen und der Aufbau konkurrierender Netzwerke mehr Einsatz erfordert, als er neben seiner Tätigkeit für den Rundfunk zusätzlich hätte leisten können. Schon die Redaktion des *Melos*, seine Mitwirkung in diversen Gremien und die eigene künstlerische Arbeit als Librettist für Rolf Liebermann banden alle seine Kräfte. Wie sich im anschließenden Kapitel noch zeigen wird, war

---

Reinking: „Es war unbedingt ein Ereignis. Die Aufführung war unter heutigen Bedingungen gut geglückt. Reinking hatte ein sehr gutes Bühnenbild gemacht, er selbst durfte erst in letzter Minute genannt werden, weil er entnazifiziert werden mußte. Der Unglückselige, war nämlich, nachdem er vier Jahre lang im dritten [sic] Reich verboten war und um sein kümmerliches Leben fristen zu können, in die Partei eingetreten. Aber jeder, der ihn kannte, wußte, wo er stand. Dann hat er noch Frau, Kinder und sämtliche Habe bei einem Bombardement verloren und nun war er verboten. G.[ott] S.[ei] D.[ank] konnte die Sache in letzter Minute bereinigt werden."

305 Brief von Johannes Petschull an Heinrich Strobel vom 9. Dezember 1946, in: NHS XIV.3 Korrespondenz 1945-1950.

er dank seines Rückhalts bei den französischen Militärbehörden gegenüber dem Schott-Verlag durchaus in einer komfortablen Verhandlungsposition. So schrieb er selbstbewusst an Petschull zurück:

> Eben kommt aus Mainz die Nachricht, dass der gute Willms gestorben ist, er war seit Monaten herzleidend im Krankenhaus, er [sic] ist nun der letzte gute Geist in diesem Hause dahin. Ich kann schon verstehen, daß Sie mich nicht gern in der Gesellschaft sehen, was wollen Sie – es war die einzige Möglichkeit, MELOS wieder herauszubringen. Es kostete schon genug, beim Alten den alten Titel durchzusetzen. Wahrscheinlich hätte auch kein anderer außer mir, die Lizenz bekommen. Meine Frau hat auf Anraten von Mr. H. ein „Entlastungspapier" an verschiedenen Adressen versandt, hoffentlich ist eines davon zu Ihnen gelangt – möge es Ihnen nutzen. [...] Was Sie von den melotischen Schwierigkeiten schreiben, ist mir nicht bekannt. Die Sache läuft gut. Praktisch machen es nur La [Ernst Laaff, Anm. d. Verf.] und ich.[306]

Das als „Entlastungspapier" angekündigte Schreiben hat sich im Nachlass der Strobels erhalten. Es enthält gewichtige Hinweise, etwa zu einer drohenden Verhaftung Strobels, die sich allerdings nicht aus anderen Quellen gegenbelegen lassen. Bezeichnenderweise gab das Dokument keine Auskunft über Petschulls berufliche Verstrickungen in der NS-Zeit, die ihm hätten schaden können. Statt dessen beschränkte sich das Papier auf den privaten Bereich, den abschließend auch die geläufige Entlastungsformel akzentuierte:

> Die Unterzeichnete, Frau Hilde Strobel, geb. Levy, bescheinigt hiermit, dass Herr Dr. Johannes Petschull ihr bei ihrer Auswanderung aus Deutschland im Jahre 1938 grosse Dienste erwiesen hat. Mein Mann musste schon vor mir Deutschland verlassen, da er bedroht war, verhaftet zu werden. Er hatte sich geweigert, sich von mir, seiner jüdischen Frau, scheiden zu lassen. In dieser Zeit gehörte persönlicher Mut dazu, sich überhaupt noch um eine Jüdin zu kümmern. Dr. Petschull tat mehr als dies. Er besuchte mich täglich, beriet mich in allen Schritten, die ich zu meiner Auswanderung unternehmen musste und ihm habe ich es zu verdanken, dass ich bis zu dem Augenblick, da ich endlich meine Papiere zusammen hatte, die Wohnung nicht verlassen brauchte. Es war bereits ein Vollstreckungsbefehl an mich ergangen, da ich damals die Judensteuer nicht so bald in barem Geld aufbringen konnte. Durch den Hinweis, den mir Dr. Petschull gab, konnte ich einen Aufschub erwirken. Dieses ist aber nur ein kleines Beispiel für seine tatkräftige Hilfe. Für mich war das Wichtigste in diesem Augenblick, einen Menschen zur Seite zu haben, der sich als aufrichtiger Freund bewies, und diesen Men-

---

306 Brief von Heinrich Strobel an Johannes Petschull vom 27. Dezember 1946, in: ebenda.

schen fand ich in Dr. Petschull. Unnötig zu sagen, dass er sich in unseren Unterhaltungen immer als Gegner des damaligen Regimes zeigte.[307]

Die folgende Zusammenschau einiger Persilscheine aus der Feder Hilde und Heinrich Strobels lässt ein fein abgestuftes Spektrum des Engagements erkennen, mit dem sie auf die Bitten enger Vertrauter, Kollegen oder kurzzeitiger Weggefährten reagierten. Der zeitliche Rahmen der Papiere überspannt die Jahre 1946 bis 1950 und damit die unmittelbare Nachkriegszeit bis zur Gründungsphase der Bundesrepublik. Dabei bleiben die Stellungnahmen über diese Jahre hinweg ähnlich facettenreich und ausgewogen, die gesellschaftlichen, politischen und kulturellen Veränderungen dieser Zeit scheinen die Position der Strobels nicht tangiert zu haben. Ihre Reaktionen reichen von freundlichem und herzlichem Dank über distanzierte Unterstützung und verständnisvoll unterlassenem Einspruch bis hin zu offener Ablehnung und aktiver Gegeninitiative.

Repräsentativ für die dankbare Haltung ist ein Gutachten, das Heinrich Strobel Anfang Januar 1947 Graf Bolko zu Rödern ausstellte, der ihm und seiner Frau in Paris geholfen habe, wo zu Rödern als Wehrmachtsangehöriger offensichtlich Zugang zu wichtigen Informationen hatte.[308] Nach dieser Darstellung hatten sich die Strobels entgegen der Vorschriften nicht bei den zuständigen deutschen Stellen gemeldet, um Hilde Strobel vor ihrer möglichen Deportation und ihn selbst vor einer drohenden Ausweisung zu schützen. Graf Rödern habe ihnen in dieser Bedrängnis zur Seite gestanden, indem er entgegen den Vorschriften auf Meldedokumente verzichtet habe:

> Wie Graf Rödern damals ausdrücklich betonte, nahm er diese für ihn strafbare Handlung auf seine eigene Kappe und bat mich, darüber Stillschweigen zu bewahren, damit seine Nachfolger keinesfalls auf die Spuren meiner Frau kämen. Er hat durch diese Haltung manche Verfolgung von uns abgewandt und wesentlich dazu beigetragen, daß wir beide die überaus schwierigen Zeiten überstehen konnten. Ich rechne Graf Rödern sein Verhalten umso höher an, als er aus rein menschlichen Gründen <u>bewußt</u> [sic] gegen seine Vorschriften verstieß.[309]

Ein weiterer, mehr als zwei Jahre später geschriebener Brief für Graf zu Rödern deutet darauf hin, dass die Strobels maßgeblich zur günstigen Beurteilung seiner politischen Vergangenheit beigetragen hatten, weshalb zu Rödern sich nun bei ih-

---

307 Zeugnis von Hilde Strobel für Johannes Petschull vom Dezember 1946, in: ebenda. Siehe hierzu auch ihr Anschreiben an Newell Jenkins [Dokument 12 im Anhang], dem sie das Entlastungsschreiben für Petschull zusandte.

308 Hierbei handelte es sich vermutlich um jenen Bolko Graf zu Roedern, der auch als Zeuge bei den Nürnberger Kriegsverbrecherprozessen vernommen wurde.

309 Persilschein von Heinrich Strobel für Graf Bolko Rödern vom 8. Januar 1947, in: NHS XIV.3 Korrespondenz 1945–1950. Als Faksimile im Anhang. Vergleichbare Zeugnisse formulierte Heinrich Strobel für Walter Trautmann (27. Oktober 1946) und Walter Thomas (25. April 1947).

nen für einen jungen Musiker einsetzte. Auch wenn der faktische Gehalt ihres Entlastungsschreibens nicht durch weitere Quellen überprüfbar ist, so prägen Heinrich Strobels Zeilen eine tiefe Dankbarkeit, die darauf hindeuten, dass Graf Rödern ihnen in der Tat entscheidend geholfen hatte:

> Es hat mich außerordentlich gefreut, Ihnen in der schwierigen Situation einen kleinen Dienst erweisen zu können, und ich darf Ihnen noch einmal sagen, dass nicht Sie mir, sondern meine Frau und ich Ihnen zu grossem Dank verpflichtet sind, für Ihren Mut, den Sie in einer sehr schwierigen Lage uns gegenüber gezeigt haben. Wenn ich Ihrer Frau Gemahlin oder Ihnen sonst irgendwie dienen kann, Postkarte genügt. Ihren Schützling, der ja ausgezeichnete Kritiken von mir wohlbekannten Schweizer Musikschriftstellern hat, werden wir einladen, zunächst einmal in einem Solistenkonzert nachmittags zu spielen. Herr Dr. Oehring, der die Kammermusik bearbeitet, wird sich direkt mit Herrn Baumgartner ins Benehmen setzen.[310]

Ähnlich dankbar und im Ton noch herzlicher reagierte Strobel im Februar 1948 auf die Anfrage von Fritz Piersig, ihm ein Zeugnis über diese gemeinsame Zeit für eine anstehende Bewerbung als Kulturreferent in Bremen auszustellen. Als Erinnerungsstütze zählte Piersig Tätigkeiten auf, die belegen sollten, wie er in Paris sein Netzwerk zwischen Deutscher Botschaft und den deutschen Besatzungsbehörden eingesetzt habe, um aus innerer Distanz zu den kulturpolitischen Leitlinien der NS-Propaganda heraus abweichende Künstler fördern zu können:

> Womöglich erinnern Sie noch, daß ich seit Sommer 1942 an der Botschaft auch Theater und Bildende Kunst zu bearbeiten hatte. Das hat mir zwar keine besonderen Lorbeeren eingetragen, aber es bedurfte doch wohl auch eines gewissen verwaltungstechnischen Fingerspitzengefühls, ohne anzustoßen die Einstellung durchzuhalten, daß in diesen Gebieten kaum etwas dem „Palestrina", „Zarissa" oder „Peer Gynt" Adäquates zu vertreten war.

Aus heutiger Sicht würde man Pfitzners Oper sowie die zwei Bühnenstücke von Werner Egk kaum dem engeren Kreis widerständiger und subversiver Kunstwerke einrechnen, doch konnte Piersig mit dem Verweis auf Egk die alte Solidarität eines deutschen Netzwerks in Paris aufrufen, in dem – wie im vorherigen Kapitel gezeigt – Strobel für Egk einen zentralen Platz reserviert hatte. In der Fortsetzung seines Schreibens deutete Piersig gar an, dass ihm Strobel empfohlen habe, gegenüber dem legendären Leiter der Pariser Oper, Jacques Rouché (1862-1957), autoritärer aufzutreten:

> Vielleicht werden Ihnen auch durch diese Zeilen wieder Eindrücke der Resonanz meiner Arbeiten gegenwärtig, auf die Sie damals bei Ihren zahlreichen und vielseitigen Beziehungen zu französischen Künstlern sicherlich

---

310 Antwortbrief von Heinrich Strobel an Bolko Graf von Roedern vom 6. August 1949, in: NHS XIV.3 Korrespondenz 1945-1950.

häufiger gestossen sind. Zwar haben Sie mich oft wegen allzu chevaleresker Nachgiebigkeit dem guten alten Rouché gegenüber gescholten, aber ich könnte mir denken, daß der Zahn der Zeit Ihr Urteil über mich in diesem Betreff ein wenig retouchiert hat. Wichtig würde mir auch erscheinen, wenn Ihnen noch gegenwärtig wäre, daß ich – mutterseelenallein und nur von Ihnen im Hintergrund gestützt – im Sommer 1943 [schlecht lesbar] die Aufhebung bzw. Lockerung des Aufführungsverbotes französischer Werke in Deutschland erreichte.[311]

An dieser Stelle ist auf einen Brief von Ernst Laaff an Heinrich Strobel vom 13. Februar 1942 hinzuweisen. Darin äußert er aus Sicht des Schott-Verlags Bedenken, eine Aufführung des *Peer Gynt* in Paris könne gewisse Risiken bergen:

> Herr Dr. Piersig schreibt mir, daß er auch an eine Aufführung der „Peer Gynt" [sic] denkt. Ich weiss allerdings nicht, ob für Paris der „Columbus" nicht das geeignetere Werk wäre; er ist jedenfalls sensationeller und eben etwas anderes. Die Aufnahme des „Peer" ist nicht einheitlich und ich weiss nicht, wie man in Frankreich dazu eingestellt ist. Es fragt sich, inwieweit die Ibsensche Dichtung dort bekannt ist bezw. aufgeführt wird. Auch die Übersetzungsfrage dürfte bei „Peer Gynt" nicht leicht sein. Ich habe Dr. Piersig empfohlen, wenn es beim „Peer" bleiben sollte, Marietti (Eschig) nach einer geeigneten Persönlichkeit als Übersetzer zu fragen und sich dann mit Ihnen und meinem Bruder zu beraten, ob die Wahl richtig ist. Im übrigen soll Egk selbst entscheiden, was er sich für Paris lieber wünscht.[312]

Zwei Wochen nach Piersigs Bitte setzte Strobel ein Zeugnis auf, das solche Diskussionen nicht erahnen ließ, sondern in bewährter Manier den künstlerischen Diskurs vom Besatzungshintergrund abkoppelte. Er stellte Piersigs Tätigkeiten als Referent der deutschen Botschaft in Paris für Musik, Theater und bildende Kunst so dar, dass dieser als apolitischer, ganz der Kulturarbeit verpflichteter Kenner mit „administrativen Fähigkeiten und charaktervoller Haltung"[313] erschien. Da er nur künstlerische Maßstäbe habe gelten lassen wollen, sei Piersig in einen „ständigen und zum Teil erbitterten Kleinkampf mit jenen Stellen des deutschen Propagandaministeriums" geraten, „die nazistische Kunstpropaganda im besetzten Frankreich treiben wollten". Belege von Piersigs subversivem, nur der Kunst verpflichtetem Handeln seien die erfolgreichen Aufführungen von Stücken an der Pariser Oper, die gerade nicht den kriegstreiberischen Zielen der NS-Propaganda entsprochen hätten, sondern – ganz im Geiste der Völkerfreundschaft – auch in Friedenszeiten hätten erklingen können, namentlich Pfitzners *Palestrina*, *Ariadne auf Naxos* von Strauss sowie Egks *Peer Gynt* und *Joan von Zarissa*. Darüber hinaus sei

---

311 Brief von Fritz Piersig an Heinrich Strobel vom 18. Februar 1948, in: ebenda.
312 Brief von Ernst Laaff an Heinrich Strobel vom 13. Februar 1942, in: ASM Mappe 21108.
313 Zeugnis von Heinrich Strobel für Fritz Piersig vom 9. März 1949, in: NHS XIV.3 Korrespondenz 1945-1950. [Dokument 21 im Anhang].

auch „die sensationelle Aufführung der ‚Antigone' von Honegger in der Inszenierung von Jean Cocteau […] von Dr. Piersig nachdrücklich gefördert" worden. Sein Gutachten rhetorisch abrundend brachte Strobel schließlich seine eigene kulturpolitische und journalistische Autorität ins Spiel, die zusätzlich durch seinen Status als NS-Opfer verstärkt wurde. In Umkehrung der damaligen Hierarchien konnte er nun jenem helfen, der ihm damals zur Seite gestanden hatte, indem er seinen eigenen untadeligen Ruf auf Piersigs Vergangenheit projizierte und diese dadurch reinwusch:

> Dr. Piersig hat, so viel ich weiss, auch eine Reihe von Gastspielen deutscher Künstler in Frankreich mit der gleichen künstlerischen Objektivität organisiert. Ein Beweis dafür ist, dass namhafte deutsche Musiker, die er während der Besatzungszeit nach Frankreich gebracht hatte, heute, bereits wenige Jahre nach der Libération, die gleichen Erfolge in Paris wieder haben. Den französischen Künstlern, insbesondere den Musikern, hat Herr Dr. Piersig jede mögliche Hilfe erwiesen. Durch meine jetzige Tätigkeit habe ich Gelegenheit, zahlreiche französische Musiker zu sprechen, die Herrn Dr. Piersig aus der Zeit der deutschen Besatzung kannten. Ich habe von ihnen stets nur hohe Anerkennung über seine Tätigkeit gehört; ja, manche bedeutenden Musiker, die in der Résistance eine wichtige Rolle spielten, haben mir ausdrücklich bestätigt, wieviel sie Herrn Dr. Piersig zu verdanken haben. Ich bin überzeugt, dass Herr Dr. Piersig auf Grund der reichen Erfahrungen in einer europäischen Weltstadt und seiner gründlichen Kenntnisse eine Stellung als Kunstreferent in einer deutschen Weltstadt mit bestem Gelingen ausfüllen kann.

Diesem Zeugnis lag ein Brief an Piersig vom selben Tag bei, in dem Strobel noch einmal seine Dankbarkeit bekräftigte und seiner Zuversicht Ausdruck verlieh, „dass Sie in dem kleineren Rahmen von Bremen eine ebenso dankenswerte Aktivität entfalten werden wie seinerzeit in Paris."[314] Dabei nutzte er die Gelegenheit, Grüße der gemeinsamen Freunde Roger Désormière und Irène Joachim auszurichten, die ebenfalls Unterstützung zugesagt hätten, falls er in Schwierigkeiten käme. „Dies ist aber ja Gottseidank nicht mehr der Fall, und so hoffe ich, Sie bald einmal in der Würde eines Oberregierungsrats oder dergleichen in Bremen besuchen zu können."[315] Für die geleisteten Freundschaftsdienste bedankte sich Piersig eine Woche später bei Strobel mit ebenso herzlichen Worten. „Fast ein wenig beschämt" kommentierte er die ihm attestierten noblen Charakterzüge und gab als Kompliment an Strobel zurück, „daß Sie sich dazumal bei Ihrer Haltung ebenso wenig einer Heldentat bewußt waren wie ich." Im zweiten Teil des Briefes kam Piersig zum

---

314 Brief von Heinrich Strobel an Fritz Piersig vom 9. März 1949, in: ebenda.
315 Siehe zu Roger Désormière, der nach Recherchen von Christiane Strucken-Paland Arthur Honegger hatte überreden wollen, der Résistance-Gruppe „Front National" beizutreten, Strucken-Paland, *On n'a rien à me reprocher*, S. 108.

Kern, nämlich der Fragwürdigkeit der Spruchkammerverfahren, wobei er sich in seiner Ablehnung auf einer Linie mit Strobel wusste:

> Ich bin ein wenig stolz darauf, daß ich noch keinen der großen Fragebogen ausgefüllt habe, die hierzulande einem zur Ausübung gewisser Betätigungen vorgelegt werden. Ich habe dann lieber auf die Tätigkeit verzichtet, da ich mich immer wieder nicht habe überwinden können, mich über meine Arbeit vor Leuten zu verantworten, die ich da nicht für kompetent halte. Vielleicht war das falsch und ich bin dadurch vielleicht ein wenig ins Hintertreffen gekommen. Aber diese Dinge scheinen sich jetzt ja ein wenig aufzulockern, jedenfalls dort, wo nicht noch allzu engherzige parteipolitische Konstellationen bestehen. Ich beneide Sie um Ihre herrlichen Beziehungen nach Frankreich und nach Paris. Mir kam schon mal der Gedanke, ob sich nicht in Saarbrücken eine Möglichkeit finden ließe, an das anzuknüpfen und das auszubauen, was man während des Krieges in Frankreich mit soviel Liebe aufgebaut hat, auch an wertvollen menschlichen und künstlerischen Beziehungen. Aber ich bin hier zuweit abseits, um das beurteilen oder dort einhaken zu können.

So herzlich sich die Strobels in manchen der Zeugnisse äußerten und mit ihrem Namen den beruflichen Neubeginn ihrer Freunde unterstützten, so distanziert verhielten sie sich in anderen Fällen. Betrachtet man, welch großen argumentativen Spielraum sie bei der Darstellung von Tätigkeiten im okkupierten Paris bei Bedarf entwickeln konnten, so fallen im Vergleich hierzu die kargen Zeilen von Hilde Strobel für Kurt Ihlefeld – ehemals Redakteur beim Parteiorgan *Pariser Zeitung* während der französischen Besatzung, Hauptstadtkorrespondent des *Völkischen Beobachters* und mutmaßlicher Autor von Spitzelberichten über die Tätigkeiten deutscher Staatsangehöriger in Paris – wenig affirmativ aus. Denn das Verdienst, sie einige Monate vor der Landung der Alliierten in Frankreich vor einem Deportationsbefehl gewarnt zu haben, hätte man wesentlich stärker in Szene setzen können, weshalb sie zwischen den Zeilen möglicherweise Abneigung, zumindest aber Distanz zu Ihlefeld andeutete.[316] Ebenso verhalten klingen Anfang Oktober 1946 ein paar Zeilen von Hilde Strobel für den ehemaligen deutschen Generalkonsul von Paris Franz Quiring:

> Ich bescheinige, dass der frühere deutsche Generalkonsul von Paris, Dr. Quiring, von meinem illegalen Aufenthalt als Jüdin in Paris wusste. Entgegen der an ihn ergangenen Befehle gab Dr. Quiring keine Auskunft über

---

316 Zeugnis von Hilde Strobel für Kurt Ihlefeld vom 21. Februar 1947, in: NHS XIV.3 Korrespondenz 1945-1950: „Die Unterzeichnete, Hilde Strobel, geb. Levy, bestätigt, dass Herr Dr. Kurt Ihlefeld sie einige Monate vor der Landung der Alliierten in Frankreich, darüber unterrichtete, dass bei der Deutschen Botschaft in Paris ein Befehl vorliege, nachdem Frau Strobel unbedingt zu finden und nach Deutschland abzutransportieren sei. Durch diese Mitteilung wurde es der Unterzeichneten ermöglicht, dem Zugriff der Deutschen zu entgehen."

meinen Verbleib. Er hat dadurch wesentlich dazu beigetragen, dass ich mich dem Zugriff des SD und der Gestapo entziehen konnte.[317]

Gleichfalls reserviert im Ton fiel Strobels Reaktion auf eine im Dezember 1946 gestellte Anfrage seines ehemaligen Berliner Pressekollegen Eugen Mündler aus. Dieser hatte sehr genaue Vorstellungen für sein Leumundszeugnis und bat mit sieben Unterpunkten, ihm „mit eigenständiger Unterschrift" zu bestätigen, dass Strobel ihn im Herbst 1938 in seiner damaligen Position als Chefredakteur des *Berliner Tageblatts* privat um Rat zu seiner beruflichen Zukunft gebeten habe, woraufhin Mündler mit Erfolg im Propagandaministerium vorstellig geworden sei, um Strobels Weiterbeschäftigung in der Redaktion zu erwirken, und ihn nach der Zusammenlegung des Blattes mit der *Deutschen Allgemeinen Zeitung* mit dem dortigen Musikreferat habe betrauen können. Ferner habe Mündler Strobels Frau den entscheidenden Rat gegeben, ins Ausland zu gehen, und diesem selbst die Chance verschafft, als Korrespondent der *Deutschen Allgemeinen Zeitung* und der prestigeträchtigen Wochenzeitung *Das Reich* nach Frankreich zu wechseln und trotz Einspruchs des Verwaltungsamtes dank Mündlers Protektion in diesen Blättern auch Texte unterbringen zu können.[318] In seiner eigenen Version übernahm Strobel die meisten dieser Punkte, reklamierte zwar den Entschluss, nach Frankreich zu gehen, für sich, gestand Mündler aber eine wesentliche Unterstützerrolle zu:

> Als ich dann das Verlangen der Behörden, mich von meiner jüdischen Frau scheiden zu lassen, ablehnte und nach Frankreich ging, ermöglichte mir Dr. Mündler eine gelegentliche freie Mitarbeit an den Blättern, an denen er tätig war. Dies geschah gegen die ausdrückliche Anordnung der Partei und war nur solange möglich, bis Dr. Mündler jede Verbindung mit mir durch die SS untersagt wurde.[319]

In einigen Fällen kamen laufende Verfahren von ehemaligen NS-Aktivisten bzw. deren Aktivitäten in der Nachkriegszeit in Berührung mit Strobels Tätigkeitsbereichen in der Musikpublizistik, der Förderung der zeitgenössischen Musik oder dem Rundfunk. Hier konnte man ihn auch als scharfen Gutachter erleben, der nachdrücklich Einspruch erhob, beispielsweise gegen Friedrich W. Herzog. In seinem Nachlass fand sich eine Auskunft vom Juli 1950, die er für ein laufendes Gerichtsverfahren gegen Herzog in München abgab. Schon als frühes Mitglied der NSDAP seit 1931 hatte sich Herzog musikschriftstellerisch für die Kulturpolitik der Nationalsozialisten engagiert. Während des „Dritten Reiches" stieg er zeitweise zum Herausgeber und Schriftleiter des „amtlichen Organs der NS-Kulturgemeinde" *Die Mu-*

---

317 Bescheinigung von Hilde Strobel für Dr. Quiring vom 1. Oktober 1946, in: ebenda. Vgl. auch den entsprechenden Briefwechsel mit Hermann Spitz aus dem Jahr 1956, zitiert im Kapitel *Personal*, sowie eine eidesstattliche Erklärung für ihn vom 28. November 1950, gemeinsam mit Strobel im Lager von Les Milles interniert gewesen zu sein.
318 Brief von Eugen Mündler an Heinrich Strobel vom 12. Dezember 1946, in: ebenda.
319 Zeugnis von Heinrich Strobel für Eugen Mündler vom 8. Januar 1947, in: ebenda.

sik sowie zum leitenden Redaktionsmitglied diverser Tageszeitungen auf.[320] Soweit bekannt, versuchte sich Herzog nach Kriegsende zunächst wieder als Musikkritiker und Zeitungsredakteur, ab den früher 1950er Jahren arbeitete er bis zum Ruhestand als Lehrer an einer Städtischen Musikschule in der Nähe von Düsseldorf. Die an Strobel gestellte Anfrage bezog sich auf Herzogs Tätigkeit für die *Rheinische Landeszeitung*, die bis 1945 erschienen war. Da Strobel diese Schriften und Aktivitäten Herzogs nicht beurteilen konnte, skizzierte er dessen ideologische Linientreue im größeren Kontext der NS-Kulturpropaganda:

> Ich kann nur allgemein sagen, dass Herzog einer der aktivsten Exponenten der nationalsozialistischen Kulturdiktatur auf dem Gebiet der Musik war und mit Herbert Gerigk zusammen zu den Hauptverantwortlichen für die Durchführung dieser Diktatur gehört.

> Vor einiger Zeit wurde ich bereits von einer Ihrer Stellen angerufen und habe gebeten, mir die Unterlagen für die Anklage gegen Herzog, insbesondere seine Artikel in der Rheinischen Landeszeitung und in der Zeitschrift „Die Musik" zu übergeben. Ich bin gerne bereit, Ihnen auf Grund dieser Dokumente ein fachmännisches Urteil über die ohne Zweifel verheerende Tätigkeit von Herzog abzugeben.

> Herzog hat übrigens schon vor dem Dritten Reich eine höchst fragwürdige Rolle gespielt, wie die Ihnen sicher bekannten Affären aus Freiburg und Königsberg (mit Hermann Scherchen) beweisen.[321]

In einem anderen Fall, zu dem sich ebenfalls nur wenige Dokumente erhalten haben, sollte er als Insider eine Einschätzung zu einem laufenden Verfahren abgeben. Ausgangspunkt war eine Anfrage von Hans Pfitzners Rechtsbeistand Eugen Leer beim Schott-Verleger Ludwig Strecker, um den „Inhaber" des *Melos* zu ermitteln, der als Belastungszeuge in Pfitzners Entnazifizierungsverfahren vorgeladen werden sollte.[322] In seiner auf den 3. März 1948 datierten Antwort stellte Strecker zunächst fest, dass es sich bei dem Gesuchten um Heinrich Strobel handelte, der in Baden-

---

320 Prieberg, *Handbuch*, S. 2906.

321 Auskunft von Heinrich Strobel gegen Friedrich Herzog vom 11. Juli 1950, in: NHS XIV.3 Korrespondenz 1945-1950. [Dokument 22 im Anhang] Zwei Jahre später kam Strobel in einem Brief an Wolfgang Steinecke vom 16. September 1952 noch einmal auf Herzog zurück: „Lieber Herr Steinecke, anbei übersende ich Ihnen ein amüsantes Schriftstück unseres alten gemeinsamen Freundes Friedrich Wilhelm Herzog, der wohl eines der grössten Schweine ist, die in unserem Berufskreis existieren. Sie kommen doch sicher nach Donaueschingen. Dann können wir uns überlegen, ob es wert ist, gegen die Burschen wieder einmal etwas zu machen." Zitiert nach Custodis, *Traditionen, Koalitionen, Visionen*, S. 75. Auch im Fall des Komponisten von HJ-Musiken und Festkantaten Gerhard Maaß, der als Leiter des Landesorchesters Gau Württemberg-Hohenzollern u.a. auch an den Düsseldorfer Reichsmusiktagen 1938 beteiligt war, hegte Strobel große Bedenken, als Ernst Laaff mit einer Empfehlung für Maaß an ihn herantrat, um dessen Bewerbung auf eine Dirigentenstelle beim Südwestfunk zu unterstützen. Brief von Ernst Laaff an Heinrich Strobel vom 28. September 1950, in: ASM Mappe 21114. Siehe zu Maaß auch bei Prieberg, *Handbuch*, S. 1647 und 5510.

322 Brief von Eugen Leer an Ludwig Strecker vom 1. März 1948, in: NHS XIV.3 Korrespondenz 1945-1950.

Baden zu erreichen sei. Ohne diesem vorgreifen zu wollen, wies er aber auf die in Strobels Publikationen dokumentierte Meinung über Pfitzner hin, die bereits in den für Piersig und andere ausgestellten Persilscheinen zur Sprache kam. So schloss Streckers Schreiben süffisant:

> Ich glaube aber kaum, daß der Berufskläger viel Freude an diesem „Belastungszeugen" hätte. Wir übersenden Ihnen anbei einen Artikel aus dem MELOS, geschrieben von Dr. Strobel, in welchem sich dieser auch mit Hans Pfitzner beschäftigt. Sie können daraus seine Einstellung erkennen. Im übrigen bitte ich Sie Herrn Professor Dr. Pfitzner nebst meinen Grüssen die besten Wünsche für sein Verfahren zu übermitteln.[323]

Anstelle einer direkten Reaktion schickte der Hausjustiziar des Südwestfunks ein Schreiben an die Münchner Spruchkammer, um Strobel von der Zeugenvorladung freizustellen. Aufgrund dringender terminlicher Verpflichtungen in Baden-Baden habe man ihn von seinen Aufgaben im Rundfunk nicht kurzfristig beurlauben können und diese Entscheidung zuvor mit der zuständigen Stelle der französischen Militärregierung abgestimmt. Auf diese Weise entging Strobel dem Dilemma, Hans Pfitzner in einem Spruchkammerverfahren entweder schaden oder ihn öffentlich entlasten zu müssen. Dieses Dilemma zeichnet sich auch in Briefen ab, die Strobel im Dezember 1949 mit Hermann Heiss wechselte. In seinem Schreiben vom 12. Dezember 1949 ergriff Heiss, der selbst einige kompromittierende Propagandastücke komponiert hatte, Partei für Hans Joachim Moser. Dieser hatte es nach einer ersten Karriere als Direktor der Akademie für Kirchen- und Schulmusik in Berlin bis 1933 und einer anschließenden wechselvollen Karriere im NS-Staat als Autor einer Vielzahl von linientreuen Publikationen und musikhistorischen Lehrbüchern bis zum Mitarbeiter der Zeitschrift des SS-Ahnenerbes und schließlich 1940 zum Mitarbeiter der Reichsstelle für Musikbearbeitungen im Propagandaministerium gebracht. Nach 1945 hatte er zunächst Schwierigkeiten, neue Anstellungen zu finden, und unterrichte am Städtischen Konservatorien in Berlin-Reinickendorf, an der Universität in Jena, wo er 1947 kurzzeitig den Musikwissenschaftlichen Lehrstuhl innehatte, und an der Musikhochschule in Weimar.[324] Zur Zeit von Heiss' Brief an Strobel kündigte sich an, dass Moser in Kürze zum Direktor des Berliner Städtischen Konservatoriums berufen werden würde, das er dann zehn Jahre leitete. Da Moser laut Heiss „in der letzten Zeit heftig angegriffen" werde und auch in *Melos* eine kritische Berichterstattung fürchtete, setzte sich Heiss bei Strobel für den eine Generation älteren Musikwissenschaftler ein:

---

323 Antwort von Ludwig Strecker an Eugen Leer vom 3. März 1948. Der Artikel, zitiert als Erwiderung Strobels auf eine Glosse über Richard Strauss im Januar-Heft des *Melos*-Jahrgangs 1948, wurde bereits ausführlich erwähnt.

324 Zu Moser siehe Pamela M. Potter, *Die „deutscheste" der Künste. Musikwissenschaft und Gesellschaft von der Weimarer Republik bis zum Ende des Dritten Reiches.* Stuttgart 2000 (Yale 1998), u.a. S. 24ff. und 300-303. Dies., Art. *Hans Joachim Moser,* in: NG2 Bd. 17. London 2004 und Ludwig Finscher, Art. *Hans Joachim Moser,* in: *MGG2^P* Bd. 12, Kassel et al. 2004 sowie Prieberg, *Handbuch,* S. 4686-4695.

Ich persönlich würde eine negative Darstellung aufs lebhafteste bedauern. Denn Moser, den ich erst in der Nazizeit kennen lernte, als es ihm fast so schlecht ging wie mir – und mir ging es jahrelang schlechter als in den drei Jahren nach diesem Krieg – er hat mir entscheidend geholfen im tiefsten Tiefpunkt meiner Existenz, als ich in Berlin allseitig boykottiert war, keine Aufführungen, keine Schüler, keine Aussicht, nicht einmal Arbeitslosenunterstützung mehr hatte und nichts anderes als eine schlechte Empfehlung darstellte. (Er gab mir einen Auftrag für Volksliedbearbeitungen ab, der mir für 2 Jahre Existenzsicherheit gab.) In seiner späteren Position hatte ich zwar keine engeren Beziehungen mehr zu ihm, da ich nicht mehr in Berlin war, aber m.W. hat er vielen unterdrückten Musikern geholfen und manche Uk-Stellung gefördert. Das war sicher besser, als wenn ein anderer, ein Urnazi etwa, an seiner Stelle das Gegenteil getan hätte. Die Männer, die durch ihre Stellung die volle Nazientfaltung verhüteten, waren schon damals nicht und sind heute noch viel weniger zu beneiden – vielleicht wiegt bei ihnen die Plusseite doch stärker als die Minusseite.[325]

Wie der verreiste Strobel in freundlichen Worten über sein Büro ausrichten ließ, teilte er die Einschätzung von Heiss und plante keinerlei „Angriff gegen Moser im ‚Melos‘".[326]

Schließlich sei noch auf einen Briefwechsel von Strobel mit dem Freiburger Musikwissenschaftler Wilibald Gurlitt hingewiesen, der 1937 auf Betreiben seines ehemaligen Schülers Joseph Müller-Blattau seinen Lehrstuhl verloren hatte und bald nach Kriegsende in sein altes Amt wieder eingesetzt worden war. Von Freiburg aus schrieb Gurlitt am 3. Juni 1949 nach Baden-Baden, dass einige Tage zuvor ein höherer Ministeriumsbeamter vorstellig geworden sei, um ihn als Musikreferenten für den Rundfunkrat zu gewinnen. Um Strobel zu unterstützen, habe er den Beamten auf diesen und seine „großen Verdienste um die Musik im Südwestfunk"[327] aufmerksam gemacht und selbst zurückhaltend auf die Offerte reagiert. Da die ganze Angelegenheit dringlich schien, erbat er von Strobel eine Erklärung dieser Situation. Eine Woche später antwortete Strobels Mitarbeiter Gerth-Wolfgang Baruch im Auftrag seines wiederum verreisten Vorgesetzten und erläuterte die Hintergründe dieser Anfrage. Für die vorgesehenen zwei Vertreter der Musik im Anfang Juni erstmals konstituierten Rundfunkrat hatte man sich diskret nach geeigneten Kandidaten umgeschaut, „die darauf achten, dass unsere Musikprogramme irgendwie mit dem schlechten Geschmack der Hörermasse in Einklang gebracht werden." Das Resultat von Gurlitts gut gemeinter Zurückhaltung bedauerte man daher sehr: „Hätten Sie doch diesen Auftrag angenommen! Denn es bedarf keiner Erwähnung, dass

---

325 Brief von Hermann Heiss an Heinrich Strobel vom 12. Dezember 1949, in: SWR Zentralarchiv Akte P 05728, Ordner H-I-J 1949, Mappe II.
326 Brief von Heinrich Strobel [geschrieben im Auftrag von Baruch] an Hermann Heiss vom 21. Dezember 1949, in: ebenda.
327 Brief von Wilibald Gurlitt an Heinrich Strobel vom 3. Juni 1949, in: ebenda Akte P 05727, Ordner F-G 1949, Mappe IV.

wir unsere Programme in Zukunft lieber von Ihnen als von ‚irgendjemand‘ hätten kontrollieren lassen."[328] Für einen der beiden Posten hatte man inzwischen aber den Kapellmeister Schlager von den Städtischen Bühnen Freiburg gewinnen können. Die Angelegenheit endete mit einem freundlichen Rückschreiben Gurlitts in der folgenden Woche: „Ihre Information über den Rundfunk ist mir wertvoll und ich darf annehmen, daß das Ministerium mir über die Vorgänge um die Wahl eines Vertreters für die Sparte ‚Musik‘ gelegentlich eine Nachricht wird zukommen lassen. Herr Kapellmeister Schlager wäre ja wohl für einen solchen Posten kein ungeeigneter Mann."[329]

Wie die skizzierten Beispiele zeigen, beurteilten Hilde und Heinrich Strobel das Verhalten von Freunden, Bekannten und Kollegen während der NS-Zeit nicht in erster Linie nach politisch-ideologischen Gesichtspunkten. Das stärkste Kriterium, das zu rückhaltloser Unterstützung bei der Entnazifizierung führte, war mitmenschliche Hilfe, die sie unmittelbar etwa von Graf zu Rödern erfahren hatten. Danach entschied jedoch vor allem die Zugehörigkeit zum künstlerischen System Musik, ob sich die Strobels dafür einsetzten, sie vor dem System Politik zu schützen, das zu diesem Zeitpunkt in Gestalt der Entnazifizierungsverfahren zugriff. Stand diese Zugehörigkeit außer Frage, so führten weder eine hochrangige Stellung im NS-System wie bei Piersig, eine deutschnational fundierte Schnittmenge mit der NS-Ideologie wie bei Moser noch eine eingewurzelte antisemitische und antimodernistische Einstellung wie bei Pfitzner oder eine ungenierte Bereicherung an arisierten jüdischen Verlagen wie bei Johannes Petschull zu grundsätzlichen Distanzierungen, so sehr den Strobels einzelne Ansichten oder Verfehlungen solcher Personen missfallen mochten. Erst dort, wo Personen dem System Musik fernstanden wie Strobels Journalistenkollegen Ihlefeld und Mündler oder im schlimmsten Fall dieses System zugunsten des Systems Politik verraten hatten – wie Strobel es bei Herzog und anderen Vertretern der „Kulturbarbarei" anprangerte –, rückten die Strobels ab.

Doch auch innerhalb des Systems Musik existierten Kriterien, die das Urteil der Strobels mehr oder weniger affirmativ ausfallen ließen. Respekt vor ihrer künstlerischen Bedeutung, die Strobel Komponisten wie Richard Strauss oder Hans Pfitzner, aber auch Dirigenten wie Wilhelm Furtwängler zuerkannte, löste den Reflex aus, diese Größen dem Zugriff der Tagespolitik zu entziehen. Ferner konnten sich dezidierte Vertreter der musikalischen Moderne ihrer Sympathien sicher sein, insbesondere jener klassizistisch akzentuierten Spielart, wie sie Strobel in Strawinsky und besonders Hindemith idealisierte. Und schließlich spielte schlicht Sympathie eine entscheidende Rolle. Alle diese Kriterien griffen im Falle Werner Egks, und es kam hinzu, dass er Hilde Strobel in Zeiten der Verfolgung offenbar unterstützt hatte. Nimmt man all dies zusammen, so erstaunt es nicht, dass sich die Strobels mit allen ihnen zur Verfügung stehenden Mitteln in Egks Entnazifizierungsverfahren engagierten.

---

328 Antwortschreiben von Baruch für Heinrich Strobel an Wilibald Gurlitt vom 10. Juni 1949, in: ebenda.

329 Brief von Wilibald Gurlitt an Gerth-Wolfgang Baruch vom 17. Juni 1949, in: ebenda.

Einsatz für Werner Egk

Die dringende Bitte um gutachterliche Hilfestellung äußerte Egk erstmals in der bereits zitierten brieflichen Kontaktaufnahme im Winter 1945/46. Zu dieser Zeit lief ein erstes Verfahren gegen ihn bei der Berliner Kammer der Kunstschaffenden, das im Frühjahr 1946 mit seiner Entlastung endete. Im April 1946 hatte er Ludwig Strecker ausführlich darüber Bericht erstattet, sein Brief zitiert das von der Kammer ausgestellte Dokument ausführlich und korrekt:

> Ich habe inzwischen bei der Kammer der Kunstschaffenden Berlin Schlüter-Strasse 45 (!) [die Adresse der ehemaligen Reichskulturkammer] ein Verfahren gegen mich beantragt, nachdem ich erfahren hatte, dass dort sämtliche Akten der ehemaligen Kulturkammer unbeschädigt aufgefunden wurden und für alle derartigen Untersuchungen herangezogen werden können. Im Folgenden gebe ich Ihnen eine Abschrift des Untersuchungsergebnisses, das in meinen Händen ist. Sie können ruhig, wo Sie wollen davon Gebrauch machen:

>> Kammer der Kunstschaffenden
>>
>> Berlin W 15 Schlüter-Strasse 45
>>
>> Der Präsident.   30. März 46.
>>
>> Sehr geehrter Herr Egk!
>>
>> Auf Grund der uns zur Verfügung stehenden Unterlagen aus dem gesamten Archiv der früheren Reichskulturkammer und nach eingehender Untersuchung Ihrer künstlerischen und öffentlichen Tätigkeit, ist die Kammer der Kunstschaffenden in der Lage, Ihnen zu bestätigen, dass gegen Ihre weitere künstlerische Arbeit keine Bedenken bestehen.
>>
>> Dem verantwortlichen politischen Prüfungsausschuss haben im Gegenteil Dokumente vorgelegen, durch die Ihre antifaschistische Gesinnung und Aktivität als erwiesen anzusehen ist.
>>
>> Wir freuen uns daher, Sie als eine der stärksten künstlerischen Potenzen auch im Musikleben des neuen Deutschlands begrüssen zu dürfen.[330]

Gleichwohl wusste Egk zu diesem Zeitpunkt bereits, dass zusätzlich noch ein reguläres Spruchkammerverfahren auf ihn zukommen würde. Am 12. März 1946 schrieb er an Hilde Strobel, um Gerüchte zu korrigieren, die anscheinend Carl Orff („der wendige Bläser der Ophikleide") in Umlauf gesetzt hatte:

---

330 Brief von Werner Egk an Ludwig Strecker vom 28. April 1946, in: ASM Schachtel „Briefe. 8072 bis 8366". April 1937 bis November 1948. Die Mitteilung der Kammer der Kunstschaffenden findet sich in Kopie in Werner Egks Entnazifizierungsakte (EAWE, Blatt 158). Bis auf seine eigene Adresse und die Unterschrift des Vorsitzenden Albert Stenzel gibt Egk das Dokument vollständig wieder.

Anitzo nimmt die chemische Reinigung Nummer zwo ihren Anfang und dieses Mal wird sie endgültig sein. Ihr brauchet Euch wirklich nicht zu beunruhigen, wenn es auch so aussehen mag, als würde Euer alter Freund wie ein unbesonnener junger Springinsfeld drauf los galoppieren. So ists nun auch wieder nicht. Scheinbar hat Euch der wendige Bläser der Ophikleide kundgetan, die Ärzte hätten mich schon aufgegeben und Besorgnis wäre am Platze; mir jedenfalls sagte er, meine Gesundheit wäre ausgezeichnet und keinerlei Besorgnis wäre am Platze.

Ihr müsst Euch ebensowenig daraus machen, wie ich, das sind alte und liebe Scherze, die unter Freunden allgemein üblich sind. Man nennt Solches seit der Divina Comedia „auf der Arschtrompete blasen".[331]

Hierzu liefert Korrespondenz Egks, die sich in seinem Nachlass sowie in Akten des Berliner Landesarchivs zu den Urheberrechtsgesellschaften Gema und Stagma fand, aufschlussreiche Hintergrundinformationen. Zunächst sind drei Briefe erwähnenswert, die er im Januar, Mai und Dezember 1946 an Johannes Schüler richtete. Sieben Jahre älter als Egk, hatte Schüler seine Karriere als Kapellmeister 1920 am Gleiwitzer Stadttheater begonnen, bevor er über Stationen in Königsberg, Hannover und Oldenburg im Jahr 1933 Musikdirektor der Stadt Essen wurde. Zuvor hatte er sich als Interpret moderner Bühnenwerke einen Namen gemacht. So äußerte sich beispielsweise Arnold Schönberg lobend über seine Fähigkeiten,[332] die er als Dirigent des *Wozzeck* unter Beweis gestellt hatte. Seine Wege kreuzten sich spätestens 1936 mit Egk, als er gleichzeitig mit diesem an die Berliner Staatsoper berufen wurde, wo Schüler die Aufmerksamkeit Hitlers errang und zwei Jahre später zum Staatskapellmeister ernannt wurde.[333] Dort blieb er über das Kriegsende hinaus im Amt, bis er 1949 als Operndirektor und städtischer Generalmusikdirektor nach Hannover berufen wurde. Als Egk ihm im Mai 1946 berichtete, dass die Berliner „Kammer der Kunstschaffenden" ihn zwei Monate zuvor „richtiggehend heilig gesprochen und abgesehen von meiner politischen Integrität auch meine antifaschistische Aktivität in aller Form aufs Schmeichelhafteste beweihräuchert"[334] habe, musste er sich seinem langjährigen Kollegen gegenüber nicht rechtfertigen. Vielmehr war diese Mitteilung eine von zahlreichen Maßnahmen, um nach dem ersten Spruchkammerverfahren beruflich wieder Boden zu gewinnen. Charakteristisch ist auch hier der Tonfall unter Künstlerkollegen, der die gemeinsame Abgrenzung gegenüber dem System Politik transportiert:

Ich schreibe dies deshalb, weil es für Sie vielleicht von Nutzen sein könnte ein derartiges Dokument in Händen zu haben, wenn Sie an eine Aufführung

---

331 Brief von Werner Egk an Hilde Strobel vom 12. März 1946, in: NWE Mappe Briefe von Werner Egk an Hilde Strobel.

332 Vgl. hierzu vier Briefe im Bestand des Arnold Schönberg-Centers aus den Jahren 1928 bis 1931, online einsehbar unter http://www.schoenberg.at/scans/DVD001/1596.jpg, /DVD 029/1733.jpg, /DVD029/1776.jpg und /DVD029/2036.jpg (Abruf am 14. Juni 2013).

333 Prieberg, *Handbuch*, S. 6345.

334 Brief von Werner Egk an Johannes Schüler vom 20. Mai 1946, in: NWE Nachlass Theater.

eines oder zweier Werke von mir dächten. Also, wenn es Ihnen zweckmässig erscheint bitte keinerlei falsche Scham, ich kann Ihnen das jederzeit schicken. Grössere Meister als ich mussten schon häufig noch weit Knechtlicheres verrichten, als Solches.

Egk berichtete weiter, dass er eine erste Überprüfung überstanden hatte und nun mit dem Spruchkammerverfahren rechnete:

Die Amerikaner haben mich screened und o.k. erklärt. Wahrscheinlich blüht uns allen aber trotzdem noch eine deutsche Überprüfung. Ich sehe ihr gefasst und trotzdem ruhig ins Auge mit meinen verschiedenen zum Teil recht saftigen Dokumenten. (Kurierdienste Berlin Paris für eine Widerstandsorganisation und dergleichen mehr) [sic] Formale Belastungen drücken mich nicht, da ich trotz Fachschaft nicht Pg wurde.[335]

Auch in einem dritten Brief an Schüler, verfasst am 10. Dezember 1946, ging Egk auf seinen Fall ein:

Doch habe ich Grund zu der Annahme, dass das Verfahren, das ich vor neun Monaten (!) selbst beantragt habe in nächster Zeit ohne Verhandlung geschlossen werden kann, nachdem ich in keinem Punkt unter das Säuberungsgesetz falle, auch nicht durch die Fachschaft Komponisten, die als reine Fachverwaltung nach den Vorschriften ausser Betracht bleibt.[336]

Für dieses Verfahren bat Egk Schüler um ein eidesstattlich gezeichnetes Gutachten „auf Ihrem schönsten Amtsbogen". Präzise skizzierte er hierfür vier Punkte, auf die Schüler eingehen sollte:

1) Mein Erfolg beruht a u s s c h l i e s s l i c h auf meiner Leistung.
2) Einige Worte über meine politische und kulturpolitische Einstellung.
3) Warum haben Sie meine Werke an Ihrem Theater gespielt? (Wenn niemals Hinweise, Druck oder Empfehlung von offiziellen Nazidienststellen erfolgt sind, so kann man das ruhig erwähnen)
4) bitte ich Sie zu erwähnen ob und aus welchen Gründen Sie meine Werke auch in Zukunft spielen wollen.

Diesem Wunsch Egks nach einem maßgeschneiderten Persilschein lassen sich etliche ähnliche Bestellungen zur Seite stellen, so – wie gezeigt – bei Ludwig Strecker und den Strobels. Egk und sein Anwalt Karl Beisler wussten offensichtlich genau, worauf es in dem Spruchkammerverfahren ankam. Herausragendes Gespür für die jeweils geltenden Maßstäbe politischer Korrektheit hatte den Komponisten schon 1933 ausgezeichnet. So bat er am 21. April, als die neuen Herren gerade ein Vierteljahr regierten, Ludwig Strecker um Fürsprache für seine Funkoper *Columbus* bei Richard Kolb, dem neuen Intendanten des Bayerischen Rundfunks in München,

---

335 Brief von Werner Egk an Johannes Schüler vom 27. Januar 1946, in: ebenda.
336 Brief von Werner Egk an Johannes Schüler vom 10. Dezember 1946, in: ebenda.

um von dort aus die „Reichssendung" des *Columbus* voranzutreiben. Wie später in den Bitten um Persilscheine, hatte er auch hier schon in seinen Brief eine vorformulierte Begründung für Strecker eingefügt, weshalb das Haus Schott diese Komposition fördere:

> Dieses Werk wird in unserm Verlag unter Zurückstellung aller materiellen Rücksichten als einziges seiner Art erscheinen. Maassgebend [sic] für unsern Entschluss war hierbei die Förderung eines jungen, ideal veranlagten deutschen Komponisten, der dank seiner Begabung und Gesinnung gerade heute weitgehende Beachtung und Förderung verdient. Das Werk ist in seiner Haltung im guten Sinne modern und entspricht vollkommen den von Herrn Reichsminister Göbbels in seiner Rundfunkrede aufgestellten Richtlinien für die neue deutsche Kunst. Dem Werk liegt eine grosse Sauberkeit und Gewissenhaftigkeit der musikalischen Arbeit zugrunde und entspricht vollständig allen funkischen Erfordernissen auf musikalischem Gebiet.[337]

Am 7. Juli 1947 erhob der öffentliche Kläger Anklage und forderte die Einstufung Egks in die zweithöchste Gruppe der Belasteten. Der zentrale Vorwurf lautete auf Nutznießerschaft, wobei Egks Berufungen als Leiter der Fachschaft Komponisten in der Reichsmusikkammer und als Kapellmeister an die Staatsoper Unter den Linden (was nur mit Hermann Görings Zustimmung denkbar gewesen sei), seine zahlreichen Konzertreisen in NS-besetzte Gebiete während des Zweiten Weltkriegs, seine Auszeichnung im Rahmen der Olympischen Spiele 1936 sowie beachtliche Geldprämien und hohe Einkünfte angeführt wurden, die er seiner Nähe zu höchsten NS-Kreisen zu verdanken gehabt habe.[338] Egk sah dem Verfahren jedoch optimistisch entgegen. Das Kriterium einer Parteimitgliedschaft traf auf ihn nicht zu, und die Leitung der Fachschaft galt nicht als belastend. Dies teilte er am 11. September 1946 auch Ludwig Strecker mit:

> Zunächst einmal eine erfreuliche Nachricht: es ist nun eine amtliche Rang und Organisationsliste der Rechtsabteilung des Denazifizierungsministeriums erschienen, in welcher alle Funktionen verzeichnet sind, welche als belastend im Sinne des Gesetzes galten. In dieser Liste hat auch die Reichsmusikkammer einen besonderen Platz und es geht klar und zweifelsfrei daraus hervor, dass die Leitung der Fachschaft in keinster Weise als Belastung zählt. Sie ist nicht aufgeführt und die Rechtsabteilung des Ministeriums hat auf

---

337 Brief von Werner Egk an den Schott-Verlag vom 21. April 1933, in: ASM Schachtel „Briefe. 7841 bis 8071". August 1926 bis März 1938.

338 In einem Schreiben an Ludwig Strecker äußerte Egk im Juli 1946 in einem Zwischenbericht seine Zuversicht zum Stand des Verfahrens: „Endlich kann ich Ihnen berichten, dass meine Sache wohl demnächst entschieden werden wird. Sie ist bereits bei der Spruchkammer München-Land. Die ‚Anklage' lautet auf Nutzniesserschaft und die ‚Verteidigung' hat im Wesentlichen nur meine ausserordentliche künstlerische Bedeutung nachzuweisen. Damit fällt dann der Vorwurf der Nutzniesserschaft in sich zusammen. Die Weiterleitung des Ergebnisses an die OMGUS und die Übermittlung des Antrags auf Absetzung von der schwarzen Liste in Berlin ist bestens vorbereitet." Brief von Werner Egk an Ludwig Strecker vom 15. Juli 1946, in: ASM Schachtel „Briefe. 8072 bis 8366". April 1937 bis November 1948.

Anfrage mitgeteilt, dass Fachschaftsleiter in der Reichsmusikkammer nicht belastet sind. Ich bin also im Sinne des Gesetzes vollkommen unbelastet und kann damit rechnen, dass das Verfahren in Bälde geschlossen wird. Das bedeutet gegenüber meiner ursprünglichen Annahme eine grundlegende Änderung. Nach der Schliessung des Verfahrens kann ich dann auch gegen die black list etwas unternehmen.[339]

Wider Erwarten zog sich jedoch das Verfahren mit neuen Zeugen und Beweisanträgen in die Länge, Egks Spruchkammerakte schwoll schließlich auf fast vierhundert Seiten an.[340] Die Akte, die sich im Staatsarchiv München befindet, dokumentiert das Verfahren minutiös. Sie wurde bereits von den Historikern Jan Thomas Schleusener und Michael Kater gesichtet,[341] jedoch vor allem mit Blick auf Egk selbst und kaum unter dem Aspekt des musikspezifischen Netzwerks, das der Komponist für seine Entlastung mobilisierte.

Gegen die Vorwürfe der Anklage brachte Egk eine Reihe teilweise höchst prominenter Persönlichkeiten auf, die sich in der Gesamtschau zu einem effektiven Entnazifizierungsnetzwerk zusammenfügten. Dessen Funktionsweise erschließt sich, wenn man den biographischen und künstlerischen Knotenpunkten nachgeht. Mit Fürsprechern wie den Komponisten Karl Amadeus Hartmann, Carl Orff, Winfried Zillig, Josef Haas, Max Butting und Paul Höffer, den Musikexperten Heinrich Strobel, Karl Heinz Ruppel und Hans Heinz Stuckenschmidt, dem Intendanten und Regisseur Heinz Tietjen oder den Dirigenten Wilhelm Furtwängler (und seiner Sekretärin Agathe von Tiedemann), Hans Rosbaud und Bertil Wetzelsberger zeigt sich ein Netzwerk, das bis in 1920er Jahre zurückreicht. Jeder dieser Namen steht für personelle, institutionelle und musikalische Konstellationen, die sich im Brennglas des Spruchkammerverfahrens zu einer eminenten künstlerischen Autorität verdichteten, der die Spruchkammer politisch wenig entgegenzusetzen hatte. Heinrich Strobel spielte innerhalb dieses Netzwerks, das im Folgenden genauer betrachtet werden soll, eine zentrale Rolle.

Zunächst zeigt der Blick auf die meisten für Egk beigebrachten Schreiben eine so weitreichende Übereinstimmung in der Argumentationsstruktur, dass anzunehmen ist, der Komponist habe sie mit ähnlich detaillierten Vorgaben bestellt, wie sie oben für Schüler dokumentiert wurden. Strobels Kollege Paul Bourdin, mit dem Egk auch in Paris Kontakt hatte, stellte ihm in seiner damaligen Eigenschaft als Chefredakteur der Berliner Abendzeitung *Der Kurier* am 30. September 1947 einen Persilschein aus. Er bestätigte dem Komponisten, dass dieser in allen ihren Gesprächen während der zehn Jahre, die sie sich kannten, „niemals die leiseste nationalsozialistische Regung bekundet"[342] habe. Darüber hinaus habe er sogar Zweifel am

---

339 Brief von Werner Egk an Ludwig Strecker vom 11. September 1946, in: ebenda.
340 BHSta MSo 1086 und EAWE.
341 Jan Thomas Schleusener, *Entnazifizierung und Rehabilitierung. Vergangenheitsaufarbeitung im Fall Egk*, in: Schläder, *Werner Egk*; Kater, *Werner Egk*.
342 Eidesstattliche Erklärung von Paul Bourdin für Werner Egk vom 30. September 1947, in: NWE und EAWE, Blatt 227. [Dokument 15 im Anhang].

deutschen „Endsieg" formuliert, ein Hochverrat, der im Fall einer Denunziation lebensgefährliche Folgen gehabt hätte:

> Auch nach der Eroberung Frankreichs hat er nie an dem schliesslichen Zusammenbruch des Regimes gezweifelt. Bei all seinen Besuchen in Paris, wo ich damals als Korrespondent der Frankfurter Zeitung war, hat er sich den Ehrungen der nationalsozialistischen Besatzungsstellen möglichst entzogen und sich nicht in die nationalsozialistische Propaganda einspannen lassen. Er zeigte die grösstmögliche Zurückhaltung und beschränkte sich auf seine künstlerische Arbeit und fand weit über die französischen kollaborationistischen Kreise hinaus Anerkennung. Er scheute sich auch nicht, zusammen mit mir mit Emigranten und Juden in Paris zusammenzukommen, bei welchen Gelegenheiten er offen seine Feindschaft gegen das nationalsozialistische Regime bekannte. Ich bin fest davon überzeugt, dass die zahlreichen Freunde und Bewunderer, die er in dem nicht kollaborationistischen Frankreich gewonnen hat, auch heute bereit sind, für die Anständigkeit seiner Gesinnung zu zeugen.

Das Argument, jemand habe sich privat und insgeheim als Gegner des Regimes zu erkennen gegeben, erschien aus einem einfachen Grund stereotyp in nahezu jedem Entlastungsschreiben, nicht nur bei Egk: es bezieht seine Schlagkraft paradoxerweise gerade daraus, dass es sich nicht belegen lässt. Je widerständiger die Äußerung, desto kleiner der Kreis von Vertrauenswürdigen, die sie zu hören bekamen – diese Rahmenbedingung der Diktatur verlieh jedem Zeugen, der solche Aussagen beeidete, von vornherein besonderes Gewicht und wertete ihn zugleich selbst auf. Ob die Aussage tatsächlich zutraf, konnte bei diesem Mechanismus demzufolge eine untergeordnete Rolle spielen.

So ist es auch hier durchaus möglich, dass Egk im vertrauten Kreis tatsächlich eine kritische Distanz zum NS-Staat erkennen ließ. Zugleich kontrastieren solche Aussagen mit seinen beruflichen Erfolgen, was die Skepsis seiner Ankläger weckte. Wie sein weiter oben zitierter Bericht an Ludwig Strecker über seine Privataudienz in der Reichskanzlei bei Hitler belegt, fühlte er sich von der ihm entgegen gebrachten Sympathie der NS-Führungselite geschmeichelt, sie beflügelte seinen Ehrgeiz, der führende deutsche Komponist seiner Generation zu werden. Diese Diskrepanz zwischen einer renommierten öffentlichen Position und einer ungebrochenen persönlichen Integrität griff nicht von ungefähr gerade Wilhelm Furtwängler besonders wirkungsvoll auf, dem dieses Muster aus seinem eigenen, gerade zu Ende gegangenen Spruchkammerverfahren noch sehr gegenwärtig war:

> Werner Egk ist ein hochbegabter Komponist, der lediglich aufgrund seiner Leistungen – obwohl dieselben den im Dritten Reich gegebenen Richtlinien in keiner Weise entsprachen – sehr schnell in die erste Reihe der jungen deutschen Komponisten vorrückte. Herr Werner Egk ist, wie ich weiss, den nationalsozialistischen Machthabern stets würdig, sachlich und sehr oft bemerkenswert mutig gegenüber getreten. Wenn er sich in diesen schwierigen

Jahren an mich gewandt hat, geschah es nie aus persönlichen Gründen, sondern stets mit der Absicht, Berufskollegen zu helfen, die durch das Propagandaministerium in Schwierigkeiten geraten waren.[343]

Möglich ist, dass mit den bedrängten Kollegen auch Heinrich Strobel gemeint war, der wie erwähnt mit Unterstützung Furtwänglers im Jahr 1937 in die Sonderliste der Kunstschriftleiter eingetragen wurde – doch fehlen auch hier für entsprechende Initiativen Egks die Belege.

Besonders offen besprach der Komponist sein Entnazifizierungsverfahren mit seinem Verleger Ludwig Strecker. Da die Stadt Frankfurt die Erfüllung eines Exklusivvertrags (mit dem sie im Jahr 1941 die Schirmherrschaft über sein künstlerisches Schaffen übernommen und regelmäßige Opernproduktionen zugesichert hatte) unter Hinweis auf die ausstehende Feststellung seiner Unbedenklichkeit ausgesetzt hatte, bat er Strecker in einem Brief vom 13. Februar 1946 um zwei Persilscheine, von denen er den ersten ganz, den zweiten im Wesentlichen gleich selbst formulierte.[344] Zum Vergleich seien der Wortlaut von Egks Brief und die beiden Schreiben, die Strecker für das Verfahren einreichte, einander gegenübergestellt:

Brief Werner Egks an Strecker vom 13. Februar 1946:[71]	**Bescheinigungen von Ludwig Strecker für Werner Egk vom 28. Februar 1946:**[72]
Von den sechs abendfüllenden Konzert oder Bühnenwerkes unseres Verlagsautors W. E. konnten zwei unter den Nazis weder aufgeführt oder verbreitet noch sonstwie ausgewertet werden, weil sie in offenem Gegensatz zu den Grundanschauungen des Nationalsozialismus stehen. („Furchtlosigkeit und Wohlwollen" und „Der Held und die Magin", jetziger Titel „Das Zauberbett") Zwei weitere abendfüllende Bühnenwerke waren aus ähnlichen Gründen in der Verbreitung aufs schwerste beeinträchtigt. („Columbus" und „Peer Gynt") Im Falle „Peer Gynt" verursachte eine nationalsozialistische Pressehetze bedeutenden finanziellen Schaden. […]	Von den sechs abendfüllenden Konzert- und Bühnenwerken unseres Verlagsautors Werner E g k [sic] konnten zwei unter den Nazis weder aufgeführt oder verbreitet, noch sonstwie ausgewertet werden, weil sie in offenem Gegensatz zu den Grundanschauungen des Nationalsozialismus stehen. („Furchtlosigkeit und Wohlwollen" und „Der Held und die Magin", jetziger Titel „Das Zauberbett"). Zwei weitere abendfüllende Bühnenwerke waren aus ähnlichen Gründen in der Verbreitung aufs schwerste beeinträchtigt („Columbus" und „Peer Gynt"). Im Falle „Peer Gynt" verursachte eine nationalsozialistische Pressehetze bedeutenden finanziellen Schaden.

---

343 Bestätigung von Wilhelm Furtwängler für Werner Egk vom 15. Oktober 1947, in: ebenda, Blatt 219.

344 Bereits in einem Brief an das Haus Schott vom 12. November 1945 hatte Egk erwähnt, dass er seine „Vertragsangelegenheiten zum Teil schon regeln [konnte]" und hoffte, „auch alle zukünftigen Vertragsangelegenheiten diesmal endgültig und zu beiderseitiger Zufriedenheit in Ordnung zu bringen," in: ASM, Brief 65601.

345 Brief von Werner Egk an Ludwig Strecker vom 13. Februar 1946, in: ASM Schachtel „Briefe. 8072 bis 8366". April 1937 bis November 1948.

346 Bescheinigungen von Ludwig Strecker für Werner Egk vom 28. Februar 1946, in: ebenda.

Eine zweite persönliche Bestätigung könnte mir natürlich auch noch sehr wertvolle Dienste leisten etwa des Inhalts, dass Sie mich seit etwa 1931 persönlich kennen, dass Sie sich die ganze Zeit über bewusst waren, dass ich nicht nur kein Nazi sondern ein aktiver Gegner des Regimes war, der Ihres Wissens vor allem die Kulturpolitik des feu [sic] Mr. Goebbels mit allen Mitteln und Kräften bekämpft hat, dass Ihnen insbesondere bekannt ist, dass ich mich ohne Rücksicht auf mich selbst jederzeit für die vom Regime besonders gehassten Vertreter der modernen Musik eingesetzt habe insbesondere für Strawinsky, Hindemith und Honegger ebenso auch für die von Goebbels verfolgten Autoren Blacher, Wagner Regeny und andere. (Hier hat es nur Zweck schon geklärte Fälle zu nennen) Seien Sie mir bitte nicht böse, wenn ich Sie mit solchem Schreibkram belästige, aber die Prozedur muss nun mal durchgestanden werden.

Seit etwa fünfzehn Jahren ist mir Werner E g k [sic] als einer unserer Verlagsautoren persönlich gut bekannt und ich kann bestätigen, daß er in Wort und Tat stets als Gegner des Nazi-Regimes insonderheit der Kulturpolitik des Propagandaministeriums aufgetreten ist, die er mit allen Mitteln bekämpfte. Er war selbst von der Partei bis zum Jahre 1938 aufs heftigste bekämpft und die Uraufführung von „Peer Gynt" an der Staatsoper in Berlin wurden zu dem Versuch benutzt, ihn endgültig als entartet zu Fall zu bringen. Ein merkwürdiger Zufall verwandelte die drohende Katastrophe in einen durchschlagenden Erfolg und Egk wurde gegen seinen Willen und ohne sein Zutun zum Fachschaftsleiter der Komponisten ernannt. In dieser Stellung hat er sich ohne Rücksicht auf seine eigene Lage für die vom Nazi-Regime besonders gehassten Vertreter der modernen Musik eingesetzt, insbesondere für Strawinsky, Hindemith und Honegger; ebenso auch für die von Goebbels verfolgten Autoren Blacher, Wagner-Régeny und andere. Auch in seiner eigenen Kunst hat er nach seiner Ernennung zum Fachschaftsleiter keinerlei Konzessionen an den Partei-Geschmack gemacht, sodaß seine letzten Werke „Columbus" und einige Aufführungen von „Peer Gynt" wieder eine starke Pressehetze gegen ihn entfachten. Frühere Werke von ihm konnten trotz seiner Stellung nicht zur Aufführung gebracht werden.

Datiert auf den 2. Mai 1947 erging zunächst ein Einstellungsbeschluss im Verfahren gegen Egk vor der Spruchkammer München-Land, laut dem er als vom „Gesetz zur Befreiung von Nationalsozialismus und Militarismus vom 5. März 1946" nicht betroffen eingestuft wurde. Als Begründung, dass der erhobene Vorwurf der Nutznießerschaft nicht zuträfe, stellte man fest: „Nach eingehender Untersuchung und nach Überprüfung der Aktenlage konnte in dieser Hinsicht nichts Belastendes festgestellt werden. Eine grosse Anzahl eidesstattlicher Erklärungen bestätigen, dass der Betroffene in keiner Weise der Nazi-Ideologie nahestand."[347]

---

347 Bescheid der Spruchkammer München-Land vom 2. Mai 1947, Aktenzeichen 146/46-Gräf. 3636/Wei.Z., in: EAWE, Blatt 12; erhalten auch in ASM Schachtel „Briefe. 8072 bis 8366". April 1937 bis November 1948.

Zeigt schon dieser Einstellungsbeschluss, welch hohes Gewicht hier den Entlastungszeugen zukam, so trifft dies verstärkt noch für die nächste Runde des Verfahrens zu. Denn Staatsanwalt Julius Herf, der die Anklage vertrat, gab sich mit dem Urteil nicht zufrieden und reichte am 7. Juli 1947 erneut Klage gegen Egk ein, mit dem Ziel, ihn in die Gruppe II der Belasteten einzustufen.[348] Am 19. September 1947 berichtete Egk seinem Verleger Strecker, dass in Kürze seine Verhandlung vor der Spruchkammer stattfinden werde. Er habe vor, zunächst keine Zeugen zu benennen, sondern werde

> erst einmal das ausgezeichnete schriftliche Material vorlegen. Wenn sie dann noch nicht zufrieden sind, werde ich eine grosse Reihe von Zeugen für eine dritte Verhandlung laden lassen. Ich nehme aber an, dass es auch so geht. […] P.S. Von Wien kamen grossartige Äusserungen von Direktor Schneider, Ballettmeisterin Hanka, Oskar Fritz Schuh, Kapellmeister Moralt, Oett von der Staatsoper, ausserdem von Gottfried von Einem und ein Schreiben der Konzerthausgesellschaft. Das Gutachten von Holl[349] ist fabelhaft ausgefallen.[350]

In diesem Stadium des Prozesses konnte nun Heinrich Strobel seinem alten Freund entscheidend unter die Arme greifen. Aus Baden-Baden lieferte er das bei weitem umfangreichste Entlastungsschreiben und trat auch bei der öffentlichen Verhandlung gegen Egk als Zeuge auf. Das ausführliche Protokoll dieser Verhandlung ist in den Akten erhalten, so dass sich deren Verlauf gut nachvollziehen lässt.[351]

Datiert auf den 12. September 1947 hatte Strobel ein dreiseitiges Gutachten formuliert, das er schon durch die Überschrift *Werner Egk und die Kulturfassade des Dritten Reiches* mit dem Gewicht eines musikhistorischen Essays ausstattete.[352] Der Text beginnt mit der Feststellung, dass die Musikpolitik des Dritten Reiches zwei Ziele verfolgt habe, nämlich entweder die Hörer durch anspruchslose Unterhaltungsware ruhigzustellen[353] oder sie ideologisch zu mobilisieren. Beide Tendenzen

---

348 Klageschrift des Staatsanwalts Julius Herf gegen Werner Egk vom 7. Juli 1947, in: EAWE, Blatt 39-41.

349 Dr. Karl Holl, seit 1946 Referatsleiter Theater, Musik und Film im Hessischen Kultusministerium. Siehe Prieberg, *Handbuch*, S. 3176.

350 Brief von Werner Egk an Ludwig Strecker vom 19. September 1947, in: ASM Schachtel „Briefe. 8072 bis 8366". April 1937 bis November 1948.

351 Protokoll der öffentlichen Sitzung vom 17. Oktober 1947, in: EAWE, Blatt 42-49, dazu die Zeugenaussagen zum Protokoll, Blatt 50-55. Dieses endgültige Protokoll wurde aus den Mitschriften der beiden Protokollanten M. Molinari und G. Bulach zusammengefügt, die sich ebenfalls in der Akte erhalten haben (Blatt 62-64. Molinari, Blatt 65-71 Bulach). Diese Mitschriften differieren sowohl untereinander als auch vom Wortlaut des endgültigen Protokolls und weisen starke Redaktionsspuren auf. Es ist also davon auszugehen, dass die Zeugenaussagen nicht wörtlich, sondern sinngemäß wiedergegeben wurden.

352 Strobel, *Werner Egk und die Kulturfassade des Dritten Reiches.* [Dokument 13 im Anhang]. Zu der von Heinrich Strobel hier angewandten Exkulpationsstrategie, das Schaffen Egks mit der Bühnenästhetik Bertolt Brechts in Verbindung zu setzen, siehe auch die Ausführungen im Kapitel *Personen*.

353 In vielen Briefen berichtete Strobel von seinen Bemühungen, Unterhaltungsmusik im KdF-Stil aus dem Musikprogramm des SWF herauszuhalten.

hätten sich auch auf der Opernbühne gezeigt, „die im Falle von Werner Egk allein interessiert", womit Strobel von kompromittierenden Werken anderer Genres ablenkte, etwa der *Olympischen Festmusik*, dem Mysterienspiel *Job der Deutsche*, über das sich Egk 1934 in *Melos* begeistert geäußert hatte,[354] oder den regimenahen Hörspielmusiken *Bayerische Fahnen* sowie *Die Hohen Zeichen*.[355]

Strobel leitete Egks Ästhetik rhetorisch wirkungsvoll aus der „geistigen und politischen Welt Bert Brechts" her, wie sie sich exemplarisch im Oratorium *Furchtlosigkeit und Wohlwollen* abbilde. Einen antiheroischen Akzent habe Egk danach auch mit der *Zaubergeige* gesetzt. Nachdem er Egks Bühnenschaffen auf diese Weise im antifaschistischen Spektrum verortet hatte, konnte Strobel nun auch das heikle Kapitel der Erfolgsoper *Peer Gynt* anschneiden und die von Egk nach Ibsens Libretto entworfene Figur ebenfalls als Typus des Antihelden interpretieren. Als Beleg führte er die mit Balletteinlagen versehenen Trollszenen an, „in denen die vom Nazismus so heftig bekaempften Vorbilder eines Offenbach, Weill und Strawinsky mit demonstrativer Eindeutigkeit weitergefuehrt werden. Die Nazis haben die (wie man damals sagte) ‚kultur-bolschewistische' Tendenz des ‚Peer Gynt' sehr wohl erkannt. Die Parteipresse fiel ueber das Werk her und beschimpfte Egk als den auszurottenden Zersetzer der deutschen Oper."[356]

Somit habe Egk nicht als Vorzeigekünstler des NS-Staates getaugt, entsprechende Vorhaltungen seien daher gegenstandslos, zumal er in Werken wie *Joan von Zarissa* seine Nähe zur französischen Kultur zu erkennen gegeben und sich damit in Opposition zu den ideologischen Leitlinien des Regimes gestellt habe. Diese innere Distanz zum „Dritten Reich", die sich in den Werken manifestiere, exemplifizierte Strobel sodann ausführlich an Egks *Columbus*. Entwicklungsgeschichtlich leitete er auch diese Oper aus Brechts Lehrstücken und Strawinskys epischem Theater her,

> die von den Nazis als ‚artfremd' und nicht ‚volksgebunden' aufs Schaerfste bekaempft wurden. Wenn es am Schluss dieses Werkes heisst: ‚es zogen aber ein Habgier und Eigensucht, und es leerten sich die Schatzhaeuser und entvoelkerten sich die Inseln und Laender. Wenn aber einer diesen Teufeln die Herrschaft streitig zu machen vermag, dann fuellen sich die Schatzhaeuser den bluehenden Geschlechtern …', dann wusste im Jahr 1942 jeder intelligente deutsche Hoerer, dass hier die Stimme des inneren deutschen Widerstandes gegen die Hitler-Tyrannei in der symbolischen Sprache der Oper ertoente.

Was den im Raum stehenden Vorwurf betraf, Egk habe von der Besetzung Frankreichs profitiert, so brachte Strobel seine weithin bekannte Expertise gerade für die französische Musikszene ins Spiel.[357] Die große Beachtung, die Egk in Frankreich

---

354 Ludwig Lade, *Werner Egk*, in: *Melos* 13 (1934), Heft 1 (Januar), S. 12.
355 Zu diesen Werken vgl. die Beiträge von Albrecht Dümling und Robert Braunmüller in: Schläder, *Werner Egk*.
356 Strobel, *Werner Egk und die Kulturfassade des Dritten Reiches*.
357 Siehe hierzu auch Strobels Umdeutung von Egk zum frankophonen Komponisten, die er zeitgleich zum Gutachten unter dem Titel *Werner Egks „Tentation" in Baden-Baden uraufgeführt* im Juli-Heft des 14. *Melos*-Jahrgangs 1947 erscheinen ließ.

gefunden habe, stellte er als keineswegs erzwungen dar; vielmehr habe sich das besetzte Volk unterstützt gefühlt: „Die Franzosen bemerkten sofort den anti-nazistischen Charakter dieser Musik." Strobels Argumentation kulminierte in einer Generalisierung dieses Musters, das strukturell ähnlich paradox funktioniert wie das oben skizzierte Stereotyp der privaten Äußerung. Der große Erfolg von Egks Musik im NS-Staat sei gerade auf ihre Distanz zur offiziellen Linie zurückzuführen, also ein Beleg für die antinazistische Haltung des Komponisten:

> Dieses Faktum erklaert den grossen Erfolg seiner Werke waehrend des Nazismus. Das nicht parteimaessig gebundene Publikum hat ueberall die von der Parteidoktrin genaehrten offiziosen Opern abgelehnt. Es war ganz selbstverstaendlich, dass sich dieses Publikum zu den Buehnenwerken Werner Egks hingezogen fuehlte, in denen ein Wind aus der weiten freien Welt in das braune Konzentrationslager Deutschlands wehte und eine Intelligenz sich bekundete, die von der Partei als zersetzend und verwerflich bezeichnet wurde und auch heute vielen frommen Heuchlern unliebsam sein mag. Werner Egk hat nicht zur Aufrichtung der Kulturfassade des Dritten Reiches beigetagen, sondern vielmehr diese Kulturfassade systematisch und wirksam unerhoehlt.

In diesem Text hatte Strobel, der mit Doktortitel unterzeichnete, seine ganze Autorität als anerkannter Musikfachmann in die Waagschale geworfen. Er argumentierte von den Werken und ihrer Ästhetik her, die er nicht nur als grundsätzlich unvereinbar mit den NS-Kunstanschauungen, sondern als geradezu widerständig hinstellte.

In der öffentlichen Verhandlung am 17. Oktober 1947, bei der er neben Hans Rosbaud, Joseph Haas und anderen als Zeuge auftrat, stärkte er Egks Position weiter, indem diese künstlerische Perspektive um die des NS-Opfers ergänzte. Gewissermaßen seine Frau Hilde mit vertretend, eröffnete er seine Aussage laut Protokoll wie folgt: „Ich kenne Egk seit 1931/32. Er wäre bei mir nicht ins Haus gekommen, wenn ich ihn nicht für einen einwandfreien Antifaschisten gehalten hätte, denn ich lebte mit einer jüdischen Frau in den schwierigsten Verhältnissen."[358] In dieselbe Kerbe hatte auch Egk selbst schon in dem Fragebogen der amerikanischen Militärregierung geschlagen, unterzeichnet am 16. Oktober 1945. In der Anlage zu diesem Fragebogen erklärte er seinen Erfolg während der NS-Zeit unter anderem damit, dass „Antinazis in der Presse" seine widerständige Kunst unterstützt hätten, so „der mit einer Jüdin verheiratete Dr. Heinrich Strobel".[359] In der Verhandlung vom 17. Oktober führte Strobel zugunsten seines Freundes weiter aus:

> Ich glaube nicht, dass Egk seine Stellung an der Berliner Staatsoper durch die Nazis bekommen hat. Er verdankte sie seinen künstlerischen und geistigen Qualitäten. Im Allgemeinen haben die Nazis die unfähigsten Köpfe berufen. Egk wurde eben nicht von den Nazis, sondern von der Berli-

358 EAWE, Blatt 55.
359 Ebenda, Blatt 241.

Abb. 12:
Werner Egk bei der
Spruchkammerverhandlung (Foto:
Bayerische Staatsbibliothek München/
Fotoarchiv Hoffmann)

ner Staatsoper berufen, die eine Zelle der Resistance war. In Deutschland lagen zwei Musikrichtungen im Kampf. Die eine, die auf Wagner zurückgeht und sich an Nerven und Gemüt wendet, die sog. ,bodenständige Musik‘ und die andere, die von den Nazis beschimpft wurde als atonale, bolschewistische, entartete und Negermusik, die Musik unserer Epoche, bei der jede Note überlegt ist, die dem Geist entspringt. Wenn es einen gegeben hat, der während des 3. Reiches diese moderne Musik gemacht hat, dann war es Werner Egk.

Über die Berufung Egks zum Fachschaftsleiter kann ich nichts aussagen. Ich habe oft genug mit Egk englische Nachrichtensendungen gehört und er hat immer die Niederlage Deutschlands gewünscht. Honnegger [sic] hätte sich sicher nicht mit Egk an einen Tisch gesetzt, wenn er nicht gewusst hätte, dass er Gegner des Regimes gewesen war.

Dank der eindrucksvollen Stellungnahmen, die Egk beibringen konnte, kam die Spruchkammer am Ende der Verhandlung zu dem Entscheid, das Verfahren einzustellen: „Werner Egk ist vom Gesetz nicht betroffen".[360] Heinrich Strobel gratu-

---

360 Ebenda, Blatt 22.

lierte ihm am 22. Oktober 1947. Er schlug vor, ausgehend von seinem eigenen Fall für *Melos* einen Beitrag über die „Unhaltbarkeit der musikalischen Denazifizierung" beizusteuern:

> Sie koennten ja am Schluss Ihre Idee der Round-Table-Konferenz anbringen und ich werde dann einen entsprechenden Zusatz zu Ihrem Artikel machen. Bedenken Sie aber bei allem, dass es gemacht wird, um unsere Sache zu stuetzen und dass unter keinen Umstaenden Ihnen wieder etwas darauf erwachsen darf. Wenn Sie ueberhaupt nicht schreiben wollen, dann lassen wir es bleiben; dies allerdings wuerde ich bedauern.[361]

Diesen Stand spiegelt eine Notiz im November-Heft des *Melos*-Jahrgangs 1947: „Unmittelbar vor Redaktionsschluß erreicht uns die Nachricht, daß die Münchner Spruchkammer bei der Wiederaufnahme des Verfahrens gegen Werner Egk erneut bestätigt hat, daß der Komponist vom Gesetz nicht betroffen ist. Wir werden im nächsten Heft darüber noch ausführlicher berichten."[362] Wie ein Brief von Egk an Wolfgang Steinecke dokumentiert, fühlte er sich in diesen Novembertagen 1947 sehr sicher und in seiner Haltung bestätigt. Er bot Steinecke seine Mitarbeit für die nächstjährigen Internationalen Darmstädter Ferienkurse an, wobei er en passant und voller Verachtung für das Verfahren über seine Entlastung informierte:

> Über Kranichstein konnte ich nicht mehr schreiben, da wie Sie ja sicher gehört haben sich die Spruchkammer inzwischen meiner angenommen hat. Jetzt, nachdem dieses gänzlich blödsinnige Verfahren unter Überbürdung sämtlicher Kosten auf den Staatssäckel und mit der Feststellung „nicht betroffen" geschlossen wurde, könnte ich zwar schreiben, aber inzwischen hat das Thema an Aktualität verloren, da schon zu viel Zeit vergangen ist. Was planen Sie für nächstes Jahr? Die ganze Einrichtung ist so sinnvoll und einleuchtend, dass sie sich sicher auch über uns noch bevorstehenden, womöglich noch nötigeren Notzeiten hinaus erhalten und weiterführen lässt.[363]

---

361 Brief von Strobel an Egk vom 22. Oktober 1947, in: NHS XIV.2 Korrespondenz mit Werner Egk 1945-1949. Gleichzeitig berichtete Egk nach Mainz die glückliche Entwicklung seiner Sache: „Inzwischen ist das Urteil da, das Verfahren wurde eingestellt. „Es handelt sich also nicht um eine Entlastung, da die Kammer ausdrücklich festgestellt hat, dass eine Belastung nicht [sic] vorliegt, weder eine formale noch eine materiale." Brief von Werner Egk an Ludwig Strecker vom 27. Oktober 1947, in: ASM Schachtel „Briefe. 8072 bis 8366". April 1937 bis November 1948.

362 Notiz im November-Heft des *Melos* 1947 *Werner Egk vor der Spruchkammer*, S. 350. In einem Brief an Egk vom 26. Januar 1948 kam Strobel noch einmal auf einen solchen Artikel zu sprechen: „Fuer das Aprilheft des MELOS habe ich einen Artikel vorgesehen ‚Werner Egk: Ueber mich selbst'. Ich bitte Sie, im Lauf der naechsten Wochen doch einmal eine schoene Sache ueber sich selbst abzuziehen und mir dann bis spaetestens Anfang Maerz zuzuschicken." In: NHS XIV.2 Korrespondenz mit Werner Egk 1945-1949.

363 Brief von Werner Egk an Wolfgang Steinecke vom 17. November 1947, in: NWS. Auch in seinen autobiographischen Texten signalisierte Egk keinerlei Notwendigkeit zur selbstkritischen Reflexion seiner aktiven Rolle im NS-Staat, sondern hielt an der Denkfigur fest, ein kalt gestellter Gegner des Systems gewesen zu sein, beispielsweise nachzulesen in *Mit Musik geht alles besser* (1947), in: Egk, *Musik – Wort – Bild*.

Abb. 13: Hilde und Heinrich Strobel mit Werner Egk und Margot Hinnenberg-Lefèbre (Frau von Hans Heinz Stuckenschmidt) bei den Darmstädter Ferienkursen 1947 (NWE)

Heinrich Strobel indessen schob am 31. Oktober 1947 die freundschaftliche Mitteilung an Egk nach, dass er dem Geschäftsführer des Süddeutschen Kulturrings, Dr. Wingenroth, vorgeschlagen habe, den Komponisten zu einem Vortrag einzuladen, wenn er zur Uraufführung seiner *Abraxas*-Suite am 7. Dezember 1947 ohnehin vor Ort sei. Die zuvor von Strobel konsultierten Vorgesetzten, Commandant Ponnelle bei der französischen Militärbehörde sowie Intendant Friedrich Bischoff, seien „sehr entzueckt von diesem Plan", so dass Strobel ein entsprechendes „publizistisches Echo" des Vortrags im Rundfunk in Aussicht stellen konnte. In Baden-Baden sei man überdies daran interessiert, ihn längerfristig an den Rundfunk zu binden: „Dies ist auch der ausdrueckliche Wunsch von Cdt. Ponnelle, der mich neulich sogar gefragt hat, ob Sie nicht endgueltig als Leiter unseres Orchesters nach Baden-Baden uebersiedeln wollten."[364]

All dies geriet jedoch ins Stocken, da am 24. November 1947 Staatsanwalt Julius Herf Berufung gegen das Urteil der Spruchkammer einlegte: „Nach dem Ergebnis der Beweisaufnahme ist Egk als Nutznießer anzusehen. Er hat außerdem durch die Annahme des Postens als Leiter der Fachschaft Komponisten die Gewaltherrschaft durch Einsetzen seines persönlichen Ansehens wesentlich unterstützt."[365] Zu die-

---

364 Brief von Heinrich Strobel an Werner Egk vom 31. Oktober 1947, in: NWE Mappe Briefe von Heinrich Strobel an Werner Egk. Bischoffs Unterstützung für Egk ist auch mit einem auf den 28. September 1947 datierten Persilschein dokumentiert, vgl. EAWE, Blatt 223. [Dokument 14 im Anhang].
365 Ebenda, Blatt 307.

sem Schritt war Herf durch ein Schreiben des hessischen Sonderministers für die Politische Befreiung, Gottlob Binder, veranlasst worden. Dieser hatte das bayerische Urteil in der Zeitung gelesen und moniert, dies müsse ein „Fehlspruch sein, der wohl auf mangelnde Kenntnis des tatsächlichen Sachverhalts zurückzuführen" sei:

> Egk ist ein typischer Nutzniesser des Naziregimes. Er war ein Günstling der Frankfurter Nazigrössen und wurde von diesen besonders gefördert. In einem überaus günstigen Vertrag wurden ihm beträchtliche Summen für sein „künstlerisches Schaffen" zugesichert. Aufgrund dieses Vertrages stellte er noch vor kurzem an eine Frankfurter Stelle hohe Anforderungen und pochte auf sein angebliches Recht. Seinen Forderungen wurde nicht entsprochen mit dem Hinweis, daß die jetzigen verantwortlichen Stellen eine Verpflichtung aus dem früheren Vertrag nicht anerkennen könnten. Herr Intendant Eberhardt Beckmann, von Radio Frankfurt und andere Herren sind in der Lage, nähere Auskünfte über den Betroffenen zu erteilen. […] Der erste öffentliche Kläger bei der Spruchkammer Frankfurt/Main, Herr Müller, wird ebenfalls jede mögliche Rechtshilfe zur Aufklärung des Sachverhalts leisten.[366]

Egk lag also richtig, als er gegenüber Strecker sich als Anlass dieser erneuten Berufung „nichts anders anderes vorstellen" konnte „als den Frankfurter Werkvertrag, über den schon lang und breit verhandelt worden ist und der als Belastung natürlich ausscheidet." Da nach achtzehn Monaten Ermittlungen und 22 Verhandlungsstunden bereits zwei Entscheidungen vorlägen, dass er vom Gesetz nicht betroffen sei, hielt Egk sich für ausreichend rehabilitiert. Da dieser Vorgang formal aber nur durch die Rücknahme des Briefes durch den Minister selbst zu beenden sei, bat Egk seinen Verleger eindringlich, so schnell wie möglich den bereits erwähnten Referatsleiter für Theater, Musik und Film im Hessischen Kultusministerium, Karl Holl, aufzusuchen: „Er hat in seiner Stellung ohne Zweifel die Möglichkeit sich einzuschalten und den Minister an einem Unfug zu hindern, der schon fast kriminell ist."[367]

Zwei Wochen später erhielt Egk Nachricht von Heinrich Strobel, dass man in Berlin Erkundigungen für ihn eingeholt und „von der hoechsten zustaendigen Stelle" erfahren habe, dass für die Amerikaner sein Fall endgültig erledigt sei, „da keinerlei Material gegen Sie im Prozess aufgekommen ist." Zugleich bekräftigte er eine Vermutung Egks, dass hinter der erneuten Berufung im Spruchkammerverfahren einflussreiche Kreise in München zu vermuten seien, die dies als Mittel sahen, die für den Sommer 1948 terminierte Uraufführung des *Abraxas*-Balletts zu verhindern. Strobel konnte Egk jedoch zugleich höchster französischer Protektion versichern:

---

366 Schreiben Binders an seinen bayerischen Ministerkollegen Hagenauer vom 27. Oktober 1947, BHStA MSo 1086, Blatt 21.
367 Brief von Werner Egk an Ludwig Strecker vom 27. November 1947, in: ASM Schachtel „Briefe. 8072 bis 8366". April 1937 bis November 1948. Hierzu gibt es noch einen ergänzenden Brief von Werner Egk an Ludwig Strecker vom 30. Januar 1948, dass Binder trotz der Peinlichkeit seine Einflussnahme zurückziehen müsste, in: ebenda.

wir [haben] aus Berlin die Nachricht bekommen, dass die Muenchner Maeuse erneut an der Haut des Abraxas nagen. Sie waren also gestern voellig auf der richtigen Faehrte. Doch denke ich, dass der Brief, den der franzoesische Generalkonsul dem zustaendigen Muenchner Herrn persoenlich ueberreichen wird, die Maeuse wohl endgueltig in ihr Loch zurueckjagt. In Eile herzliche Gruesse, auch von Crochot.[368]

Diese Quellen legen offen, dass der vom Bayerischen Kultusminister Alois Hundhammer ausgelöste Skandal, der nach dem fünften Abend des unter frenetischem Beifall am 6. Juni 1948 an der Bayerischen Staatsoper uraufgeführten *Abraxas* alle weiteren Aufführungen verbot, eine Vorgeschichte im Umfeld von Egks Spruchkammerverfahren besaß. Egk hatte an die Produktion sehr hohe Anforderungen gestellt. In einem Brief vom 19. Dezember 1947 besprach er sich hierüber mit Strobel und berichtete, dass der Münchner Intendant Georg Hartmann ihm zugesichert habe, er dürfe selbst dirigieren sowie Solisten und Bühnenbildner ganz nach seinen Vorstellungen auswählen. Mit der demonstrativen Ankündigung des *Abraxas* während des laufenden Entnazifizierungsverfahrens solle ein Zeichen gesetzt werden, um „die noblen Kulturbonzen von ihrer eigenen Torheit zu überzeugen"[369].

Bezüglich der hessischen Intervention konnte Ludwig Strecker am selben Tag wie Strobel berichten, dass Holl in der Zwischenzeit mit Minister Binder hatte sprechen können. Binder hatte Holl gegenüber behauptet,

daß von dieser Stelle aus nichts erfolgt ist. Er [Holl] bemüht sich wirklich rührend in Ihrer Angelegenheit und geht heute nach Frankfurt, um mit dem ihm befreundeten Sekretär der Spruchkammer, Frankfurt – Herrn Oppenheimer – zu sprechen, ob vielleicht von dort aus wegen des Frankfurter Vertrages etwas erfolgt ist. Er glaubt es bestimmt nicht und dürfte Recht haben, denn wie mir Strobel soeben telegraphierte, scheint er bei der amerikanischen Militärregierung einer Sache auf die Spur gekommen zu sein. Er erwartet noch heute Nachmittag endgültigen Bescheid, hält die Sache für harmlos und will Ihnen auf meinen Rat heute Abend sofort telefonieren. Hoffentlich klärt sich damit die ganze Angelegenheit auf.[370]

Zu diesem Zeitpunkt befand sich Egk noch immer im Unklaren, wer der Initiator des Einspruchs bei der Münchner Spruchkammer war. Erst in den nächsten Wochen erhielt er Akteneinsicht und stellte fest, dass der folgenreiche Brief doch von

---

368 Brief von Heinrich Strobel an Werner Egk vom 9. Dezember 1947, in: NHS XIV.2 Korrespondenz mit Werner Egk 1945-1949.

369 Brief von Werner Egk an Heinrich Strobel vom 19. Dezember 1947, in: ebenda. [Dokument 18 im Anhang].

370 Brief von Ludwig Strecker an Werner Egk vom 9. Dezember 1947, in: ASM Schachtel „Briefe. 8072 bis 8366". April 1937 bis November 1948.

Binder stammte.[371] Am selben Tag wie an Strecker schrieb Egk daher auch an Strobel und bat um Unterstützung gegen den hessischen Minister. Die Bitte wirft erneut Licht auf die Reichweite und den Einfluss des Netzwerks, das Egk und Strobel verband. Egk erbat die Unterstützung des oben erwähnten *Bureau des Spectacles et de la Musique* (BSM), einer Abteilung der französischen Militärbehörden, die an Binder schreiben solle. Das Wohlwollen dieser Behörde konnte der Komponist voraussetzen, da nicht zuletzt ihr Leiter, René Thimonnier, ihm einen auf den 11. Dezember 1947 datierten Persilschein für sein Spruchkammerverfahren ausgestellt hatte.[372] Man war ihm bereits bei der Vorbereitung der *Abraxas*-Premiere behilflich gewesen, die gefeierte Primaballerina der Pariser Grand Opéra, Solange Schwarz – die Egk aus den Besatzungsjahren kannte und schätzte – für die Rolle der schönen Hexe Bellastriga zu gewinnen.[373] In bewährter Weise lieferte Egk auch dieses Mal eine Vorformulierung seines Anliegens gleich mit. Er soufflierte, „dass die Militärregierung in Sachen Egk eine absolut positive Haltung einnimmt auf Grund genauer Kenntnis des gesamten Prozessverlaufes und halte die Entscheidung ‚Nicht betroffen' für absolut richtig. Sie bittet Herrn Binder hiervon Kenntnis zu nehmen."[374] Um Strobel vollen Einblick in die Angelegenheit zu geben, legte Egk eine Abschrift eines Briefes von Binder an seinen Münchner Kollegen Hagenauer und seine offizielle Stellungnahme zu diesem Dokument bei.[375] Strobel antwortete jedoch kurz nach dem Jahreswechsel, dass man beim Südwestfunk „nach reiflicher Überlegung" eine „direkte Aktion hier bei Binder für unzweckmässig" halte, vielmehr solle über Mittelsmänner auf ihn Einfluss genommen werden.[376]

In seiner Stellungnahme, die er Strobel schickte, ging Egk in sechs Punkten auf Binders Vorwürfe ein. Er fasste zunächst die Ergebnisse der beiden bisherigen Verfahren zusammen, die zu seiner Entlastung als „nicht betroffen" geführt hätten. Auf Details des seinerzeit mit der Stadt Frankfurt geschlossenen Vertrags ging er nicht ein, sondern beschränkte sich unter Punkt drei auf die vage Angabe, dass der Frankfurter Vertrag „Egk zu einer ungewöhnlich grossen Gegenleistung"[377] verpflichtet habe. Mehr Raum gab er der anschließenden Vertragspflicht, ohne aber auch hier konkret zu werden. Unter den letzten drei Punkten führte er aus, dass er sich nach „dem Zusammenbruch bereit [erklärt habe], die vertraglich festgeleg-

---

371 Brief von Werner Egk an Ludwig Strecker vom 23. Dezember 1947, in: ebenda. In seinem Brief an Heinrich Strobel vom 19. Dezember 1947 hatte er auch die Fälschung des Briefes durch Gegenspieler in München („die Münchner Mäuse") in Betracht gezogen. NHS XIV.2 Korrespondenz mit Werner Egk 1945-1949.

372 EAWE, Blatt 11ff.

373 Im Brief an Strobel vom 19. Dezember 1947 hatte er dessen Hilfe sowie die Unterstützung von Crochot erbeten, um Solange Schwarz für die Titelrolle zu engagieren. Ein Ergebnis von Strobels Einsatz konnte er bereits berichten: „Nebenbei erschien auf die Abraxasfanfare auch der treffliche und mit Recht so allgemein beliebte Filmschauspieler Heinz Rühmann, der jetzt eine Herstellerfirma hat und bestellte eine Filmmusik bei mir zu einem reizenden Film. Sie sehen also was Sie angerichtet haben."

374 Begleitbrief von Egk an Strobel vom 23. Dezember 1947, in: NHS XIV.2 Korrespondenz mit Werner Egk 1945-1949.

375 [Dokument 19 im Anhang].

376 Brief von Strobel an Egk vom 3. Januar 1948, in: ebenda.

377 Erklärung von Werner Egk vom 23. Dezember 1947, in: ebenda. [Dokument 19 im Anhang].

ten Gegenleistungen, soweit sie nicht erfüllt waren, noch zu erfüllen, für den Fall dass die Stadt Frankfurt den Vertrag fortzuführen wünschte." Die Stadt habe ferner am 4. Juni 1947 den Vertrag anerkannt und neu bestätigt, gezeichnet vom Magistrat durch Stadtrat Dr. Reinert. Zu alledem – so schließt seine Darstellung – sei die Münchner Spruchkammer über den Frankfurter Vertrag unterrichtet gewesen, wobei Egk es offenließ, ob dies die ursprüngliche Fassung und alle daran geknüpften Vereinbarungen und Leistungen betraf oder auch deren Bestätigung durch den Nachkriegsmagistrat. Die Abschrift des Ministerbriefs und seine Stellungnahme ergänzte er noch um ein ausführliches Schreiben an Strobel, in dem er seine Sicht auf den Frankfurter Vertrag darlegte:

> Er wurde 42 abgeschlossen, nachdem ich meine Stellung an der Staatsoper s e l b s t [sic] gekündigt hatte. Eben zugunsten der Stadt Frankfurt. Um eine Begünstigung durch die Nazibonzen kann es sich schon deshalb nicht handeln, da ich ja in einer ganz prominenten ungekündigten Stellung gesessen bin und diese wiegesagt [sic] freiwillig zugunsten der Frankfurter aufgegeben habe. Ausserdem legte mir der Frankfurter Vertrag so schwere Verpflichtungen auf, dass von einer Nutzniesserschaft in keinem Fall die Rede sein könnte. Der Vertrag ist mit der Stadt Frankfurt abgeschlossen worden und nicht von einer Parteistelle, obendrein noch ohne Wissen der lokalen oder zentralen Parteibonzokratie.
>
> Wie Sie dem Beiliegenden entnehmen können hat die Stadt Frankfurt den Vertrag in diesem Jahr und zwar am 4.6. neu unterzeichnet. Auch das beweist, dass keine „Nutzniesserschaft", das heisst keine „eigensüchtige Ausnutzung von Nazibeziehungen" vorliegen kann. Soviel ich weiss sind die Nazis wenigstens offiziell schon verschwunden.[378]

Eine Woche später, kurz vor Silvester 1947, schickte Egk einen weiteren Brief an Strobel mit dem neusten Stand der Dinge. Nach langen Überlegungen, wie sich die Rücknahme des Briefes durch Binder einrichten ließe, und Details zur geplanten *Abraxas*-Uraufführung im kommenden Sommer schloss Egk sein zweiseitiges Schreiben mit der kurzen Notiz, dass er der Stadt Frankfurt aufgrund der neuen Komplikationen eine Vertragsaufhebung vorgeschlagen habe.[379] Einen Monat später konnte er die Rückmeldung von Ludwig Strecker mitteilen, dass Karl Holl ein Gespräch mit Minister Binder hatte führen können. Weit ausführlicher als in der Korrespondenz mit Strecker nannte er gegenüber Strobel parteipolitische Hintergründe als Ursache für Binders Einspruch:

> Binder meinte, dass er so Manches unterschrieben habe und tat als ob er sich gar nicht mehr so genau erinnern könnte, versprach aber sich sofort um den „Vorgang" zu kümmern. Dr. Reiner, dem ich den Frankfurter Vertrag zur Verfügung stellte bestand im Namen der Stadt auf der Aufrechterhaltung

---

378 Brief von Werner Egk an Heinrich Strobel vom 23. Dezember 1947, in: ebenda.
379 Brief von Werner Egk an Heinrich Strobel vom 29. Dezember 1947, in: ebenda.

des Vertrages, ebenso Vondenhoff. Die Stadt hat dem Binder ihre Stellungnahme mitgeteilt. Die Sache, schreibt Strecker, scheint eine Machenschaft der SPD zu sei und „inwieweit Beckmann sich zum Parteiwerkzeug machen liess oder nicht" könne man nicht übersehen. Ich soll nach dem Rat Holls n i c h t [sic] nach Wiesbaden fahren, wenigstens noch nicht, er bliebe hinter der Sache her. Die Amerikaner in München machen jetzt keine Schwierigkeiten mehr, neulich bekam ich eine Aufforderung ein Symphoniekonzert im hiesigen Rundfunk zu dirigieren und es wurde mir mitgeteilt (mündlich), dass die Amerikaner es nicht nur gestatteten, sondern begrüssten. Dr. Hartmann nimmt an, dass er auch in jedem Fall den Abraxas machen kann und wird sich dieser Tage noch versichern.[380]

Dass Egk sich auf Seiten Strobels auch gegen ehemalige Protagonisten des NS-Musiklebens engagierte, zeigt sich auf der zweiten Seite des Briefes. Dort kam er ausführlich auf Hans Severus Ziegler und Paul Sixt zu sprechen, die gemeinsam jene Ausstellung „Entartete Musik" konzipiert hatten, in der auch Heinrich Strobel gebrandmarkt worden war. Ziegler und Sixt zählten zu jenen „Kulturfeinden", die sich aus der Sicht von Egk und Strobel klar gegen das System Kunst vergangen hatten:

> Neuesten zuverlässigen Informationen nach ist der berüchtigte Kapellmeister Sixt aus Weimar, der es dank der Mithilfe seines Freundes Staatsrat und Reichskulturwalter Hans Severus Ziegler in wenigen Jahren vom Repetitor zum Generalmusikdirektor an ein und demselben Theater gebracht hat, nach dem [sic] er von Praetorius angefangen alles Hinderliche durch Gesinnungsterror und Parteidruck eliminiert hatte und der mit Ziegler zusammen an dem Zustandekommen der Ausstellung Entartete Musik masseblich beteiligt war im amerikanischen Gebiet zum Mitläufer erklärt worden oder steht zum Mindesten unmittelbar bevor. (Stuttgart) Eine DENA Meldung wonach Sixt durch die französische Militärregierung jede öffentliche Tätigkeit im französischen Gebiet untersagt würde, würde hier sicher erfreulich wirken. Ich habe auch die Bodartmeldung [gemeint ist vermutlich der Dirigent Eugen Bodart] sehr begrüsst. Vielleicht könnte das Verbot erreicht und die Meldung lanciert werden?

> Nach neuesten Informationen kann ich Ihnen auch mitteilen, dass Ziegler selbst im Rheinland in hocheleganter Aufmachung in zahlreichen kulturellen Veranstaltungen gesichtet wurde und dass er erklärt hat, es ginge ihm prima, niemand dächte daran ihn zu belästigen. Er war tatsächlich nicht einen Tag im Lager gesessen. Wenn man bedenkt, dass er Ende der zwanziger Jahre für den Posten des Reichspropagandaministers vorgesehen war, dass er mit dem blutigen Adolf innigst befreundet war, dass er in Thüringen einer der schlimmsten Kulturfeinde war und so weiter, dass er auch rein formal aufs schwerste belastet ist, dann kann einem wirklich die Galle hochkommen.

---

380 Brief von Werner Egk an Heinrich Strobel vom 28. Januar 1948, in: ebenda.

Egks eigenes Verfahren entwickelte sich für ihn schließlich günstig. Weder Binder noch die von ihm genannten Gewährsleute konnten auf Nachfrage seitens des öffentlichen Klägers schlagkräftiges Material gegen den Komponisten beibringen, so dass Staatsanwalt Herf am 30. April 1948 seine Berufung zurückzog.[381] Die Erleichterung Egks lässt sich in seiner Korrespondenz leicht anhand der vielen Schreiben nachvollziehen, mit denen er einflussreichen Institutionen und Personen seine endgültige Einstufung als „nicht belastet" mitteilte.[382] Auch im Kreis von Egks Freunden und Unterstützern sprach sich die freudige Nachricht seiner Entlastung bald herum, so dass Hilde Strobel schon am 2. Mai 1948 von zwei Komponisten nach Amerika berichten konnte, die ihr als Hoffnungsträger für eine neue deutsche Musikkultur galten:

> Kennt man die Namen Fortner und Werner Egk, die einzigen Komponisten, die in etwa mitzählen in Amerika? Ausländer, die zum erstenmal Werke von diesen beiden Autoren hören, wundern sich, dass sowas in Deutschland in den Jahren des Nazismus überhaupt wachsen könnte. Sie sind denn auch gewaltig angeschossen worden, durch diverse Spruchkammern gewandert und schliesslich freigesprochen worden.[383]

Wohl am effektivsten rehabilitiert wurde Egk allerdings durch den wenige Monate später, im November 1948, vom Bayerischen Kultusminister Hundhammer losgetretenen Skandal, der sich an angeblich blasphemischen Momenten des höchst erfolgreichen *Abraxas*-Balletts entzündete.[384] Damit reaktivierte Hundhammer exakt jenen Konflikt zwischen den Systemen Kunst und Politik, der das Grundmuster von Egks Verteidigung gebildet hatte, und adelte den Komponisten damit zum verfolgten Künstler. Wer bezüglich der Rolle des Komponisten im „Dritten Reich" auch nach der Einstellung des Spruchkammerverfahrens noch Zweifel hegte, sah sich nun einer Berichterstattung gerade der kritischen, linksliberalen Presse gegenüber, die sich mit Egk solidarisierte. So berichtete *Der Spiegel* von einer brisanten Begegnung zwischen dem Komponisten und dem Kultusminister, die im Januar 1949 während einer Feier aufeinandertrafen:

---

381 EAWE, Blatt 310.
382 Siehe z.B. seine am 3. Juli 1948 verfasste Antwort an die Gema auf ihr Schreiben vom 11. Juni 1948, in: NWE, sowie einen ähnlichen Brief zwei Monate zuvor, in dem er eidesstattlich erklärte, dass die Entscheidung seiner politischen Unbedenklichkeit inzwischen rechtskräftig sei und sein Vermögen keiner Beschränkung unterliege. Brief von Werner Egk an die Gema vom 27. Mai 1948, in: ebenda. Siehe auch eine undatierte Mitteilung von Egk an Strobel, erhalten in Material zu Egks Entnazifizierungsverfahren 1946-1947, in: NHS XIV.2 Korrespondenz mit Werner Egk 1945-1949: „Verehrter Meister, gestern kam der Bescheid der Spruchkammer hier an: Das Verfahren wurde eingestellt, weil sich alle Beschuldigungen gegen W.E. als Verleumdungen entpuppt haben und W.E. somit als vom Denazifizierungsgesetz n i c h t betroffen erklärt werden konnte! Gott sei Dank ist also endlich der Bart ab und meine Münchner Freunde haben ganz umsonst in die Scheisse gegriffen."
383 Brief von Heinrich und Hilde Strobel an Frank und Bobby Level vom 2. Mai 1948, in: NHS XIII. Vermischte Korrespondenz 4. 1946-1949.
384 Monika Woitas, *Abraxas und kein Ende. Kontext und Hintergründe eines Skandals* und Ulrike Stoll, *Freiheit der Kunst? Der Fall „Abraxas"*, in: Schläder, *Werner Egk*.

TOI TOI TOI, SAGTE DIE SCHLANGE
Egk in Wiesbaden (siehe „Festspiele")

Abb. 14:
Titelbild *Der Spiegel* 22/1950
(Foto: *Der Spiegel*)

Minister Dr. Hundhammer saß mit Staatssekretär Hugo Geiger und Staatsintendant Dr. Georg Hartmann in angeregter Unterhaltung an einem Tischchen beim Essen. Werner Egk trat hinzu, blaß und mit vorwurfsvollen grauen Augen im mageren Gesicht. Er hatte Staatssekretär Dieter Sattler gebeten, Minister Hundhammer vorgestellt zu werden.

Hundhammer erhob sich sofort mit stereotyp freundlichem Lächeln, ebenso seine Tischrunde. Die Begrüßung war trotzdem förmlich.

Werner Egk eröffnete das Gefecht. Er fragte höflich-kühl, warum sein Ballett abgesetzt worden sei.

Hundhammer antwortete schlicht, es sei ihm zu unanständig.

Dem Staatsintendanten Dr. Hartmann stieg buchstäblich der kalte Schweiß auf die Stirn. Das verbindliche Lächeln, mit dem die Tischrunde sich aus den Weingläsern zutrank, wirkte etwas gewollt.

Nach der Premiere, sagte der Minister weiter, habe er mit einer Dame gesprochen, und die habe ihm gesagt, sie könne ihrer Tochter niemals den Besuch dieser Aufführung gestatten. Man müsse den Stein des Anstoßes beseitigen, die Wiedergabe sei untragbar.

Man könne es ja abändern, meinte Egk.

Hundhammer lehnte ab. Nachdem die Pressemeldungen heraus seien, sei es dazu zu spät.

Und wenn er nun einen Prozeß anstrenge, fragte Egk.

„Den werden Sie nie gewinnen", antwortete Hundhammer.

Egk: „Ach, kennen Sie den Justizminister so gut?"

Hundhammer empfahl sich mit Gefolge, als die anwesenden Presseleute aufmerksam wurden. […]

Egk wurde gefragt, was er jetzt tun werde. Die Zigarette in den schmalen Händen bebte.

„Abwarten", sagte Egk. „Sie werden noch von mir hören."[385]

Bis ins Detail bediente dieser Bericht das Bild vom feinnervigen, unterernährten, aber aufrechten Künstler, der unerschrocken den tafelnden Banausen aus dem Reich der Politik entgegentrat, die aus tumben, kunstfremden Motiven sein freigeistiges Werk zerstören. Die später von Egk explizit gezogene Parallele zwischen Hundhammer und Goebbels[386] klingt auch hier schon an, indem Hundhammer mit der NS-Vokabel „untragbar" zitiert wird. Das Medieninteresse an diesem Fall war groß, im Juni 1950 schaffte Egk es sogar auf den Titel des *Spiegels*. Auf diese Weise kam ein aktuelles Bild vom widerständigen Künstler Egk in Umlauf, das sich auf seine Vergangenheit im Deutschen Reich rückprojizieren ließ und in seiner positiven Wirkung kaum überschätzt werden kann.

Braune Klänge

Vor der Hundhammer-Affäre hingegen bestanden in Musikerkreisen durchaus Vorbehalte gegen Egk. Dass solche sich zunächst sogar in Strobels Zeitschrift *Melos* niederschlugen, irritierte den Komponisten stark. Zum Stein des Anstoßes geriet ein von Hans Heinz Stuckenschmidt verfasster, im ersten Nachkriegsheft des *Melos* 1946 veröffentlichter Text, der Rückschau und Programm zugleich war und bereits durch seinen Titel „Braune Klänge" provozierte. Um die Bedeutung dieses Aufsatzes besser einschätzen zu können, ist zunächst kurz auf die Wiedergründung des *Melos* sowie Egks Versuche einzugehen, hinter den Kulissen auf die Veröffentlichung des Beitrags Einfluss zu nehmen.

In der freundschaftlich-launigen Laudatio, die Heinrich Strobel zum zweihundertjährigen Jubiläum des Schott-Verlags im Jahr 1970 hielt und die als Manuskript in seinem Nachlass erhalten ist, kam er in einigen Sätzen auch auf die Wiedergründung des *Melos* zu sprechen, die er als selbstverständlich und notwendig bezeichnete: „Übergehen wir die Jahre der Tarnung und der Martern aller Arten, in denen

---

385 *Der Spiegel* vom 29. Januar 1949, S. 24.
386 Werner Egk, *Das Teufelballett und der Gralsritter*, in: *Musik – Wort – Bild*, S. 109.

der Geist stark blieb. Es galt, zu überleben. Wir haben überlebt. [...] Für uns alle war es selbstverständlich, dass Melos so schnell als möglich wieder erscheinen soll. Das erste Heft kam im November 1946 heraus. Jean Arnaud hat uns dabei generös unterstützt."[387]

Um das Gewicht ermessen zu können, das Strobel bei der Wiedergründung der Zeitschrift zukam, muss man wissen, dass der entsprechende Antrag von der zuständigen französischen Militärregierung ad personam genehmigt wurde. Eine vom NS-Staat angefeindete Zeitschrift wurde von ihrem ehemaligen Schriftleiter wiedergegründet, der zudem als Musikspezialist des Rundfunks in der französischen Zone das volle Vertrauen der zuständigen Behörden besaß – besser konnten die Startbedingungen für *Melos* nicht sein. Voller Genugtuung schrieb Strobel im Juli 1946, kaum ein halbes Jahr nach seinem Dienstbeginn in Baden-Baden, seinem alten Freund Paul Sacher: „Es wird Sie vielleicht auch interessieren, daß die frz. Militärregierung mir die Lizenz für die Neuherausgabe des MELOS gegeben hat. Das Blatt wird in alter Form und im alten Geist, aber frei von aller Polemik, ab. 1. X. bei Schott wieder erscheinen. Auch dabei möchte ich Sie herzlich um Ihre Mitarbeit und um die Hilfe unserer alten schweizer Freunde bitten."[388]

Wenige Wochen nach dem Erscheinen des ersten Hefts, im Dezember 1946, hatte Strobel gegenüber Petschull erwähnt, dass die Wahl des alten Verlags Schott ein für ihn unausweichlicher Kompromiss gewesen sei: „Ich kann schon verstehen, daß Sie mich nicht gern in der Gesellschaft sehen, was wollen Sie – es war die einzige Möglichkeit, MELOS wieder herauszubringen. Es kostete schon genug, beim Alten den alten Titel durchzusetzen. Wahrscheinlich hätte auch kein anderer außer mir, die Lizenz bekommen"[389]. Ebendieser Kredit bei den französischen Behör-

---

387 NHS XVIII. Sendungen 1956-1970 2. *Vortrag zum 200-jähr. Jubiläum des Verlages Schott 1970*, S. 9. Ergänzen lässt sich Ludwig Streckers Freundschaftsadresse zum 70. Geburtstag von Strobel: „In dem vorausgegangenen ‚Tausendjährigen Reich' war es auch der Neuen Musik schlecht ergangen. Ihre Unterdrückung durch den Staat fand einen Höhepunkt in der Düsseldorfer Ausstellung ‚Entartete Musik' im Jahre 1938. Als Sie nach dem Krieg aus der ‚Verbannung' zurückkehrten, fanden wir schnell wieder zusammen. Sie traten in Deutschland auf als eine Art ‚Old Shatterhand' im ‚milden Westen'". Ludwig Strecker, *70 Jahre Heinrich Strobel*, in: *Melos* 35 (1968), Heft 5 (Mai), S. 177. Nach den rekonstruierenden Fakten und dem Briefwechsel Strobels mit Ludwig Strecker wirkt Laaffs Darstellung eigenwillig, in: Ernst Laaff, *Das neue Melos*, in: ebenda, S. 178: „Wollte der Verlag das ‚Melos' neu herausbringen [1945/46], dann ging es zunächst darum, den langjährigen Schriftleiter der früheren Zeitschrift, Heinrich Strobel, ausfindig zu machen. Es war lediglich bekannt, daß er während der Kriegsjahre in Paris gelebt hatte."
388 Brief von Heinrich Strobel an Paul Sacher vom 19. Juli 1946, in: NHS XIV.3 Korrespondenz 1945-1950.
389 Brief von Heinrich Strobel an Johannes Petschull vom 27. Dezember 1946, in: ebenda. Siehe zur Autarkie der *Melos*-Redaktion und der üblichen Rücksprache mit dem Verlag einen Brief von Ludwig Strecker an Werner Egk vom 2. September 1947: „Vorige Woche habe ich bei Dr. Strobel in Baden-Baden angeregt, daß wir im ersten Melos-Heft des neuen Jahrgangs auf die Circe-Uraufführung durch eine Art Vorbericht aus Ihrer Feder aufmerksam machen sollten. Man gibt damit einer Sache immer ein besonderes Gewicht. Ein Bild mit irgendeinem Szenenentwurf könnte den Beitrag illustrieren, evtl. auch eine Seite aus der Partitur. Wie denken Sie darüber? Falls Sie sich dazu entschließen können, erbitte ich Ihr Manuskript, das ja nicht umfangreich zu sein braucht, bis Mitte September. Das Heft soll in den ersten Oktobertagen erscheinen, es käme dann gerade zur Uraufführung."

den stärkte Strobels Position gegenüber den Gebrüdern Strecker. Wie bei Andreas Linsenmann nachzulesen ist, gehörte er zudem dem Konsultativgremium an, das im Mai 1946 zusammengerufen wurde, um im Auftrag von René Thimonnier, dem Leiter des *Bureau des Spectacles et de la Musique* (BSM), die von den Verlagen gestellten Anträge auf Druckfreigabe zu prüfen.[390] Bereits im Januar 1947 war der Schott-Verlag wieder voll lizensiert, so dass die Vorbereitung des entsprechenden Antrags und die Wiedergründung des *Melos* dank der Konstellation der Beteiligten überaus effektiv verzahnt werden konnten. Die zwischen Strobel und dem Hause Schott am 8. Juli 1946 getroffene Vereinbarung, die ebenfalls im Strobel-Nachlass erhalten ist und außer von Strobel auch von Ernst Laaff unterzeichnet wurde, legte die inhaltliche Ausrichtung sowie die redaktionelle Unabhängigkeit der Zeitschrift fest.[391] Zum Ende des Textes findet sich eine aufschlussreiche Passage:

> Es besteht Einverständnis darüber, daß die Zeitschrift Melos 1946 durch die Auswahl dessen, was sie von den Erscheinungen des heutigen Musiklebens behandelt und was nicht, eine klare Linie vertritt. Über die zur Erreichung dieser Ziele zu beschreitenden Wege findet ein ständiger Meinungsaustausch zwischen Herausgeber und Verlag statt. Es sollen keine Beiträge veröffentlicht werden, die berechtigte Interessen des Verlages nachteilig berühren; bei Beiträgen, die kritisch oder polemisch über führende Autoren des Verlages handeln, soll gemeinsam versucht werden, eine den Interessen der Zeitschrift und des Verlages gerecht werdende Formulierung zu finden, in den wenigen ganz schwierigen Fällen dadurch, daß die Nichterwähnung in der Zeitschrift auch eine Kritik bedeutet.

Eine Spielart solcher Kritik durch „Nichterwähnung" zeigt auch Stuckenschmidts besagter Artikel. Strobel hatte seinen alten Kollegen brieflich um einen programmatischen Text gebeten, der ausgehend von einem Blick zurück als Signal des Neubeginns wirken sollte: „Von Laaff werden Sie schon gehört haben, dass wir zunächst von Ihnen einen noch grundsätzlicheren Artikel gerne hätten. Ich glaube, Sie sind wohl der Geeignetste, der in der alten Melos-Weise über die Musik im dritten Reich etwas erzählen kann."[392]

Im November 1946 platzierte die Redaktion den Beitrag im vorderen Teil des ersten Hefts. Auf wenigen Seiten rechnete Stuckenschmidt scharf mit Hans Hinkel, dem Reichspropagandaministerium, dem Amt Rosenberg sowie den intriganten Dilettanten ab, von denen Musiker in der Nazidiktatur drangsaliert und kommandiert worden seien. Die damaligen Hauptströmungen des offiziellen Musiklebens teilte er in drei Kategorien ein: das Konventionelle, das Pathetische und das Nationale. In Abgrenzung hierzu nannte er die Namen von Künstlern, die im Land verblieben waren und produktiv wirkten, ohne sich der Ideologie zu überlassen. Wer

---

390 Linsenmann, *Musik als politischer Faktor*, S. 134f.
391 [Dokument 23 im Anhang].
392 Undatierter Brief von Heinrich Strobel an Hans Heinz Stuckenschmidt (1946), in: NHS XIV.3 Korrespondenz 1945-1950.

mit dem Musikleben der NS-Zeit vertraut war, konnte dabei zwischen den Zeilen lesen, wie die explizite Auslassung von Egk zu verstehen war: „Komponisten, die in diesen drei Ressorts nicht bewandert oder nicht interessiert waren, wurden abgelehnt oder waren noch gerade eben geduldet. Typische Fälle: Paul Hindemith, Boris Blacher, Richard Mohaupt, Carl Orff."[393] Wem dieses Signal noch nicht deutlich genug erschien, der wurde mit dem abschließenden Satz seiner Zweifel enthoben: „Neue Talente? Das Dritte Reich hat keine von Belang hervorgebracht."

Wie einem Brief von Hilde Strobel an Egk vom 18. Oktober 1946 zu entnehmen ist, war man sich in Baden-Baden wohl bewusst, dass es nicht einfach war, den Neubeginn des *Melos* mit Egks Vergangenheit überein zu bringen:

> es wäre ja ein Wunder, wenn Du es noch nicht vernommen hättest: MELOS erscheint. Nun hält man es in Mainz nicht für opportun, Dich schreiben zu lassen – leider – aber auch Heinrich glaubt, daß es in Deinem Interesse besser sei.
>
> Stuckenschmidt hat einen schönen Artikel geschrieben, in dem aber einige spitzige Bemerkungen über Dich sind. Heinrich hat vorgeschlagen, diesen Punkt herauszuschneiden, weiß aber nicht, ob man in Mainz derselben Meinung sein wird.
>
> Weißt Du in München einen gewandten Korrespondenten, oder würdest Du selbst evt. unter Pseudonym schreiben. Nicht einseitig über Musik, sondern über die Kunstverhältnisse in München im Allgemeinen. So ein Artikel muss sich natürlich schon gewaschen haben.[394]

Von dem Manöver Stuckenschmidts zeigte sich Egk nicht begeistert. Umgehend reagierte er auf Hilde Strobels Mitteilung und drängte darauf, die von ihr erwähnten „spitzige[n] Bemerkungen" tatsächlich zu entfernen.[395] Zwei Monate später, nachdem er Stuckenschmidts Artikel gelesen hatte, ging er nochmals ausführlich darauf ein:

> Das MELOS im alten Glanz ist auch hier in Lochham schon erschienen. Ihr Bild zeigt, dass Sie einigen Speck verloren haben, Ihr Aufsatz, dass Ihr Gehirn noch ausgezeichnet funktioniert. Weniger einverstanden war ich mit der feschen Attacke, besser gesagt mit dem zackigen „Angriff", den Stuckis Brauner geritten hat. Es liegt im unmittelbarsten Interesse der Kontrahisten immer wieder darauf hinzuweisen, dass es eine eng zusammenhängende Schicht von Komponisten, Kritikern, Regisseuren und sogar einige Dirigenten gibt, die die revolutionäre Tradition der 20er Jahre bewahrt und in diesem Sinn weitergearbeitet haben. Doch, wer weiss das besser, als Sie! Warum Wagner-Regeny, der weit mehr, als Orff oder andere von den Genann-

---

393 Hans Heinz Stuckenschmidt, *Braune Klänge*, in: *Melos* 14 (1946), Heft 1 (November), S. 11.

394 Hilde Strobel an Werner Egk am 18. Oktober 1946, in: NWE, Mappe Briefe von Hilde Strobel an Werner Egk.

395 Brief von Egk an Hilde Strobel vom 24. Oktober 1946, in: NWE, Mappe Briefe von Werner Egk an Hilde Strobel und NHS XIV.2 Korrespondenz mit Werner Egk 1945-1949.

ten, vom Promi verfolgt war und den Drewes ins Ehrenkleid gestossen, was ihm 60 Pfund Fett gekostet hat (nicht Drewes, versteht sich sondern Wagner Regeny [alles sic]) warum der in Ihrer ersten Nummer überhaupt nicht erwähnt war, verstehe ich nicht. Wie wäre es mal mit einem Aufsatz über die Freiheit der Presse im dritten Reich, nämlich die Freiheit jeden anzuscheissen, der nicht ganz „im Sinne" komponierte? Reiches Material mit Originalbeiträgen von Roeder bis Gerigk steht zur Verfügung. „Das Verbot der Kunstkritik von hinten", sozusagen. Ich bin für die Zerstörung aller „Mythen". Nicht nur für die Zerstörung der „Mythen" von gestern. Wer NS Künstler war, wurde gehätschelt, aber wer in Abständen immer mal wieder angeschissen wurde, der war deshalb noch lange nicht braun. [...] Dass Sie Stuckis Aufsatz ein Giftzähnchen ausgebrochen haben, dafür bin ich sehr dankbar. Gerade im Augenblick hätte ich das nicht brauchen können.[396]

Auch in einem Brief von Ludwig Strecker, ebenfalls wenige Wochen nach Erscheinen des ersten *Melos*-Hefts, hinterließ der Aufsatz Spuren. Strecker warb bei Egk um Verständnis dafür, dass zunächst gewisse Rücksichten auf den „Stil der Zeit" zu nehmen seien:

Da ist zunächst das „Melos". Es kann sich erst langsam einspielen. Die Schwierigkeit ist gross, weil sich die notwendigen Mitarbeiter nur zögernd einfinden und hervorwagen. Ich freue mich, daß Sie mit Strobels Linie im Grossen und Ganzen einverstanden sind. Auch nach meiner Meinung darf man die Vergangenheit nicht in Bausch und Bogen verurteilen, aber es gehört offenbar zum Stil der Zeit, sich auf diese Weise zu legitimieren. Das wird sich aber alles noch einspielen. Zunächst ist erfreulich, daß die Abonnentenzahl das erhoffte, geschweige denn erwartete Maß um ein Vielfaches übersteigt. Umso grösser ist natürlich auch die Verpflichtung der Schriftleitung.[397]

Wenige Wochen später identifizierte Egk in einem Brief an Strobel den Münchner Komponisten Wolfgang Jacobi als Urheber von Stuckenschmidts Attacke:

Wer Stuckenschmidt gegen mich aufgehetzt hat weiss ich jetzt. Es ist der Komponist Jacobi, vom dem ich Ihnen berichtet habe, dass er sogar die Polizeiakten seiner Kollegen durchforscht in der Hoffnung, wenigstens noch was Kriminelles zu entdecken, wenn er Politisches nicht entdecken konnte. Dafür komponiert er jetzt auch Messen. Und geniesst das Vertrauen des Schottautors Elisabeth [sic] Haas.[398]

---

396 Brief von Werner Egk an Heinrich Strobel vom 12. Dezember 1946, in: ebenda.
397 Brief von Ludwig Strecker an Werner Egk vom 3. Januar 1947, in: ASM Schachtel „Briefe. 8072 bis 8366". April 1937 bis November 1948.
398 Brief von Werner Egk an Heinrich Strobel vom 23. Februar 1947, in: NHS XIV.2 Korrespondenz mit Werner Egk 1945-1949.

Egks Spruchkammerakte überliefert hierzu einen scharfen Briefwechsel Egks mit Jacobi, der im NS-Staat als „Halbjude" verfolgt und zeitweise nach Italien ausgewichen gewesen war.[399] Jacobi hatte Egk, wie dieser in Erfahrung gebracht hatte, in einem Brief an Stuckenschmidt belastet. Der Komponist stellte Jacobi zur Rede und forderte ihn auf, seine Behauptung zu belegen.[400] Darauf verteidigte sich Jacobi, er habe sich auf einen Artikel Karl Holls in der *Frankfurter Zeitung* bezogen, und konterte:

> In dem Artikel, von dem ich leider nur den 1. Teil habe, sind Ihre Hymnen und Festmusiken für das 3. Reich namentlich aufgeführt. Sie werden auch kaum in Abrede stellen können, dass sich das 3. Reich ausserordentlich für Sie und Ihr Schaffen eingesetzt hat. Da Sie mich zwecks Klärung dieser Angelegenheit nicht persönlich aufgesucht haben, werde ich versuchen Ihnen meine Stellung Ihnen gegenüber schriftlich auseinanderzusetzen.
>
> Zunächst erinnern Sie sich wohl, dass ich Ihrem Schaffen stets mit größter Achtung begegnet bin. Ich habe Sie stets für den Begabtesten der jungen Münchner Komponisten gehalten. [...] Umso enttäuschter war ich, als ich hörte, dass auch Sie sich dem 3. Reich zur Verfügung gestellt hatten. Dass Sie sich während Ihrer prominenten Stellung in der Musikkammer gegen manchen Unsinn gewehrt haben, ist belanglos im Vergleich zu der Tatsache, dass Sie Ihren wertvollen Namen der Kulturpolitik des 3. Reiches als Aushängeschild überlassen haben. Innerlich waren Sie gewiss kein Nazi. Man hat mir erzählt, dass Sie noch anno 32 kommunistische Männerchöre komponiert hätten. Umso trauriger ist Ihre Widerstandslosigkeit gegenüber dem 3. Reich. Aber alles dies hätte mich nicht zu meiner scharfen Äusserung über Sie veranlasst, denn ich weiss nicht, ob ich nicht auch der Versuchung erlegen wäre, wenn ich die Möglichkeit gehabt hätte. Fatal ist es jedoch, wenn ein geschäftstüchtiger Verlag Sie als Opfer oder Benachteiligten hinzustellen versucht. Hiergegen protestiere ich. Wenn jemand ein Opfer der Nazizeit gewesen ist, dann bin ich es gewesen; denn mir hat man 12 meiner besten Jahre genommen. Was ich gesagt habe, gilt auch für Herrn Orff, der wohl im Anfang auf Widerstand gestossen ist, sich dann aber über mangelnde Aufführungen kaum beklagen konnte. (Ich erwähne hier Herrn Orff, weil auch er im Melos als Naziopfer hingestellt wurde.) Es dürfte in Ihrem Interesse sein, die Redaktion des Melos darauf aufmerksam zu machen, ähnliche Äusserungen lieber zu unterlassen, da sie zum mindesten geschmacklos wirken.[401]

---

399 Barbara Kienscharf, Artikel *Wolfgang Jacobi*, in: *Lexikon verfolgter Musiker und Musikerinnen der NS-Zeit* (LexM), online unter: http://www.lexm.uni-hamburg.de/object/lexm_lexmperson _00001415;jsessionid=94AAB3B50FD3000612039DEAEEC980AF?wcmsID=0003 (Abruf am 1. Juli 2013).

400 Brief von Werner Egk an Wolfgang Jacobi, 7. Februar 1947, in: EAWE, Blatt 210.

401 Brief von Wolfgang Jacobi an Werner Egk, 11. Februar 1947, in: EAWE, Blatt 206f.

Jacobi kann nur Strobels programmatisches Vorwort zum ersten Nachkriegsjahrgang von *Melos* meinen, in dem, wie oben erwähnt, Egk und Orff als Abweichler von der Parteilinie dargestellt worden waren.[402] Damit dies an gleicher Stelle berichtigt werde, hatte er Stuckenschmidt den Hinweis auf Egks Belastung gegeben. Allerdings gelang es nicht nur Strobel, dem Komponistenfreund solche Vorwürfe zu ersparen, sondern offensichtlich auch Egk, Hans Heinz Stuckenschmidt auf seine Seite zu ziehen. Jedenfalls stellte ihm dieser nur ein paar Monate später, am 29. September 1947, für sein Verfahren eine eidesstattliche Erklärung aus, die als Abschrift in Egks Spruchkammerakte erhalten ist:

> Als Künstler der Avantgarde stand Werner Egk der offiziellen Musikpolitik des Hitlerregimes ebenso ablehnend gegenüber, wie auch er von der Parteipresse fast immer abgelehnt wurde. Seine Erfolge im „Dritten Reich" verdankt er ausschliesslich seiner Begabung; es waren keine Erfolge durch offizielle Protektion, sondern Erfolge trotz offizieller Widerstände.
>
> Die Berufung Werner Egk's in die Reichsmusikkammer war für die fortschrittlichen Musiker ein Glück. Egk selbst hat diese seine Stellung soweit es ging benutzt, um sich für umstrittene und bedrohte Musiker einzusetzen. In keinem mir bekannten Fall hat er die nazistische Musikpolitik unterstützt oder auch nur mitgemacht.
>
> Ich kenne Egk als kosmopolitisch gesinnten, freiheitlich denkenden Menschen, der sich während des Hitlerregimes am liebsten in solcher Gesellschaft bewegte, wo er seinem Hass gegen die Nazipolitik drastischen Ausdruck geben durfte.[403]

Dieser Sinneswandel Stuckenschmidts wirft ein bezeichnendes Licht auf den Entnazifizierungsdiskurs in den ersten Nachkriegsjahren. Meinte er ernst, was er in seinem Persilschein schrieb, wie hatte ihn dann Jacobi mit wenig Mühe dazu bringen können, sich öffentlich gegen Egk zu äußern? Ganz offensichtlich bestand die feste Gewissheit von Egks Integrität, die Stuckenschmidts Schreiben so nachdrücklich suggeriert, vor allem auf dem Papier.

---

402 Heinrich Strobel, Vorwort zum ersten Nachkriegsjahrgang, *Melos* 14 (1946), Heft 1 (November), S. 1f.

403 Eidesstattliche Erklärung von Hans Heinz Stuckenschmidt vom 29.09.1947 (Abschrift), in EAWE, Blatt 224.

Kontinuitäten

Mit Blick auf die bisher beschriebenen biographischen Verflechtungen zwischen Werner Egk, Hilde und Heinrich Strobel erstaunt es nicht, dass sie auch weiterhin eng verbunden blieben. Um der Frage nachzugehen, welche Rolle dabei die Erinnerung an die NS-Zeit spielte, sollen in diesem Schlusskapitel exemplarisch verschiedene Spuren verfolgt werden. Zu Beginn gilt die Aufmerksamkeit schriftlich festgehaltenen Reflexionen der Strobels, Vertretern einer ausgeprägten Briefkultur, sowie der künstlerischen Rolle von Heinrich Strobel als Verfasser von Libretti für Rolf Liebermann. Sodann wird beleuchtet, wie Egk sich in der Bundesrepublik als moderner Musiker und mächtiger Verbandsvertreter der Urheberrechtsgesellschaft Gema neu erfand und ihre gemeinsame Gegnerschaft zu alten Widersachern aus Kritikerkreisen – Hans Schnoor und Alois Melichar – sie wieder zusammenführte; ferner kommen die pointierte Kritik von Friedrich Blume und die Reaktionen auf das von Strobel initiierte *Melos*-Sonderheft 1959 zur Sprache, mit dem er Blumes Vortrag *Was ist Musik?* beantwortete. Auch Strobels dreizehnjährige Tätigkeit als Präsident der Internationalen Gesellschaft für Neue Musik durchzogen, wie neue Quellen zeigen, immer wieder politische Debatten. Abschließend werden publizistische Rückblicke auf die lebenslange Freundschaft der Strobels zu Werner Egk erörtert, die sich um einige Archivalien ergänzen lassen.

Künstlerische Reflexionen – Heinrich Strobel als Autor

Wenn an dieser Stelle noch einmal auf die von Hilde und Heinrich Strobel an ihre Verwandten Bobby und Frank Level in Hollywood gesandten Briefe zurückgegriffen wird, geschieht dies um des vielschichtigen Bildes willen, das darin vom Deutschland der Nachkriegszeit entsteht. Bereits wenige Tage nach ihrer Ankunft in Baden-Baden beteuerten sie, trotz der desolaten Versorgungslage nicht an ihrem Entschluss zur Rückkehr zu zweifeln[404] und endlich eine Perspektive für sich zu sehen: „Ihr merkt auch sicher aus dem Ton unserer Briefe, dass wir sehr glücklich sind hier zu sein. Wir haben das Gefühl, dass ein neues Leben beginnt – das ist schrecklich viel nach all den schrecklichen Jahren."[405] In einer langen Fortsetzung des Briefes gab Strobel eine Einschätzung seiner Rolle für den Wiederaufbau Deutschlands und die Überwindung des Nationalsozialismus':

> Glaubt nicht, daß wir etwas anderes seien als andere Deutsche. Das hat uns unser Freund Arn. [Jean Arnaud] in Paris wohl gesagt. Wir haben es willig akzeptiert, die total Besiegten zu sein, weil wir es für unsere Pflicht hielten, jetzt in Deutschland zu arbeiten, damit endlich dieser verfluchte Geist

---

404 Brief von Hilde Strobel an Frank und Bobby Level vom 7. Dezember 1945, in: NHS XIII. Vermischte Korrespondenz 4. 1946–1949.
405 Brief von Hilde Strobel an Frank und Bobby Level vom 15. Dezember 1945, in: ebenda.

Abb. 15:
Werner Egk 1959 in Baden-Baden
(Foto: Bildarchiv des SWR)

des Militarismus und des geistigen Terrors auszutreiben [sic]. Deshalb freue ich mich, an einer so verantwortlichen Stelle zu sein – und ich werde alles tun, um so wohl den sturen Hochmut des Nazitums auszutreiben wie neue Terroristen zu bekämpfen. Das letztere klingt für Euch Menschen der liberty vielleicht komisch. Aber glaubt mir, es ist notwendig. Denn jeder muß erst (wie neulich ein Off. mir sagte) den hitlerischen Schweinehund in seiner eigenen Brust austreiben, bevor er über andere richten will. Ausserdem bin ich nicht zurückgekommen, um zu richten, sondern um aufzubauen. Leider sind die, die zurückkommen, nicht alle dieser Meinung. Und mancher nimmt die notwendige Säuberung zum Vorwand, um seine persönliche (und vielleicht privat verständliche) Rache zu kühlen.

Während im Verlauf des Jahres 1946 viele entscheidende Weichen von Baden-Baden aus gestellt wurden, blieb die Versorgungslage weiterhin angespannt und dramatisierte sich im Kältewinter 1946/47. Die Auswirkungen auf die politische Stimmung im „stink-reaktionären, pechschwarzen Baden"[406] stand ihnen täglich vor

---

406 Heinrich Strobel an Frank und Bobby Level vom 21. Januar 1947, in: ebenda. Siehe zu den Auswirkungen des Hungers auf die politische Haltung der Bevölkerung auch einen Brief von Heinrich und Hilde Strobel an Frank und Bobby Level vom 14. März 1948, in: ebenda.

Augen: „Auf Stöcken kriechen nur mehr Skelette durch die einst so devisengesegneten Gassen von Baden-Baden, und der deutsche Nationalismus ist so stark geworden, mit und ohne Schuld der Besatzung, daß er (wie gestern ein kluger Mann sagte) stärker ist als je unter dem Nazismus. Niemand will einsehen, daß die Deutschen den Krieg begonnen haben und somit daran Schuld sind."

Mitunter kamen bei den Strobels alte Erinnerungen hoch, beispielsweise wenn im Zuge einer groß angelegten Polizeiaktion auch bei ihnen eine nächtliche Razzia durchgeführt wurde,[407] wenn Hilde Strobel immer wieder Alltagserfahrungen mit Antisemitismus machte[408] oder wenn Hörerzuschriften beim Sender eintrafen, die sich offen und wütend im alten Jargon gegen moderne Musik aussprachen.[409] Strobel sah es durchaus als seine kulturpolitische Aufgabe, gegen den alten Geist vorzugehen. So notierte er im April 1946, noch ganz unter dem Eindruck einer Probe von Songs aus der *Dreigroschenoper*:

> So arbeiten wir – jeden Abend frage ich, durch welches Wunder jeden Tag das Programm doch zustande kommt. Und dabei sagen die Leute: wir hätten das beste Programm aller deutschen Sender. Dafür meckern die Nazis allenthalben schon, daß wir zu viel Hindemith, Ravel usw. bringen. Die Schweine wollen natürlich nur Militärmärsche und KDF-Gedudel. Aber dies mache ich nun wieder nicht. Ich treibe Ihnen das deutsche Gemüt schon aus – worauf sie sich verlassen können, um ein berüchtigtes Wort zu zitieren. (Oder habt Ihr während des Krieges nie die deutschen Sendungen des Londoner Radios gehört? Wie oft dachten wir da an Euch – und Todesstrafe stand darauf, aufs Anhören nämlich. Man kann heute die Deutschen in zwei Kategorien teilen – eine, die versteht, wenn man Londoner Zitate aus dem Maul springen läßt – und die andre, die es nicht versteht – die letzteren sind die zu denazifizierenden, aber diese sind heute alle katholisch!).[410]

Auch zwei Jahre später hatte sich der Einfluss kulturkonservativer Hörerkreise auf das Programm nicht etwa gelegt, sondern nach Strobels Eindruck sogar noch ver-

---

407 Brief von Hilde Strobel an Frank und Bobby Level vom 14. März 1947, in: ebenda.
408 Briefe von Hilde Strobel an Frank und Bobby Level vom 27. November und 5. Dezember 1946, in: ebenda. Siehe auch eine Passage von Heinrich Strobel in einem Brief von ihm und seiner Frau an Frank und Bobby Level vom 2. Mai 1948, in: ebenda: „Die größte Rolle in öffentlichen Diskussionen spielt augenblicklich auch hier die Frage Palästina, wohl der größte Skandal seit Kriegs-,ende'. Dafür hat es sich gelohnt, den Hitler zu schlagen. Uebrigens habe ich an unserem eigenen Radio dieser Tage gehört, daß in verschiedenen Städten der US-Zone bereits den Juden wieder die Fenster eingeschlagen werden und die Kaufleute sich weigern, ihnen etwas zu verkaufen. Man muß den Leuten das Recht der freien Meinungsäußerung lassen, sagt die Behörde. Deutsche Demokratie! So weit haben Sie's nach drei Jahren wieder gebracht nit ibel!"
409 Brief von Hilde und Heinrich Strobel an Frank und Bobby Level vom 17. April 1947, in: ebenda.
410 Brief von Hilde und Heinrich Strobel an Frank und Bobby Level vom 26. April 1946, in: ebenda. Siehe zu Strobels Meinung über den Einfluss der katholischen Kirche auf den Sendebetrieb des Südwestfunks und seine Position innerhalb des Hauses auch einen Brief von Frank und Bobby Level vom 16. Januar 1949, in: ebenda.

stärkt. Er musste erleben, wie die französische Militärbehörde Einspruch gegen Sendungen mit amerikanischem Jazz nachgab,

> für den ich eine restlose Bewunderung habe – dies ist ein Grund für meine große Beliebtheit unter den Funk-Nazisten. […] So weit sind wir schon wieder – weshalb denn auch die Sendungen amerikanischer Jazzmusik sogleich auf eine halbe Stunde pro Woche beschränkt wurden! Leider tun die Franzosen da bereitwillig mit. Es zeigt sich eben immer wieder, dass eine fremde Besatzung nicht die wahre Situation eines besiegten Volkes begreifen kann. Sonst wäre es nicht denkbar, daß sie derart die Segel vor dem ‚Deutschen Menschen' streicht.[411]

Die Aufgabe, inmitten von Hunger, Versorgungsengpässen und beginnendem Kalten Krieg ein engagiertes Musikprogramm zu gestalten, das sich gegen alle Widerstände innerhalb und außerhalb des Senders durchsetzen konnte, lässt sich in den Briefen an Frank und Bobby Level bis in die Gründungsphase der jungen Bundesrepublik ermessen. Bemerkenswert sind insbesondere Hinweise darauf, dass die westlichen Besatzungsmächte, je mehr sich der Eiserne Vorhang schloss, umso widersprüchlicher agierten, was ihre Mission der Re-Education betraf. Zunehmend geben sie genau jener nationalkonservativen Kulturideologie Raum, die es eigentlich zu bekämpfen galt, da sie sich aus diesen Kreisen Unterstützung gegen den Kommunismus erhofften. Erkennbar frustriert schilderte Strobel die Erfahrungen mit zwei Konzertprogrammen vom Januar 1949, die Bartóks *Sonate für zwei Klaviere und Schlagzeug*, die deutsche Erstaufführung von Hindemiths *Hérodiade*, Debussys *La Boîte à joujoux*, Strawinsky *Orpheus* ebenfalls in deutscher Erstaufführung, Schönbergs *Klavierkonzert* sowie Mozarts *Jupitersinfonie* brachten, aber jeweils kaum 350,- Mark an Einnahmen erzielten. „Wenn aber die Sauschmiere aus Karlsruhe kommt und den Troubadour so verschandelt, daß es ein Hohn ist, dann füllt der DM – Deutsche Mensch, bzw. Untermensch –, den Saal bis auf den letzten Platz."[412] Auch vor diesem Hintergrund stand Strobel der Entnazifizierungspolitik äußerst kritisch gegenüber:

> Dafür wird es jetzt vom Onkel Clay hochgepäppelt. Unsere lieben Nazis – sie sind sichere Kempfer [sic] gegen den Bolschewismus!! Wundern wird er sich! Von der nationalistischen Arroganz dieser Bande macht Ihr Euch keine Vorstellung. Es ist viel schlimmer als je zur Zeit der Republik. Wir brachten neulich im MELOS – wahrscheinlich habt Ihr es gelesen – ein Kapitel aus Strawinskys Poetik of musics [sic]; da ich eine Stelle, wo der kleine Igor sich am großen Richardl ein wenig reibt, wegen all zu dämlichen Leitmotive [sic] – Hunderte von Abbestellungen aus nationaler Empörung – „der Saujud soll erst mal den Tristan schreiben" – „wir lassen unser deutsches Emp-

---

411 Brief von Heinrich und Hilde Strobel an Frank und Bobby Level vom 17. April 1948, in: ebenda.

412 Brief von Heinrich und Hilde Strobel an Frank und Bobby Level vom 19. Februar 1949, in: ebenda.

finden nicht weiter durch den Dreck ziehen" usw. Das ist das deutsche Volk, daß US heute nach allen Künsten hätschelt. Sie werden die Ernte schon erkennen – wenn's wieder zu spät ist. Aber Leute wie uns hört man ja nicht. Man will den DM gewinnen, damit er sich nicht dem Russen ergebe …

Wie geht diese hellsichtige Kritik damit zusammen, dass Strobel selbst öffentlich im *Melos* politische Amnestie für belastete Künstler wie Strauss oder Pfitzner forderte? Das entscheidende Problem bestand auch hier darin, dass in den Systemen der Musik und der Politik verschiedene Maßstäbe galten. In den privaten Briefen nach Hollywood artikulierte Strobel dieses Dilemma klar: „Natürlich haben die Amis recht, denn 4/5 der Deutschen sind immer noch Nazis. Nur ist leider der Umstand, daß einer ein erwiesener Antinazi ist, noch lang kein Beweis für seine Qualität."[413] Um dieses Dilemma zu veranschaulichen, berichtete er von einem Gespräch mit dem Dirigenten Otto Klemperer, als dieser sich zwischen zwei Oboisten zu entscheiden hatte, von denen der eine ein alter Parteigenosse, aber ein exzellenter Musiker gewesen sei, der andere hingegen ein schlechter Bläser, aber ein aufrechter Antifaschist: „Welchen würden Sie nehmen? Kl.[emperer] Natürlich, den Nazi! Da habt Ihr das ganze deutsche Problem. Es geht mir doch der Hut hoch, wenn ich den guten Tenor nicht nehmen darf und den schlechten singen lassen muß – und doch ist es natürlich richtig, dass der gute nicht singen darf."

Leonore 40/45

In einem Rückblick, der kurz vor seinem Tod 1970 im *Melos* erschien, erläuterte Heinrich Strobel, wie er bald nach Kriegsende eine intensive Zusammenarbeit mit Rolf Liebermann begonnen habe. Liebermann, Komponist und leitender Mitarbeiter des Schweizer Rundfunks, hatte sich schon in den Gründungsjahren der Internationalen Ferienkurse in Darmstadt für den Wiederaufbau der modernen Musik in Deutschland eingesetzt und Wolfgang Steinecke ab 1947 maßgeblich unterstützt.[414] Der in Strobels Nachlass überlieferte Briefwechsel mit Liebermann beginnt im Herbst 1948, nachdem sie sich wenige Wochen zuvor bei den Ferienkursen kennen gelernt hatten.[415] Der Kontakt zu Liebermann, den Wladimir Vogel in der Dodekaphonie unterrichtet hatte, fiel für Strobel in eine Zeit, als er sich „noch befangen in Hindemiths Unterweisungs-Traditionalismus"[416] fühlte. Es war für ihn daher „über die Maßen interessant, einem jungen Schweizer Komponisten zu begegnen, der sich auf seine Art der Zwölftonmusik verschrieben hatte." Schon bald muss bei beiden die Idee entstanden sein, gemeinsam eine Oper zu schreiben, für die Stro-

---

413 Brief von Hilde und Heinrich Strobel an Frank und Bobby Level vom 24. Juli 1946, in: ebenda. [Dokument 11 im Anhang].
414 Siehe hierzu Custodis, *Traditionen, Koalitionen*, S. 50 und 74.
415 Brief von Heinrich und Hilde Strobel an Frank und Bobby Level vom 5. August 1948, in: NHS XIII. Vermischte Korrespondenz 4. 1946-1949.
416 Heinrich Strobel, *Libretti für Rolf* [*Melos* 1970/9], zitiert nach Hans Heinz Stuckenschmidt, *Zur Einführung*, in: *Heinrich Strobel. Texte zur Musik unserer Zeit 1947-1970*, S. 80.

bel das Libretto über einen realistischen Stoff liefern sollte, worin eigene Erfahrungen zur deutsch-französischen Geschichte in eine Liebesgeschichte zwischen einem deutschen Soldaten und einem französischen Mädchen einflossen. Liebermann und Strobel war die Brisanz einer solchen Fraternisierungsgeschichte wenige Jahre nach Kriegsende vollauf bewusst. In einem von Curt Riess edierten Gesprächsband wird Rolf Liebermann rückblickend zitiert: „Strobel war ja im Konzentrationslager gewesen. Nein, er dachte nicht daran, ein Opernlibretto zu schreiben, das im Konzentrationslager spielen würde. Aber ein Stück über die Jahre der Besatzung in Paris und das Nachher."[417] Friedrich Schramm, den Strobel von der gemeinsamen Inhaftierung im Lager Les Milles her kannte, wo sie gemeinsam Theaterstücke geschrieben und aufgeführt hatten, nahm das Stück zur Uraufführung am Baseler Stadttheater für das Frühjahr 1952 an.[418]

Bereits die im Titel *Leonore 40/45* enthaltene Anspielung auf Ludwig van Beethovens *Fidelio* ist vielschichtig. Sie verweist zum einen auf die französische Tradition der Rettungsoper und ihre Befreiungssujets, konkret hier die Rolle der Leonore, steht aber auch emblematisch für einen von den Nazis vereinnahmten Komponisten. Ferner komprimieren die im Titel genannten Eckdaten 1940 und 1945 die Phase von der deutschen Besetzung Frankreichs bis zum Zusammenbruch des NS-Regimes. Bis zu einem gewissen Grade unterlaufen wird dies durch die ergänzende Klassifizierung als „Opera semiseria", die jene ironisch-kritische Sichtweise andeutet, die Strobel generell eignete. Ihr arbeitet auch die Musik zu, indem beispielsweise im Prolog die Erwähnung einer himmlischen Heerschar von einem Wagner-Zitat unterstrichen und im Vorspiel eine Radioübertragung des Quartetts aus Beethovens *Fidelio* von einem Einberufungsbefehl unterbrochen wird. Damit ist der Beginn der Handlung, das Schicksal der männlichen Hauptfigur Albert, eines jungen deutschen Oboisten, der sein Studium mit einem Mendelssohn-Stipendium bestritt, im Juli 1939 verortet. Zuvor aber war bereits eine andere Figur alleine vor das Publikum getreten, um sich als Schutzengel Monsieur Émile vorzustellen und in die Handlung einzuführen. Diese Figur begegnet wieder nach der Einberufungsszene von Albert, als die Handlung nach Paris schwenkt, wo eine Madame Germaine[419] und ihre Tochter Yvette ebenfalls die Meldung des drohenden Kriegsausbruchs am Radio hören und auf Französisch darüber diskutieren. Während die Mutter in Sorge ist, ruft Yvette die symbolische Figur des Schutzengels in Erinnerung, mit dessen gütiger Hilfe sie keine Angst verspüre.[420]

417 Curt Riess, *Rolf Liebermann. Nennen Sie mich einfach Musiker*, Hamburg 1977, S. 82. Siehe zur Entstehung des Stücks auch die zahlreichen Briefe von Liebermann und Strobel in dessen Nachlass im Historischen Archiv des SWR (NHS) sowie zu einer angedachten Aufführung von *Leonore 40/45* Heinrich Strobels Brief an Andor Foldes vom 21. April 1953, in: SWR Akte „Leonore 40/45". Zentral-Archiv P 05773.

418 Riess, *Rolf Liebermann*, S. 83 und Strobel, *Libretti für Rolf*, S. 81.

419 Der sprechende Name spielt nicht nur allgemein auf Deutschland, sondern möglicherweise auch konkret auf die Sängerin Germaine Lubin (1890-1979) an, die im besetzten Paris u.a. mit Herbert von Karajan konzertierte und nach der Befreiung Frankreichs als Kollaborateurin verhaftet wurde.

420 Egon Voss und Christiane Zentgraf, Art. *Rolf Liebermann – Leonore 40/45*, in: *Pipers Enzyklopädie des Musiktheaters*, Bd. 3 *Henze-Massine*, München 1989.

Im ersten Akt verlagert sich die Geschichte ins Paris des Winters 1941/42, wo Albert als Angehöriger der deutschen Besatzungsmacht einen Klavierabend besucht. Als der Pianist ein „dodekaphonistisches Stück"[421] spielt, verlassen die Konzertbesucher, angeführt von Mère Germaine, entsetzt den Saal. Zurück bleiben voller Begeisterung nur Albert und Yvette, deren schicksalhafte Zusammenführung durch die Macht der Musik mit der anschließenden diegetischen Interpretation von Liszts *Liebestraum* und ihrer deutsch-französischen Konversation verdeutlicht wird. In den folgenden Wochen kommen sich die beiden immer näher, und während Yvette die Meinung der Nachbarn über ihre Liebe zu einem Angehörigen der feindlichen Seite umtreibt, ist es nun ihre Mutter, die gelassen die Werte der Humanität verkörpert in ihrem Ausspruch „Wir sind alle Menschen und alle gleich."

Die nächste wichtige Szene, ein geschicktes Vexierspiel mit historischen Fakten und autobiographischer Fiktion, spielt an einem kleinen Platz auf dem Montmartre. Es ist noch dämmrig am frühen Morgen des 21. August 1944, inmitten der „unheimlichen Atmosphäre unmittelbar vor der Liberation".[422] Albert muss Abschied nehmen und lässt sich, während man in der Ferne schon Freudenchöre über die Befreiung des Landes vernimmt, nicht von Yvette überreden, in Paris unterzutauchen. Für den zweiten Akt macht die Handlung einen Sprung in den August 1945, wo Albert als Insasse eines trostlosen deutschen Kriegsgefangenenlagers in Frankreich wiederbegegnet, der sich nach Yvette sehnt. Einen Monat später erfährt diese durch einen Hinweis des Schutzengels Émile, dass Albert inzwischen in der Nähe von Reims als Kriegsgefangener bei dem Instrumentenbauer Lejeune-Frère beschäftigt ist, der eine Sekretärin sucht. Auf ihre erfolgreiche Bewerbung hin findet sich das junge Paar dort wieder und blickt einer gemeinsamen Zukunft entgegen. Einige Szenenbilder später machen sich Mère Germaine und Alberts Vater Hermann – ein alter Sozialdemokrat – freudig mit dem jungen Paar auf den Weg zum Standesamt, wo die Stimmung schlagartig wechselt – ein Tribunal von Bürokraten setzt der jungen Liebe über Länder- und Nationalitätsgrenzen hinweg Widerstand entgegen. In Strobels Worten: „Es bleibt taub für die Stimme der Menschlichkeit und der Vernunft, die aus Yvette spricht. Noch einmal muss Monsieur Émile eingreifen, damit sich alles zum Guten wende in der besten aller Welten."[423] Nachdem dieser ein letztes Mal das Geschick zum Positiven gelenkt und das Glück des jungen Paares auch den amtlichen Segen gefunden hat, schenkt er ihnen mit einem herbeigezauberten Konzertflügel und einer kleinen Wohnung die Grundausstattung für ihre gemeinsame Zukunft.

Liest man das Libretto mit Blick auf die Biografien von Hilde und Heinrich Strobel, dann scheinen an einigen Stellen Parallelen und Anregungen durch persönliche Erlebnisse möglich, ohne dass völlig eindeutige Bezüge herzustellen wären. Wie nah Strobels Textbuch realen Ereignissen und Figuren kommt, zeigte sich, als er ein halbes Jahr nach der Premiere öffentlich mitteilen musste, dass die ursprünglich Huguette getaufte weibliche Hauptfigur in Yvette umzubenennen sei,

---

421 SWR Akte „Leonore 40/45". Zentral-Archiv P 05773. Typoskript des Librettos, S. 2.
422 Ebenda, S. 3.
423 Ebenda, S. 4f.

da ein „angeblich betroffenes Ehepaar"[424] Einspruch erhoben hatte: „Es ist der Eindruck entstanden, dass in der von uns verfassten Oper *Leonore 40/45* das persönliche Schicksal zweier lebender Personen gestaltet wird. Eine solche Auslegung ist
irrig. Um jedoch weiteren Mißverständnissen vorzubeugen, haben wir die Vorna-
men der zwei Hauptfiguren von *Leonore 40/45* geändert."[425] Einen Hinweis auf die
verschwimmende Grenze zwischen Dichtung und Wahrheit legte Strobel im Prolog
schon dem rettenden Engel Émile in den Mund:

> Sie runzeln die reizende Stirn, meine Schönen?
> Keine Angst – man kommt wohl mit dramatischem Gebrodel
> Aber die Autori haben sich redlich bemüht,
> den peinlichen Hintergrund dieser Liebesaffaire wegzuwischen
> das blamable Decors menschlicher Dummheit und Herrschsucht:
> Sie kennen es alle viel zu gut,
> als daß die Autori wagen würden, es nachzumalen.
> Die Wirklichkeit hat es mit unübertrefflichem Realismus vorgeführt.

Die in Frankreich gesammelten Erfahrungen sowie die kulturpolitischen Zeitumstände im Nachkriegsdeutschland künstlerisch zu reflektieren, reizte Strobel auch
nach Abschluss der *Leonore*, so dass er bereits zwei Jahre später mit Rolf Liebermann eine zweite Oper auf die Bühne brachte. Unter dem Titel *Penelope* stellte sie
ebenfalls eine Frauenfigur in den Mittelpunkt und schlug über Rückbezüge zur
Odyssee eine Brücke zu einer wahren Begebenheit im Zweiten Weltkrieg. Uraufgeführt am 17. August 1954 bei den Salzburger Festspielen, geriet dieses Werk, noch
stärker als die erste Oper, wegen seiner politischen Inhalte in die Kritik, die sich
allerdings nicht in erster Linie öffentlich artikulierte. Bereits im Vorfeld der Uraufführung war das Libretto umstritten. Die Korrespondenz zwischen Liebermann
und Strobel aus dem Frühjahr 1954 gibt Hinweise darauf, dass vehementer Widerspruch auch direkt aus dem Schott-Verlag kam, namentlich von Werner Pilz. So reagierte Strobel am 11. Mai 1954 auf einen zwei Wochen zurückliegenden Brief Liebermanns und bestätigte dessen Vermutung, dass gegen ihr Stück intrigiert werde.
Wie Strobel mit der Formulierung vom „swizzero-ebraistischen-wienerischen Defaitismus" andeutet, schien es ihm nicht ausgeschlossen, dass dabei auch Liebermanns jüdische Herkunft eine Rolle spielte:

---

424 Telegramm von Heinrich Strobel an die Redaktion der Zeitschrift *Hör Zu*, Hamburg vom 21.
    November 1952, in: SWR Akte „Leonore 40/45". Zentral-Archiv P 05773.
425 Anschlag für das Schwarze Brett eines Orchesters, in: ebenda. Rolf Liebermann gab in einem
    Gespräch einen Hinweis darauf, dass die Liebesgeschichte seiner Eltern, die von der Fa-
    milie seiner Mutter zunächst hatte unterbunden werden sollen, Anteile an der Gestaltung
    des Paares Albert-Huguette/Yvette gehabt haben könnte. *Rolf Liebermann im Gespräch mit
    Hans Bünte*, in: *Hans Heinz Stuckenschmidt, Ernst Krenek, Rolf Liebermann im Gespräch mit
    Hans Bünte*, nach der Sendereihe des ZDF *Zeugen des Jahrhunderts* hg. von Karl B. Schnel-
    ting, Frankfurt am Main 1987, S. 92. Siehe auch die Bemerkung „frei nach einer wahren Be-
    gebenheit" in einer Besprechung der Wiederaufnahme der Oper 1959 in Oldenburg, in: *Melos*
    26 (1959), Heft 11 (November), S. 346.

Leider ist sein Inhalt [gemeint ist Liebermanns Brief] noch durch ein Gespräch verstärkt worden, das der Dir wohl bekannte Pg. Pilz dieser Tage in meinem Büro führte. Er sagte mir, dass an allen deutschen Bühnen die „Penelope" wegen des Textes abgelehnt würde. Es wäre nicht mehr tragbar – aus dem Ausdruck siehst Du, dass er Pg. geblieben ist –, dass man dem deutschen Menschen ein Stück mit einer so ausgesprochenen defaitistischen, d.h. gegen den Krieg gerichteten Tendenz vorsetze und insbesondere – und dies sagte er mit einem beim Hause Schott verständlichen maliziösen Unterton –, dass man auf keinen Fall heute noch antinational-sozialistische Anspielungen sich leisten könne. Vor allem werden drei Stellen inkriminiert. Eine kommt auf meine Kappe, eine auf Deine und die dritte müssen wir uns teilen. Die Worte Nazi – Nazi – Nation seien geradezu eine Provozierung des deutschen Nationalgefühls. Das unverhohlene Zitat eines NS-Liedes: „Siehst Du im Osten das Morgenrot" würde die Leute an Zeiten erinnern, an die sie nicht mehr erinnert werden wollen und die auch endgültig vorbei sind. Als Beweis dafür, wie sehr sie vorbei sind, führte Pg. Pilz eine Bemerkung des Kasseler Intendanten an, der ihm gesagt habe: Aber ich kann doch so ein Stück nicht in einer Stadt geben, in der jeden zweiten Tag eine SS-Obersturmführer- oder Fallschirmspringertagung stattfindet. Die dritte Stelle kommt aus dem Munde des Odysseus, wenn er nämlich davon spricht, dass der trojanische Krieg keineswegs gemütlicher gewesen sei, als die Bomben der modernen Völkervergnügungen.

Wie weit diese Dinge wirklich wahr sind und wie weit sie vielleicht wohl bewusste, den Intendanten eingespritzte Erfindungen des uns begreiflicherweise nicht wohl gesonnenen Hauses Schott sind, das kann ich nicht entscheiden. Tatsache ist immerhin, dass das Stück, wie der völlig NS-unverdächtige Hartmann uns schreibt, nicht geht und dass die Gründe vermutlich in der pazifistischen Haltung des Textes zu suchen sind.

In diesem Zusammenhang dürfte dich vielleicht interessieren, dass Pg. Pilz – ich glaube eher aus Dummheit als aus Bosheit – dazufügte: Sie sehen ja, dass auch der „Lukullus" nicht gegangen ist. Ich kann mich des Eindrucks nicht erwehren, dass das im Augenblick an neuen Werken von Egk und Henze leidenschaftlich interessierte Haus Schott unserem Stück Tendenzen unterschiebt, die es in die Nähe des eben genannten Werkes bringen. Sollte dies wirklich wahr sein, so finde ich es eine Schweinerei allerersten Ranges. Ich gehe noch weiter. Ich könnte mir sogar denken, dass gewisse Ablehnungen, z.B. die von Hannover, durch einen leisen Wind aus Mainz angefacht wurden, denn Pg. Pilz sieht natürlich seinen neuen Henze oder Egk lieber dort verkauft als einen bösen swizzero-ebraistischen-wienerischen Defaitismus. Die ganze Rede des Pg. Pilz wurde mit einer solchen sächsischen Süffisanz vorgetragen, dass ich mich des eben erwähnten Gefühls bei aller Sympathie für die lieben schottischen Brüder nicht erwehren konnte. Der Refrain der

Pilz-Arie war: Sie müssen eben diese Stellen schleunigst wegnehmen und das Stück dem heutigen Empfinden des deutschen Menschen anpassen.[426]

Berufliche Übergänge bei Werner Egk

In seiner Wahrnehmung fühlte sich Werner Egk der musikalischen Moderne zugehörig, so dass es für ihn folgerichtig schien, nach Darmstadt zu gehen und sich in das Kranichsteiner Kollektiv des musikalischen Aufbruchs einzureihen. In seiner mehr als fünfhundert Seiten starken Autobiographie *Die Zeit wartet nicht* schilderte er die Rückkehr des streitbaren und als legendäre Figur der neuen Musik verehrten Kommunisten Hermann Scherchen als Begegnung der Generationen, bei der die politische Brisanz des Zusammentreffens allen bewusst war: „Fünfzehn Jahre hatte er im Ausland gelebt und Deutschland gemieden. Er war freiwillig gegangen, nicht gezwungen. [...] Endlich brach Scherchen selbst das Schweigen und fragte, wie immer ohne Umschweife, direkt: ‚Warum seid ihr hiergeblieben? Ich verstehe euch nicht.‘"[427] Egk meinte sich hingegen an eine Debatte zu erinnern, bei der Scherchen selbst seine jungen Gesprächspartner zu Beginn des Dritten Reiches zum Eintritt in die NSDAP aufgefordert habe, womit sie „die Partei von innen her aufrollen sollten".[428] Nach Egks Darstellung widersetzte sich sein früherer Mentor Scherchen allen Versuchen, seiner Erinnerung mit kleinen Hinweisen und Details „etwas nachzuhelfen" und verließ die Szenerie grußlos. Am nächsten Morgen jedoch habe er an Egks Bett gesessen und den Erwachenden versöhnlich mit Schweizer „Kostbarkeiten" wie Neskaffee, Zwieback und Konfitüre gefüttert, woraufhin sie in den folgenden Tagen lange und intensive Gespräche geführt hätten.

Diese Schilderung lässt sich durch Quellen weder bestätigen noch widerlegen, kann aber als Beispiel für Egks Strategie stehen, sich als Teil des Netzwerks einer unlängst noch verfolgten modernen Musik zu inszenieren. In ähnlicher Weise tat er Heinrich Strobel am 1. Mai 1948 brieflich seine Meinung über ein Programm mit Strawinskys *Symphony in Three Movements*, Milhauds *Suite provençale* und Rolf Liebermanns *Une des fins du monde* kund, für das er drei Monate später in Darmstadt am Pult des gastierenden SWF-Orchesters stand:[429]

> Über das Darmstädter Programm habe ich mir noch sehr den Kopf zerbrochen. Wenn auch in Darmstadt kein so steriles Publikum anwesend sein wird wie in Baden Baden, sondern lauter junge Intellektuelle, die durch die erstklassige HJErziehung [sic] sicher schon viele Voraussetzungen für das Verständnis der jüngsten Strawinsky-Symphonie mitbringen, untermischt und lieblich aufgelockert durch die von Jokisch und Lange mit Eifer an die Moderne herangeführten Restbestände der Darmstädter Bevölkerung, so

---

426 Brief von Heinrich Strobel an Rolf Liebermann vom 11. Mai 1954, in: NHS XIII.2 1953-1954 Korrespondenz Rolf Liebermann.
427 Egk, *Die Zeit wartet nicht*, S. 389.
428 Ebenda, S. 390.
429 Siehe zum Programm Borio und Danuser, *Im Zenit der Moderne*, Bd. 3, S. 532.

scheint es mir dennoch sicher zu sein, dass für den Strawinsky höchstens 4 Vorhänge herauskommen.[430]

Als zusätzliche Quelle zu diesem Konzert existiert ein Brief an Hildes Bruder Fritz (Frank) und seine Frau Bobby Level, worin die Strobels drei Monate später von den gerade zu Ende gegangenen Ferienkursen berichteten und ebenfalls auf dieses Programm zu sprechen kamen. Offensichtlich hatte sich Hilde Strobel in Darmstadt sehr wohl gefühlt,

> die Professori waren eine überaus lustige Gesellschaft und fast ausschließlich unsere Leit. Peter Stadlen (London) ehemals Wien, René Leibowitz (Paris, ehemals Warschau), Liebermann (Schweiz), Mauritz Franck (Amsterdam) usw. Soviel gute Witze gibt es garnicht als nächtlicherweise verabreicht wurden und soviel habe ich selten gelacht. Dabei wurde aber ernsthaft Musik gemacht und gelehrt.[431]

Ergänzend gab Heinrich Strobel eine Zusammenfassung des von Egk dirigierten Konzerts,[432] wobei er insbesondere die politische Dimension einer Aufführung von Strawinsky und Bartók hervorhob und sich gemeinsamer Tage in Frankreich während der 1940er Jahre entsann:

> Das hättet Ihr erleben müssen in Kranichstein: wie in alten Zeiten – ich war der einzige Goi am ganzen Tisch. Die Leute waren übrigens alle baff, daß es in Deutschland ein Orchester, das Strawinsky (Symphony in 3 Movements) und Bartok (Concerto for Orchestra) so spielt, schon wieder gibt – und dies unser Orchester ist, war es Wasser auf meine Mühle, da ich gegen sämtliche deutschen und alliierten Nazisten einen erbitterten Kampf für diese Art von Musik führe. Die jungen Leute waren im übrigen ganz begeistert von Schönberg, der jetzt, nach 30 Jahren, hier in Mode zu kommen scheint. Er muß übrigens auch in Hollywood wohnen.
>
> Mister Fraenkeln scheint mir beim Liebermann besser aufgehoben als hier, wo er nur eine Chance hätte, wenn er außer Pg. auch SS-Führer gewesen wäre. Mein Bruder, ein alter Pg., ist daher jetzt als Chefkonstrukteur und Direktionsmitglied zu Ford nach Köln gekommen. Ich will aber dem Schlee in Wien wegen Fraenkeln schreiben – der Schlee ist jetzt Eesterreicher [sic] geworden, wahrscheinlich als Anerkennung dafür, das [sic] er die U.E. arisierte [und seine jüdische Frau in den Tod getrieben hat – gestrichen]. Bin gespannt, wie lang ich mich noch halte, da ich leider in keiner NS-Organisation war ... [...] Hilde schreit eben ins Zimmer, daß wir auch Zucker, Eipulver und Milchpulver dringend gebrauchen können – ich gebe die Meldung weiter, schamerrötend wie die Hose, die ich z.Zt. um meine Beine geschlun-

---

430 Brief von Werner Egk an Heinrich Strobel vom 1. Mai 1948, in: NWE.
431 Brief vom 5. August 1948, in: NHS XIII. Vermischte Korrespondenz 4. 1946-1949.
432 In einem Brief vom 2. Mai 1948, zitiert im Kapitel *Freundschaftsdienste*, hatte Hilde Strobel ihrer Schwester und ihrem Schwager gegenüber schon begeistert von Egk gesprochen.

gen habe, es ist die berühmte Hose vom Cap Martin sel. Angedenkens – das waren noch Zeiten, lieber Fritz – und alles mit verschobenem Geld, um das wir die Herren Nazis betrogen haben!

Studiert man die Darmstädter Konzertprogramme, so zeigt sich, dass Werner Egk bis Anfang der 1950er Jahre als Komponist und Dirigent dort präsent war.[433] Dies rief durchaus auch Kritik hervor, zum Beispiel von Theodor W. Adorno. Wie er Steineckes kurzzeitigem Mitarbeiter Gerhard Ilgner brieflich im Juni 1950 mitteilte, beabsichtige er in seinem Darmstädter Seminar „Kriterien der neuen Musik", ebensolche auch an schlechten modernen Stücken zu entwickeln. Als geeignete Beispiele hatte er Klavierstücke von Paul von Klenau und Egon Wellesz, die Klaviersonate von Werner Egk und die *Phantasia apocalyptica* von Hermann Reutter ausgewählt.[434] Schon zwei Jahre früher hatte er einen vernichtenden Verriss publiziert, der unter dem sinnreichen Titel *Egkomion*[435] hart mit dessen Kompositionsstil ins Gericht ging und auch den Verleger nicht aussparte, der Egk über seine Fehlentwicklung hätte aufklären müssen. Bezeichnenderweise beschränkte sich Adorno ganz auf musikalische Aspekte, ohne die Vita Egks zu thematisieren, wobei nicht klar ist, ob er von Egks Rolle im Dritten Reich und dessen damals noch laufendem Spruchkammerverfahren Kenntnis hatte: „Was Egk, an dessen gutem Willen ich nicht zweifle, anlangt, so dürfte die Antwort so primitiv ausfallen, daß ihre Unwahrscheinlichkeit den Sachverhalt nach dem Schema von des Kaisers neuen Kleidern schützt. Es hat ihm keiner gesagt; er weiß es nicht."[436] Eine noch deutlichere Haltung nahm wenige Jahre später Luigi Nono ein, als er es unter Androhung eines Aufführungsverbotes kategorisch ablehnte, dass Egk in Darmstadt seine *Canti per 13* dirigieren sollte.[437] Abgesehen von diesem Einzelfall und dem Uraufführungsdirigat für Henzes *Concertino für Klavier und Blasorchester mit Schlagzeug* im Jahr 1947 ist über das Verhältnis Egks zur nachfolgenden Komponistengeneration wenig bekannt. Zwar zeigte *Melos* 1959 Egk im privaten Gespräch mit Pierre Boulez (ein anderes Bild der Serie erschien später im Erinnerungsband *Verehrter Meister, lieber*

433 Borio und Danuser, *Im Zenit der Moderne*, Bd. 3, S. 535: Im Rahmen der Frankfurter Woche für Neue Musik 1949 spielte am 20. Juni 1949 das Köckert-Quartett mit Christa Ludwig (Alt) Werner Egks *La tentation de Saint Antoine*, d'après des airs et des vers du dixhuitième siècle mis pour contralto et quatuor a cored (1946); S. 544: Sonderkonzert der IGNM mit Eugen Jochum, dem Chors des Hessischen Rundfunks und Orchester des Bayerischen Rundfunks mit Elisabeth Trötschel (Sopr.), Richard Holm (Ten.), Hermann Reutter und Heinz Schröter (Kl.) am 22. Juni 1951: Karl Amadeus Hartmanns 3. Sinfonie; Carl Orffs *Catulli carmina*, Hermann Reutters *Konzert in Es für zwei Klaviere und Orchester* op. 63 und Egks *Orchester-Sonate* (1948).
434 Ebenda, Bd. 1, S. 433.
435 Eine Anspielung auf den griechischen Begriff „Enkomion" für Lobrede, der hier durch das Präfix „Ek" bzw „Egk" ins Gegenteil verkehrt wird, nämlich eine fundamentale Kritik.
436 Theoder W. Adorno, *Egkomion*, in: *Gesammelte Schriften* 19 (Musikalische Schriften VI), Frankfurt am Main 2003, S. 338. Im Fall seiner Kooperation mit Joseph Müller-Blattau ein Jahrzehnt später war Adorno offensichtlich nicht über die Vita seines Gegenübers informiert gewesen. Siehe Custodis, *Theodor W. Adorno und Joseph Müller-Blattau*.
437 Borio und Danuser, *Im Zenit der Moderne*, Bd. 2, S. 144.

Freund), doch war diese Begegnung offensichtlich eher zufällig und der gemeinsamen Freundschaft zu Heinrich und Hilde Strobel geschuldet.[438]

Egks insgesamt erheblicher Einfluss auf das Musikleben der Nachkriegszeit lag also weniger auf künstlerischem Gebiet, sondern in einer Kontinuität seiner Ämter aus der NS-Zeit, bei der sich ökonomische und institutionelle Macht effektiv verbanden. Im Zentrum stand dabei seine Tätigkeit im Beirat der vom Propagandaministerium gegründeten Urheberrechtsgesellschaft Stagma ab Mai 1941, die zu seinen wichtigsten Aufgaben als Leiter der Fachschaft Komponisten in der Reichsmusikkammer gehörte.[439] Goebbels hatte der Stagma das Monopol zur Abrechnung der Tantiemen übertragen, ein entscheidendes Vorrecht, das es beim Übergang in die Nachkriegszeit zu verteidigen galt.

Wenige Monate vor der Umwandlung der Stagma zurück in die ursprüngliche Urheberrechtsgesellschaft Gema im Jahr 1947 erkundigte sich Werner Egk bei der Zentrale der Stagma in Berlin, wie der Beirat und die Leitungsebene inzwischen besetzt seien.[440] Zu Beginn seines Schreibens bezog sich Egk auf einen früheren Brief vom 3. April 1946, in dem er sich bereits dringlich nach Möglichkeiten erkundigt hatte, ausstehende Zahlungen anzuweisen. Wie sein strittiger Vertrag in Frankfurt war auch sein Status bei der Stagma durch seine ungeklärte politische Vergangenheit blockiert. In weiteren Schreiben aus dem Dezember 1947, die bereits von Beratungen berichten, an denen Egk teilnahm, ergänzte er stets den aktuellen Stand des Spruchkammerverfahrens, bis er am 3. Juli 1948 den endgültigen Bescheid übersenden konnte.[441]

Auch andere Quellen aus dieser Zeit dokumentieren, dass Egk bereits maßgeblich in die Neuordnung der Urheberrechtsinteressen involviert war, bevor er im Juni 1950 schließlich ganz zum Vorsitzenden der Gema gewählt wurde.[442] So lässt ein Brief von Ludwig Strecker an Egk vom 3. Januar 1947 erahnen, welche Bedeutung der guten Vernetzung von Verlagen, Komponisten und Urheberrechtsgesellschaften in kommerzieller Hinsicht zukam. Dies zeigte sich etwa beim Problem des so genannten „ernsten Drittels", einer auf Betreiben von Richard Strauss 1934 eingeführten Pflichtabgabe von einem Drittel der Tantiemen, die Komponisten unterhaltender Musik zugunsten ihrer Kollegen aus dem „ernsten" Gebiet zu entrichten hatten:

---

438 Pierre Boulez im schriftlichen Interview mit Michael Custodis am 14. Dezember 2012. Nach Auskunft von Robert Piencikowski, der bei der Paul-Sacher-Stiftung den Bestand von Pierre Boulez betreut, findet sich in der dortigen Korrespondenz nur ein einziges Schriftstück, eine Postkarte von Egk aus dem Jahr 1964 zur Bestätigung einer Dirigiervertretung.

439 Dümling, *Musik hat ihren Wert*, S. 230f. Vgl. auch Friedrich Geiger, „Werner Egk als Leiter der Fachschaft Komponisten in der Reichsmusikkammer", Vortrag bei der Tagung *Die Reichsmusikkammer. Im Zeichen Begrenzung von Kunst* am 29. Juni 2013, im Druck.

440 Brief von Werner Egk an die Stagma vom 10. Oktober 1946, in: NWE Mappe Egk an Stagma.

441 Siehe Schreiben von Werner Egk an die Gema vom 26. und 27. Dezember 1947, 27. Mai und 3. Juli 1948, in: NWE Mappe Egk an Gema.

442 Egk hatte diese Position bis 1958 inne und wirkte von 1967 bis 1972 noch einmal im Gema-Aufsichtsrat entscheidend mit. Vgl. Dümling, *Musik hat ihren Wert*, S. 260.

Und nun wegen des „ernsten Drittels" bei der Stagma. Ich fürchte, daß sich unsere gemeinschaftlichen Hoffnungen hierauf nicht so leicht realisieren lassen. Dieses Drittel lässt sich ja nicht mehr wie früher dekretieren, sondern die Mitgliederversammlung hat hierüber zu befinden und Sie können sich denken, daß die „leichten" Interessenten nie und nimmer freiwillig ein solches Zugeständnis machen. [...] Jedenfalls ist es durchaus am Platze, daß die führenden ernsten Komponisten ihre Wünsche kräftig bei der Stagma äussern.[443]

Unter Egks maßgeblicher Beteiligung führten die Streitigkeiten über den Verrechnungsschlüssel zwischen „ernster" und „unterhaltender" Musik im Juni 1949 schließlich zur Spaltung des bisherigen Komponistenverbands, der Genossenschaft Deutscher Tonsetzer, und im Jahr darauf zur Neugründung eines Konkurrenzunternehmens, dem Berufsverband Deutscher Komponisten, mit Egk als erstem Präsidenten. Dass Egk nun, ganz ähnlich wie schon in der NS-Zeit, nicht nur die berufsständischen Interessen der „ernsten" Komponisten vertrat, sondern zugleich auch der Urheberrechtsgesellschaft vorsaß, erwies sich als exzellente Position, um die Organisationsstrukturen nach seinen Vorstellungen umzugestalten. Im Landesarchiv Berlin sind Akten zur Gema überliefert, da dem dortigen Polizeipräsidenten und dem Senator für Volksbildung die Satzung der offiziell als Verein auftretenden Gema zur Annahme vorgelegt werden musste. Aus diesen Akten lässt sich eine vehemente Auseinandersetzung um das Jahr 1950 herum rekonstruieren. Im Kern ging es dabei um die Frage der juristischen und bürokratischen Kontinuität der noch mit der NS-Reichsmusikkammer abgeschlossenen Verträge. So findet sich in den Unterlagen ein Schreiben der Gema, unterzeichnet von einem Direktor Baumann am 31. Mai 1951, dass ein 1941 zwischen der Abteilung Konzertwesen in der Reichsmusikkammer und der Stagma geschlossener Vertrag (der eine vier Jahre alte Vereinbarung ersetzte) noch immer rechtsgültig in Kraft sei.[444] Da Egk als Leiter der Fachschaft Komponisten an der Ausarbeitung der damaligen Regelwerke maßgeblich beteiligt gewesen war, kam in dem wütenden Einspruch, den sich benachteiligt fühlende Komponisten erhoben, auch Egks politische Vergangenheit wieder zur Sprache.

Die seit längerer Zeit schwelenden Streitigkeiten brachen im Jahr 1951 offen aus, nachdem Egk mittels einer juristischen Finte am 24. März 1950 die demokratischen Gremien umgangen und im Handstreich eine neue Gema-Satzung installiert hatte.[445] Julius Kopsch, ehemaliger Geschäftsführender Vorsitzender der Genossenschaft deutscher Tonsetzer, Freund von Richard Strauss und Gründer der ihm gewidmeten Gesellschaft, Mitglied der NSDAP seit 1932, ehemaliger Generalsekretär des 1934 gegründeten Ständigen Rates für internationale Zusammenarbeit der Komponisten, schon 1940 mit Unterstützung von Strauss engagiert im Streit um

---

443 Brief von Ludwig Strecker an Werner Egk vom 3. Januar 1947, in: ASM Schachtel „Briefe. 8072 bis 8366". April 1937 bis November 1948.
444 LAB Gema Akten. B Rep. 014 Nr. 1978.
445 Ebenda.

den Verteilungsplan der Stagma und 1945 auf die Schwarze Liste der US-Militärregierung gesetzt,[446] fasste in einem Memorandum die damaligen Ereignisse rund um den von Egk installierten neuen Vorstand und dessen neue Satzung lakonisch zusammen:

> Die jetzige GEMA vorm. STAGMA ist n i c h t die Rechtsnachfolgerin der „Stagma", sondern sie ist die STAGMA selbst. Der Namenswechsel wurde von Alliierten verlangt, weil der alte Name an den Staat erinnerte. Die heutige GEMA beruht also auf der alten STAGMA-Satzung. Die gegenwärtig angewandte Satzung der GEMA ist in der Weise zustandegekommen, dass am 24.3.1950 die drei von Dr. Goebbels bestellten „Leiter" der Fachschaft Komponisten, Musikverleger und Textverfasser der nationalsozialistischen Reichsmusikkammer (bezw. Reichsschrifttumskammer), ungeachtet des Umstandes, dass diese nationalsozialistischen Organisationen durch Kontrollratsgesetz aufgelöst und verboten waren, zu notariellem Protokoll erklärten: „Wir sind die einzigen Mitglieder der STAGMA. Wir halten hiermit eine Hauptversammlung ab," und in dieser „Hauptversammlung" eine neue, die Struktur der STAGMA/GEMA völlig verändernde Satzung – eben die jetzt angewandte – „beschlossen". Diesen „Generalversammlungs-Beschluss" von 3 Nichtberechtigten liessen sie amtlich genehmigen. Auf Grund dieser durch einen Akt der Täuschung und Gewalt zustandegekommenen Satzung sind der zur Zeit amtierende Einmann-Vorstand und der Beirat bestellt worden. Die überwältigende Mehrzahl der Komponisten-Mitglieder der GEMA war zuvor durch diese Satzung ihres Mitgliedschaftsrechtes in der GEMA beraubt worden. Diese Vorgänge bilden Gegenstand eines rechtsanhängigen Zivilprozesses vor dem Landgericht Berlin und zweier miteinander verbundener Verwaltungsstreitverfahren vor dem Verwaltungsgericht Berlin.[447]

Zum Hintergrund dieser Kontroversen ist zu ergänzen, dass mit der Gründung der Stagma im Jahr 1933 alle wirtschaftliche Erträge produzierenden Komponisten automatisch Mitglied der Gesellschaft wurden. Diese Regelung hatte Egk mit der von Kopsch genannten, juristisch angefochtenen Satzungsnovelle außer Kraft gesetzt, in der als vollgültige Mitglieder nur noch Komponisten, Textdichter und Musikverleger anerkannt wurden, die in mehreren aufeinanderfolgenden Jahren ein durchschnittliches Mindesteinkommen von mehr als 1000 D-Mark (bzw. im Fall der Verleger von mehr als 2000 D-Mark) nachweisen konnten. Dies enthob ohne ihr Wissen mehr als neunzig Prozent aller Mitglieder ihres Stimmrechts und entzog ihnen die Einflussnahme auf den Verteilungsplan der Gema. Als Folge der Rechtsstreitigkeiten setzte der Polizeipräsident die Genehmigung der beanstandeten Sat-

---

446 Prieberg, *Handbuch*, S. 3887.
447 Memorandum von Julius Kopsch vom 29. Dezember 1951, in: LAB Gema-Akten. B Rep. 014 Nr. 1978. Kopsch führte am 18. Juni 1951 u.a. gemeinsam mit Arnold Ebel, bis 1933 Vorsitzender des dann aufgelösten Deutschen Komponistenverbands, und Hans Joachim Moser auch einen Informationsabend für Berliner Komponisten durch. Siehe zu Ebel: Prieberg, *Handbuch*, S. 1281.

zung aus.[448] Vermutlich als Reaktion hierauf legte Egk im September 1950 sein Amt im Präsidium des erst zu Jahresbeginn gegründeten Dachverbands der Komponisten, der nur für ein Jahr bestehenden Interessengemeinschaft Deutscher Komponisten, nieder,[449] während er einen Monat später seine institutionelle Macht bei der Gema durch seine Wahl in das Leitungsgremium der Internationalen Autoren- und Komponistenvereinigung weiter ausbauen konnte. Der Zustand einer Urheberrechtsgesellschaft ohne gültige Satzung, deren vorläufige Novellen darüber hinaus Gegenstand mehrerer Rechtsstreitigkeiten war, ließ sich als Geschäftsgrundlage der Gema dauerhaft nicht halten und Egk äußerte gemeinsam mit Kollegen in einem Einspruch vom Mai 1951 die Befürchtung, „dass durch eine Veränderung der Satzungsgrundlagen der GEMA der internationale Verrechnungsverkehr für Urheberrecht ins Stocken gerät, wodurch den deutschen Komponisten, Textdichtern und Musikverlegern erhebliche Verluste an Auslandseinnahmen entstehen könnten".[450] Die Aktenüberlieferung im Landesarchiv Berlin endet mit einem Abkommen, das am 10. Januar 1952 auf Initiative der Landesinnenministerien im Bonner Bundesjustizministerium geschlossen wurde und dieses Haus zur Aufsichtsbehörde der Gema bestimmte, während Vorbereitungen eines „Gesetzes über Verwertungsgesellschaften auf dem Gebiet des Urheberrechts"[451] getroffen wurden. In den folgenden Jahrzehnten genoss Egk als Vorsitzender der Gema hohes Ansehen; seine Rolle im Dritten Reich wurde öffentlich nicht mehr thematisiert.

Solidaritäten – Vorwürfe – Gegner

Mehrfach wurde bereits deutlich, wie intensiv Hilde und Heinrich Strobel die politische Lage in Deutschland unmittelbar nach Kriegsende beschäftige, wie genau sie Karrierekontinuitäten alter Gegenspieler verfolgten und daraus einen Teil ihrer Motivation schöpften, das System Musik gegen politische Einflussnahmen zu verteidigen. Um trotz der seinerzeit widrigen Kommunikationsbedingungen über wesentliche Veränderungen informiert zu bleiben, waren sie auf Gespräche und Briefkontakt mit Freunden, Kollegen und Gleichgesinnten angewiesen, durch die sich die in der Öffentlichkeit kursierenden Nachrichten genauer einschätzen ließen.

Auch Werner Egk zählte als enger Vertrauter zu diesem Kreis. Der Informationsaustausch zwischen ihnen schlug sich hauptsächlich in Heinrich Strobels geschäftlicher Korrespondenz für den Rundfunk und für *Melos* nieder. Wie die in den früheren Kapiteln zitierten Briefe zeigen, gingen beim 1945 wiedereinsetzenden Schriftwechsel private, musikalische und politische Themen häufig ineinander

---

448 Siehe Aktenvermerk der Senatsabteilung H/Kunst IV/Da 492 vom 25. April 1951 für Senator Joachim Tiburtius, in: LAB Gema-Akten. B Rep. 014 Nr. 1978.

449 Mitteilung der Interessengemeinschaft Deutscher Komponisten, Nr. 2 vom September 1950.

450 Einspruch von Werner Egk und Eduard Künneke (Interessengemeinschaft Deutscher Komponisten), von Richard Bars und Klaus S. Richter (Interessengemeinschaft Deutscher Textdichter) und Paul Arends (Deutscher Musikverleger-Verband) vom 19. Mai 1951, in: LAB Gema-Akten. B Rep. 014 Nr. 1978.

451 Aktennotiz der Senatsverwaltung für Tiburtius vom 14. Januar 1952, in: ebenda.

über. Da Egk seitens des Schott-Verlags für *Melos* zunächst als Autor nicht in Frage kam, fand er mit Strobel rasch den Weg, ungenannt, unter Pseudonym oder für andere Beiträge Material beizusteuern, insbesondere über reaktionäre Tendenzen im Umfeld der Münchner Musikhochschule und Figuren wie Joseph Haas, die für den Wiederaufbau des Musiklebens eigene Pläne hatten, die mit der von Strobel vertretenen avantgardistischen Linie wenig kompatibel waren.[452] Ein Beispiel zur Vorbereitung einer solchen verdeckten Autorschaft findet sich in einem Brief von Egk aus dem Februar 1947, mit dem er Strobel ein fingiertes „Dreiergespräch" zur Situation vor Ort übersandte:

> Wenn Sie wollen können Sie ja auch darauf hinweisen, wie sich München gegen Mozart, wie sich die „massgebenden Kreise" gegen Wagner und ursprünglich auch gegen Strauss verhalten haben und dass sie seinerzeit unter den „Forderungen der Gegenwart" und dem „besten Schaffen der Gegenwart" Eachner [sic], Ett, Rheinberger, Thuille, Hausegger und Haas, unter den Nazis Trunk, Dannehl, Gottfried Rüdinger, Karl Ehrenberg und jetzt wieder Joseph Haas verstanden haben und verstehen. Also nicht Mozart, nicht Wagner, nicht Strauss und nicht Hindemith und Strawinsky. Die Bruckner Pflege, die auch in München unter den Nazis einen mächtigen Aufschwung genommen hatte, hat sich jetzt vervierfacht.[453]

Bereits einen Monat später war von einer weiteren geplanten Veröffentlichung die Rede, diesmal einem „Aufsatz über die Goebbelsche Kloaken Musik und ihren Hauptabzugskanal, das Radio".[454] Zwar hatte Egk nach eigenen Angaben einiges Material über Unterhaltungsmusik schon zusammengetragen (die Strobel in einem anderen Brief einmal als „KdF-Gedudel" bezeichnet hatte), doch lieferten seine eigenen Informanten anscheinend nicht genügend belastbare Quellen, mit denen sich „einige Originalaussprüche des Oberkloakenmeisters zur Würze" hätten hinzufügen lassen. Diese Tendenz bestätigte Egk zwei Wochen später, leider „spucken die Nazischweine überhaupt nichts mehr aus, zeigen sich ebenso misstrauisch wie schweigsam. Und früher haben sie doch so gern geredet. Mit dem wenigen Material, das ich habe, komme ich nicht weiter."[455] Strobel bedauerte dies sehr, bestellte aber bei Egk getarnte Leserzuschriften über zwei Themen, über die sie sich unlängst unterhalten hätten. Der Bitte um einen unverfänglichen Sprachstil folgte dann ohne Übergang eine Nachfrage zu einer heiklen Personalie: „Schreiben Sie

---

452 Siehe als Vergleichsfall etwa den Brief von Joseph Haas an Wolfgang Steinecke vom 19. Juni 1946, verfasst noch vor Beginn der ersten Internationalen Ferienkurse in Darmstadt, mit dem Haas eine Wiederbelebung des Allgemeinen Deutschen Musikvereins voranbringen wollte. In: Custodis, *Traditionen, Koalitionen, Visionen*, S. 42f. Noch über zehn Jahre später finden sich in Briefen Egks an Strobel taktische Überlegungen gegen Egks Widersacher in München, siehe etwa einen Brief von Werner Egk an Heinrich Strobel vom 15. Mai 1959, in: NWE, Mappe Werner Egk an Heinrich Strobel.

453 Brief von Werner Egk an Heinrich Strobel vom 24. Februar 1947, in: NHS XIV.2 Korrespondenz mit Werner Egk 1945-1949.

454 Brief von Werner Egk an Heinrich Strobel vom 31. März 1947, in: ebenda.

455 Brief von Werner Egk an Heinrich Strobel vom 12. April 1947, in: ebenda.

aber etwas münchnerisch primitiv, damit die Leser den Egk'schen Wolfszahn nicht gleich merken. Dann weiter: was haben Sie gegen Winifred Wagner? Was wissen Sie über diese Dame? Ich möchte vor ihrer Spruchkammer-Verhandlung etwas über sie im MELOS bringen."[456] Zwei Wochen später reagierte Egk mit bitterem Sarkasmus, wobei er gegenüber Strobel einmal mehr die antinazistische Saite klingen ließ: „An Material für Winifred Wagner habe ich gar nichts und wenn ichs [sic] hätte würde ich es nicht hergeben. Sind wir doch alle dieser Dame aufs Tiefste verpflichtet, da sie durch ihre Subventionsgeilheit in Verbindung mit tierischer Dummheit den gewaltigen Semiteutonen nachdrücklicher kompromittiert hat, als wir alle das fertig gebracht hätten."[457]

Wie sehr indes Strobel die mit dem Hause Wagner verbundenen Verflechtungen von Musik und Politik bewegten, verdeutlicht eine Passage in einem Brief an Frank und Bobby Level vom 1. Mai 1949. Zunächst gab er in gewohnt ironischer Manier eine kurze Übersicht zum „rüstig" voranschreitenden Aufbau, da das „größte Nazischwein im Bereich der Musik, Herr Dr. Gerigk, der hunderte von Leuten auf dem Gewissen hat, […] (in der englischen Zone natürlich) als Musikkritiker in Bochum wieder ungehindert tätig"[458] sein dürfe und in altem Geiste wirke. Die folgenden Absätze des Briefes seien ausführlich wiedergegeben:

Mein alter Nazifreund, Herr Friedrich Wilhelm Herzog, der mich ein gutes Dutzend mal angepöbelt und denunziert hat, ist (natürlich im stramm katholischen Bayern) zum Verwaltungsdirektor der Münchener Staatsoper geworden. Das alte Obernazi-Schwein, Herr Prof. Hans Knappertsbusch, Knuppertsarsch, hat der Ruppel immer gesagt, wurde von Euch lieben Amerikanern nach US eingeladen, zweifellos, um den größten aller deutschen Meister, Pg. Wagner zu dirigieren. Das sind nur einige Beispiele. Leider habe ich darüber nie was in dem so instinktsicheren Aufbau des Mr. Manfred George gelesen.

NAZIS ALLER LAENDER VEREINIGT EUCH UNTERM….

Hammer und Sichel wollte ich natürlich sagen, damit keine Zweifel aufkommen. Wir haben nur einen Feind, die Bolschewiki – hat der Gebbels [sic] gesagt.

Dies alles sind Dinge, die man hier längst nicht mehr sagen kann. Immerhin kann ich Euch zu Eurer Beruhigung sagen, daß ich in meiner Musikabt. habe: 1.) einen Volljuden als Hauptsachbearbeiter, Herrn Dr. B. 2.) eine volljüdische „Sachbearbeiterin" Frau Hilde. S. 3.) aus Berlin im Anmarsch einen halbjüdischen „Sachbearbeiter" Herrn H. Daraus könnt ihr ungefähr das Ansehen schließen, welches ich genieße. Aber sie trauen sich nichts, da leider die Musik das Beste bei uns ist. Eben hat M. Francois-Poncet, Ambassadeur, es an unserem eigenen Radio mir bestätigt.

---

456 Brief von Heinrich Strobel an Werner Egk vom 21. April 1947, in: ebenda.
457 Brief von Werner Egk an Heinrich Strobel vom 25. April 1947, in: ebenda.
458 Brief von Heinrich und Hilde Strobel an Frank und Bobby Level vom 1. Mai 1949, in: NHS XIII. Vermischte Korrespondenz 4. 1946-1949.

Beiden Strobels scheint die Beobachtung von alt- und neonazistischen Kreisen ungeheuer wichtig gewesen zu sein. Auch die Kommunikation mit Egk intensivierte sich stets, wenn die Rede auf Personen wie Hans Severus Ziegler, Hans Schnoor oder Herbert Gerigk kam. Zudem versprach sich Strobel von Egk Aufschlüsse über bürokratische Strukturen des NS-Staates, in die er nicht wie dieser eingebunden gewesen war.[459]

Ein solcher Informationsaustausch lässt sich beispielhaft anhand eines Briefs von Egk an Heinrich Strobel und eines weiteren von seiner Frau ein halbes Jahr später an ihre Schwester nachzeichnen. Am 28. Januar 1948 berichtete Egk zunächst, dass der „berüchtigte Kapellmeister"[460] Paul Sixt dank der Unterstützung seines Freundes Hans Severus Ziegler, des ehemaligen Staatsrats und Mitorganisators der Düsseldorfer Ausstellung zur „Entarteten Musik", in der amerikanischen Zone in Stuttgart zum Mitläufer erklärt worden sei oder diese Einstufung unmittelbar bevorstünde. Egk schlug vor, Sixt durch die französische Militärregierung jede öffentliche Tätigkeit im französischen Gebiet zu untersagen und eine entsprechende Mitteilung der Deutschen Nachrichtenagentur zu lancieren. Mit Blick auf Sixts prominenten Mentor echauffierte sich Egk dann, wie oben bereits zitiert,

> dass Ziegler selbst im Rheinland in hocheleganter Aufmachung in zahlreichen kulturellen Veranstaltungen gesichtet wurde und dass er erklärt hat, es ginge ihm prima, niemand dächte daran ihn zu belästigen. Er war tatsächlich nicht einen Tag im Lager gesessen. Wenn man bedenkt, dass er Ende der zwanziger Jahre für den Posten des Reichspropagandaministers vorgesehen war, dass er mit dem blutigen Adolf innigst befreundet war, dass er in Thüringen einer der schlimmsten Kulturfeinde war und so weiter, dass er auch rein formal aufs schwerste belastet ist, dann kann einem wirklich die Galle hochkommen.

Ein halbes Jahr später schrieb Hilde Strobel anlässlich des fünfzigsten Geburtstags ihres Mannes an ihre Schwester und kam dabei auch auf Ziegler zu sprechen. Aus heutiger Sicht wird dabei erneut deutlich, wie eng ihre Familiengeschichte den Verwerfungen ihrer Zeit unterworfen war:

> Gerade erfahre ich, dass der grosse Nazi Mahler [sic] und Veranstalter der entarteten Kunst, Prof. Adolf Ziegler frei und unbescholten hier herumläuft und ein Atelier sucht. Was soll man da noch sagen? Er soll der Bruder der ehemaligen von Stümpes und mir angebeteten Tänzerin Hannelore Ziegler

---

459 In einem Brief an Heinrich Strobel vom 28. August 1947 erwähnt Werner Egk, bald „eine Menge authentisches Material" auch „zum Thema Organisation des Musiklebens im 3. Reich. Zuständigkeiten, Parteieinflüsse etc." zu bekommen, in: NHS XIV.2 Korrespondenz mit Werner Egk 1945-1949.

460 Brief von Werner Egk an Heinrich Strobel vom 28. Januar 1948, in: ebenda. Siehe zu Paul Sixt: Prieberg, *Handbuch*, S. 6653f.

sein, die ebenfalls als würdige Dame in B-B sitzt. Und da reissen wir uns ein Bein aus für Strawinsky und Hindemith.[461]

Hans Schnoor

Der erste von drei dokumentierten Fällen, bei denen Heinrich Strobel im *Melos* gegen radikale Kritiker der neuen Musik Stellung bezog, betrifft Hans Schnoor. Dieser hatte dem Nationalsozialismus als Berichterstatter des *Völkischen Beobachters* und Musikkritiker des *Dresdner Anzeigers* schon vor der Machtübergabe nahe gestanden. 1932 in die Partei eingetreten, beteiligte er sich mit einer Fülle antisemitischer, das neue Regime feiernder Texte publizistisch im Sinne der Machthaber.[462] Auch nach Kriegsende blieb er dieser Linie treu und zeigte ab dem Gründungsjahr der Bundesrepublik erneut großen Eifer, nun als Musikkritiker beim Bielefelder *Westfalenblatt*. Strobel verkörperte mit seinem Engagement für zeitgenössische Musik, den ihm dafür zur Verfügung stehenden Möglichkeiten beim Rundfunk und einer eigenen Zeitschrift ein Feindbild für Schnoor, dessen Aktivitäten wiederum Strobel genau im Auge behielt. So findet sich in einem Brief Wolfgang Steineckes an Strobel vom 13. Februar 1956 der Hinweis, dass dieser ihm zuvor einen Artikel Schnoors zugeschickt hatte. Steinecke, der mit seinen Ferienkursen nach eigener Aussage ebenfalls Zielscheibe von Schnoors Polemik gewesen war, überlegte nun, was zu unternehmen sei, um sich angemessen zur Wehr zu setzen. Würde man Schnoor nicht über Gebühr aufwerten, „wenn man ihn aus dem Provinzdunkel der ‚Westfalenpost' herausholt und ihn so wichtig nimmt, daß ihm z.B. im ‚Melos' entgegnet würde?"[463] Steinecke berichtete weiter, „eine Menge einschlägiges Material" etwa von Hans Joachim Moser, Friedrich Herzfeld, Kurt Westphal, Hellmut Kotschenreuther und Helmut Schmidt-Garre gesammelt zu haben, das man möglicherweise einigen jungen Komponisten („ich denke an Reinhold Schubert/Köln, Dr. Engelmann/Darmstadt, B.A. Zimmermann") für einen Kommentar zur Verfügung stellen könnte. In seinem Antwortschreiben wenige Tage später informierte Strobel seinen Kollegen Steinecke darüber, dass bei Hans Heinz Stuckenschmidt schon ein Artikel gegen Schnoor in Arbeit sei:

> Was nun Freund Schnoor betrifft, so soll zunächst einmal im Melos ein Artikel von Stuckenschmidt über die neonazistischen Umtriebe in der Musik gebracht werden. Sollten Sie noch schönes Material haben, wie Sie in Ihrem Brief in Aussicht stellen, so wäre ich Ihnen dankbar, wenn Sie dies sofort Stuckenschmidt schicken würden, damit er es evtl. in seinem Artikel noch verwerten kann. Ich hätte nichts dagegen, jungen Komponisten das Wort in

---

461 Brief von Hilde Strobel an Frank und Bobby Level vom 6. Juni 1948, in: NHS XIII. Vermischte Korrespondenz 4. 1946-1949.

462 Joseph Wulf, *Musik im Dritten Reich. Eine Dokumentation*, Frankfurt am Main et al. 1983, S. 274f. und Prieberg, *Handbuch*, S. 6269f.

463 Wolfgang Steinecke an Heinrich Strobel am 13. Februar 1956, zitiert nach Custodis, *Traditionen, Koalitionen, Visionen*, S. 70.

dieser Sache zu geben, nur frage ich mich, ob die Herren der Feder wirklich mächtig sind. Im allgemeinen sind doch die Ergüsse von Kompositeuren recht fragwürdig [...].[464]

In seiner Antwort rund eine Woche später zeigte sich Steinecke von dieser Lösung sehr angetan. Er hielt Stuckenschmidt für eine Idealbesetzung bei diesem Thema, so dass sein eigenes Material nicht einmal zum Einsatz kommen müsse: „Denn Herzfelds schäkerndes Buch *Du und die Neue Musik*, Mosers lexikographische Meisterleistung unter dem Stichwort „Neue Musik", Westphals und Kotschenreuthers Artikel in dem grauenvollen Buch *Musikstadt Berlin* (wahrlich eine schöne Visitenkarte für Berlin!) wird er sicherlich ohnehin kennen und herangezogen haben."[465]

Dass sich im *Melos* ein solcher Artikel nicht nachweisen lässt, könnte damit zusammenhängen, dass Schnoor sich just in jenen Wochen im Frühjahr 1956 heftiger Kritik in der überregionalen Tagespresse ausgesetzt sah. Im Rahmen einer Tagung der Evangelischen Akademie in Arnoldshain hatte der Komponist Winfried Zillig in seinem Referat zunächst seinen Lehrer Arnold Schönberg vehement verteidigt und den nach ihm im Tagungsprogramm vorgesehenen Schnoor mit einer Kritik konfrontiert, die dieser wenige Tage zuvor über den *Survivor from Warsaw* publiziert hatte – laut Schnoor „jenes widerwärtige Stück, das auf jeden anständigen Deutschen wie eine Verhöhnung wirken muß."[466] Da Zillig jede Diskussion mit Schnoor ablehnte, verließ er anschließend das Podium. Schnoor erhielt gleichwohl die Gelegenheit, nun zunächst selbst zur Rolle der neuen Musik im Radio zu sprechen, anschließend dann auf Aufforderung einiger Anwesender auf Zilligs Kommentar zu reagieren und die zitierte Kritik zu erläutern. Während Schnoor diese Stellungnahme „widerstrebend und halbherzig"[467] noch absolvierte, gingen die Meinungen über seine folgende Reaktion auseinander. Nach Darstellung von Monika Boll, die sich mit diesem Fall eingehend befasst hat, richtete Erich Kuby, der als Redakteur der *Süddeutschen Zeitung* zugegen gewesen war, einen Brief an Schnoors Vorgesetzten Hermann Stumpf. Laut Kuby habe man Schnoor die vorzeitige Abreise nahegelegt und sich vorbehalten, „aus dem Vorfall alle Konsequenzen zu ziehen, die geeignet sind, der öffentlichen Tätigkeit des Herrn Dr. Schnoor entgegenzuwirken"[468]. Unterzeichnet war dieser Brief von prominenten Journalisten wie dem *FAZ*-Redakteur Walter Dirks und dem *WDR*-Abteilungsleiter für Neue Musik Eigel Kruttge, aber auch von dem jungen Fred K. Prieberg, der bei dieser Veranstaltung als Mitarbeiter der Musikabteilung den Südwestfunk vertreten hat-

---

464 Heinrich Strobel am 18. Februar 1956 an Wolfgang Steinecke, zitiert nach ebenda.
465 Wolfgang Steinecke an Heinrich Strobel am 25. Februar 1956, zitiert nach ebenda.
466 Hans Schnoor im *Westfalenblatt* vom 16. Juni 1956.
467 Monika Boll, *Nachtprogramm. Intellektuelle Gründungsdebatten in der frühen Bundesrepublik*, Münster 2004, S. 214.
468 Zitiert nach ebenda.

te.[469] In Absprache mit Strobels langjährigem Freund Karl Korn erschien zwei Tage später in der *Frankfurter Allgemeinen Zeitung* ein vier Spalten langer Artikel von Walter Dirks zum Fall Schnoor. Weitere zwei Wochen später schrieb auch Erich Kuby einen ähnlichen Artikel, der am 2. Juli 1956 unter dem Titel *Rundfunk auf Höhenwegen* in der *Süddeutschen Zeitung* erschien, das Auftreten Schnoors der für die Tagung verantwortlichen Evangelischen Akademie anlastete und Schnoors Kolumnen als Wiederbelebung der SS-Zeitung *Das Schwarze Korps* charakterisierte.[470] In der darauffolgenden Woche reagierte Schnoors Hauszeitung, stellte sich vor ihren Mitarbeiter und geißelte die gegen ihn gerichteten Artikel als breit angelegte Verschwörung gegen freie Meinungsäußerung und Pressefreiheit. Dabei deutete man an, über Beweise dafür zu verfügen, dass „im Vorfeld der Tagung auf verdeckte Veranlassung des *SWF* eine Störaktion gegen Schnoor in Arnoldshain"[471] geplant worden sei. Dies zielte zwar ohne Namensnennung, gleichwohl unmissverständlich auf Strobel als Verantwortlichen im Hintergrund, der durch vorab lancierte Kritiken von Schnoor die übrigen Tagungsteilnehmer über dessen nazistische und antisemitische Grundeinstellung informiert habe.[472] Der von Kuby in Verlegenheit gebrachte Pastor Wolfgang Wehowsky, der im Namen der in Bielefeld angesiedelten Evangelischen Akademie die Tagung vorbereitet und mit einem sehr schmeichelhaften Einladungsschreiben an Schnoor ausführlich im *Westfalenblatt* zitiert worden war, reagierte seinerseits mit einem in der *Zeit* vom 19. Juli 1956 abgedruckten Brief, distanzierte sich im Namen der Akademie von Schnoor, erhob den Vorwurf der Täuschung und bestätigte die Aussage, man habe Schnoor zur vorzeitigen Abreise gedrängt.

Dieses Detail erwies sich als bedeutsam, da Strobel – frisch gewählt zum Weltpräsidenten der Internationalen Gesellschaft für Neue Musik (IGNM) – unmittelbar auf Schnoors Auftritt reagiert und unter der Überschrift *Bericht über ein Scherbengericht* Walter Dirks Text kommentarlos aus der *Frankfurter Allgemeinen Zeitung* in die Doppelnummer 7/8 des *Melos* übernommen hatte. Parallel dazu hatte Prieberg im Südwestfunk am 17. Juli 1956 einen Beitrag gesendet, der scharf gegen Schnoor Stellung bezog, viele der von Kuby in der *Süddeutschen Zeitung* geäußerten Argumente aufgriff und insbesondere die sprachlichen Ähnlichkeiten zwischen Schnoors Schreibstil und der Sprache im *Schwarzen Korps* betonte. In der Folge ging der Streit mit einer Beleidigungsklage von Schnoor und Stumpf gegen

---

469 Die Rolle von Prieberg beim SWF und sein Verhältnis zu Heinrich Strobel sind bislang noch unklar, im Sendearchiv ist er mit Beiträgen ab dem Jahr 1952 nachweisbar. In seinem Artikel *Der Fall Werner Egk* (*Die Zeit* vom 17. April 1969) und auch seinem 1982 erschienenen Kompendium *Musik im NS-Staat* wird Strobel (auch als Unterstützer von Egk) nicht im Kontext des Südwestfunks zitiert, sondern durchlaufend als Herausgeber des *Melos* charakterisiert.

470 Boll, *Nachtprogramm*, S. 216.

471 Ebenda.

472 Nach Boll (ebenda, S. 218f.) schaltete sich auch der von Schnoor wiederholt scharf angegriffene Theodor W. Adorno in die Diskussion ein und erkundigte sich bei Karl Korn, ob er in die Angelegenheit verwickelt sei. Anschließend spielte er Dirks einen antisemitischen Artikel Schnoors von 1939 zu, erschienen im Dresdner Anzeiger vom 14. März 1939, gerichtet gegen die Neuauflage von Riemanns Musiklexikon.

Prieberg vor Gericht,[473] flankiert von weiteren zornigen Artikeln Stumpfs in seiner Zeitung.

Auch Schnoors Reaktion auf den Abdruck von Dirks Artikel in *Melos* ließ nicht lange auf sich warten. Für das folgende Heft setzte er den Abdruck einer Gegendarstellung unter Hinweis auf „§ 11 des Reichspressegesetzes [sic]"[474] anwaltlich durch. Entgegen dem von Dirks vermittelten Eindruck habe er nicht überstürzt und isoliert die Tagung verlassen, nachdem er dort einige Teilnehmer beleidigt habe. Vielmehr seien seine Zeitungskritik sowie sein Referat nicht „gegen Personen als solche, sondern gegen Prinzipien und Vorgänge, zum Beispiel gegen eine Fernsehsendung über das Entstehen Elektronischer Musik" gerichtet gewesen. Als Beleg dafür, dass seine Musikkritik kein „nationalsozialistisches Phänomen" sei, führte er eine Rüge an, die er 1937 vom Reichspropagandaministerium für eine zu freundliche Kritik von Winfried Zilligs Oper *Das Opfer* erhalten haben wollte. Den Vorwurf des Antisemitismus konterte er mit der Behauptung, „dass selbst die Münchner *Jüdischen Nachrichten* mich bei der Besprechung meines letzten Buches einen ‚empfehlenswerten Kommentator und Ratgeber' genannt haben."[475]

Diesen juristischen Teilerfolg Schnoors wollte man bei *Melos* aber nicht kommentarlos hinnehmen. Da der Musikkritiker sich per Einschreibebrief festgelegt hatte, „daß seine Berichtigung unter dem Titel ‚Berichtigung' und nicht ‚Scherbengericht Nr. 2' erscheinen müsse, weil diese neue Überschrift ‚den Beigeschmack feuilletonistischer Ironie' trage",[476] wurde Schnoors Berichtigung ein Kommentar von Strobel, eine in der *Frankfurter Allgemeinen Zeitung* erschienene neue Stellungnahme von Dirks sowie ein alter, besonders entlarvender Text von Schnoor nachgestellt. Darin hatte er im Jahr 1939 heftig kritisiert, dass in der von Schott besorgten Neuausgabe des Riemann-Musiklexikons jüdische Personen nicht ganz gestrichen, sondern ‚nur' als deutsche Juden mit dem Kürzel „DJ" gekennzeichnet worden waren. Strobel schloss diese lange Kolumne mit den Worten: „Die Forderungen, die Schnoor 1939 erhoben hatte, gingen weit über die damals geltenden Bestimmungen hinaus. Sie kennzeichnen ihn als einen fanatischen Verfechter nationalsozialistischer Ideen. Daß er noch heute dieselben Gedanken vertritt, zeigen zahlreiche Beiträge für das *Westfalenblatt*".[477] Die im Hause Schott befürchtete Reaktion Schnoors blieb offensichtlich aus, was wohl auch mit seiner juristischen Niederlage gegen Prieberg zusammenhing, die noch in zwei weiteren Instanzen bestätigt wurde. Zwei Jahre später, 1958, konnte man in *Melos* die endgültige Urteilsbegründung

---

473 Ebenda, S. 220.
474 Zitat des Schreibens von Hans Schnoor an die *Melos*-Redaktion in einem Brief der Schott-Mitarbeiterin Gertrud Marbach an Heinrich Strobel vom 17. August 1956, in: ASM Mappe 21126.
475 Hans Schnoor, in: *Melos* 23 (1956), Heft 9 (September).
476 Brief von Schott (Mitarbeiter von Laaff) an Heinrich Strobel vom 10. September 1956, in: ASM Mappe 21126.
477 Heinrich Strobel im *Melos* 23 (1956), Heft 7/8 (Juli/August), S. 265.

nachlesen, worin das Gericht Priebergs Polemik als zwar scharfe, aber durchaus legitime Kritik an Schnoor von der Meinungs- und Pressefreiheit gedeckt sah.[478]

Friedrich Blume

Zur Eröffnung der Kasseler Musiktage, die vom Leiter des Bärenreiter-Verlags Karl Vötterle gegründet worden und eng mit der Gesellschaft für Musikforschung verflochten waren, hielt Friedrich Blume im Oktober 1958 unter dem schlichten Titel *Was ist Musik?* einen Vortrag, der bald hohe Wellen schlug. Angeheizt wurde die Debatte nicht zuletzt durch ein Themenheft des *Melos*, mit dem Heinrich Strobel im März 1959 auf die von Blume gegen die neue Musik erhobenen Vorwürfe reagierte. Dabei ließ er Pierre Boulez, Hans Curjel, Herbert Eimert, Wolfgang Fortner, Antoine Goléa, Heinz Joachim, Giselher Klebe, Wolf-Eberhard von Lewinski, Hans Otte, Andreas Razumovsky, Willi Reich, K. H. Ruppel, Karlheinz Stockhausen, Klaus Wagner, Jacques Wildberger, Gerhard Wimberger und Bernd Alois Zimmermann prominente Gegenrede führen. Unter der von Nietzsche entlehnten, auf die Überlegenheit des deutschen Übermenschen anspielenden Überschrift „Also sprach Professor Blume" waren den Kommentaren Auszüge aus dessen inzwischen im Druck erschienenen Vortrag[479] vorangestellt, die die Irrigkeit der Zwölftonmusik, die Absurdität von Drittel- und Vierteltonsystemen sowie das chaotische Resultat mechanisch-serieller Formbildung behaupteten. Ins Zentrum der Debatte rückte bei vielen Rezensenten aber Blumes scharfe Polemik gegen die elektronische Musik. Sie werde, so Blume, nur noch als Experiment um ihrer selbst willen betrieben und lege die „Axt an die Wurzeln einer der vollkommensten Schöpfungen Gottes",[480] um aus den Trümmern der zerstörten Klänge „eine Fratzenwelt aufzubauen, die den Schöpfer äfft". Die daraus abgeleiteten Vorwürfe von „Blasphemie", „Vermessenheit" und ethischer Fragwürdigkeit wurden von zahlreichen Autoren unter Überschriften wie „Der Brandmeister" (Curjel), „Die Kasseler Axt" (Eimert), „Elektronik ohne Ethos?" (Fortner), „Getarnte Demagogie?" (Klebe), „Heilung mit Gift" (Ruppel), „Das Abendland ist nicht die Welt" (Wagner), „Fafner bewacht den nordischen Schatz" (Wildberger) und „Komponisten bestimmen die Grenzen der Musik" (Zimmermann) scharf retourniert.

Zwei Bemerkungen zu Blumes musikalischen Präferenzen sind an dieser Stelle einzuschieben. Zum einen war er über seine vielfältigen Tätigkeiten in nationalen und internationalen wissenschaftlichen Gremien und nicht zuletzt über seinen ersten Doktoranden Wolfgang Steinecke über aktuelle Tendenzen des Musiklebens durchaus gut orientiert. Sein eigentliches Interesse galt aber der deutschen Musik vor 1700, insbesondere der protestantischen Kirchenmusik um Heinrich Schütz

---

478 Siehe auch eine Meldung im *Melos*-Heft 2 (1958) über Demonstrationen und einen Schweigemarsch gegen Veit Harlan (S. 74) sowie zur Klage von Hans Schnoor gegen Prieberg (S. 105), in: *Melos* (25) 1958, Heft 3 (März).
479 Friedrich Blume, *Was ist Musik?*, Kassel und Basel 1959.
480 *Melos* 26 (1959), Heft 3 (März), S. 66.

und ihrer von der Jugendmusikbewegung betriebenen Restauration. Bis er im Jahr 1950 dann doch mit einem Beitrag über „Bach in der Gegenwart" im Darmstadt sprach, hatte er Steineckes Bitten, bei den Ferienkursen einen Vortrag zu halten, mehrere Jahre lang freundlich zurückgewiesen: „Da es sich aber bei ihnen ja wohl ganz oder doch vornehmlich um Fragen der heutigen Musikpraxis oder der Neuen Musik handelt, glaube ich nicht, dass ich Wesentliches zu sagen hätte, weil meine Arbeitsgebiete ganz wo anders liegen."[481] Zum anderen empfanden viele Rezensenten die Attacke gegen elektronische Musik als versteckten Angriff speziell auf Karlheinz Stockhausen und dessen zwei Jahre vor Blumes Vortrag in Köln uraufgeführten *Gesang der Jünglinge*. Auf der Grundlage des gleichnamigen Bibeltextes aus dem alttestamentarischen Buch Daniel hatte Stockhausen das Stück ursprünglich als elektronische Messe konzipiert.[482] In der Tat ist zu vermuten, dass es insbesondere die Verbindung religiöser Inhalte mit elektronischen Klängen war, die Blumes vehemente Abwehr hervorrief – zumal sich solche „Blasphemie" nicht allein bei Stockhausen zeigte, sondern etwa auch in Ernst Kreneks ebenfalls im Elektronischen Studio des Westdeutschen Rundfunk entstandenem, gleichfalls 1956 uraufgeführtem Pfingstoratorium *Spiritus Intelligentiae Sanctus* op. 152.

Wie die Auswahl der von Strobel zusammengestellten Stellungnahmen zustande kam, ist unbekannt. Jedoch fällt auf, dass nicht nur der sonst bei solchen Themen sehr aktive Hans Heinz Stuckenschmidt und Strobels regelmäßiger Korrespondenzpartner Wolfgang Steinecke unbeteiligt blieben, sondern auch Werner Egk, obgleich auch er seit der Wiedergründung des *Melos* eine der von Strobel favorisierten spitzen Federn führte. Wie ein Brief Ludwig Streckers vom 15. April 1959 dokumentiert, nahm man im Hause Schott die durch das Blume-Sonderheft angestoßene Lagerbildung sehr ernst. Unvermittelt sah man sich in Mainz in der Rolle eines Protektors der neuen Musik und ihres Journalismus der ständisch organisierten deutschen Musikwissenschaft und ihrem Hausverlag Bärenreiter in Kassel gegenüber gestellt. Zunächst bekannte Strecker, mit „teilweisem Vergnügen, jedenfalls aber mit allergrösstem Interesse"[483] das Heft studiert zu haben, dessen Entstehung er urlaubsbedingt nicht verfolgt hatte. Mit Strobels Replik auf Blume sah er eine „Auseinandersetzung von zwei Weltanschauungen eingeleitet", die im nächsten Heft nach einer angemessenen Positionierung verlange, da mit Leserzuschrif-

---

481 Brief von Blume vom 24. Juni 1948, zitiert nach Custodis, *Traditionen, Koalitionen, Visionen*, S. 60.
482 Die geplante Uraufführung im Kölner Dom ist umstritten, Helmut Kirchmeyer, *Stockhausens Elektronische Messe nebst einem Vorspann unveröffentlichter Briefe aus seiner Pariser Zeit an Herbert Eimert*, in: *AfMw* 66 (2009), Heft 3. Fast sechs Jahrzehnte später wurde das Stück am 30. April 2013 dort aufgeführt.
483 Brief von Ludwig Strecker an Heinrich Strobel vom 15. April 1959, in: ASM Mappe 21131. In einem Brief an Heinrich Strobel bekräftigte Laaffs Mitarbeiterin in der Zeitschriftenredaktion, Gertrud Marbach, die Notwendigkeit, dass an der Blume-Debatte beteiligte Autoren sich auch künftig präsentierten: „Denn wir müssen ja damit rechnen, daß von Seiten des Verlages Bärenreiter nun ‚Melos' besonders ins Blickfeld gerückt ist." Brief von Getrud Marbach an Heinrich Strobel vom 17. April 1959, in: ebenda.

ten und öffentlichen Stellungnahmen zu rechnen sei.[484] Als Verleger war Strecker dabei auch um den Ruf seines Hauses besorgt. Es dürften, wie er fürchtete, „genügend Brunnenvergifter da sein, die den anonymen MELOS-Verlag mit dem Schott-Verlag zu identifizieren versuchen werden. Und daher kann es uns nicht mehr einerlei sein, wie die MELOS-Schriftleitung abschneidet. Vielleicht wird man später einmal diese Angelegenheit für historisch wichtig halten. Wir müssen uns daher geistig wappnen."[485]

Die gewichtigste Reaktion erreichte Strobel aber von Blume selbst, der sich höflich für die große Aufmerksamkeit bedankte und zugleich seine Überraschung über die unsachliche Hitzigkeit vieler Reaktionen kundtat.[486] Da er Strobel den vollständigen Abdruck des Briefes freistellte, war dieser im zwei Monate später erschienenen Mai-Heft des *Melos* nachzulesen. Zum einen störte sich Blume daran, dass die meisten Beiträge sich nicht ausführlich auf seine Gedankengänge eingelassen hätten, sondern unter Herausgreifen einzelner Punkte ihn „ohne viel Umstände als senibles Petrefakt in den Mülleimer geworfen" hätten – diesen Vorwurf, oberflächlich zu argumentieren, hatte Blume sich zuvor von vielen Respondenten ebenfalls gefallen lassen müssen, die ihm mangelnde Kenntnis der pauschal kritisierten zeitgenössischen Musik unterstellten. Zum anderen aber sei sein Vortrag als Versuch, „aus der oft bemängelten Passivität der Musikwissenschaft gegenüber der neueren Musik herauszutreten und meinerseits die Plattform für ein ‚Gespräch' anzubieten", ohne dabei demagogisch gegen die neuere Musik zu agitieren, völlig missverstanden und unter dem Niveau seiner Argumente rüde zurückgewiesen worden, zumal für eine angemessene Debatte eine Plattform nötig sei, „die aus der Achtung vor dem gegnerischen Standpunkt, der Achtung vor der gegnerischen Persönlichkeit und der Bereitwilligkeit, in sachlicher Form mit sachlichen Argumenten zu operieren, bestehen muss."

In einem Brief an den „verehrten, lieben Freund"[487] Ludwig Strecker bemühte sich Strobel, der Aufregung im Verlag für das Mai-Heft entgegenzuwirken und präferierte die Lösung, den Abdruck von Blumes Brief durch ein ausführliches Vorwort Strobels sowie eine Stellungnahme von Wolfgang Fortner zu begleiten. In einem Brief vom selben Tag dankte Strecker Fortner zunächst für seine Bereitschaft, „die verfahrene MELOS-Situation auf eine hohe Ebene zurückzuführen. Ich bin

---

484 In Kopie übersandte er ein mehrseitiges Protestschreiben des Nürnberger Journalisten Franz Junghans, der Blume vor unangemessener, beleidigender Kritik der jungen Komponisten in Schutz nehmen wollte.

485 Siehe auch die Gestaltung der Oktoberausgabe des *Melos* 1958 und die propagandistische Verwendung des März-Heftes in eigener Sache in einem Brief von Heinrich Strobel an Ludwig Strecker vom 17. März 1959, in: ebenda: „Da diesmal das Heft aus guten Gründen nicht auf Donaueschingen abgestimmt wird, hielte ich es für richtig, wenn wir etwa je 50 Exemplare verschiedener Nummern dieses Jahrgangs in Donaueschingen auslegen, vor allem natürlich das Blume-Heft, dann die kommende Nummer mit dem grossen Bericht von Stockhausen über Amerika und auch das Sommerdoppelheft, das sich fast ausschließlich mit neuen Problemen des Hörens, Bauens und Sehens befassen wird."

486 Fotokopie eines Briefs von Friedrich Blume an Heinrich Strobel vom 14. April 1959, in: ebenda.

487 Brief von Heinrich Strobel an Ludwig Strecker vom 21. April 1959, in: ASM Mappe 21132.

glücklich darüber!" Weiter berichtete er, sich bereits mit Ernst Thomas[488] abgesprochen zu haben, der ebenfalls darum bitte, „keinerlei Schwäche von Blume zu
übersehen". Mit einem aufschlussreichen Hinweis auf Blumes Öffentlichkeits- und
Verbandspolitik informierte Strecker Fortner ferner darüber, dass der Bärenreiter-
Verlag „auf Kosten des Musikrats d.h. auf Kosten des Ausw. Amtes" Blumes vollständigen Artikel als Sonderdruck „mit der Überschrift: ‚Sehr aktuell' ‚Zur Besprechung'" an alle großen Zeitungen verschicken ließ.[489] Seine Zusammenstellung der
verschiedenen Positionen – seines eigenen Vorworts, Blumes Brief und Fortners
Replik – hatte Strobel mit der Frage „Wer zertrampelt wen?" erneut unter eine prä-
gnante Überschrift gestellt. Zwar habe, so Strobel in seinem Vorwort, sich Blume
über den Ton mancher Autoren beklagt und eine „Auseinandersetzung auf akade-
mischer Basis gewünscht". Doch er selbst habe mit einem Vortrag im Rahmen der
Kasseler Musiktage bewusst eine nicht-musikwissenschaftliche, breite Öffentlichkeit
angesprochen und schließlich nicht seine Fachkollegen, sondern die „komponierende Avantgarde" angegriffen. Daher sei es folgerichtig gewesen, dass die Ange-
griffenen sich selbst wehrten, und dass „*Melos* als Zeitschrift für neue Musik ihnen die Möglichkeit geben mußte, zu sagen, was sie zu sagen haben".[490] Wenn *Melos*
nun Blumes Brief abdrucke, „obschon er leider keines der vielfältigen Argumente
seiner Kontrahenten aufgreift", sei es aus Strobels Sicht daher eine „Pflicht der Loyalität", anschließend Wolfgang Fortner das Wort zu überlassen, um im „Namen
der ‚Beiträger'" darauf zu antworten. Da Fortners Replik lediglich von Strobel selbst
bereits wesentlich pointierter vorgebrachte Positionen wiederholte, fand die Debatte mit Strobels Schlusssatz ein Ende: „Die Diskussion ist, soweit es die unmittelbar
Betroffenen angeht, damit abgeschlossen."

Alois Melichar

Im Vergleich zu Schnoor und Blume weniger spektakulär verlief eine Auseinandersetzung mit Alois Melichar, einem weiteren Protagonisten aus der NS-Zeit, da es
mit ihm nicht zu einer offenen Auseinandersetzung kam. Gleichwohl können Strobels Korrespondenz in dieser Sache und die veröffentlichten Kommentare einiges
zur Frage der Kontinuitäten im deutschen Musikleben vor und nach 1945 beitra-
gen.
    Bis zum Ende der 1950er Jahre spielte der Name Melichars für Strobel kaum
eine Rolle, getreu seiner Maxime, manchen Personen lieber mit Nichtachtung und
Schweigen zu begegnen, als sie durch zu viel Aufmerksamkeit aufzuwerten. Vier
Jahre vor der Jahrhundertwende als Sohn eines Kapellmeisters geboren, wurde Melichar Kompositionsschüler von Joseph Marx und Franz Schreker. Das Spektrum

---

488 Thomas war zu dieser Zeit Journalist in Frankfurt und Mitarbeiter bei der ebenfalls von
    Schott verlegten *Neuen Zeitschrift für Musik*. Zwei Jahre später übernahm er in Nachfolge des
    tragisch verunglückten Wolfgang Steinecke die Leitung der Darmstädter Ferienkurse.
489 Brief von Ludwig Strecker an Wolfgang Fortner vom 21. April 1959, in: ebenda.
490 Vorwort von Heinrich Strobel zu dieser Kolumne *Melos* 26 (1959), Heft 5 (Mai), S. 148.

seiner Tätigkeiten reichte vom Dirigenten und Komponisten im Bereich der Filmmusik bis zum Autor von Zeitungsartikeln und mehreren Büchern, die neue musikalische Richtungen bekämpften und im Jahr 1938 sogar mit dem Vorschlag belohnt wurden, Melichar in den Reichskultursenat aufzunehmen.[491] Nach dem Krieg fand er als Autor populär gehaltener, äußerst polemischer Streitschriften gegen die Avantgarde – insbesondere *Die unteilbare Musik* (1952), *Musik in der Zwangsjacke* (1958) sowie *Schönberg und die Folgen* (1960) – in einem musikpublizistischen Segment große Beachtung, das üblicherweise außerhalb wissenschaftlicher Wahrnehmung liegt, aber durch hohe Auflagen weite Bevölkerungsteile erreichte und geeignet war, ihre Meinung über Musik maßgeblich zu beeinflussen. Ein erster Kommentar zu Melichar findet sich in Fortners Leitartikel zur Eröffnung des 26. *Melos*-Jahrgangs 1959, in dem zunächst ein Aufsatz des gleichfalls höchst polemischen Kritikers der Wochenzeitung *Die Zeit*, Walter Abendroth,[492] zur Diskussion gestellt wurde, der sich mit Fragen der neuen Musik und ihrer kulturpolitischen Einbettung befasste. Fortner kritisierte, dass Abendroth aus einzelnen, heterogenen Beobachtungen ein Gesamtbild zur Lage der zeitgenössischen Musik zusammensetzte und sich dabei auf Melichars Buch *Musik in der Zwangsjacke* berief. Mit der Würdigung des „ernsthaften Musikwissenschaftlers, Komponisten und Kritikers"[493] Abendroth begegnete Fortner ihm entweder mit übergroßem Respekt oder beißender Ironie, lehnte es aber kategorisch ab, auf Melichars Buch überhaupt zu sprechen zu kommen und hoffte für Abendroth, dass der „augenscheinlich fragwürdige" Ton Melichars „nicht nur ‚manchen Lesern', wie er schreibt, ‚wenig gerechtfertigt erscheint', sondern auch ihm selbst."

Dass dieser öffentliche Seitenhieb gegen Melichar im Sinne Strobels erfolgte, zeigt ein Schreiben an Heinz Schneider-Schott vom 9. August 1960, in dem Strobel ihn von einer „mächtigen Attacke im Sinne Melichars"[494] in der ihm „besonders liebenswerten Deutschen Zeitung" in Kenntnis setzte, die vielfache Leserzustimmungen gefunden habe. Da seine Mitarbeiter Strobel nahegelegt hatten, auf diesen Artikel zu reagieren, was er strikt ablehnte, bat er nun um die Meinung des Verlags. Dieser Brief lässt sich mit einem anderen Schreiben in Verbindung bringen, das Strobel wenige Tage später später von seinem alten, für die *Frankfurter Allgemeine Zeitung* tätigen Journalistenfreund Karl Korn erhielt: „Den Eindruck, daß wir die Reihen fester schließen müßten, habe ich schon lange. Das Betrüblichste ist, daß sogenannte Kollegen ihre Tageszeitungen für derartige denunziatorische Artikel aus dem Geist der Melichar, Ziesel und Konsorten zur Verfügung stellen. Warum? Aus Konkurrenzgründen!"[495]

---

491 Prieberg, *Handbuch*, S. 4546.
492 Zu Abendroth siehe: Geiger, „*Can be employed*".
493 Wolfgang Fortner, *Ein wahrlich vertrackter Sachverhalt. Die sogenannte Krise der Neuen Musik*, in: *Melos* 26 (1959), Heft 1 (Januar), S. 3.
494 Brief von Heinrich Strobel an Heinz Schneider-Schott vom 9. August 1960, in: ASM Mappe 21139.
495 Brief von Karl Korn an Heinrich Strobel vom 17. August 1960, in: NHS XIV.11 Korrespondenz 01.01.1960 bis 31.12.1960 A-L.

Daraufhin behielt Strobel seine Gegner und ihre Publikationen fortlaufend im Blick, so dass er Korn kaum vier Wochen später berichtete, eine Mitarbeiterin habe auf der Frankfurter Buchmesse die ersten Seiten aus Melichars neuem Buch *Schönberg und die Folgen* gesehen, das „gleich mit einem heftigen Generalangriff gegen die Melos-Clique und natürlich vor allem gegen Dr. Baruch und mich" begann.[496] Schon die Erwähnung seines jüdischen Kollegen Baruch in diesem Zusammenhang zeigt, wie viele Assoziationen an die vom antisemitischen Verdikt des „Kulturbolschewismus"[497] durchzogene Kampfphase der neuen Musik vor 1933 bei Strobel mitschwangen. Sehr erstaunt zeigte er sich daher gegenüber Heinz Schneider-Schott, als Baruch im November 1960 ein vollständiges Exemplar des Buches hatte studieren können und dort keine der ihm zugetragenen Informationen tatsächlich gefunden hatte: „Sie und wir müssen uns leider mit spöttischen Splittern begnügen. Einen Abdruck hielte ich nicht für günstig. Man könnte ihn doch als Reklame auffassen, und das wollen weder Sie noch wir."[498]

Bei dieser kleinen Anekdote zu Melichar hätte es bleiben können, wenn nicht im November 1960, zwei Wochen nach diesem Briefwechsel, sich Schneider-Schott bei Strobel fassungslos erkundigt hätte, ob eine im Programmheft des Südwestfunks annoncierte Würdigung für Alois Melichar zum 65. Geburtstag tatsächlich vorgesehen war: „Ausgerechnet im Südwestfunk soll eine solche Würdigung eines Mannes erfolgen, der Sie in seinen Büchern in so unqualifizierter Weise angerempelt hat. Es ist nicht zu fassen. Oder sollte es sich um einen – wie mir scheint aber sehr schlechten – Aprilscherz handeln?"[499] Strobels Antwort in der folgenden Woche stellte klar, dass es sich nicht um einen Scherz handelte, sondern aus „Unkenntnis der Sachlage, nicht aus Bosheit (Kommentar überflüssig)"[500] wirklich vorgesehen sei. Nach reiflicher Überlegung sei man im Sender zu der Entscheidung gekommen, die geplante Sendung nicht abzusetzen, „um dem Melichar, der natürlich hier seine Freunde und Spitzel hat, die ich genau kenne, keine Handhabe zu geben." Geplant war nun als Kompromiss eine rein musikalische Gestaltung ohne jeglichen Wortkommentar, womit sich Baruch und Strobel schließlich einverstanden erklärten, um erneut ihren Gegnern so wenig Angriffsfläche wie möglich zu bieten. Mit gleicher Post reichte Strobel noch einen Artikel nach Mainz weiter, der wenige Tage zuvor in den lokalen *Badischen Neuesten Nachrichten* erschienen war, noch einmal auf die bereits ein Jahr zurückliegende *Melos*-Debatte gegen Friedrich Blume einging und diesen als einsamen, mutigen Mahner präsentierte, gegen den Strobel seine „komponierende und schriftstellernde Anhängerschaft" mobilisiert habe, um eine „Polemik zu eröffnen, die das unter gebildeten Menschen übliche Niveau lei-

---

496 Brief von Heinrich Strobel an Karl Korn vom 26. September 1960, in: ebenda.

497 Siehe ausführlich Eckhard John, *Musikbolschewismus. Die Politisierung der Musik in Deutschland 1918-1938*, Stuttgart 1994.

498 Brief von Heinrich Strobel an Heinz Schneider-Schott vom 7. November 1960, in: ASM Mappe 37048.

499 Brief von Heinz Schneider-Schott an Heinrich Strobel vom 24. November 1960, in: ASM Mappe 21141.

500 Brief von Heinrich Strobel an Heinz Schneider-Schott vom 8. Dezember 1960, in: ebenda.

der unterschritt.“[501] Als Kronzeugen für den Vorwurf, dass die neue Musik sich nur noch hinter einem „beinahe allmächtigen Musik-Managertum mit seinen Kreuz- und Querverbindungen zu Musikverlagen, Rundfunkanstalten, Zeitschriftenredaktionen usw.“ verbarrikadieren könne, um ihre Betriebsamkeit als „Diktatur einer avantgardistischen Gruppe und ihres Kritikeranhangs“ aufrecht erhalten zu können, führte der Autor des Artikels Alois Melichar an, der in seinem zwei Jahre zuvor erschienenen Buch *Musik in der Zwangsjacke* „gegen die Praktiken der radikalen Fortschrittler ein geradezu haarsträubendes Material zusammengetragen“ habe. Wütend verteidigte der Autor schließlich Melichar gegen den in der Presse erhobenen Vorwurf, seine Kritik an Schönberg sei Anzeichen seines Antisemitismus: „Ein solcher Verdacht ist ungeheuerlich. Man kann angesichts seiner gar nicht dankbar genug sein, daß wenigstens Melichar es wagte, gegen ihn Front zu machen und seine Urheber anzuleuchten.“ Wie Strobel Schneider-Schott mitteilte, wollte er sich auch hier nicht zu einer Reaktion provozieren lassen. Dabei zeigt sein Hinweis auf die langjährige Erfahrung, die er mit solchen Attacken besitze, dass er den Hass gegen die neue Musik als ein bruchloses Kontinuum seit den 1920er Jahren empfand: „Aber auch dieser Aufsatz wird es nicht erreichen, dass ich von meinem Prinzip abgehe, den Melichar totzuschweigen. Nichts ärgert die Burschen mehr, als wenn man sie als nicht existent behandelt. Das können Sie mir auf Grund einer vierzigjährigen Erfahrung auf diesem Gebiet glauben.“[502]

Konrad Boehmer und Fred K. Prieberg gegen Werner Egk

Doch nicht nur Heinrich Strobel hatte sich mit Kontinuitäten aus der NS-Zeit auseinanderzusetzen, sondern auch Werner Egk, allerdings unter umgekehrten Vorzeichen. Ende der 1960er Jahre wurde er nochmals vehement für seine Rolle im Dritten Reich angegriffen. Der Zeitpunkt ist kein Zufall. Vielmehr sind die Attacken gegen Egk im Kontext der Studentenrevolution zu sehen, als die Generation der Eltern mit ihrer Rolle während der NS-Zeit konfrontiert wurde.

Ausgangspunkt der Streitigkeiten, die bald juristische Konsequenzen hatten, war ein Text des jungen Komponisten und Musikwissenschaftlers Konrad Boehmer, der in Köln nach Studien bei Gottfried Michael Koenig und Karlheinz Stockhausen eine Dissertation *Zur Theorie der offenen Form in der neuen Musik* verfasste. Im Jahr seiner Promotion 1966 zog er in die Niederlande, wo er auch für die sozialistische Wochenzeitung *Vrij Nederland* arbeitete, die einstige Stimme gegen die deutsche Besatzung. Als Sohn eines ranghohen Nationalsozialisten[503] für dieses Thema sehr sensibilisiert, steuerte er zu einem Band mit dem Titel *Kritik – von wem, für*

---

501 Artikel vom 1. Dezember 1960, Autorenkürzel „Eb.“, handschriftlich R/ZS, aus den *Badischen Neuesten Nachrichten.*
502 Brief von Heinrich Strobel an Heinz Schneider-Schott vom 8. Dezember 1960, in: ASM Mappe 21141.
503 Im Verzeichnis der für das Jahr 1966 angenommenen Dissertationen (*Musikforschung* 20 (1967), S. 204) findet sich noch der Name Konrad Liebe-Boehmer, so dass der Wechsel des Nachnamens autobiographisch die Distanzierung von der eigenen Familiengeschichte deut-

wen, wie einen Beitrag bei, worin er Egk als „eine der übelsten Figuren der nationalsozialistischen Musikpolitik"[504] bezeichnete und als Beleg unter anderem Egks Funktionen in der Reichsmusikkammer anführte. Egk ging unverzüglich gerichtlich gegen diese Darstellung vor und erwirkte, da Boehmer formal Egks Posten in der Reichsmusikkammer falsch bezeichnet hatte, eine einstweilige Verfügung gegen die Weiterverbreitung des Buches. Der Verlag reagierte mit einer Schwärzung der inkriminierten Formulierung in den noch vorhandenen Exemplaren.

Fred K. Prieberg, der Egk in seinem 1956 erschienen Buch *Musik unterm Strich. Panorama der neuen Musik* noch sehr freundlich als „Magier auf der Opernbühne" charakterisiert hatte, ergriff nun Partei für Boehmer und widmete dem Konflikt in der Wochenzeitung *Die Zeit* am 25. April 1969 unter dem Titel *Der Fall Werner Egk* einen ausführlichen Artikel. Wie schon zehn Jahre zuvor bei Schnoor zeigte sich Prieberg ausgezeichnet präpariert und meldete Zweifel an Egks Selbstinszenierung als Antifaschist an, indem er zunächst auf das mehr als zwei Jahrzehnte zurückliegende Spruchkammerverfahren und die Fragwürdigkeit der damaligen Verhandlung einging. Er untermauerte seine Vorwürfe durch eine Auflistung der von Egk vorgelegten Entlastungsschreiben, mit denen auch Heinrich Strobel in die Debatte hineingezogen wurde:

> Der „Persilschein" war alles, und so hörte die Kammer freundliche Worte von Heinrich Strobel, dem Herausgeber der Musikzeitschrift *Melos*, von dem Dirigenten Hans Rosbaud und anderen, darunter den Kollegen Erich Kloss, einst Dirigent des NS-Reichssinfonieorchesters, Fritz Blüchtger, Schöpfer zweiter Parteikantaten, Hans Sachse, der Reich und Führer damals ebenso eifrig besang, und Wilhelm Gutknecht, Landesleiter der Reichsmusikkammer, wiewohl er sich der Spruchkammer bescheiden als „Referent" vorstellte.[505]

Daneben bemängelte er vor allem das Fehlen der zwischen 1933 und 1945 entstandenen systemkonformen Kompositionen in Egks offiziellem Werkverzeichnis, was dessen zweifelhafte Vergangenheit ebenso belege wie den Versuch, sich nachträglich reinzuwaschen.

Ein Artikel im Nachrichtenmagazin *Der Spiegel* vom 5. Mai 1969 sowie ein Beitrag von Heinz Josef Herbort in der *Zeit* vom 27. Februar 1970 unterstützten Prieberg. Sie beschrieben den Prozess, den Werner Egk, Präsident des Deutschen Musikrates, führender Funktionär des Deutschen Komponistenverbandes, Aufsichtsratsvorsitzender der Gema und Mitglied des Münchner Rundfunkrates gegen den kaum 29-jährigen Boehmer führte, als Machtprobe, bei der es im Kern weniger um Egks Rolle im Dritten Reich als um dessen gegenwärtige Rolle als einflussreicher Netzwerker gehe, wie Herbort knapp resümierte:

---

lich markierte. Ein Doktorvater ist weder im Druckexemplar noch in der Meldung der *Musikforschung* zu finden.

504 Konrad Boehmer, *Das Elend der Musikkritik*, in: *Kritik – von wem, für wen, wie*, hg. von Peter Hamm, München 1970, S. 90.

505 Fred Prieberg, *Der Fall Werner Egk*, in: *Die Zeit* Nr. 17 vom 25. April 1969.

Werner Egk hat im Dritten Reich weder getötet, noch ging er selber aufs Schafott, er war nur ein Mitläufer. Aber nicht eigentlich um die Bewältigung der Vergangenheit Egks geht es in diesem Fall, sondern um die eventuelle Stärke Egks, sich wenigstens heute aus jenen Positionen und Institutionen herauszuhalten, die das aktuelle Musikleben fördern wollen, die aber durch Männer wie Egk allenfalls brüskiert und in ihrer Wirksamkeit gehemmt werden.[506]

Doch auch an diesem Punkt war der öffentliche Disput noch nicht beendet. Am 16. Mai 1969 hatte sich Peter Jona Korn, Komponist und amtierender Direktor des Münchner Konservatoriums, zugleich Egks Vizepräsident beim Deutschen Komponistenverband und als Mitglied des Aufsichtsrats auch sein Kollege bei der Gema, mit einem Artikel in der Zeitung *Publik* zu Wort gemeldet. Seine verschachtelte Überschrift *Rufmord für Anfänger. Der „Fall Egk": Die andere Seite – oder: Wer nicht emigrierte, klagt sich an …* nahm die Richtung der Argumentation bereits im Titel vorweg: Prieberg und Boehmer wurden frontal angegriffen. Unter Bezug auf Erich Kästner begann er seinen Text mit dem Paradoxon „emigrieren kann nur, wer emigrieren muß" und wendete diesen Gedanken so, dass nach Ansicht von Boehmer und Prieberg alle, die nicht Deutschland verlassen, sondern dort Karriere gemacht hätten, per se der Kollaboration verdächtig seien. Auch Korn zeigte sich gut informiert, zitierte Joseph Wulfs Dokumentation *Musik im Dritten Reich* und spielte ohne Namensnennung auch auf Theodor W. Adorno als „Ur-Mitläufer" an, der kurz nach dem Machtantritt der Nationalsozialisten eine Vertonung von Gedichten des HJ-Führers Baldur von Schirach lobend rezensiert habe.[507] Wie Korn meinte, sei es zum einen unangebracht, älteren Herren, „deren Charakterstärke damals wie heute nicht eben die Zivilcourage ist, den Lebensabend dadurch [zu verderben], daß man jetzt ihre drei Jahrzehnte zurückliegenden Charakterlosigkeiten bloßstellt!"[508] Zum anderen versuchte Korn die Perspektive umzudrehen, weg von Egk und hin zu Steinecke und Strobel. Sie klagte er als die wahren Ideologen an, die sich mit ihrer kompromisslosen Förderung der Avantgarde weit rigoroser und demagogischer gebärden würden.

Diese Position von Korn war nicht neu. Bereits in einem auf Juni 1960 datierten Manuskript *Musikkritik im Verfall* hatte er vergleichbare Vorwürfe vor allem gegen Steinecke erhoben und mit Hinweisen auf politisch fragwürdige Texte aus der NS-Zeit garniert. Aufgefunden wurde der Text im Nachlass von Steinecke, da

506 Heinz Josef Herbort, *Wiederherstellung der Ehre. Ende des Prozesses Werner Egk/Konrad Boehmer*, in: *Die Zeit* vom 27. Februar 1970. Ein weiterer Vorwurf lautete, dass Egk aktiv gegen die vom Bayerischen Rundfunk veranstaltete *Musica-Viva*-Reihe vorging, indem er durch Vorführung eines Tonbands mit Musik von György Ligeti manipulativ auf das Etatgremium einwirkte, da (Zitat Boehmer) „der Terror solch groben Unfugs nicht mehr geduldet werden könne." Das Zitat findet sich im namentlich nicht gezeichneten Artikel *Fürchterliche Sachen* des *Spiegel* vom 5. Mai 1969.

507 Die Besprechung erschien 1934 in der Zeitschrift *Die Musik*, siehe zum Kontext bei Adorno: Custodis, *Theodor W. Adorno und Joseph Müller-Blattau*, S. 203.

508 Peter Jona Korn, *Rufmord für Anfänger. Der „Fall Egk": Die andere Seite – oder: Wer nicht emigrierte, klagt sich an …*, in: *Publik* vom 16. Mai 1969, S. 19.

Korn Steineckes Freund Karl Amadeus Hartmann das Manuskript zum Abdruck in der *Neuen Zeitschrift für Musik* angedient hatte. Nachdem Hartmann bei Steinecke nachgefragt und dieser ungewöhnlich hastig reagiert hatte,[509] blieb der Druck des Textes aber aus. Als ausgebildeter Komponist konnte der im Jahr 1922 geborene Korn, der im Jahr der Machtübergabe an die Nazis zunächst nach England emigrierte, drei Jahre später nach Palästina ging und dort bei Stefan Wolpe und Hermann Scherchen studierte, um im Jahr 1940 in die USA auszuwandern, auf eine illustre Runde von Lehrern verweisen, die sich in Amerika noch um Arnold Schönberg, Hanns Eisler, Miklós Rósza und insbesondere Ernst Toch erweiterte. Nach Lehraufträgen am Münchner Trapp-Konservatorium und an der Universität von Kalifornien in Los Angeles kehrte er 1965 nach München zurück, wo er zwei Jahre später für lange Zeit die Leitung des dortigen Richard Strauss-Konservatoriums übernahm.[510] Anders als man aufgrund des Unterrichts bei Wolpe, Scherchen, Schönberg und Eisler meinen könnte, wurde er kein engagierter Vertreter der neuen Musik, sondern hielt stets betont Abstand zur Avantgarde, während er sich selbst als Erben der klassisch-romantischen Tradition verstand.

Seine Ansichten über die zeitgenössische Musik in Deutschland und ihre führenden Köpfe und Institutionen fasste er 1975 noch einmal ausführlich in Buchform zusammen, wobei bereits der Titel *Musikalische Umweltverschmutzung. Polemische Variationen über ein unerquickliches Thema* die Stoßrichtung seiner Kritik vorgab. Darin wird Egk als positive Ausnahmefigur, Strobel hingegen als doktrinärer Netzwerker dargestellt. Der auf diese Weise konstruierte Antagonismus zwischen den beiden entfaltete eine bis in die Gegenwart nachweisbare Wirkung, sei es im Sinne Korns, sei es von seinen Gegnern ins Gegenteil gewendet – also hie der üble Nazi Egk, da Strobel, der Förderer der neuen Musik. In jedem Fall aber diente die Haltung, die beide um 1970 gegenüber der musikalischen Avantgarde einnahmen und die bei Egk überaus kritisch, bei Strobel hingegen positiv war, als Differenzkriterium, das auch auf ihre politische Bewertung abstrahlte. So konnte es im Musikdiskurs zu so paradoxen Konstellationen wie hier kommen, dass der ehemalige jüdische Emigrant Korn den ehemaligen NS-Musikfunktionär Egk verteidigte, weil beide eine gemäßigte Moderne vertraten,[511] hingegen Strobel, Adorno und Stuckenschmidt, die wie Korn selbst das Land verlassen hatten, als Funktionäre eines destruktiven „Musikestablishments" scharf angriff:

---

509 Custodis, *Traditionen, Koalitionen, Visionen*, S. 69f.

510 Harald Müller, Artikel *Peter Jona Korn*, in: NG2 Bd. 13, London 2001.

511 Peter Jona Korn, *Musikalische Umweltverschmutzung. Polemische Variationen über ein unerquickliches Thema*, Wiesbaden 1975. Kapitel *Rückblende Nr. 2. Zweiter Teil: Bilanz der Stunde Null*, S. 38 (einschließlich des bereits zitierten Kästner-Wortes).

es bestand aus Heinrich Strobel, dem Herausgeber der Zeitschrift *Melos* und Musikabteilungsleiter des Südwestfunks, der die politische Führung übernahm, aus Theodor Adorno, der in seinen Schriften und Vorlesungen musikhistorische und soziologische Folgerungen vertrat, die den ideologischen Unterbau bildeten, und aus Hans Heinz Stuckenschmidt, der als Deutschlands prominentester Musikkritiker die publizistische Auswertung auf internationaler Ebene initiierte.[512]

In den weiteren Kapiteln des Buchs findet sich an zentralen Stellen immer wieder Strobel als mächtiger, launischer und voreingenommener Netzwerker perhorresziert, über den Korn immerhin an einer Stelle notierte, dass er seit fünf Jahren tot und die Ära, die er als starker Mann beherrscht hatte, damit zu Ende gegangen sei.[513] Ambivalentes Verhalten während der NS-Zeit, das er mit Blick auf den musikalisch gemäßigten Egk nicht thematisiert wissen wollte, warf Korn hingegen dem Avantgardisten Strobel vor. Dessen Laudatio beim Schott-Jubiläum 1970 nahm er zum Anlass, um „Gift und Galle“,[514] mit der dieser gegen das „ganze Rudel reaktionärer Nationalisten“ und „bornierte Traditionshüter“ gewettert und die Verleumdung von Gegnern der Avantgarde mit dem alten Schlagwort des Kulturbolschewismus angeprangert habe, als Anzeichen für ein „nicht ganz reines Gewissen“ zu deuten. Zum Beleg zitierte er eine Passage aus dem *Melos* von 1933, in der Strobel „die stählerne Romantik nach Goebbels“ propagiert habe, und unterstellte dem Autor entweder „Überzeugung oder Opportunismus“, in jedem Fall aber ein Talent, stets vor allem den eigenen Vorteil zu suchen:

> Das ist Heinrich Strobel freilich zu fast allen Zeiten in brillanter Weise gelungen. 1945 war er einer der ersten, die mit erhobenem Zeigefinger und an leitender Stelle auf die Fehler der Vergangenheit hinweisen konnten; nur waren es diesmal nicht die ‚Fehler einer allzustarren modernistischen Haltung‘, sondern es war das Gegenteil. Der Wind hatte sich gedreht – und der Wetterhahn mit ihm.[515]

---

512 Ebenda, S. 40.
513 Ebenda, S. 50. Siehe auch S. 42 im Kapitel *Rückblende Nr. 2. Dritter Teil: Ein-Richtungs-Haus Deutscher Rundfunk*: „Der Mann, den man als Architekten dieses ‚musikalischen Wirtschaftswunders‘ bezeichnen kann, hieß Heinrich Strobel. Als Herausgeber von ‚Melos‘, dem Zentralorgan der Neuen Musik, als Leiter der Musikabteilung des Südwestfunks Baden-Baden, als Manager des Musikfests in Donaueschingen und, allgemein, als die hervorragendste Persönlichkeit der musikalischen Szene jener Zeit, entwickelte er ein Konzept des Zusammenspiels aller Kräfte, die die Möglichkeit hatten, die von ihm und von gleichgesinnten Kollegen geförderte Musik in der Praxis durchzusetzen.“
514 Ebenda, S. 44.
515 Ebenda, S. 45.

Institutionelle Maßstäbe – Heinrich Strobel als IGNM-Präsident

Gemessen an der Anzahl von Gelegenheiten, bei denen Heinrich Strobel für seine Überzeugungen angegriffen und ihm seine ambivalente, von ihm öffentlich nie kommentierte Haltung in den Jahren 1933 bis 1945 zum Vorwurf gemacht wurde, könnte man den Eindruck gewinnen, dass diese negativen Reaktionen überwogen. Da sich Kritik und Abwehr öffentlich weitaus häufiger niederschlagen als Lob, finden sich abgesehen von Festschriften, Jubiläumsheften und anderen Formen des institutionalisierten Erinnerns wenige Dokumente, die Strobels Renommee als engagierter Propagandist der modernen Musik und erklärter Befürworter eines ästhetischen Internationalismus – wenn auch mit dezidiert westeuropäischem Akzent – belegen können. Eine solche Anerkennung war seine Ernennung zum Ritter der französischen Ehrenlegion am 4. November 1957, die seinen Einsatz für die deutsch-französische Aussöhnung honorierte.[516]

Zum Zeitpunkt dieser Auszeichnung hatte Strobel, nach einem Jahr als Vizepräsident, das Amt als Weltpräsident der Internationalen Gesellschaft für Neue Musik (IGNM) seit einem Jahr inne, das ihm wenig faktischen Einfluss, durch das Prestige der alt gedienten Institution aber hohes symbolisches Kapital einbrachte. Seine Verbindungen zur IGNM sind jedoch in der Korrespondenz schon ab der zweiten Hälfte der 1940er Jahre nachweisbar. So erkundigte sich Alfred Schlee von der Wiener Universal Edition am 2. August 1946 bei Strobel, ob er nicht bereit sei, analog der gerade erfolgten Wiedergründung einer österreichischen Sektion eine deutsche Untergruppe ins Leben zu rufen – nicht ohne sich knapp von dem früheren Betreiber der „Arisierung" seines Verlags zu distanzieren: „Haben Sie nicht Lust, auch die IGNM wieder zu gründen? Aber bitte nicht mit Herrn Dr. Petschull."[517]

Wie ein vertraulicher Brief von Strobel an Willy Strecker vom 16. Juni 1948 dokumentiert, hegte er nach der Teilnahme an der gerade in Amsterdam zu Ende gegangenen jährlichen Verbandssitzung große Bedenken gegen die IGNM. Damals selbst noch skeptisch gegenüber der Zweiten Wiener Schule, sah er die Gesellschaft unter der Leitung des Engländers Edward Clark „ausgesprochen im Fahrwasser der Zwölftöner",[518] zumal die Frau des Präsidenten, die englische Komponistin Elisabeth Luytens, „eine fanatische Anhängerin von Schönberg" sei. Strobel witterte hier vor allem Verlagsinteressen:

---

516 Schreiben von José Tomas, Le Chef du Bureau de la Légion d'Honneur, vom 6. Februar 2012: „J'ai l'honneur de vous faire connaître qu'Heinrich Strobel a été nommé Chevalier de la Légion d'Honneur à titre étranger par décret du 4 novembre 1957, pris sur le rapport du Ministre des Affaires Étrangères, en qualité de Directeur musical au ‚Südwestfunk' à Baden-Baden."

517 Brief von Alfred Schlee (Universal Edition) an Heinrich Strobel vom 2. August 1946, in: NHS XIV.3 Korrespondenz 1945-1950. Strobel zeigte sich in seinem Antwortbrief an Alfred Schlee vom 16. August 1946 von dieser Idee durchaus angetan: „Mit der IGNM haben Sie mir eine gute Idee gegeben. Man müsste das zusammen mit einigen guten Leuten aus verschiedenen Zonen machen; z.B. Schmitt-Isserstaedt in Hamburg, Schröter und Blümer in Frankfurt, Wetzelsberger in Stuttgart und für die französische Zone ich. Schreiben Sie mir doch einmal näheres darüber".

518 Brief von Heinrich Strobel an Willy Strecker vom 16. Juni 1948, in: ebenda.

Auch bei den wichtigeren Sektionen hatte ich den Eindruck, dass es alle Zwölftonmenschen sind, und hinter der ganzen Sache steht, geschäftig und freundlich schleichend wie immer, die alte Equipe der UE, ebenso würdig vertreten durch Herrn Hartmann, der dauernd seinen Auftragsblock unter dem Arm hatte, wie durch die Herren Calmus und Stein von Boosey & Hawkes.

Um diesen Interessen nicht widerstandslos das Feld zu überlassen, hatte er sich über die deutsche Sektion einen Platz als Delegierter für die IGNM gesichert – neben ihm umfasste das Gründungskomitee der deutschen Untersektion Hans Heinz Stuckenschmidt, Boris Blacher, Heinz Thiessen, Josef Rufer, Hans Schmidt-Isserstedt, Hans Mersmann und Philipp Jarnach. Um sektionsintern den von Strobel argwöhnisch beobachteten Berliner Schönberg-Fürsprechern Stuckenschmidt und Rufer entgegenzuwirken, kündigte Strobel Willy Strecker ferner an, in wenigen Tagen gemeinsam mit René Thimonnier, dem Leiter des *Bureau des Spectacles et de la Musique* (BSM), nach Mainz zu kommen, um die Ansiedelung der deutschen Sektion im Hause Schott vorzubereiten.

Auch in einem Brief an Frank und Bobby Level findet sich eine kurze Schilderung von Strobels vierzehntägiger Reise zum Amsterdamer Musikfest, was die Bedeutung unterstreicht, die er dieser ehrenamtlichen Aufgabe beimaß:

Auch in der Intern. Gesellschaft ging die Aufnahme der deutschen Sektion ohne Schwierigkeiten vor sich. Sogar einstimmig, bei Stimmenthaltung der Polen und Tschechen. Dafür drückten uns die letzteren ein Manifest in die Hand, dem lediglich die Unterschrift von Goebbels fehlte, um es als reines NS-Dokument zu deklarieren. Gegen den Subjektivismus, Internationalismus, Intellektualismus, usw. – die Kunst fürs Volke und wie all der NS-Pardon Sowjetschmuß heißt. […] Die Amerikaner waren nicht erschienen, weil sie böse waren mit Mr. Clark. Auch die Franzosen waren böse, und unser Freund Desormières [sic] reiste ab, ohne den Takt über das noch immer sehr gute Concert-Gebouw-Orchestre zu schwingen. Dafür gab es viel holländische Musik, und manche ganz ordentliche. Jedenfalls mache ich in dieser Spielzeit ein festival hollandais, mit höchster Unterstützung der hiesigen Militärmission, und unter Leitung von Meister Flipse aus Rotterdam. Das bringt dann wieder ein Visum ein. Man wird praktisch, über fünfzig.[519]

Nach dem großen Erfolg des in Baden-Baden veranstalteten Musikfestes 1955 übernahm Strobel im Folgejahr für mehr als ein Jahrzehnt die Leitung der IGNM.[520] Dank seiner exzellenten Verbindungen zu allen führenden Komponisten und dem Zugriff auf ein eigenes, weltweit bedeutendes Musikfest in Donaueschingen, eine

519 Brief von Heinrich und Hilde Strobel an Frank und Bobby Level vom 22. Juni 1948, in: NHS XIII. Vermischte Korrespondenz 4. 1946-1949.
520 Anton Haefeli, *Die Internationale Gesellschaft für Neue Musik (IGNM). Ihre Geschichte von 1922 bis zur Gegenwart*, Zürich 1982, S. 300ff.

eigene Zeitschrift sowie die informellen und institutionellen Ressourcen einer der größten europäischen Rundfunkanstalten verfügte er als Präsident über ein hohes Maß an Durchsetzungsfähigkeit,[521] soweit dies die Statuten der IGNM zuließen. Denn seine Zuständigkeit als Präsident betraf vor allem die Vorbereitung und Abhaltung der jährlichen, in die Musikfeste integrierten Sitzungen des Weltverbands. Die konkrete Vorbereitung und Durchführung der Musikfeste sowie die Einsetzung der Jury zur Programmauswahl fielen nicht in seinen Bereich. Als eines seiner Hauptanliegen begrenzte er die zuvor ausgeuferten Sitzungen aller Ländersektionen stark und wirkte auf die musikalische Gestaltung der Feste ein. Hohen ästhetischen Qualitätsmaßstäben einer unabhängigen Jury sollte der Vorzug vor einer paritätischen Repräsentation auch kleiner Sektionen gegeben werden, deren vorgestellte Stücke nach Ansicht Strobels oftmals stark epigonale Züge trugen.[522] Nicht nur in der von Peter Jona Korn zitierten Polemik war Strobel für eine undemokratische, elitäre und autoritäre Haltung kritisiert worden; hier begegnete ihm dieser Vorwurf nun auch international, ohne dass er sich in seiner Verbandsführung davon hätte beirren lassen.

Querverbindungen zwischen Strobel und Egk in ihren verschiedenen Ämtern finden sich kaum. Die im Archiv der Königlichen Bibliothek in Kopenhagen verwahrte Korrespondenz der IGNM verzeichnet aus Strobels Amtszeit nur wenige Dokumente mit Bezug auf Egk, die sämtlich aus dem Jahr 1958 stammen. Auf der Suche nach neuen Möglichkeiten, die Finanzlage der IGNM zu verbessern, hatte Strobel unter anderem Boris Blacher um Hilfe seitens der Berliner Akademie der Künste gebeten, wie er auch zuvor Werner Egk als Repräsentanten der Gema angeschrieben hatte.[523] Beide Einrichtungen hatten für solche Zwecke allerdings keine Mittel verfügbar, so dass Strobel in seinem Rechenschaftsbericht für das Jahr 1958 offen die mangelnde Unterstützung von Verlagen, Gema und Akademie ansprach.[524] Wie sehr ihm die IGNM als Forum der neuen Musik am Herzen lag, dokumentierte er mit einer Umfrage zur *Bedeutung und Aufgabe der IGNM*, die er im Jubiläumsheft des *Melos* aus Anlass seines sechzigsten Geburtstags im Mai 1958 erscheinen ließ und die sehr unterschiedliche Stellungnahmen von Fedele d'Amico, Pierre Boulez, Hans Curjel, Werner Egk, Antoine Goléa, Alois Hába, Heinz Joachim, Giselher Klebe, Massimo Mila, Luigi Nono, Willi Reich, Mátyás Seiber, Alfred Schlee, Heinz Schröter, Karlheinz Stockhausen, Hans Heinz Stuckenschmidt, Klaus Wagner und Gerhard Wimberger enthielt. Ergänzt wurden diese professionellen Perspektiven um fünf Leserbriefe, die lediglich anonymisiert mit „italieni-

---

521 Siehe hierzu seine eigene, analoge Darstellung zur Bedeutung des Rundfunks als zeitgemäßer Mäzen, Geschäftsbericht von Heinrich Strobel für das IGNM-Jahr 1955/56, in: AISCM Ordner HS 1. 13.06.1956 bis 31.05.1957.

522 Vgl. etwa einen Brief von Karl-Birger Blomdahl an Heinrich Strobel vom 23. Mai 1957, in: ebenda.

523 Briefe von Heinrich Strobel an Boris Blacher vom 31. Oktober 1958, an Werner Egk vom 10. Oktober 1958 sowie von Werner Egk an Heinrich Strobel vom 14. Oktober 1958, in: ebenda HS 3 1958.

524 Rechenschaftsbericht 1958 von Heinrich Strobel, S. 1f., in: ebenda. Die Gema bezahlte dann sehr großzügig einen Empfang beim IGNM-Fest in Köln, siehe einen Brief von Heinrich Strobel an Erich Schulze vom 30. Juni 1960, in: ebenda HS 5 Juni 1960-Juni 1961.

scher Musikstudent, 20 Jahre", „ein Studienrat, 52 Jahre", „ein Musikerzieher, 34 Jahre", „ein Avantgardist, 17 Jahre" und „ein unbekannter Komponist, 29 Jahre" gekennzeichnet waren.

Mit Blick auf politische Kontinuitäten im Zusammenhang mit Strobels IGNM-Engagement soll abschließend das Ende seiner Präsidentschaft näher betrachtet werden, das bislang noch nicht ausführlich in der Literatur thematisiert wurde und dank der Unterlagen im IGNM-Archiv der Kopenhagener Bibliothek nun erstmals rekonstruierbar ist.[525] Das für das Jahr 1968 in Warschau vorgesehene Musikfest entwickelte sich zum Vorspiel von Strobels Rücktritt im Folgejahr. Infolge des von sowjetischen Panzern niedergeschlagenen Prager Frühlings kam innerhalb der IGNM die Frage auf, ob das Musikfest in dem benachbarten Ostblockland Polen aus Solidarität mit den tschechischen Aufständischen abgesagt oder boykottiert werden sollte oder im Gegenteil an den Feierlichkeiten bewusst festzuhalten sei, um die von oppositionellen Intellektuellen getragene zeitgenössische Kunstmusik in Polen gegen staatliche Repression zu stärken. Wie Strobel Gunnar Bucht gegenüber, dem Vertreter der schwedischen Sektion, die vehement für einen Boykott eintrat, in einem Schreiben vom 2. September 1968 ausführte, konnte er selbst in seinem Amt als IGNM-Präsident das Warschauer Festival gar nicht absagen, da dies den Statuten der IGNM zufolge in der Verantwortung der gastgebenden Ländersektion lag. Inzwischen hatte auch die dänische Sektion einen „offiziellen Protest gegen die Unterdrückung der Freiheit in der CSSR nach Prag geschickt" und zugleich erklärt: „When however this protest does not lead to the consequence of a boycot of the ISCM-festival it is a result of the desire not to participate in a further blockade of the free exchange of views. We draw your attention to the fact that the same reason was behind the participation of the danish section in the ISCM-festival in Spain 1965 and other suppressed countries."[526] Strobel schloss sich dieser Meinung an, um die IGNM nicht dem Vorwurf auszusetzen, „die künstlerischen Kontakte mit dem Osten abzubrechen und somit den Kalten Krieg zu fördern".

IGNM-Schatzmeister Robert Mann gegenüber hatte Strobel drei Monate zuvor aber noch andere Gründe dafür genannt, auf keinen Fall selbst nach Warschau zu reisen. Diese Gründe berührten unmittelbar die gemeinsame Vergangenheit mit seiner Frau während der NS-Zeit, da gleichzeitig mit dem Prager Frühling eine Welle antisemitischer Hetze Polen durchzog und die Strobels sich dieser Stimmung auf keinen Fall aussetzen wollten.[527] In seinem Antwortschreiben äußerte Mann große Bestürzung über diese Umstände und zeigte volles Verständnis für die Entscheidung der Strobels:

---

525 Haefeli fasst die Umstände in seiner Pilotstudie knapp zusammen (*Die Internationale Gesellschaft für Neue Musik (IGNM)*, S. 303).

526 Brief von Heinrich Strobel an Gunnar Bucht vom 2. September 1968, in: AISCM HS 10 November 1967 bis Ende Oktober 1968.

527 Brief von Heinrich Strobel an Robert Mann vom 8. Juli 1968, in: ebenda: „Tu sais probablement que Landré ne viendra pas à Varsovie, moi non plus. J'ai aucune envie d'y aller vu l'évolution politique ou plutôt antisémite dans ce noble pays. Hilde qui te remercie bien de ta lettre n'ira pas en tout cas, mais je te prie de ne parler à personne de nos intentions."

[...] your suggested absence is an altogether different matter – I of course understand your's and Hilde's determination not to find yourselves caught up in Polish anti-semitism (My God!!). Nor do I, nor do I want to in any way imply approval of a country that has taken sides with the Soviet Union against Czecholovakia's admirable, and dangerous, attempts at liberalization. Naturally, I will speak to no one about your intentions, but I too plan not to go to Warsaw – that is unless something comes along in the meantime to persuade me the idea of a contemporary music festival under the present circumstances is not very nearly grotesque.[528]

Trotz aller Bedenken wurde das Warschauer Musikfest schließlich doch durchgeführt, wobei die Unruhe, die durch die vorangegangenen Diskussionen in die IGNM hineingetragen worden war, auch im nächsten Jahr 1969 nicht abebbte. Auslöser für einen Streit, der für viele überraschend zu Strobels bedingungslosem Rückzug aus der IGNM führen sollte, waren Statutenänderungen, die unter Federführung des Schweden Gunnar Bucht und seines tschechischen Kollegen Pavel Eckstein von einer Kommission ausgearbeitet worden waren und die Strobel als klares Misstrauensvotum deutete, dem er sich nicht aussetzen wollte. Da Strobel und ein Großteil des IGNM-Vorstands nicht nach Warschau gereist waren, hatte man in Baden-Baden eine Vorstandssitzung abgehalten und dort dem Wunsch einiger Teilnehmer, die Beziehungen der Ländersektionen untereinander zu verbessern, mit der Einsetzung einer Kommission Rechnung getragen. Im Kern der folgenden Auseinandersetzung ging es um das in Artikel 3 der Satzung formulierte übergeordnete Ziel der IGNM. Nach bisheriger Fassung hieß es: „The object of the ISCM is exclusively to cultivate contemporary music, irrespective of the aesthetic tendency, nationality, race, religion or political oponions of the composer."[529] Der von der Bucht-Eckstein-Kommission vorgelegte Vorschlag wich von dieser Fassung nur geringfügig ab und führte die Kategorie künstlerischen Wertes ein: „The object of the ISCM is, exclusively to promote and to cultivate artistically valuable contemporary music, irrespectice etc." Für Strobel lag die Provokation darin, dass die Kommission seiner Meinung nach weit über ihren Arbeitsauftrag hinaus nicht nur die Beziehungen der Ländersektionen kritisch überarbeitet hatte, sondern auch über eine vorgesehene Satzungsänderung das Generalziel der IGNM umschreiben wollte. Dies verstand Strobel als Angriff auf die Autonomie der für jedes Musikfest einzusetzenden Programmjury. In einer knappen Erklärung des Präsidialrats fasste Strobel die anschließenden Entwicklungen zusammen:

> Wie Sie sich erinnern, ist durch die Generalversammlung in Baden-Baden eine Arbeitsgruppe ernannt worden. Diese Gruppe hatte den präzisen Auftrag, die Möglichkeiten einer Verbesserung der Beziehungen unter den Sektionen zu untersuchen. Sie hat in Stockholm vom 20.-22. Februar 1969 ge-

---

528 Brief von Robert Mann an Heinrich Strobel vom 22. Juli 1968, in: ebenda.
529 Liste der von der dänischen Sektion vorgeschlagenen Satzungsänderungen, in: ebenda HS 11 Oktober 1968 bis Juni 1969, hier: Art. 3.

tagt und einen Text von Herrn Bucht angenommen. Dieser Text hält sich nicht an den von der Generalversammlung gegebenen Auftrag, sondern stellt die Fundamente der Statuten der Gesellschaft in Frage. Ausserdem sind gewisse Teile ein klares Misstrauensvotum gegen unseren Präsidenten.

Nach Erhalt dieses Textes tagte der Präsidialrat am 15. April in Baden-Baden (siehe unser Circulaire vom gleichen Tag). Während dieser Tagung nahm er Kenntnis von einem Brief, diktiert von Dr. Eckstein und unterzeichnet von Herrn Otmar Macha, der unter dem Datum vom 9. April an den Präsidialrat gerichtet und von einem Vorschlag zu Statutenänderungen begleitet war. Es ist auffallend, dass dieser Text eine wörtliche Copie der Bucht-Vorschläge darstellt, die sich die tschechoslowakische Sektion ihrerseits angeeignet hat. Der Präsidialrat hat sich daher entschlossen, den Sektionen den Inhalt der vorgeschlagenen Änderungen statutengemäss mitzuteilen. Zugleich sahen sich die anwesenden Mitglieder des Präsidialrats veranlasst, die folgende Erklärung zu verfassen:

Mit Ausnahme eines seiner Mitglieder war der Präsidialrat schon bei der ersten Lektüre des Bucht-Dokuments schmerzlich betroffen und sogar empört. Diese Mitglieder waren sich spontan einig in der Feststellung, dass das Reformprojekt eine Beleidigung des amtierenden Präsidenten darstellt. Folglich haben sie beschlossen, zu demissionieren, und haben den Präsidenten überzeugt, das Gleiche zu tun. Dieses Misstrauensvotum rechtfertigt eine so radikale Entscheidung und schliesst jede Möglichkeit zu Diskussion aus.[530]

Hinter den Kulissen hatte Strobel schon seit längerer Zeit den Antrieb verloren, die komplizierten diplomatischen Strukturen der IGNM immer wieder zu sortieren. Wie er seinem Freund Paul Sacher gegenüber durchblicken ließ, wollte er nun die Gelegenheit einer Sitzung der IGNM in Hamburg ergreifen, um sich aus der Verbandsarbeit zurückzuziehen. Nach Vorlage des Berichts der Bucht-Kommission war von der Schweizer Sektion eine weitere Satzungsänderung für die anstehende Sitzung beantragt worden,

die mir das Recht wegnehmen will, den Generalsekretär und den Tresorier zu ernennen. Dieser Umstand und auch andere Vorgänge, die sich während meiner Abwesenheit in mediokren Sektionen der Gesellschaft ereignet haben, verstärken nur meinen Entschluss, den ich Dir ja bereits angedeutet habe. Von mir aus besteht keinerlei Interesse mehr an einem IGNM-Fest in Basel. Ich werde Dich, wie abgesprochen, am 21. Juni über die Entscheidung des Präsidialrats, die an diesem Tag fällt, eingehend und umgehend informieren. Dies alles bitte ich Dich, lieber Paul, als streng vertrauliche, freundschaftliche Information zu betrachten. Einen kleinen Überraschungs-Coup wollen wir uns doch vorbehalten.[531]

---

530 Erklärung des Präsidialrats, in: ebenda.
531 Brief von Heinrich Strobel an Paul Sacher vom 30. Mai 1969, in: ebenda.

Damit der von Strobel beabsichtigte dramatische Effekt eintreten konnte, wurde der vermeintlich spontane Rücktritt des Präsidiums von langer Hand geplant.[532] Das Protokoll der am 21. Juni 1969 abgehaltenen IGNM-Generalversammlung beginnt mit der Feststellung, dass sich der Präsidialrat nicht mit den Vorschlägen der eingesetzten Kommission einverstanden erkläre und diese als Angriff auf den Präsidenten und seine Rat auffasse. In Strobels Redemanuskript findet sich hierzu folgender Wortlaut:

> Während meines ganzen Lebens habe ich für die Freiheit des künstlerischen Ausdrucks gekämpft. Ich kann daher nicht zulassen, dass man auch nur daran denken könnte, diese Freiheit in Frage zu stellen, und dass man versucht, die Unabhängigkeit der Internationalen Jury in Gefahr zu bringen. ~~Dies ist logischerweise die Konsequenz der neuen Formulierung des Artikels drei.~~[533] [Streichung sic]

Ohne weitere Möglichkeit zur Diskussion reichte der gesamte Präsidialrat daher seine Demission ein, der Präsident unterbrach die Sitzung für fünfzehn Minuten und verließ mit seinen eingeweihten Vorstandskollegen den Saal. Nachdem die verwirrt zurückgelassenen Delegierten sich nach einiger Zeit vergewissert hatten, dass die Zurückgetretenen nicht mehr im Gebäude waren, übernahm der deutsche Sektionsvorsitzende Wolfgang Fortner kommissarisch die Sitzungsleitung und vertagte das Plenum von Samstag auf den folgenden Montag.[534] Auf der neu anberaumten Generalversammlung wählte das Plenum einen neuen Präsidialrat mit André Jurres an der Spitze, Gunnar Bucht als neuem Vizepräsidenten und Friedrich Cerha, Pavel Eckstein und Constantin Regamey als weiteren Mitgliedern.

Als sein Rücktritt bereits einige Monate zurücklag, erläuterte Strobel dem polnischen Komponisten Kazimierz Serocki noch einmal die Beweggründe, die ihn zum Rücktritt bewogen hatten. Da er sich starkem Druck der „lieben schwedischen Freunde" ausgesetzt gesehen hatte, um das Warschauer IGNM-Fest zu verhindern, rechnete er für die folgende Generalversammlung in Hamburg mit seiner Abwahl und wollte dieser Demütigung selbstbestimmt zuvorkommen.[535] Auch Sacher gegenüber fasste er im April des folgenden Jahres 1970 seine Motive noch einmal zusammen, stellte sie hier jedoch in den größeren Kontext genereller Zweifel an der Aufgabe, Notwendigkeit und Überlebensfähigkeit der IGNM:

> Übrigens wäre ich auch, unabhängig von diesem Vorfall [dem Kommissionsvorstoß], in Hamburg zurückgetreten, weil ich die Maschinerie der IGNM für überlebt halte und das Auswahlsystem der Festivals seit langem nicht mehr der tatsächlichen Situation der sogenannten Avantgarde entspricht. Natürlich würde niemand mir glauben, dass ich auch ohne die Vor-

---

532 Siehe einen Brief von Heinrich Strobel an Roman Vlad vom 15. April 1969, in: ebenda.
533 Manuskript der Rücktrittserklärung von Heinrich Strobel, in: ebenda.
534 Protokoll der IGNM-Generalversammlung vom 21. Juni 1969 in Hamburg, in: ebenda.
535 Brief von Heinrich Strobel an Kazimierz Serocki vom 26. November 1969, in: AISCM HS 12 ab Juli 1969.

fälle auf dem Warschau-Festival 1968 und ohne die Intrigen der tschechischen, schwedischen und schweizerischen (Regamey) Sektionen mich der Wiederwahl nicht mehr gestellt hätte. Nun wirst Du verstehen, warum ich mich nicht über die IGNM äussern will. Positiv kann ich es nicht tun, und negativ will ich es nicht. Jedenfalls kannst Du mir glauben, dass der frühere Generalsekretär, Pierre Stoll, Frau Baruch und ich heilfroh sind, nichts mehr mit diesem Laden zu tun zu haben, dem ich keine Zukunft mehr gebe, auch wenn sie noch ein paar Feste in den nächsten Jahren zusammenkriegen. Es tut mir aufrichtig leid, dass diese Sache ohne meine Schuld unmittelbar vor dem Basler Festival passiert ist. Natürlich wäre es mir lieber gewesen, den éclat (nicht von Boulez) bzw. unseren coup de théâtre in Hamburg zu vermeiden. Dann wäre ich vermutlich mit einer geringen Mehrheit zum Ehrenpräsidenten ernannt worden und hätte mich in Basel sehen lassen können. Aber nun sind die Brücken abgebrochen. Ausserdem bin ich auch alt genug, um langsam meine Aktivität auf das zu konzentrieren, was mich wirklich interessiert.[536]

Lebenslange Freundschaften

Zum Ende hin bleibt noch ein Blick auf Texte zu werfen, in denen Hilde und Heinrich Strobel auf ihre Freundschaft zu Werner Egk zurückblicken. Ein erster Anlass war Egks fünfzigster Geburtstag 1951, dem Strobel mit einem längeren *Melos*-Artikel Rechnung trug. In vielen Anspielungen auf ihre gemeinsame Zeit vor 1945 formulierte er als Grundlage ihrer Freundschaft das gemeinsame Ziel, „einer von Stumpfsinn, Muckertum und frömmelnder Spießbürgerei ersehnten Ordnung ein Schnippchen zu schlagen. Auch nach erfolgtem ‚Umbruch' sind, so denk' ich, lieber Werner Egk, Ziel und Aufgabe gleichgeblieben."[537] In selten persönlichen Worten artikulierte Strobel auch seine Vorliebe für Egks Musik, die seinem Geschmacksideal offensichtlich sehr nahe gekommen sein muss, im Gegensatz zu vielen Stücken junger und älterer Komponisten, die er liberal mit Aufträgen für den Baden-Badener Sender und die Donaueschinger Musiktage versah:

> Seit ich zum ersten Male, es war wohl in Sendungen der Berliner Funkstunde, Musik von Ihnen hörte, hat mich Ihre unmittelbare und unbekümmerte Klangvorstellung gefesselt, Ihre Verneinung aller Grübeleien und aller papierenen Künste. Von jeher haben Sie den Klang da gepackt, wo er lebendig vor Ihnen erschien, und sich nicht gescheut, die damals ach so beliebte Künstlichkeit der Spontaneität zu opfern. Als ich auch dann auf einem der letzten Feste des so lamentabel entschlafenen ADMV Orchesterlieder von Ihnen hörte, da tönte nicht der langsam muffig gewordene Ton aller Spielmusiken

---

536 Brief von Heinrich Strobel an Paul Sacher vom 20. April 1970, in: NHS XIV.18 Korrespondenz 01.01.1969-1970.
537 Heinrich Strobel, *50 Jahre Werner Egk*, in: *Melos* 18 (1951), Heft 5 (Mai), S. 134.

Abb. 16:
Werner Egk und Heinrich
Strobel 1963 (NWE)

vom Podium herüber, sondern ein frischer Wind italienischer Kantabilität. Aus Ihrer Musik fühlte ich mich durch einen mediteranen Geist angesprochen, der, ich sag es offen, mir lieber ist als das tiefsinnige Würgen im eigenen Gedärm.

Einem zehn Jahre später erschienenen Band mit Texten von Werner Egk stellte Strobel ein Vorwort voran, in dem er seinen Freund direkt ansprach. Noch einmal legte er in sehr persönlicher Weise Zeugnis von seiner Zuneigung für Egk und dessen Musik ab, bekannte freundschaftliche Verbundenheit und den Wunsch, die Karriere des Gleichgesinnten mit seinen Mitteln voranzubringen:

Lieber Werner Egk,

alle Ängste und alle Anerkennung, alle Sorgen und alle Freuden, die mit diesen Werken verbunden waren, haben wir, ich darf es wohl sagen, gemeinsam erlebt und ausgekostet. Gewiß: Du sehr schnell zu Glanz und Ehren aufsteigend, ich, allerdings unfreiwillig, in den Hintergrund mich verziehend und doch für Dich wirkend, so gut ich eben konnte. Manchmal hing es an einem Faden. Aber Du bist ein Glücksmensch. Und am Ende ging es immer gut, gegen jede Erwartung. Wenn Du nach Berlin kamst, war es ratsam, aus der

Abb. 17:   Hilde Strobel und Werner Egk 1963 (NWE)

Telefonzelle bei uns anzurufen. Aber zu Hause bei uns haben wir alles gesagt, was zu sagen war, und wir waren uns immer einig. […] Ich bin stolz
und glücklich, daß ich, vom Zufall an einen guten Platz bestallt, Dir, als es
soweit war, den weiteren Weg zum Ruhm erleichtern konnte.[538]

Trotz dieser freundschaftlichen Worte müssen bei Heinrich Strobel aber Restzwei-
fel an Werner Egks politischer Vergangenheit zurückgeblieben sein, so dass in den
zu seinen Memoiren erhaltenen Unterlagen auch Stichworte zu wesentlichen Karri-
erestufen Egks sowie eine Rechercheanfrage beim Staatlichen Institut für Musikforschung Preußischer Kulturbesitz (SIM) erhalten sind, die mit einer Liste von Aufführungen an der Berliner Staatsoper Unter den Linden zwischen 1935 und 1944
beantwortet wurde.[539]

Auch aus Hilde Strobels Feder haben sich drei Briefe erhalten, die einen Eindruck von ihrer späten Sicht auf Egk vermitteln, in ihrem Fall ausschließlich mit
positiven Attributen. Das erste Dokument datiert auf die Zeit unmittelbar nach
dem Tod ihres Mannes, als sie in großem Schmerz mit dem plötzlichen Verlust zurecht kommen musste. Sie berichtete Egk in einer kleinen Notiz am 8. November

---

538 Heinrich Strobel, *Bericht und Bildnis*, in: Egk, *Musik – Wort – Bild*, S. 9.
539 Notizen zu Werner Egk im Dritten Reich, in: NHS VIII. Memoiren-Unterlagen und Brief von
    Werner Bollert an Heinrich Strobel vom 22. April 1970 mit einer Aufführungsliste zur Berli-
    ner Staatsoper Unter den Linden aus den Jahren 1935 und 1944. [Dokumente 25 und 26 im
    Anhang].

1970, dass sie in den kommenden Tagen nach Stuttgart reisen werde, um sich ein Konzert des SWF-Orchesters mit Msistlaw Rostropowitsch anzuhören: „Das erstemal, dass ich mir freiwillig etwas anhöre. Wie mir dabei ist, brauch ich Dir nicht zu sagen. Die Baruchs haben mich mehr oder weniger dazu gezwungen."[540] Auch der zweite Brief an Egk stammt aus Heinrich Strobels Todesjahr:

> Lieber Werner,
>
> schreibt mir bitte doch nur ein paar Worte, wie es Elisabeth geht – und Dir auch. Wenn ich garnichts höre, mache ich mir Sorgen. Mir geht es nicht gut. Auf Anraten eines Arztes bin ich mit dem Natrium auf die Hälfte gegangen. Der Erfolg: Ich kann nicht mehr aufhören zu heulen. Heute kommt Pierre auf einige Stunden + am 15. Lotte. G.o.D. vielleicht hilft das etwas. Das Leben ohne Heinrich wird immer unerträglicher. Wäre es schon zu Ende! Ich Feigling.
>
> Ich umarme Euch beide von Herzen,
>
> Deine Hilde[541]

Einen dritten Brief, der Werner Egk als engen Freund zeigte, schrieb sie im Jahr 1974 an Hella Steinecke, die vor mehr als zehn Jahren ihren Mann verloren hatte und inzwischen mit einem neuen Gefährten zusammenlebte. Sie berichtete von ihrer Einsamkeit, und es wird deutlich, dass „die Egks" zu den wenigen Vertrauten gehörten, die ihr geblieben waren:

> Meine liebe Hella,
>
> ich danke Dir sehr für Deinen lieben Brief und wünsche Dir, wenn auch verspätet, auch das Allerbeste für dieses nun schon angebrochene Jahr.
>
> Das von mir so gefürchtete Jahresende verlief besser, als ich annehmen konnte. Pierre war die Feiertage hier. Die ersten Tage waren wir allein, machten ausgedehnte Spaziergänge und hatten wohltuende Gespräche. Dann füllte sich sein Haus, aber da es nur angenehme Menschen waren, war dies auch sehr angenehm. Henni Anda war hier, die Sachers und noch viele andere. Im ganzen war es etwas turbulent, aber schön. Pierres Buttler kocht sehr gut und so war auch für das leibliche Wohl bestens gesorgt.
>
> Jetzt empfinde ich natürlich das Alleinsein um so stärker. In meinem Bekanntenkreis gibt es einige Kranke, um die ich mich mehr oder weniger kümmere. Das empfinde ich als Aufgabe. Morgen erwarte ich die Egks, auf die ich mehr [mich] sehr freue. Sie sind mir sehr freundschaftlich zugetan und ich ihnen auch. Schließlich sind es uralte Freunde von uns. Und die werden ja immer weniger. Hast du Curjel gekannt? Er ist leider auch gestorben. Da seine Frau schwer krank ist, weiß man nun garnicht, was daraus werden soll. Es ist schrecklich, wie die Reihen sich lichten. […] Ich mag

---

540 Brief von Hilde Strobel an Werner Egk vom 8. November 1970, in: NWE.
541 Brief von Hilde Strobel an Werner Egk vom 11. Dezember 1970, in: ebenda.

noch immer nicht an Reisen denken. Sonst wäre ich wohl zu Pierres Konzerten nach Paris gefahren. Man hatte mich sehr dazu eingeladen. Ich glaube nicht, daß die Lust am reisen je wieder kommt. Sicher kann ich das auch nicht sagen. Wer kann schon voraussehen, in meinem Alter. [...][542]

542 Brief von Hilde Strobel an Hella Steinecke vom 13. Januar 1974, in: NWS. [Dokument 27 im Anhang]

Dokumente

Dokument 1

Nachweis der Abstammung für den Antragsteller III - IV

Eltern	
	— Heirats-, Geburts- und Taufschein sind beizufügen —
Name des Vaters	Strobel
Vornamen	Heinrich
Stand und Beruf	Kaufmann
Wohnort und Wohnung	Regensburg
Geburtsort, -tag, -monat, -jahr	10.6.1869
Heiratsort und -datum	Regensburg 17.10.1896
Sterbeort, -tag, -monat, -jahr (nur hilfsweise auszufüllen, wenn Geburts- bzw. Taufurkunden nicht zu beschaffen sind)	
Konfession (auch frühere u. Rassezugehörigkeit)	evangelisch, arisch
Geburtsname der Mutter	Schöntag
Vornamen	Dor. Amalie
Geburtsort, -tag, -monat, -jahr	Wunsiedel 1.8.1873
Heiratsort und -datum	Regensburg 17.10.1896
Sterbeort, -tag, -monat, -jahr (nur hilfsweise auszufüllen, wenn Geburts- bzw. Taufurkunden nicht zu beschaffen sind)	
Konfession (auch frühere u. Rassezugehörigkeit)	evangelisch, arisch

Großeltern väterlicherseits	
	— Heirats-, Geburts- und Taufschein sind beizufügen —
Name des Großvaters	Strobel
Vornamen	Heinrich
Stand und Beruf	Kaufmann
Wohnort und Wohnung	Stadtamhof
Geburtsort, -tag, -monat, -jahr	Falkenstein V. 7.10.183
Heiratsort und -datum	Regensburg 25.5.1863
Sterbeort, -tag, -monat, -jahr (nur hilfsweise auszufüllen, wenn Geburts- bzw. Taufurkunden nicht zu beschaffen sind)	
Konfession (auch frühere u. Rassezugehörigkeit)	evangelisch, arisch
Geburtsname der Großmutter	Weidner
Vornamen	Friederike Amalie
Geburtsort, -tag, -monat, -jahr	Ingolstadt 23.12.1838
Heiratsort und -datum	Regensburg 25.5.1863
Sterbeort, -tag, -monat, -jahr (nur hilfsweise auszufüllen, wenn Geburts- bzw. Taufurkunden nicht zu beschaffen sind)	
Konfession (auch frühere u. Rassezugehörigkeit)	evangelisch, arisch

Großeltern mütterlicherseits	
	— Heirats-, Geburts- und Taufschein sind beizufügen —
Name des Großvaters	Schöntag
Vornamen	Georg Eduard Konrad
Stand und Beruf	Ingenieur
Heiratsort und -datum	Treuchtlingen 25.4.1871
Wohnort und Wohnung	
Geburtsort, -tag, -monat, -jahr	Hirschbach 25.2.1845
Sterbeort, -tag, -monat, -jahr (nur hilfsweise auszufüllen, wenn Geburts- bzw. Taufurkunden nicht zu beschaffen sind)	
Konfession (auch frühere u. Rassezugehörigkeit)	evangelisch, arisch
Geburtsname der Großmutter	Gagstetter
Vornamen	Anna Maria Sofia
Geburtsort, -tag, -monat, -jahr	Treuchtlingen 21.1.1849
Heiratsort und -datum	25.4. 187
Sterbeort, -tag, -monat, -jahr (nur hilfsweise auszufüllen, wenn Geburts- bzw. Taufurkunden nicht zu beschaffen sind)	
Konfession (auch frühere u. Rassezugehörigkeit)	evangelisch, arisch

Kopie aus dem Bundesarchiv

Für Verheiratete Nachweis der Abstammung für die Ehefrau bzw. den Ehemann des Antragstellers

Eltern	— Heirats-, Geburts- und Taufschein sind beizufügen —
Name des Vaters	Levy
Vornamen	Moritz
Stand und Beruf	Kaufmann
Wohnort und Wohnung	Köln
Geburtsort, -tag, -monat, -jahr	Eppinghofen/Mülh.4.11.1868
Heiratsort und -datum	Bochum 10.5.1895
Sterbeort, -tag, -monat, -jahr	
(nur hilfsweise auszufüllen, wenn Geburts- bzw. Tauf-urkunden nicht zu beschaffen sind)	
Konfession (auch frühere u. Rassezugehörigkeit)	jüdisch
Geburtsname der Mutter	Sussmann
Vornamen	Kätchen
Geburtsort, -tag, -monat, -jahr	Bochum 25.5. 1868
Heiratsort und -datum	" 10.5. 1895
Sterbeort, -tag, -monat, -jahr	
(nur hilfsweise auszufüllen, wenn Geburts- bzw. Tauf-urkunden nicht zu beschaffen sind)	
Konfession (auch frühere u. Rassezugehörigkeit)	jüdisch

Großeltern väterlicherseits	— Heirats-, Geburts- und Taufschein sind beizufügen —
Name des Großvaters	Levy
Vornamen	Joseph
Stand und Beruf	Kaufmann
Wohnort und Wohnung	Bochum
Geburtsort, -tag, -monat, -jahr	Vielich/Rheindorf 28.11.18..
Heiratsort und -datum	
Sterbeort, -tag, -monat, -jahr	
(nur hilfsweise auszufüllen, wenn Geburts- bzw. Tauf-urkunden nicht zu beschaffen sind)	
Konfession (auch frühere u. Rassezugehörigkeit)	jüdisch
Geburtsname der Großmutter	Kosmann
Vornamen	Dina
Geburtsort, -tag, -monat, -jahr	Essen 7.11.1838
Heiratsort und -datum	
Sterbeort, -tag, -monat, -jahr	
(nur hilfsweise auszufüllen, wenn Geburts- bzw. Tauf-urkunden nicht zu beschaffen sind)	
Konfession (auch frühere u. Rassezugehörigkeit)	jüdisch

Großeltern mütterlicherseits	— Heirats-, Geburts- und Taufschein sind beizufügen —
Name des Großvaters	Sussmann
Vornamen	Sigmund
Stand und Beruf	Kaufmann
Heiratsort und -datum	
Wohnort und Wohnung	
Geburtsort, -tag, -monat, -jahr	1835
Sterbeort, -tag, -monat, -jahr	Bochum 5.5.1870
(nur hilfsweise auszufüllen, wenn Geburts- bzw. Tauf-urkunden nicht zu beschaffen sind)	
Konfession (auch frühere u. Rassezugehörigkeit)	jüdisch
Geburtsname der Großmutter	Steinberg
Vornamen	Regina
Geburtsort, -tag, -monat, -jahr	Höxter 18.3.1841
Heiratsort und -datum	
Sterbeort, -tag, -monat, -jahr	Bochum 23.1.1928
(nur hilfsweise auszufüllen, wenn Geburts- bzw. Tauf-urkunden nicht zu beschaffen sind)	
Konfession (auch frühere u. Rassezugehörigkeit)	jüdisch

Kopie aus dem Bundesarchiv

Heinrich Strobels Abstammungsnachweis vom 14. Februar 1939, in: BArch VBS 46 Nr. 2100044907

Dokument 2

Anlage

Zu 70/72
116

Als Frontkämpfer des ersten Weltkrieges mit jüdischer
Frau xxxxx (Hilde Strobel, geb. Levy) widerruflich in
den Reichsverband der deutschen Presse aufgenommen. Datum
nicht mehr nachweisbar, da alle Unterlagen fehlen. Keine
feste Anstellung. Dauernde heftige Angriffe wegen"kultur-
bolschwistischer" Einstellung, Herausgabe des Melos (siehe
Beiblatt aus der Broschüre "Entartete Musik" von 1938)
und"jüdischer Versippung". Um der verlangten Zwangsscheidu
zu entgehen Wohnsitzverlagerung anfang 1939 nach Frankreic
Untersagung, unter meinem Namen in der reichsdeutschen
Presse zu schreiben. Dauernde Bedrohung im Ausland, vor
allem durch Amt Rosenberg, zeitweilige Schreibverbote.
Aus diesen Gründen Ende der Mitgliedschaft im Reichsverband der deutschen Presse nicht feststellbar

Zu 101

Entzieht sich meiner Kenntnis, da seit 1930 xxxx in
schlechtem Einvernehmen mit meiner Familie. Nur enge
Beziehungen mit der Familie meiner Frau (Vater beging
Selbstmord wegen Judenboykotts): Frank Lével, jetzt
Holloywood, 6855 Pacific View Drive und Joe Herz, lo
Hillside Avenue New York.

Zu 125

Seit 1922 zahlreiche Reisen ins Ausland zum Besuch von
internationalen Musikfesten und Premieren. Erholungsreisen
die zugleich zu Studienzwecken xxxxx in meinem Berufs-
bereich dienten, nach Italien, seit 1927 regelmäßig nach
Frankreich. Diese Reisen wurden von mir finanziert, solang
dies devisenrechtlich möglich war, später durch meinen
Schwager Fritz Levy (Frank Lével), damals in Amsterdam
und Rotterdam. Durch ihn Einladung zu einer Erholungsreise
nach Aegypten Januar 1937.

1933, 1935, 1937 Besuch des maggio musicale in Florenz.
1938 ergebnislose Reise nach London wegen Auswanderung.
1935 zu einem musikalischen Kongreß in London, auf Einladung der englischen Regierung.

Aus Mangel an Unterlagen, die mit meinem ganzen xxxxxx
Material in Berlin zugrunde gingen, können nur ungefähre
Angaben gemacht werden. Ich glaube aber, daß ich nicht
Wesentliches vergessen habe.

Zu 118

Auch hier können mangels Unterlagen nur ungefähre Angaben
gemacht werden. Meine schriftstellerische Tätigkeit
beschränkte sich auf mein Fachgebiet Musik, ferner auf
gelegentliche Arbeiten über bildende Kunst, Theater und
Reisefeuilletons unpolitischen Inhalts. Viel über französische Kunst geschrieben.

Zeitungen: Berliner Börsencourier, Berliner Tageblatt,
Neue Badische Landeszeitung, Deutsche Allgemeine Zeitung,
Frankfurter Zeitung, Pariser Zeitung, Neues Wiener Tag-
blatt, Deutsche Zukunft, Reich, Basler Nachrichten,
Frankfurter Generalanzeiger
Zeitschriften: Melos, Neues Musikblatt, Musikblätter des
Anbruch, Musique.
Vorträge über Bach, Hindemith und neue Musik.
Bücher: Paul Hindemith (Melosverlag, Mainz), 1927, 1931
         Claude Debussy (Atlantis Zürich), 1942, 1944, 194
         Koche mit Karl Frahm (Herbig Berlin) 1939

Anlage zu Heinrich Strobels Entnazifizierungsfragebogen, in: NHS VII.3 1939-1946
Korrespondenz in Rechtssachen

Dokument 3

Berliner Tageblatt
und Handels-Zeitung
Verlag Buch- und Tiefdruck Gesellschaft m. b. H.

Telegrammadresse: Berlbla
Fernsprecher: 17 47 21
für Ferngespräche: 17 47 20
Postscheckkonto Nr. 5224
Bei der Antwort anzugeben:

Berlin SW19

29. 9. 38.

Herrn
    Dr. Wolfgang Steinecke
                  E s s e n

                 Lindenallee 76

Sehr geehrter Herr Dr. Steinecke,

haben Sie schönen Dank für Ihre beiden letzten Briefe. Dr.
Fechter sagte mir, er habe Ihnen vorgeschlagen, einige Artikel über die allgemeine künstlerische Struktur im Westen zu
schreiben, in denen das Aktuelle mit eingeschloßen ist. Er
wartet darauf. Aber wahrscheinlich ist es jetzt noch zu früh
dafür.

Wollen Sie das Brüsseler Fest bitte für uns machen - vorausgesetzt, daß ich nicht im letzten Augenblick noch hinfahre. Es
ist aber unwahrscheinlich.

Ich schlage Ihnen vor, mir doch zu Beginn jedes Monats, eine
Karte mit den wichtigsten Sachen zu schreiben, die Sie besuchen. Dann wird alles klappen.

Unser N.M. verschwindet, das werden Sie wohl schon wissen.
Dafür erscheint eine "Deutsche Musikzeitung", Herausgeber:
Wilhelm Furtwängler, Hauptschriftleiter: Müller-Blattau.
Ich wirke bloß mehr beratend mit, und das ist mir auch lieber.
Sie können aber ruhig mit mir alles abmachen, soweit es die
Berichterstattung betrifft.

Ich danke Ihnen für Ihre freundlichen Wünsche, es geht mir
auch schon wieder besser. Mit den herzlichsten Grüssen bin
ich

                    Ihr

                       Strobel

Vielen Dank noch für die Uebersendung der Broschüre, ich hatte
das ganz vergessen, da ich selbst Juli/August nicht hier war.

Brief von Heinrich Strobel an Wolfgang Steinecke vom 29. September 1938, in: NWS

13. 4.

Sehr verehrter Herr Professor,

ich habe eben in der Dienststelle Gliesefling mit Ruschel und
Fritzchen gefrühstückt und kann Ihnen die neuesten Nachrichten bestens übermitteln. Der Herr hat uns so frank gemacht,
dass dabei der Wasserhahn endgültig ersoff, mix es bestehen
ernstlichen Bedenken gegen seinen Lebenswandel, weshalb
denn heute auch seine neueste Tragödie im Komödienhaus heraus-
kommt.

Fritzchen meint, lassen wir die Sache nur laufen, irgend jemand
wird dich um die mise -en -page kümmern, in jeden Fall, ver-
sichert die Ruschel, wird dran studiert, und dann wird schon
alles bestens werden. Darauf umarmte Fritzchen die Ruschel
und alles war in Butter wie stetsx - ich kümmere mich nicht mehr
drum, denn das ist ebenso private Einmischung wie die Wünsche
des Herrn Professors ...

Ihre beiden Briefe haben allerseits das grösste Interesse
hervorgerufen, insbesondere wird die Beschreibung von Hanni
Vannis Lebenswandel als ein Meisterstück barock durchtriebener
Darstellungskunst bezeichnet. Dem Hauserl sein abessinianoisches
Kunstwerk habe ich schon beim Labrokerl genossen und ware davon
sehr angetan. Aufrichtig xayaxxgixkx Freude haben mir die
Grüsse vom Katzl gemacht - es ist schön, dass der alte
Meister noch die Nudel dreht.
Habe bei S.D. Herrn Baron de la Bierre et Victoire das Bild-
chen für die Stabshelferin Schwartze angemahnt, derselbe aber
xxbxxx war von der Ruschel so berauscht, dass er nicht/
mehr wusste, wie mit ihm geschah. Es sagtxe nur immer: aber
ich weiss, dass seit vierzehn Tagen probiert wird, es wird
schon alles werden, im übrigen ist das andere garnicht so
wichtig.

Der Tastensudler Wiesekling hatte einen so dollen Erfolg,
dass er heute nochmal eine kabarettistische Darbietung
im Nachtlokal von Ruschel und Sami Russe geben muss. Schade,
dass er nicht einmal wieder was von Vornehme spielen kann –
es würde seiner kleinen Zehe nicht gut bekommen, sagt er,
er muss es ja wissen.

Hoffend, Sie anfangs des maiischen Monats wieder hier zu sehe
umso mehr als Bruder Schleichfreund bis dorthin wohl auch
wieder hier gelandet sein dürfte, grüsst Sie

Ihr ergebener

Frahm

Brief von Heinrich Strobel (Karl Frahm) an Werner Egk vom 13. April (o.J.), in: NWE

Lieber und verehrter Herr Professor,

derweil Sie vermutlich sich noch an den Brüsten der mascagnatischen Muse delektiren, sind Ihre Freunde nicht untätig gewesen. Zwar wird von der Stabshelferin Schwarze behauptet, dass man sich nur mehr in Ihrer Dienststelle xxxxxxxx für einheimische Produkte interessiert, sodass also skandinavische Einfuhren vorläufig nicht in Frage kommen - aber ich kann Ihnen aus gut zuverlässiger Quelle mitteilen, dass inzwischen das Material eingetroffen ist. Es wird sogar behauptet, dass im Laufe der nächsten Monate die Auszeichnung nach hiesigem Geldwert stattfinden soll. Das ist immerhin beruhigend.

Ich selbst hatte vor einiger Zeit eine Zusammenkunft mit Jean-Louis, in der (gebetenen) Funktion als Dolmetscher für Pierleiter Bissieg. Die Sache lief übel. Denn der aufgeregte junge Fädrenhändler zeigte sich recht unwirsch. Nicht nur dass er dem wie stets milde lutschenden Pierleiter einige recht unfreundliche Worte entgegenwarf, er lehnte es rundweg ab, sich an einer "Affaire de Pompierisme" zu beteiligen, der Stoff interessiere ihn wenig, und ausserdem sei er mit einer anderen, ihm wichtigeren, weil schollenfesteren Sache beschäftigt, die ihn bis Mitte Oktobris festhalten würde. Im übrigen gäbe jederzeit einen Klaudel für zwei Walfriede...

Dies also schlug fehl. Der Pierleiter war recht ungehalten, und sein Oberfränkischer Beichtvater war es noch mehr. Er sagte - und er sprach damit im Einstverständnis seinem Luchtvollen Kollegen - es ginge nicht mehr so weiter, dass jeder seine eigene Geschäftspolitik betreibe, und dass alles in einer, seiner Hand konzentriert werden müsse. Dem Bissieg wurde es ganz schwach im Gebeyne, und noch am Telefon schwang der Schrecken ob solcher Zurechtweisung in seiner Stimme. Er selbst äusserte sich auch mir gegenüber nicht günstig über das Geschäftsgebahren des Bruder Walfried, und man müsse nun weitersehen. Ich schlug ihm vor, beim nächsten gestaffelten Feste drüber zu reden. Was er in der verlockenden Hinsicht, dass dasselbe bald stattfände, als für wünschenswert bezeichnete.

Jedenfalls dürfte die Sache abzuschreiben sein. Die ~~xxx~~ Firma Pisslich, Franke und Co.' scheint für Ihr Angebot kein Interesse mehr zu haben. Auch sind mir Dinge zu Ohren gekommen, dass manch hochspringende Künstler sich ungünstig über gewisse freie ~~Yxxxkx~~ Mundstückführungen ~~bei~~ den neuesten Hornverzapfungen ~~yxyxYxxxx~~ ~~Yxifyixx~~ Ihrer letzten Sendung äusserte.

Ich selbst schlug in aller Bescheidenheit vor, doch zu Ihrem ersten Angebot zurückzukehren und dem Gerse Rafil Ihre Ware in Kommission zu übergeben. Die Firma Pisslich schien zuerst nicht abgeneigt, meinte aber dann, es wäre doch besser, den Vertrieb durch erfahrene Kenner der Branche, die augenblicklich anderwärts frei geworden sind, betreiben zu lassen. Im übrigen müsse er mit seinem Aufsichtsrat darüber sprechen. Das war vor zehn Tagen. Seitdem ist der Früling mit solcher Macht ausgebrochen, dass die ~~Yxyxxx~~ Herren anderes zu tun haben.

Ich hoffe, sehr verehrter Herr Professor, dass Sie inzwischen Ihre Waren weiter verbessert und anderwärts zu günstigeren Preisen abgesetzt haben. Ich selber bedauere es natürlich sehr, dass wir nicht wenigstens einige Kisten Ihrer ausgezeichneten Trollhörner geliefert bekommen, *aber* ich bin zu sehr in meinen eigenen

Bachtrompeten verknotet, als dass ich Ihre Interessen mit grösserem
Nachdruck vertreten könnte. Sie können aber jederzeit mit all
meiner geschäftsbrüderlichen Hilfe rechnen.
Herzliche Grüsse sendt Ihnen

Ihr stets verbundener

Alcofribas Naso.

Baisers,

Marianne

Brief von Heinrich Strobel (Alcofribas Naso) an Werner Egk (undatiert), in: NWE

Baden-Baden, den 2.1.46

Meine Geliebten, es ist zwar erst Dienstag und die Post kann immer
erst Samstags weg gehen, da dies der Tag ist, an dem unser Commandant zu seiner Familie nach Strassburg fährt, ich schreibe aber
dennoch gleich, denn gerade bekomme ich Euren Brief vom 16. und
18. 12. Mein gutes Stümpes hat's auf den Brüstchen, wie kommt mir
da die Jugend hoch, da Du still halten musstest, wenn ich mit dem
Prisnitz kam. Das waren noch Zeiten! Na, Kinders, es scheint auf-
wärts zu gehen, toi, toi, toi, und ich will nicht mehr über schreck-
lche Jahre jammern. Aber das muss ich dennoch sagen: Ihr wundert
Euch, dass es uns noch an Freiheit des Ausdrucks fehlt; wenn man
so lange Jahre Angst und immer wieder Angst haben musste für jede
Bewegung, jedes Wort, so braucht es eben seine Zeit, bis man sich
der liberty bewusst wird. Ausserdem gibt es Dinge, die man erlebt h
bat, über die man kaum reden kann aber bestimmt nicht schreiben.
Das wird auch wieder kommen, aber Ihr müsst ein wenig Geduld haben.
Die Eindrücke sind noch nicht vernarbt. Genügt es nicht, dass wir
uns alle wiedergefunden haben und dass wir darüber mehr als glücklich sind? Ihr wollt wissen, wie alles kam. Also in kurzen Worten:
Du, mein Stümpes, wist Dich vielleicht noch unseres französischen
Freundes Jourdan in Berlin erinnern. Wir trafen also eines Tages,
völlig unerwartet Jourdan in Paris. Er leitete die Emissionen
für Deutschland und Oesterreich um die Radiodiffusion und bat
Henri ihm musikalische Beiträge zu machen. Dann trafen wir durch
Jourdan seinen damaligen Mitarbeiter in Berlin, M. Arnaud, der
jetzt hier der Directeur de l'Information ist. Arnaud, der mir
übrigens seinerzeit bei meiner Auswanderung schon sehr behilflich
war, machte uns bekannt mit den Leiter des hiesigen Rundfunks, (der
zu der Zeit nur erst ein Plan war), als er sich vorübergehend in
Paris aufhielt. Und nun ging die Sache innerhalb von wenigen Tagen.
Es war eine irrsinnige Raserei für Papiere, Ausreise etc. Wir kamen
notorisch nicht zum atmen und innerhalb von wenigen Tagen reisten
wir ab. Wir sind also hier, sprangen sofort in die Arbeit, und
kamen seither kaum zum Bewusstsein. Ihr müsst wissen, dass B-B ungefähr der einzige
Platz in Deutschland ist, der kaum unter dem Krieg zu leiden hatte.
Es gibt keine Zerstörungen. Natürlich ist das Land überbevölkert
und insofern ist die Ernährung äusserst schwierig. Kennt man sich
hier aus, so kann man wohl sich nebenher etwas beschaffen,
aber das für Berufstätige und nicht Anhässige gänzlich ausgeschlossen.
Sonst würde ich Euch auch wohl längst geschrieben haben, uns nichts
mehr zu schicken. Aber Kinders, Ihr ahnt nicht wo einem hier der
Magen sitzt. Man spürt ihn unaufhörlich, was überaus störend ist
und dazu keine Zigaretten. Ich würde Euch gerne entlasten, damit
unser Teil wieder anderen zugute käme, aber wir haben es noch ver-
dammt nötig. Nun haben wir seit drei Wochen nichts bekommen, das
ist bitter. Ihr habt uns schon zu sehr verwöhnt. Helft noch ein
bischen weiter, hoffentlich wird es zu Frühjahr besser werden. -
Um nun aber weiter von den Menschen zu reden, so fiel uns mal zuerst
eine grosse Unhöflichkeit auf, wohlgemerkt, bei denen die, wie hier
zu Lande relativ wenig betroffen sind. Sprichst Du aber mit jemanden,
der wirklich viel mitgemacht hat, so ist das ganz anders. Da findet
man , trotzdem der Mensch alles verloren hat, eine Erleichterung
das der Gauchmar zu ende ist, und dass man das Leben neu aufbauen
kann. Da gibt es aber leider auch wieder Fanatiker, die glauben,
einen Terror mit den anderen ausrotten zu können. Es wird noch lange
dauern, bis man hier wieder lernt wirklich demokratisch zu denken.
Es ist komisch, ich komme in die furchtbarsten Gewissenskonflikte.
Es ist irrsinnig schwer, nicht hart zu sein und sich seine Objektivität zu bewahren. Denn zu milde darf man auch wieder nicht sein,
denn keiner will natürlich dabei gewesen sein. Man kommt in Gefahr,
nicht immer richtig unterscheiden zu können.- Nun Schluss für heute,
wir wollen zu unseren köstlichen Steckrüben eilen, oh, wie sie mich
ankotzen. Hoffentlich kommt bald wieder eine milde Zugabe von Euch.

Brief von Hilde Strobel an Fritz und Bobby Level vom 2. Januar 1946, in: NHS XIII Vermischte
Korrespondenz 4. 1946-1949

Lochham bei München
Lindenstrasse 1
Post Lochham

Strobel

16.1.46.

Liebe Freunde,

Euer Brief ist noch keine Stunde da und ich habe ihn
schon mindestens siebenmal durchgelesen,so sehr hat er mich erquickt.
Während der letzten Monate legte ich von Zeit zu Zeit trüben Sinnes
jene schöne Platte auf,die mir Eure Stimmen bewahrt hat,ich weiss nicht
ob Ihr noch daran denkt,wie wir das Ding in dem Studio besprochen haben,
es war kurz vor meiner letzten Abreise aus der Stadt,in der Ihr damals
mit mir Schweinefleisch,trefflich zubereitet von der geborenen Levy
und Euern Rotwein geteilt habt.Ich wusste von Euch nur,was mir die degene-
rierte Ratte mitteilen konnte und das war nicht viel.Gefreut hats mich
natürlich zu hören,dass der eben erst Eingezogene sich klassischen
defaitistischen Traditionen folgend so rasch wieder ins Zivil gestürzt
hat.ich sehe ihn eben noch in dem bewussten Bistro verschwinden und nach
kurzer Weile hinten wieder raus kommen.Ich sehe die geborene in der lee-
ren Wohnung des Bruders Soulimas ängstlich harren,ich höre beinahe ihr
Herzklopfen und ihren Erleichterungsseufzer,als der Ersehnte endlich an-
Y wmt.Nun habe ich mir ausgemalt,was er wohl alles gesagt haben mag in d
n vermutlich sehr peinlichen Tagen oder Wochen,die noch überstanden
werden mussten.Wahrscheinlich hat er alle Leute hintereinander zu
Scheissköpfen ernannt,ich meine alle nur denkbaren Gattungen von Leuten
ganz gleich welchen Glaubens und welcher Nationalität und auch völlig
unabhängig davon,ob es sich um Zivilisten,Partisanen oder Soldaten
handelte.Vermutlich hat er furchtbare Prognosen gestellt und selbst seine
Gattin beschimpft,obwohl er ihrer doch dringend bedurfte.Irgendjemand
behauptete,er wäre später in dem üblen Lager Noisy le Sec gesichtet wor-
den.Das hat mir die trübsten Befürchtungen eingeflösst.Das Naheliegendste
wäre nun gewesen,ich hätte seinen Koffer ausgepackt und seine Anzüge
aufgetragen.Ich habe es aber nicht getan,obwohl es im Sinne des grossen
Bertold Brecht als natürliche Regung,entschuldbar,ja selbstverständlich
gegolten hätte.Überhaupt der Koffer! Den habe ich von einem Schlupfwinkel in den andern gezerrt und erfolgreich behütet,wie meinen Augapfel.
Zuletzt war er am Ammersee.Jetzt steht er hier auf dem Speicher und
will abgeholt werden.Die Motten haben wir bekämpft.—Eben war ich auf
dem Speicher und habe nachgesehen.Alles ist in Ordnung,nur an einem der
reizenden Höschen von Hilde sieht die Seide etwas brüchig aus.Das aber
kommt nicht von den Motten,denke ich.Wie macht das Hilde ohne ihre
r Wollkleider?Friert sie nicht entsetzlich?Wäre es nicht notwendig
erherzufahren um die Kleider zu holen?

Die letzten Kriegsmonate habe ich mich auch aus einem Schlupfwinkel
in den andern verzogen.Hier war die Stellung nicht mehr zu halten,da eines
Tages der Bereitstellungsbefehl für den Frontvolkssturm ankam.Ich ging nach
Niederbayern,wo die Schweine wachsen und schrieb eine Komödie.Wenn ich
mich nicht selbst unterhalten hätte,wäre ich vor Langeweile umgekommen.
Die Komödie werde ich Euch gleichzeitig schicken.Es kommt keine Musik
darin vor,die man im Rundfunk aufführen könnte.Vielleicht werdet ihr sie
deshalb gar nicht lesen,da Ihr Euch ja anscheinend jetzo im Dienste des
Radioten aufzehrt.—Aus Niederbayern floh ich nach dem Ammersee,wo ohnehin
schon Euer Koffer stand,da sich die siegreichen Truppen der Alliierten
der Donau näherten.Vom Ammersee aus fuhr ich mit dem Fahrrad eine Nasen-
länge vor den amerikanischen Panzern nach Lochham zurück und kam gerade
noch zurecht um bei der Einquartierung den liebenswürdigen Hausherrn zu
spielen.Trotzdem hat mich keiner von den Boys zu meinem eigenen Cognac
eingeladen.Sonst wars recht nett.Sehr ordentliche Leute,diese Soldaten.
Nur einer hat was vergessen,es waren fünf Chesterfield.Den Bestimmungen über
amerikanisches Heereseigentum folgend habe ich die Zigaretten im Haupt-
quartier gegen Quittung abgeliefert.Neulich wollte ein amerikanischer

...... meine Möbel und Teppiche abholen,das Lastauto stand schon vor der
Türe.Die Möbelzüge waren aber zerrissen,und wegen der Teppiche habe
ich eine Adresse mit schöneren und eines Generals würdigeren Teppichen
gewusst.Komponieren tu ich auch noch,die Circe ist fertig und der
Klavierauszug wurde vom Zaubergeigerl auch schon ziemlich fertig gedruckt,auch das Material und die Partitur.Die Aufführung wird meiner
vorsichtigen,jedoch in Anbetracht der Gesamtlage optimistischen Schätzung
nach etwa 1948 stattfinden.Auch habe ich die Versuchung des heiligen
Antonius komponiert,in dreizehn Gesängen für Alt und Streichquartett.
Mein Vater meint,es wäre zynisch,der muss es ja wissen.Von Solange sagt
stammen aus Frankreich,die Melodien auch.Das Tonsetzen hat mir Spass
gemacht.Das achzehnte Jahrhundert war zwar nicht das Jahrhundert des Kindes
aber „La Pucelle" ist mir lieber als jedes Bébé,Ehrenwort.

Dass der Zaubergeigerl die Melosflöte neu anblasen will weiss ich,aber ob
den Doktor Strobel wird ja wohl nichts Gescheites herauskommen!
Dass sich der Antigone bewährt hat,freut mich ungemein und ehrt ihn nicht
minder.Bewähren tut sich so leicht keiner,das kann man wohl sagen.Ich
habe hier gehört,der Antigone wäre der collaboration verdächtigt worden,
ebenso der Francaix und verschiedene andere,über welche Ehrendes in dem
seinerzeitigen Germanenblättchen gestanden hätte.Es wäre mir sehr wissens-
wert zu erfahren,wer da drüben abgesoffen ist und warum.Von Solange sagt
man sie habe zwo Jahre an der Oper Zwangsferien,weil sie von einem Admiral
zum Essen eingeladen worden wäre.-Jenkins ist ein junger Sieger,ehedem
ein Schüler des grossen Orffeus,seine schlechteste Seite ist,dass er mir
keine Pakete schickt.

Nun ein ernstes Wort,alles lauter witzlose Sachen,die mir keinen Spass
machen und Ihnen auch nicht,aber „Muss es sein?" „Es muss sein".Im Herbst
fuhr ich nach Frankfurt,weil ich mit dieser Stadt einen Vertrag auf Lieferung
abendfüllender Opernwerke habe.Wegen der Bomben bekam ich seit Januar
keinen Pfennig mehr.Stadtväter verlangten meine Durchleuchtung bei den
amerikanischen Behörden.Durchleuchtung hat sieben Wochen lang stattge-
funden.Ergebnis:Egk kann machen was er will und bekam von der Stadt
zunächst Geld bis Oktober.Schön.Jetzt aber ist es zwecks Weiterzahlung
dringend benötigter Gelder unerlässlich,dass ich auch noch bei einem
deutschen Frankfurter Hauptausschuss Antrag auf Durchleuchtung stelle.Wer-
de das auch tun.Wäre Ihnen unendlich dankbar,wenn Sie mir zwecks Vorlage
bei diesem Verfahren ein ausgiebiges Dokument verfassen würden,aus dem
in unzweideutigen Wendungen hervorgeht,dass ich kein Faschist (Wenn die
Sonne auf den Stoff scheint faschist er)sondern ein Antifaschist bin,
dass Sie und unsere französischen Freunde (H o n e g g e r !) mich aus
diesem Grunde gefördert haben (und nicht den Dewanger) und so fort.Formale
Belastungen gegen mich gibt es nicht,aber „der Egk war doch so viel in
Paris"!Bitte schreiben Sie gerade über diesen Punkt und über den ganzen
Kreis von französischen,Schweizer und sonstigen Antifaschisten,mit dem wir
verkehrt haben und über die kunstpolitischen Tendenzen in deren Verfolg
ich lanciert wurde und zwar nicht vom Promi und auch nicht von Herrn
Sonnen,sondern von deren natürlichen Antipoden.Hier in der amerikanischen
Zone wird das alles sehr genau genommen und schon bei der amerikanischen
Durchleuchtung wurde ich gebeten,wenn möglich sogar Kindheitserinnerungen
zu Papier zu bringen,damit die Wissenschaft endlich erforschen kann,ob
ich etwa militaristische Neigungen oder psychische Strukturfehler im Sinne
von Rosenbergs Weltanschauung aufzuweisen habe.Es wird zweckmässig sein
Namen zu nennen,wie Honegger,Giraudoux oder Wasserhahn,wenn der nicht
selbst im Verachiss ist,wie hier erzählt wurde.Ausserdem ist Ihnen doch
vielleicht noch die Pressekonferenz Peer Gynt in Berlin in Erinnerung,auf
der ich mir die besondere Wertschätzung der braunen Journaille zugesogen
habe?Wäre sehr wichtig auch darüber was zu schreiben,sonst ende ich im
zeitgenössischen Bewusstsein noch als Günstling von Gerigk.————————
Dem Schwein habe ichs übrigens besorgt,wann wo und wie ich konnte und
ich hoffe,dass er seine Rundreise durch die alliierten Gefängnisse schon
angetreten hat.

Titus ist nicht zurück,wir wissen nichts von ihm,ausser dass er von
einem deutschen Kriegsgericht zweieinhalb Jahre Gefängnis wegen durchaus
unmilitärischen Benehmens bekam und im März noch im Osten bei einer

2.Blatt

Strafkompagnie wa..Die Ganze Nazibrut sitzt natürlich schon längst
zuhause.Hier in der Strasse fehlen drei Jungens,von denen man nichts
weiss,alles Söhne von Antinazis.Ja,Gottes Wege sind wunderbar.Wenn
ich daran denke,was für schönes Wetter bei der Olympiade war!
Seien Sie mir nicht gram,dass ich bei Ihrer ausfüllenden Arbeit auch noch
Schriftliches von Ihnen erbitte,aber für mich wäre es sehr nötig.

                        Herzlichst Ihr:

                W e r n e r E g k

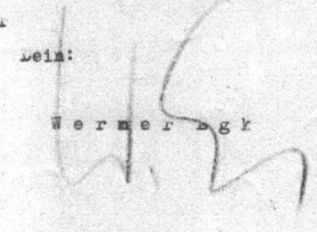

Liebe Hilde,
                ich war doch nicht besoffen,als wir uns zu duzen begannen.
Es hat bei Gott lange genug gedauert,bis es soweit war,dafür war es
aber,wie Dein Brief zeigt auch nicht dauerhaft.Wodurch habe ich das verdie
(verdient?)Ich bin unendlich begierig Eure Geschichte einmal genau
und authentisch zu hören,Paul hat mir vielleicht einen Räuberroman erzählt und es war alles ganz anders?Was machst Du am Radio?Wenn Ihr in
einem so stinkfeinen Hotel wohnt,brauchst Du ja nicht zu kochen.Das ist
schade genug.Wenn es Dir in Baden-Baden zu viel wird,dann fahr einfach
(einfach! Mir wird übel,wenn ich an meine Frankfurter Reisen auf
offenen Lastwagen,überfüllten Zügen u.s.w.denke.Ich habe dreissig
Pfund abgenommen) nach Lochham.Wir haben Zentralheizung und Kohlen
diesen Winter,weil wir letzten Winter nicht einheizen konnten.War was
kaputt.Nur im Parterre sind die Fenster zum Teil durch Pappe ersetzt,
Glas gibts immer noch nicht,aber ab ersten Stock ists ganz erstklassig.
        Bitte lies die Komoedie genau durch,sie handelt unter anderem auch
von der Liebe und ich möchte von Dir wissen ,ob ich die Regungen einer
Frauenseele vielleicht mit einem zu reinen Pinsel gemalt habe.

                Immer

                Dein:

                W e r n e r E g k

Brief von Werner Egk an Hilde und Heinrich Strobel vom 16. Januar 1946, in: NWE

Baden-Baden, den 18. 1. 46

Meine liebsteBobby, mein Liebstes Stümpes, gestern kam unser Commandant
ganz bestürzt zu mir. Er fand plötzlich in seiner Aktentasche drei
Briefe, die er vergessen hatte mir zu geben. Die ruhten also seit
ungefähr drei Wochen in seiner Tasche und so kommt es, dass wir erst
gestern Euren Brief vom 26.und 27. November bekamen. Ich hoffe, dass
Ihr Euch ungefähr an diese Briefe erinnert, denn ich möchte darauf
näher eingehen. Da möchte ich Euch zunächst sagen, dass ich wirklich
glücklich und stolz bin über Euer Vertrauen, das mir Eure Freundschaft
beweist und mir unendlich viel mehr wert ist, als all Eure materielle
Hilfe (und Ihr wisst, wie wir diese brauchen). Uebrigens habe ich es
nicht anders erwartet, aber es tut dennoch wohl zu erfahren, dass
man sich nicht getäuscht hat. Nun zu den Tatsachen. Was man Euch erzählt hat(Taufe und Arisierung) ist eitel Stunk und Lüge und zeugt
von einer totalen Unkenntnis der Gesetzgebung des 3. Reiches.Ich bin
während des 3. Reiches weder getauft noch arisiert worden, wenn ich
es gewünscht hätte, so wäre es garnicht möglich gewesen. Tatsache ist,
dass ich die erste Zeit ohne Papiere und reichlich gefahrvoll, später
mit falschen französischen Papieren und falschen Namen, mich durchge-
schlagen habe. In welche Situationen das meinen Mann gebracht hat und
wie oft er mit einem Bein im KZ gestanden hat, lässt sich garnicht
schildern. Eine andere Tatsache ist allerdings, dass ich nie auf die
Unterstützung meiner Rassegenossen habe rechnen können, dass sie mir
im Gegenteil schon manchen üblen Streich damals in Aix gespielt haben,
lediglich auf die Tatsache hin, dass ich mit einem Arier verheiratet
bin. Das war, ich muss es leider sagen, Grund mir zu misstrauen. Ich
habe damals furchtbar darunter gelitten, ich konnte nicht begreifen,
dass so etwas überhaupt möglich ist. Und da muss ich sagen, in meiner
furchtbaren Einsamkeit und um mich noch mehr wenn möglich mit meinem
Mann verbunden zu fühlen, habe ich mich an die Protestanten gewandt,
die, ohne Zögern mir geholfen habe und mit deren seelischen sowie
praktischen Beistand ich jederzeit rechnen konnte. Viele Jahre später,
als ich wieder nicht aus noch ein wusste, und ich mich an jüdische
Komités wandte um Arbeit und wenn möglich Schutz zu finden- völlig
ergebnislos- haben mir wieder die Protestanten geholfen. Dann habe
ich mich sehr viel später-es war genau am 1. Juli 1945, also als
alles vorbei war, von Pastor Guetal, in Noisy le Sec bei Paris,
taufen lassen und zwar nicht aus Opportunismus, sondern aus voller
Ueberzeugung. Pastor Guetal hat mich lange, in schwerster Zeit betreut,
er hat mich wirklich vom Protestantismus überzeugt. Dieser Schritt war
für mich eine Ueberzeugungssache, Dankbarkeit und das Bedürfnis zur
letzten Verbundenheit mit meinem Mann.- Diese ganzen Dinge zu schreiben,
ist ein wenig peinlich, denn sie berühren mich wirklich mehr als Ihr
vielleicht annehmen könnt. Und man hat so seinen Stolz. Ihr müsst sie
aber wissen.- Das es aber Menschen und auch noch sogenannte Freunde gibt,
die ohne etwas zu wissen, die im Vergleich und vor allem
zu Heinrich, ein leichtes Leben hatten, nun wie die Wölfe über ihn her-
fallen- deprimiert mich zu tiefst. Ich möchte den sehen, der das auf
sich genommen hätte, was Heinrich ohne auch nur einen Moment zu wanken
auf sich genommen hat. Ihr kennt Heinrich, er ist viel zu stolz um auf
diese Dinge einzugehen. Er sagt sich: sollen sie doch, sie können mich...
ich habe Dich(nämlich Dich) durchgebracht, der Rest ist mir egal.
Kinders, wenn wir Euch doch nur einmal sprechen könnten, um ein wenig
von unserem Leben der letzten Jahre zu erzählen. Ich könnte mir vorstellen, dass Ihr mit dem Beil auf Leute losgehen würdet, die es wagen
heinrich an den Wagen zu fahren. Na, ich will mich nicht weiter aufre-
gen, denn in Euch habe ich mich nicht getäuscht. Uebrigens an diesen
Bonheim erinnere ich mich. Ich habe ihn in Aix kennen gelernt. Soviel
ich mich aber erinnere, kennt ihn Henri nicht. Und Stiedry und wie sie
alle heissen mögen, Ihr könnt ihnen bestellen, dass sie durch ihr Verhalten beweisen, dass sie nicht verdienen, dass mein Mann sie einmal gekannt
hat.So, nun aber Schluss damit. Ich gräme mich zu sehr über die Unge-
tigkeit der Welt. Wenn man nicht im KZ umgekommen ist, so ist man

Ansicht dieser Herren wahrscheinlich ein Lump. Ja , das wollte ich noch
sagen: auf der einen Seite schreibt Ihr uns, wir sollten uns doch mehr
und klarer aussprechen, dann aber die Geschichte von Léons Mexikanischem
Gesandten. Was soll man nun davon denken? Ich sage nur: Merde. Sicher
hat es Léon nicht schlecht gemeint. Ich setzte eben auch von unseren
Freunden Eure Sicherheit an uns voraus.

So, nun ist es reichlich spät geworden, weil zwischendurch mal wieder
einige musikalische Vorführungen zu bewerten waren. Lebet wohl Ihr Lieben und lasst Euch nochmal und von Herzen für Euer Vertrauen danken.
Wenn Ihr glaubt, dass Villi und Jupp sich für diese Auseinandersetzung
interessieren, so schickt ihnen den Brief weiter.
    Ich umarme Euch von Herzen, in Liebe
                                        Eure

Hätte ich nicht mit meinem Herzen und mit meinem Rundfunk so viel zu tun
so würde ich auch noch eine Epistel loslassen. Aber Hilde hat es schon
getan - und dann habe ich bis jetzt in meinem Leben immer gearbeitet,
und zwar im Sinne des alten guten Kulturbolschewismusses wie diese
Nazi-Idioten es nannten - wahrscheinlich mehr und nützlicher als di.
dreckigen Mäuler, die sich heute über mich zerfransen - unnützlich hier,
unnützlich dort und nur alleweil bereit zu stänkern. Ich möchte einmal
hätten wissen, wieviele von diesen traurigen Gesellen/eine jüdische Frau durch d
diese Zeit des Wahnsinns durchgebracht hätten. Wieviele von Ihnen wären
da weich geworden, wo wir nicht weich wurden. Briefe schreiben (und
seien die von grössten alles Thomasse) und im New Yorker Kaffe sich
das Maul zerreißen, fern von Bomben und SD - da gehört nicht viel dazu
- aber das wißt Ihr ja selber - und es hat mich sehr gefreut, daß Ihr
nicht so denkt wie diese - was ja selbstverständlich war.

Ja, meine Lieben, ich war auf diese Dinge gefasst, nach den edlen Erfahrungen von Aix - ich kann nicht behaupten, daß sie meiner so schon
ramponierten Gesundheit grade zuträglich sind - sei's drum. Ich bitte
die Herrschaften, mich kreuzweise am Arsch zu lecken, bis sie an der
Scheiße ersticken.

In diesem Sinne grüßt Euch, zwar gebrochen am Körper, aber in alter
Frische des Geistes - und auf parcels hoffend

                                        Euer alter

Brief von Hilde und Heinrich Strobel an Frank und Bobby Level vom 18. Januar 1946, in: NHS
XIII. Vermischte Korrespondenz 4. 1946-1949

Beglaubigte Abschrift

K a m m e r   d e r   K u n s t s c h a f f e n d e n
Berlin W15, Schlüterstrasse 45
D e r   P r ä s i d e n t

30.3.46.

Herrn
Werner Egk
Lochham bei München
Lindenstrasse 1

Sehr geehrter Herr Egk!
    Auf Grund der uns zur Verfügung stehenden Unterlagen aus dem
gesamten Archiv der früheren Reichskulturkammer und nach eingehender Untersuchung Ihrer künstlerischen und öffentlichen Tätigkeit,
ist die Kammer der Kunstschaffenden in der Lage, Ihnen zu bestätigen,
dass gegen Ihre weitere künstlerische Arbeit keine Bedenken bestehen.
    Dem verantwortlichen politischen Prüfungsausschuss haben im
Gegenteil Dokumente vorgelegen durch die Ihre antifaschistische
Gesinnung und Aktivität als erwiesen anzusehen ist.
    Wir freuen uns daher, Sie als eine der stärksten künstleri-
schen Potenzen auch im Musikleben des neuen Deutschland begrüssen
zu können.
        Mit vorzüglicher Hochachtung
                       Kammer der Kunstschaffenden
Stempel: Kammer der Kunst-   Dr. von Borresholm (Abt. Leiter)
schaffenden, Generalsekretariat.

Ü b e r s e t z u n g

Basing on the official papers from the whole archive of the former
Reichskulturkammer which are at our disposal and after a thourough
going investigation of your artistical and public activity the
Kammer der Kunstschaffenden" is able to confirm that there are
no difficulties whatsoever concerning your future artistical work.
    On the contrary the documents at the disposal of the respon-
sible political investigation committee proved that your antifashis-
tic mind and activity is evident.
    We are therefore glad to greet you as one of the most prominent
artistic personalitys in the musical life of the new Germany.

Abschrift
20. Mai 1946

J. A. Haser

2,80
232

Schreiben der Kammer der Kunstschaffenden an Werner Egk vom 30. März 1946, in: NWE

Dr. Fritz P I E R S I G   Bremen , den 27.Juni 1946
                        Strassburgerstr. 24

Herrn

Werner Egk

L O C H H A M b. München
Lindenstr. 1

Lieber Herr E G K ,

ich gebe Ihnen gern Auskunft auf Ihre Frage , wie es zu den Aufführungen des " Joan von Zarissa " und des " Peer Gynt " an der
Pariser Oper kam.
Noch während der Vorbereitung der französischen Erstaufführung
des"Palestrina" nahm ich im Frühjahr 1942 mit dem Direktor der
Pariser Oper Fühlung wegen der Aufnahme eines neuen deutschen Bal-
lets in sein Repertoire. Ich hatte mir von deutschen Verlegern ,
die ich für maßgebend in der Vertretung des jüngeren deutschen
Musikschaffens hielt, einige Klavierauszüge beschafft und legte
der Leitung der Oper zur Auswahl vor von Hermann Reutter
" Die Kirmes von Delft ", von Boris Blacher " Fast im Süden " und
ein zweites Ballet , dessen Name mir entfallen ist, und von Ihnen
" Joan von Zarissa ". Sie waren damals ebenso wie die Herren'und
Blacher mir persönlich nicht bekannt . Der Direktor der Pariser
Oper und sein Balletmeister Serge Lifar entschieden sich damals
sehr schnell und eindeutig für Ihren "Joan von Zarissa".
Nach dem großartig durchschlagenden Erfolg der Pariser "Zarissa"
Aufführung im Sommer 1942 lag mir daran , das in Pariser künst-
lerischen Kreisen durch diese Aufführung geweckte Interesse aus-
zubauen. Ich stellte daher andere Pläne zu Gunsten Ihres " Peer
Gynt " zurück, zumal der Direktor der Pariser Oper in privaten
und persönlichen Gesprächen bereits ein lebhaftes Interesse an
Stoff und Gestaltung Ihres Werkes genommen hatte , das ihn später
dann auch im "Peer Gynt" persönlich die Regieführung übernehmen
ließ.
In die Bearbeitung dieser Fragen und in die Verhandlungen mit der
Pariser Oper haben sich Berliner Stellen niemals eingemischt. Für
diejenigen Werke, zu deren Aufführung die Leitung der Pariser Oper
durch mich inspiriert wurde, muß ich allein die Verantwortung
übernehmen . Ich trage sie gern . Denn ich bin überzeugt davon ,
daß die Tatsache, als erstes die Aufführung von Pfitzners
" Palestrina " in Paris angeregt und erreicht zu haben , mich
jederzeit bei allen Einsichtigen vor dem Vorwurf schützen wird ,
ich habe nationalsozialistische Kulturpropaganda getrieben oder
mich in meiner Arbeit von anderen als künstlerischen Dingen be -
stimmen lassen .
Ich glaube , daß diese kurze Darstellung des Zustandekommens der
Pariser Aufführungen Ihrer beiden Werke auch zeigt , daß dabei
für außerkünstlerische Dinge überhaupt nicht Raum noch Gelegen -
heit war .
Wer die Struktur des Pariser kulturellen Lebens kennt , wird verstehen, daß das lebhafte Interesse, mit dem die Pariser Öffent -
lichkeit nach dem"Zarissa" dem "Peer Gynt entgegensah, auch mit
den regen Beziehungen zu danken war , die Sie von dem "Zarissa"
Erfolg aus dort schnell in maßgebenden geistigen und künstlerische
Kreisen gefunden hatten . Diese Beziehungen waren jedoch in dem
überraschend grossen Umfange , in dem sie sich einstellten , nur
möglich geworden , da die in diesen Dingen sehr empfindlichen

Franzosen im persönlichen Kontakt mit Ihnen sofort spürten , wie
groß der Abstand Ihrer persönlichen künstlerischen Auffassungen
von aller offiziellen Kulturpolitik des Dritten Reiches war . Zu
Persönlichkeiten wie dem Komponisten Artur Honegger , dem Dichter
Jean Cocteau und dem Direktor Jacques Rouché hätten Sie als
"Parteigenosse" oder als Vertreter nationalsozialistischer künstlerischer Grundsätze niemals mehr als eine formelle Beziehung gefunden, auf keinen Fall die menschlich erwärmte Verbindung , die
meiner Überzeugung nach den Wechsel der Ereignisse überdauern und
in absehbarer Zeit für ein grosses kulturelles europäisches Zu -
sammen gehen erneut wichtig werden muss .
Ich hoffe , lieber Meister Egk , Ihnen mit diesen Ausführungen
dienen zu können und bin natürlich bereit , sie notfalls eingehender zu specialisieren .

Mit herzlicher Begrüßung verbleibe ich Ihnen

und Ihrer Frau Gemahlin

in alter Verbundenheit

Ihr

Fry Piersig

Entlastungsschreiben von Fritz Piersig für Werner Egk vom 27. Juni 1946, in: EAWE, Blatt 366-367

Strobel c.o. Mme Hirn
26, rue Louis Appfel
Strasbourg   Baden-Baden, den 24.7.46

Meine Liebsten,

wir haben schon eine geraume Zeit nicht geschrieben, denn wir hatten
keine Möglichkeit die Post weiterzubefördern. Unser Commandant ist in
Ferien und auch jetzt weiss ich noch nicht, wie der Brief weitergehen
wird. Aber versuchen wir es einmal. Uebrigens haben wir von Euch auch
schon sehr lange keine Nachricht mehr. Dafür kamen aber vor einigen
Tagen zwei sehnlichst erwartete liebliche Paketchen, wir nagten gerade
wieder am Hungertuch und zu rauchen hatten wir auch nichts mehr, was
immer ein besonders scheusslicher Zustand ist. Zigaretten helfen über
sovieles weg.

Inzwischen war der Meine auf reisen. Er hatte einen Vortrag in Nauheim
und einen anderen in Frankfurt. Er kam sehr angetan zurück, Eure Lands-
leute waren sehr nett zu ihm und möchten ihn gerne nach Stuttgart haben.
Er wird Euch selbst diesmal viel schreiben, deswegen mache ich auch schon
Schluss. Ich sollte nur den Anfang machen. Wie waren Eure Ferien? Hupfst
Du munter rum, liebe Bobby? Ich wünsche es von Herzen. Uebrigens habe ich
mal wieder scheussliche Zahngeschwüre und einen wahren Schweinsrüssel.
Das deprimiert mich auch entsetzlich, weil immer das Gespenst der völligen
Zahnlosigkeit vor mir steht und ich das wirklich nicht sehr kleidsam finden
kann.

Lebt wohl Ihr Lieben, seid innigst umarmt und geküsst von Eurer

    Edle und geliebte Life-Savers,

eigentlich wollte ich heute einmal zu einer längerern Epistel ansetzen,
denn ich komme grade von einer längeren Reise in die US-Zone zurück und
habe dort einmal Einblicke gewonnen, die Euch vielleicht auch interessieren
werden. Ich war als Gast bei Radio Frankfurt, wo ich mehrere speechs über
über Strawinsky gehalten habe, und bin auch auf der Nauheimer Musikwoche
vor dem pp. Publikum erschienen, mit einem für solche Gelegenheiten geradezu
demonstrativen Erfolg. Dann war ich in Stuttgart bei meinem alten Freund
Newille Jenkins, der heute einer der grössten Leute der amerikanischer
Besatzung auf dem Gebiet der Musik ist. Er will mich absolut nach Stuttgart haben, und zwar als Direktor der Musikhochschule - da würde denn
ein gewaltiger Feuerstrom in diesen verhockten Laden fahren, wie Ihr Euch
wohl denken könnt.
Natürlich ist es viel besser in der US-Zone, weil eben die Amis reich
sind und die Franzosen arm. Aber, aber - die administrative Sturheit da
drüben, die lächerliche Pg-Jagd, die ewigen Fragebogen, die jeden Pfurz
wissen wollen - die lassen die Menschen nicht zur Ruhe kommen. Dabei geht
man leider mit einer Kleinlichkeit und psychologischen Ahnungslosigkeit
vor, deren Folgen vermutlich den Behörden nicht gegenwärtig sind. Man
stösst tausende guter, williger Menschen in einer Opposition, die irgendwie
wieder zur nationalistischen Starrköpfigkeit führen muss, während die
Mediokrität geradezu Orgien feiert. Es ist ja nicht so, dass jeder, der x
früher keine Stellung gehabt hat, ein Talent darstellt, im Gegenteil. Wenn
aber einer eine Stellung hatte, dann stösst man ihn ab - für Künstler ist
das besonders gravierend, denn ein Künstler muss auftreten oder schaffen,
sonst läuft ihm das Leben weg, und er hat nichts getan. Vergesst im übrigen
nicht das edle Wort: die deutsche Form der Revolution ist die Denunziation
So viel Waizen gibt's garnicht, wie in die Aehren schiesst.
Ich muss also immer wieder sagen, dass es mir hier besser gefällt, denn
wir xxxxxxxxxxxx letzte Europäer sind unter uns - und wenn die Franzosen
nicht so arm wären, sondern noch was zu essen hätten, dann wäre hier ohne
Zweifel ein Idealzustand.

Wie ich heute den Bockmist wieder durchlese, finde ich ihn doch wieder
fragwürdig - da erkennt ihr die ganze verfahrene Situation in Deutschland.
Natürlich haben die Amis recht, denn 4/5 der Deutschen sind immer noch
Nazis. Nur ist leider der Umstand, daß einer ein erwiesener Antinazi
ist, noch lang kein Beweis für seine Qualität. Drum geben jetzt so viel
schlechte Leute an!

Ich möchte Euch ein Gespräch mit Klemperer berichten.
Ich: Sehen Sie, da haben wir zwei Oboisten, der eine ist ein alter Pg, abe
ein wunderbarer Spieler, der andere ist ein alter Antifaschist, aber ein
schlechter Bläser. Welchen würden Sie nehmen?
Kl. Natüührlich, den Nazi!

Da habt Ihr das ganze deutsche Problem. Es geht mir doch der Hut hoch,
wenn ich den guten Tenor nicht nehmen darf und den schlechten singen
lassen muß - und doch ist es natürlich richtig, dass der gute nicht
singen darf.

So - und nun kommt das alte Klanglied, dass wir kaum mehr was zu essen
haben, daß es viel beschißener ist als vor einem halben Jahr, daß das
Land von Obst und Wein und Gemüse überläuft - und daß man uns nichts
gibt - und daß wir also sehnsüchtiger als die Jungfrau auf den Beschäbler
auf ein Paket aus USA warten, was leider immer seltener einläuft. Es ist
traurig, aber nicht unsere Schuld, denn wir fressen ja kein Obst und kein
Gemüse und ersaufen auch nicht im Wein...

Ich muß leider diese noble Epistel schließen, da die Herren aus Koblenz
eingetroffen sind und wir sie fertig machen müssen(wie der heutige
deutsche Spezialausdruck heißt). Ich beschäftige mich praktisch nur mehr
nur Unfug - Kürzen von Honoraren, Bettwäsche für Künstlergattinnen,
Harre für Geigenbogen, Erlaubnisse für Herrn Furtwängler zur Einreise
aus der Schwaiz Schwaiz, Schlachtung von Pg's - und bis zum ersten neun
muß ich die neue Auflage meines Hindemiths-Buches fertig haben, weiß
der Teufel wiesbbb...

In diesem Sinne grüßt Euch, alles Beste wünschend und den dankbarsten
Affenschwanz im Badenschen Hungerdreck wedelnd
                                        Euxer

Brief von Hilde und Heinrich Strobel an Frank und Bobby Level vom 24. Juli 1946, in: NHS XIII.
Vermischte Korrespondenz 4. 1946-1949

056

Hilde Strobel
Südwestfunk
Baden-Baden

Moltkestr. 5   Baden-Baden, den 16. 12. 46

        Mister

            Newill Jenkins
            Information Control Division
                        S t u t t g a r t

                        Charlottenstr./ Lorenzhaus

    Lieber Mister Jenkins,

    in der Anlage übersende ich Ihnen ein Schreiben, das Dr. Petschull
    vor der Spruchkammer dienen soll. Herr Hinrichsen bat mich, es
    Ihnen einzuschicken, damit Sie es weiterleiten können. Hoffent-
    lich kann es Dr. Petschull dienen, ich wünsche es ihm von
    Herzen. Er hat sich seinerzeit unerhört menschlich mir gegen-
    über verhalten.

    Es war schön Sie wiederzusehen. Hoffentlich kommen Sie bald
    einmal wieder her.

    Herzlichste Grüße
                        Ihre

    Lieber Mister Jenkins,

    hoffentlich haben Sie die aufregendem Hindemith-Premiere gut
    überstanden. Die Herren vom Bureau des spectacles et de la
    musique konnten nicht kommen, weil Ihre Ordre de mission
    nicht fertig war. Sie lassen sich vielmals entschuldigen.
    In der Hoffnung, Sie bald wieder zu sehen, bin ich

                        Ihr stets ergebener

Brief von Hilde und Heinrich Strobel an Newill [sic] Jenkins vom 16. Dezember 1946, in: NHS
XIV.3 Korrespondenz 1945-1950

12.9.47

Werner Egk und die Kulturfassade des Dritten Reiches

Die Musikpolitik des Dritten Reiches war darauf gerichtet, den Hoerer entweder durch klangliche Berieselung einzulullen oder durch pathetische Attacken nationalistisch zu aktivieren.

Beide Bemuehungen zeigten sich auch auf der Opernbuehne, die im Falle von Werner Egk allein interessiert. Da die germanischen Sagenthemen durch Wagners Musikdramen erschoepft waren, so suchte man andere, aber stets wurde eine heroisch-pathetische Grundhaltung verlangt. Im Bereich des rein Musikalischen entsprach die Weiterfuehrung der dramatisch-illustrierenden Technik Wagners der nazistischen Musikauffassung, gewuerzt mit einigen volkstuemlichen oder marschmaessig-militaerischen Einlagen. Beispiele dieses Stiles sind Vollerthun, Graener usw.

Die mehr unterhaltende musikalische Berieselung ist auf der Opernbuehne durch Norbert Schulze gekennzeichnet.

Wie steht nun Werner Egk zu diesen offiziellen Anschauungen?

Sein erstes groesseres Werk, das Oratorium "Furchtlosigkeit und Wohlwollen", noch vor Hitler in Muenchen durch Hermann Scherchen uraufgefuehrt, kommt aus der geistigen und politischen Welt Bert Brechts, die fuer Egks gesamte kuenstlerische Denkweise entscheidend wurde. In seiner ersten Oper "Die Zaubergeige" nimmt er ein phantastisches Thema auf, das seiner sueddeutsch-barocken Fantasie entsprach. Die Grundhaltung des Buches ist maerchenhaft-lyrisch – also entschieden anti-heroisch, und die musikalische Konzeption geht von der alten Nummernoper aus, im Gegensatz zu der von den Nazis geforderten musikdramatischen Haltung.

In seiner naechsten Oper "Peer Gynt" nimmt Werner Egk zwar einen Stoff aus der nordischen Welt. Peer Gynt ist aber kein heroischer oder gar heldischer Typus im Sinne der wagnerisch-nazistischen Anschauung, sondern ein Traeumer und Fantast. Das Hervorstechendste an dieser Partitur sind die Troll-Szenen, die von Egk eingefuegten Ballette und grossen Opern-Ensembles, in denen die vom Nazismus so heftig bekaempften Vorbilder eines Offenbach, Weill und Strawinsky mit

(082 II.)

demonstrativer Eindeutigkeit weitergefuehrt werden. Die Nazis haben die (wie man damals sagte) "kultur-bolschewistische" Tendenz des "Peer Gynt" sehr wohl erkannt. Die Parteipresse fiel ueber das Werk her und beschimpfte Egk als den auszurottenden Zersetzer der deutschen Oper.

Egks naechstes Werk kommt aus dem den Nazis besonders verhassten Stoffkreis der franzoesisch-burgundischen Kultur: es ist das Ballett "Joan von Zarissa". Die Verwendung von alt-franzoesischen Chansons als Intermedien wirkte in den Jahren des Krieges geradezu als Provokation des germanisch-nazistischen Rassenduenkels.

Werner Egk hat dann noch ein aelteres Werk ueberarbeitet und waehrend des Krieges herausgebracht: das szenische Oratorium "Columbus". Das Werk knuepft zugleich an die bereits erwaehnten Lehrstuecke von Bert Brecht und an das epische Musiktheater Strawinskys an - wiederum zwei Gattungen, die von den Nazis als "artfremd" und nicht "volksgebunden" aufs Schaerfste bekaempft wurden. Wenn es am Schluss dieses Werkes heisst:

> "es zogen aber ein Habgier und Eigensucht, und es leerten sich die Schatzhaeuser und entvoelkerten sich die Inseln und Laender. Wenn aber einer diesen Teufeln die Herrschaft streitig zu machen vermag, dann fuellen sich die Schatzhaeuser den bluehenden Geschlechtern...",

dann wusste im Jahre 1942 jeder intelligente deutsche Hoerer, dass hier die Stimme des inneren deutschen Widerstandes gegen die Hitler-Tyrannei in der symbolischen Sprache der Oper ertoente.

Die Verbindung mit dem franzoesischen "esprit", die bereits in dem Ballett "Joan von Zarissa" hervortrat, zeigt sich in verstaerktem Masse in der geistvollen Kantate "La Tentation de St.Antoine", die wir im Fruehjahr 1947 am Suedwestfunk in Baden-Baden urauffuehrten.

Die Nazis verlangten von der Musik, dass sie volkstuemlich und allgemein verstaendlich sei, dass sie den Verstand einschlaefere und durch die Wucht eines verlogenen Pathos auf das Untertanengemuet wirke. Werner Egks Musik ist von einer scharfen Intelligenz geformt, sie ist technisch raffiniert, sie vermeidet jede nazistisch-popularisierende Ohrenfaengerei und ist ausserdem stark nach der Kunst unserer westlichen Nachbarn (Ravel, Strawinsky, de Falla) orientiert. Die letzt genannte Tatsache erklaert nicht zuletzt die grosse Beachtung, die Werner Egk in Frankreich fand. Die Franzosen bemerkten sofort den anti-nazistischen Charakter dieser Musik.

All diese Argumente erweisen, dass Werner Egks Musik und Kunstauf-
fassung jederzeit in schroffstem Gegensatz zu den nazistischen Kunst-
anschauungen stand (und daher auch von der Parteipresse offen und
versteckt bekaempft wurde). Dieses Faktum erklaert den grossen Erfolg
seiner Werke waehrend des Nazismus. Das nicht parteimaessig gebundene
Publikum hat ueberall die von der Parteidoktrin genaehrten offizioesen
Opern abgelehnt. Es war ganz selbstverstaendlich, dass sich dieses
Publikum zu den Buehnenwerken Werner Egks hingezogen fuehlte, in denen
ein Wind aus der weiten freien Welt in das braune Konzentrationslager
Deutschland wehte und eine Intelligenz sich bekundete, die von der
Partei als zersetzend und verwerflich bezeichnet wurde und auch heute
vielen frommen Heuchlern unliebsam sein mag.

Werner Egk hat nicht zur Aufrichtung der Kulturfassade des Dritten
Reiches beigetragen, sondern vielmehr diese Kulturfassade systematisch
und wirksam unterhoehlt.

Leiter der Musikabteilung des Suedwestfunk und
Herausgeber des "Melos", Zeitschrift fuer neue
Musik

Stellungnahme von Heinrich Strobel für Werner Egks Entnazifizierungsverfahren vom
12. September 1947 *Werner Egk und die Kulturfassade des Dritten Reiches*, in: NHS XIV.2
Korrespondenz mit Werner Egk 1945-1949

Abschrift.

S Ü D W E S T F U N K

Zentrale Baden-Baden

Der Generalintendant.

Zur Vorlage im Spruchkammerverfahren gebe ich folgende eidesstattliche Erklärung, wobei ich über die Bedeutung des Eides im klaren bin:

Ich habe den Komponisten Werner E g k im Jahre 1937 im Hause des Schriftstellers Ludwig Emanuel Reindl kennengelernt und in Gesprächen mit ihm einen persönlichen Eindruck gewonnen.

Ich habe das künstlerische Schaffen Werner Egks mit Aufmerksamkeit verfolgt, und nahm im übrigen meine Kenntnis aus den Berichten, die in den Kreisen des inneren Widerstandes über Werner Egk gegeben wurden. Es waren somit nicht nur die oft sehr temperamentvollen persönlichen Bekundungen Werner Egks, die mir die sichere Überzeugung gaben, dass Egk nicht zu den willfährigen Kulturhochstaplern gehörte, die im Sinne des "Dritten Reiches" eine Kulturfassade errichten oder stützen halfen. Egk's musikalisch-dramatisches Schaffen ist für mich nicht nur vom inneren Protest gegen die nazistischen Kunsttheorien getragen, sondern ich halte es für einen mutigen und aktiven Beitrag, den Geist des "Dritten Reiches" mit seinem für die Diktatur notwendigen Streben zur Vermassung und Nivellierung zu durchbrechen. Der Mann, der wagte, seinen "Peer Gynt" der deutschen Öffentlichkeit in diesen Jahren vorzulegen, hat meiner Auffassung nach aktiven Widerstand geleistet.

Auf Grund meiner fachlichen Erfahrung als Intendant der Schlesischen Funkstunde bis zum Anbruch der Nazidiktatur und heutiger Generalintendant des Südwestfunks glaube ich beurteilen zu dürfen, dass der materielle Erfolg, der Werner Egk in diesen Jahren aus seinem Schaffen erwuchs, die natürliche Gegenleistung für diesen aussergewöhnlichen Künstler darstellt. Wenn heute noch nicht endgültig ausgesagt werden kann, welche zukünftige Bedeutung dem Gesamtschaffen Werner Egks beizumessen ist, so kann man doch mit Sicherheit feststellen, dass der äussere Erfolg Werner Egks ohne die Herrschaft des Nazismus ein weitaus grösserer gewesen wäre.

Zur eigenen Person gebe ich an: Ich habe niemals der NSDAP oder einer ihrer Gliederungen angehört, war politisch verfolgt und in Haft genommen. Seit dem Jahre 1946 bin ich als Generalintendant des Rundfunks in der französischen Besatzungszone von der Militärregierung berufen mit dem Sitz in Baden-Baden.
Baden-Baden, den 28.Sept.1947.
gez. Friedrich Bischoff.

Für die Abschrift

Entlastungsschreiben von Friedrich Bischoff für Werner Egk vom 28. September 1947, in: EAWE, Blatt 223

DER KURIER

Die Berliner Abendzeitung

DER CHEFREDAKTEUR

BERLIN N 65 30.9.47
Reinickendorfer Straße 3

Eidesstattliche Erklärung.

Ich kenne Herrn Werner E g k seit fast einem Jahrzehnt und bin in der Lage, zu versichern, dass er in zahlreichen Gesprächen, die ich mit ihm hatte, niemals die leiseste nationalsozialistische Regung bekundet hat. Auch nach der Eroberung Frankreichs hat er nie an dem schliesslichen Zusammenbruch des Regimes gezweifelt. Bei all seinen Besuchen in Paris, wo ich damals Korrespondent der Frankfurter Zeitung war, hat er sich den Ehrungen der nationalsozialistischen Besatzungsstellen möglichst entzogen und sich nicht in die nationalsozialistische Propaganda einspannen lassen. Er zeigte die grösstmögliche Zurückhaltung und beschränkte sich auf seine künstlerische Arbeit und fand weit über die französischen kollaborationistischen Kreise hinaus Anerkennung. Er scheute sich auch nicht, zusammen mit mir mit Emigranten und Juden in Paris zusammenzukommen, bei welchen Gelegenheiten er offen seine Feindschaft gegen das nationalsozialistische Regime bekannte. Ich bin fest davon überzeugt, dass die zahlreichen Freunde und Bewunderer, die er in dem nicht kollaborationistischen Frankreich gewonnen hat, auch heute bereit sind, für die Anständigkeit seiner Gesinnung zu zeugen.

DER KURIER
DER CHEFREDAKTEUR

Paul Bourdin

(Paul Bourdin)

Fernsprecher: 46 19 60-65 · Telegramm-Adresse: Kurierverlag Berlin · Bankkonto: Bezirksbank Wedding Konto-Nr. 81 16 · Postscheckkonto: Berlin 687

Eidesstattliche Erklärung von Paul Bourdin für Werner Egk vom 30. September 1947, in: NWE

- 6 -

Ich weiss, dass Piersig die Auswahl der Opern traf. Piersig hatte
oft Schwierigkeiten, weil er die offiziellen Weisungen der Prop.-
Staffel nicht befolgte. Er hat auch viele französische Musiker verteidigt und hat durchgesetzt, dass Strawinsky im Radio gesendet werden durfte.
Egk ist von der französ.Militär-Regierung eingeladen."Joan v.Zarissa"
ist wieder auf den Spielplan gesetzt.

Dr.Heinrich S t r o b e l , geb.31.5.98 in Regensburg, wohnhaft
in Baden-Baden, Südwestfunk, Herausgeber der Zeitschrift "Melos".

Ich kenne Egk seit 1931/32. Er wäre bei mir nicht ins Haus gekommen,
wenn ich ihn nicht für einen einwandfreien Antifaschisten gehalten
hätte, denn ich lebte mit einer jüdischen Frau unter den schwierigsten Verhältnissen.
Ich glaube nicht, dass Egk seine Stellung an der Berliner Staatsoper
durch die Nazis bekommen hat. Er verdankte sie seinen künstlerischen
und geistigen Qualitäten. Im Allgemeinen haben die Nazis die unfähigsten Köpfe berufen. Egk wurde eben nicht von den Nazis, sondern von
der Berliner Staatsoper berufen, die eine Zelle der Resistance war.
In Deutschland lagen zwei Musikrichtungen im Kampf. Die eine, die
auf Wagner zurückgeht und sich an Nerven und Gemüt wendet, die sog.
"bodenständige Musik" und die andere, die von den Nazis beschimpft
wurde als atonale, bolschewistische, entartete und Negermusik, die
Musik unserer Epoche, bei der jede Note überlegt ist, die dem Geist
entspringt. Wenn es einen gegeben hat, der während des 3.Reiches diese
moderne Musik gemacht hat, dann war es Werner Egk.
Über die Berufung Egks zum Fachschaftsleiter kann ich nichts aussagen.
Ich habe oft genug mit Egk englische Nachrichtensendungen gehört
und er hat immer die Niederlage Deutschlands gewünscht. Honnegger
hätte sich sicher nicht mit Egk an einen Tisch gesetzt, wenn er nicht
gewusst hätte, dass er Gegner des Regimes gewesen war.

Prof. Dr.Hans S a c h s e , geb.3.8.91 in Bautzen, wohnhaft: München
Englschalkingerstr.23 -Komponist-

Ich war Gauobmann der Reichsmusikkammer. 1941 bekam ich ein Schreiben
ins Feld und mir wurde mitgeteilt, dass ich meines Amtes enthoben und
Werner Egk mein Nachfolger sei. Es hiess von diesem Zeitpunkt an
"Fachschaft der Komponisten". Es war eine reine Verwaltungstätigkeit.

Spruchkammer München - Land
Der Vorsitzende: Die Protokollführerin:

(R.Keilhold)   (M.Molinari)

                                          (G.Bulach)

– 3 –

hiess. Diese Zeitung hat Herrn Egk gebeten, einen Artikel auf der
ersten Seite zu schreiben, auf dem Platz, wo gewöhnlich die Musikkri-
tiken von Honegger standen. Dieser Artikel war nicht, wie andere Artikel von Landsleuten Egks, eine Propaganda für die Ästhetik des 3.
Reiches, sondern eine Besprechung über die an der Pariser Oper aufge-
führte "Antigone" von Cocteau, eines Künstlers, der tief antinazistisch
eingestellt war. Egk wagte es in diesem Artikel anlässlich des Kampfes
von Antigone zu schreiben: Das ist das Bild dessen, was uns gegenwärtig
bedroht.

"Comedia" hatte während der Besatzungszeit die stärkste Auflage von
allen französischen Wochenzeitschriften, vor allem deshalb, weil sie
vom Publikum für halbwegs frei angesehen wurde.
Der Herausgeber dieser Zeitschrift war der einzige Zeitungsdirektor,
der durch das Säuberungs-Kommittee nicht belangt wurde.
Ich habe während der Besatzungszeit selbst in Paris gelebt, war zum
Schluss im Gefängnis und stand nicht auf der Seite der prodeutschen
Franzosen. Ich habe selbst alles Miterlebt.

Ich weiss durch Künstler der Pariser Oper, dass Egk nach jeder Probe
die Gewohnheit hatte mit den Musikern und dem technischen Personal zu
sprechen. Diese Art des Umgangs von Egk mit den Franzosen hat die Nazis
dermassen beunruhigt, dass man französische Polizisten zu diesen Künstlern hingeschickt hat, um durch sie zu erfragen, ob Egk mit ihnen über
Politik gesprochen habe.

Vors.:
Weiss der Zeuge, dass Piersig die Auswahl der Opern traf?

Zeuge:
Ja. Ich wusste auch, dass Piersig ununterbrochen Schwierigkeiten hatte,
weil er die offiziellen Weisungen der Prop.Staffel nicht befolgte.
Er hat auch viele französische Musiker verteidigt und hat durchgesetzt,
dass Strawinsky im Radio gesendet werden durfte.

Dr.Heinrich S t r ö b e l , geb.31.5.98 Regensburg, wohnhaft: Baden-Baden
Südwestfunk, Herausgeber der Zeitschrift "Melos".

Ich kenne Egk seit 31/32. Er wäre bei mir nicht ins Haus gekommen, wenn
ich ihn nicht für einen einwandfreien Antifaschisten gehalten hätte,
denn ich lebte mit einer jüdischen Frau unter den schwierigsten Verhältnissen.
Ich glaube nicht,dass Egk seine Stellung an der Berliner Staatsoper
durch die Nazis bekommen hat. Er verdankte sie seinen künstlerischen
und geistigen Qualitäten. Ein Herausgehen aus Deutschland kam für Egk
nicht in Frage. Da er erst 1935 mit einem grösseren Werk an die Öffentlichkeit trat, wäre es auch unzweckmässig gewesen, ihn vorher schon
hinauszuschmeissen. Im Allgemeinen haben die Nazis die unfähigsten
Köpfe berufen. Egk wurde eben nicht von den Nazis,sondern von der Berliner Staatsoper berufen, die eine Zelle der Resistance war.
In Deutschland lagen zwei Musikrichtungen im Kampf. Die eine, die auf
Wagner zurückgeht und sich an Nerven und Gemüt wendet, die sogenannte
"bodenständige Musik" und die andere, die von den Nazis beschimpft wurde als atonale, bolschewistische, entartete und Negermusik, die Musik
unserer Epoche, bei der jede Note überlegt ist, die dem Geist entspringt.
Wenn es einen gegeben hat, der während des 3.Reiches diese moderne
Musik gemacht hat, dann war es Werner Egk.
Über die Berufung Egks zum Fachschaftsleiter kann ich mich nicht äussern.
Grener musste gehen, weil er Unterschlagungen gemacht hatte. Soweit
ich orientiert bin, war die Tätigkeit in dieser Stellung rein fachlich,
organisatorisch. .

Protokollvarianten von Heinrich Strobels Aussage in Werner Egks Spruchkammerverfahren am
17. Oktober 1947, in: EAWE, Blätter 55 und 86

<u>Übersetzung</u>

Gouvernement Militaire
     de la
Zone Francaise   Baden-Baden, 11. Dezember 1947
En Allemagne

Direction de l'Education Publique

Bureau des Spectacles
et de la Music

No. 7100/DGAA/EDU   L'Administrateur, Chef du Bureau des
BA/BSM/GM.   Spectacles et de la Musique
                        à

                        Son Excellence Monsieur le
                        Sonderminister HAGENAUER

                        S/C de Monsieur le Consul Général
                        de France à
                          M U N I C H

Die Militärregierung hat schon wiederholt Herrn
Walter EGK eingeladen, in Baden-Baden Konzerte zu
dirigieren, wo demnächst ABRAXAS zum ersten Mal aufgeführt wird.

Die Leitung des Südwest-Funks hat ihrerseits den
Komponisten, dessen erstes Gastspiel am 11. April
stattfinden soll, mit diesem Auftrag beehrt.

Die Leitung des Südwest-Funks und ich selbst haben
uns zuvor der Mühe unterzogen, den Fall des Herrn
Werner EGK vom politischen Standpunkt aus aufmerksam
zu verfolgen.

Ich bin meinerseits der gleichen Ansicht meines
amerikanischen Kollegen, Leiter des Amtes für Theater
und Musik in Berlin, der mir den Fall EGK als vollständig einwandfrei bestätigt hat.

Schliesslich schien das Urteil der Spruchkammer
München vom 27.10.47 den öffentlichen Kläger, Herrn
Julius Herf, selbst zu überzeugen. Ich habe im Verlauf des Prozesses feststellen können, dass die Verteidigung die Zeugenaussagen der gesamten zeitgenössischen deutschen Elite beigebracht hatte und dass
ferner die Anklage nur Schriftstücke oder Personen,
deren Anwesenheit man in einer solchen Verhandlung
schon als ungewöhnlich bezeichnen könnte, aufwies.

Den Schritt, den ich heute bei Eurer Exzellenz unter-
nehme, verfolgt kein anderes Ziel in Anbetracht des
Wunsches uns zu Gunsten des Herrn EGK einzusetzen,
als das, zu erfahren, ob die Angelegenheit endgültig
entschieden ist, oder ob sich neue Momente von
Interesse ergeben, die die Wiederaufnahme des Verfahrens, das schon einmal aufgerollt wurde, erforder-
lich macht.

                            gez. THIMMONIER.

Entlastungsschreiben von René Thimmonier für Werner Egk vom 11. Dezember 1947, in:
Spruchkammerakte Werner Egk im Bayerischen Hauptstaatsarchiv MSo 1086, Blatt 14

Werner Egk
Lochham bei München
Lindenstrasse 1   (+vorgestern   19.12.47.

Lieber Doktor Strobel,
                          der noble und wenig sentimentale procureur
hat sich meinem Anwalt gegenüber folgendermassen geäussert:
Ich habe Berufung eingelegt,weil der hessische Kultusminister
Einspruch erhoben hat.Da laut Aussage Holl der hessische
Kultusminister tatsächlich keinerlei Brief in dieser Sache
geschrieben und kein Wort in der Sache gesprochen hat,da aber
anderseits der procureur im Besitz eines von Stein gezeichne-
ten Briefes sein muss (er muss den Brief ja früher oder später,
spätestens im Januar und zur Einsicht vorlegen) gibt es nur eine
Möglichkeit,dass nämlich,vermutlich die Münchner Mäuse,einen
Ministerbrief gefälscht haben um die Berufung zu erzwingen.
Ich hoffe den „Brief des Ministers"spätestens Anfang Januar
einsehen zu können und werde dann sofort Dr.Holl bitten den
Kultusminister zu veranlassen,dass er in schärfster Form hierorts
gegen den Missbrauch seines hohen Namens protestiert.M.Ch.
Feiler hat schon die Feder gezückt und wird nach Abschluss der
ganzen Angelegenheit ein Schlussgebet in der Neuen Zeitung
verrichten.
Was die gloriose Auswirkung Ihrer und Unserer Gloriosen Baden-
Badener Taten betrifft,so ist Folgendes zu berichten:Der Intendant Hartmann meldete sich am Telephon und erklärte,dass die
hohen und allerhöchsten Münchner Kulturbonzen nunitze eingesehen
haben,dass München ohne Egk nicht mehr existenzfähig sei und
dass er in der angenehmen Lage wäre mir für eine eventuelle
Münchner Uraufführung des Abraxas alle Garantien gabgabobo zu
geben,die ich mir nur wünschen würde.Ich könnte selbst dirigieren,
an Solisten würde er engagieren wen ich wolle,Bühnenbildner könnte
ich bestimmen,mit Staatsaufträgen oder sonstigen Grundlagen für
eine Existenz in München,die meiner würdig sei,könnte ich rechnen
und so weiter.Ich wüsste ja,dass er ohne auf Spruchkammerspiele
Rücksicht zu nehmen,den Abraxas vor der Verhandlung demonstrativ
angekündigt hätte,die neuerliche Berufung des nobeln Seiltänzers
wäre ihm wurscht und so fort.Er habe auch alles getan um die
Kulturbonzen von ihrer eigenen Torheit zu überzeugen und sie kämen
sich auch tatsächlich schon fast so dumm vor,wie sie wären.
Missliebige Pringsheime würden für die Premerie abseits gezaubert
alle vernünftigen Leute würden würdig eingeladen und ich müsste
München eine Chance geben sich einmal nicht so blöd aufzuführen
wie gewöhnlich.Zudem wäre er auch kein gebürtiger Münchner.Kurz-
um ,ich habe dem Dr.Georg Hartmann die Abraxas Uraufführung bindend
zugesagt. EGKMA!
Nun aber kommt das Wichtigste: Es ist unbedingt nötig,dass diese Uraufführung so vorbereitet und gestartet wird,dass etwas
wirklich Vernünftiges dabei herauskommt.Es darf nicht bei einem
„Münchner" Ereignis bleiben,sondern muss europäisch im Sinne
Ihrer Baden-Badener Zauberkunststücke werden.Das aber kann ich
nicht allein machen,dazu brauche ich die aktive Mittäterschaft
von Strobel und Crochot,welche zusammen die Besetzung der
Rollen machen müssen.Faust kann mit dem hiesigen Ballettmeister
besetzt werden,dagegen Bellastriga n u r mit Solange Schwarz.Für
Archisposa erbitte ich einen ebenbürtigen Vorschlag,wenn möglich
auch für Margarete.Dr.Hartmann habe ich davon gesprochen,dass
man zum Beispiel Schwarz engagieren müsste,wenn es irgend ginge
und er ist mit Leidenschaft dabei.Er ist ebenso wie ich ein Be-

wunderer der französischen Tanzkunst und machthundertprozentig mit.Es wäre doch wunderbar,wenn wir auf diese Weise etwas französische Kultur hier importieren könnten.Ich könnte mir denken,dass Crochot und die übrigen Paladine es chic fänden. Bitte schreiben Sie mir sofort ob Möglichkeiten in dieser Richtung bestehen.Grundsätzlich müsste ich es schon in den Weihnachtsfeiertagen wissen.
Dr.Georg Hartmann wird übrigens mit dem Ballettmeister Luitpart (der 2 Jahre mit Lifar gearbeitet hat) nach Baden Baden kommen und ich wäre Ihnen besonders dankbar,wenn Sie den beiden die Bänder vorführen liessen,an einem möglichst guten Lautsprecher und wenn Sie Beide mit dem Bureau d.S.in engen Kontakt brächten. Da der Baden Badener Besuch der Beiden aber erst im Januar steigen wird ,wäre es notwendig,dass ich möglichst umgehend erfahren würde ob Möglichkeiten bestehen französische Solisten für eine weithin sichtbare deutsche Uraufführung zu bekommen.Es müsste eigentlich gehen,da ja auch die Tentation eine französische Solistin hatte.Ich brauche nicht erst zu sagen,dass die Beteiligung einiger éteiles eine s e h r weithin sichtbare Wirkung haben würde und zwar nicht nur zu meinem persönlichen Nutzniessung sondern auch ad majorem galli gloriam.

Hier spricht alles nur noch von dem aufsehenerregenden Abraxas, der Acker ist gepflügt und die Furche ist bereit.Gesägt haben wir ganz tüchtig.
Der Herfsche Frost wird bald wie ich,hoffe vorübergehen.Der andere Hartmann hat sich auch gemeldet nach den Abraxas Kritiken und bot sich mit Wärme und Verve an alle Münchner Kulturschaffenden zu einem gesammelten Protestschrei aufzurufen gegen die Herfsche Berufung.Seine Stimme zitterte vor Empörung wie einer so gemein sein kann und so weiter.Zur Zeit geht er auf mein Geheiss herum und lässt alle meine Feinde eine Erklärung für mich unterschreiben Ich hoffe den Verfertiger der Steinfälschung in dem zu erkennen, der nicht unterschreiben will.Seine Schreibmaschine soll dann zuerst von der Kriminalpolizei untersucht werden.Davon natürlich weiss der dicke Blubber nichts.

Nebenbei erschien auf die Abraxasfanfare auch der treffliche und mit Recht so allgemein beliebte Filmschauspieler Heinz Rühmann, der jetzt eine Herstellerfirma hat und bestellte eine Filmmusik bei mir zu einem reizenden Film.Sie sehen also was Sie angerichtet haben.Orchestersonate langsamer Satz ist in der Mache. Onkel Willy hat geschrieben,dass er Schwierigkeiten haben wird das Material rechtzeitig herzustellen.Bitte machen Sie ihm auch noch klar,dass die Uraufführung am 11.4. stattfinden muss.

So,für den Augenblick weiss ich nichts Gescheites mehr.Bitte grüssen Sie alle Freunde herzlichst und Hilde extra
                         von Ihrem

P.S.Hat die alte Schraube nochmal Radio gespielt oder mussten Sie nochmal hüpfen?

Brief von Werner Egk an Heinrich Strobel vom 19. Dezember 1947, in: NHS XIV.2 Korrespondenz mit Werner Egk 1945-1949

Werner Egk
Lochham bei München
Lindenstrasse 1
Tel:82024

23.12.47.

Zu dem Schreiben des hessischen Ministers für politische
Befreiung B i n d e r ist⋆ festzustellen:

1)Ein Verfahren gegen Egk wegen angeblicher Nutzniesserschaft
wurde nach 14 monatiger Untersuchung durch die Spruchkammer
München Land am 2.Mai 47. eingestellt und Egk als „Nicht betroffen"
erklärt.

2)Am 7.7.wurde dieser Bescheid aus formalen Gründen vom öffentlichen
Kläger Herf aufgehoben und ein⋆ neues Verfahren durchgeführt.
Nach zwei 11 stündigen Verhandlungen am 9.Sept. und am 17.Okt.47.
wurde das Verfahren abermals eingestellt mit dem Bescheid „Nicht
betroffen".Die Kosten trägt die Staatskasse.

3)Der Frankfurter Vertrag verpflichtete Egk zu einer ungewöhnlich
grossen Gegenleistung.

4)Egk erklärte sich nach dem Zusammenbruch bereit die vertraglich
festgelegten Gegenleistungen ,soweit sie nicht erfüllt waren,noch
zu erfüllen,für den Fall dass die Stadt Frankfurt den Vertrag
fortzuführen wünschte.

5)Die Stadt Frankfurt/Main hat am 4.6.47.den Vertrag anerkannt
und neu bestätigt.Aktenzeichen der Vertragsausfertigung:Frank-
furt am Main,den 4.6.1947. Sto./M. Gezeichnet:Der Magistrat
Dr.Reinert,Stadtrat.

6)Die Spruchkammer München Land war über den Frankfurter Vertrag
unterrichtet.

I.S.Herr Beck bat uns ihm unsere Reiseerfahrungen mitzuteilen.
Bitte sagen Sie ihm,dass wir um 3/4 8 Uhr in ~~Karlsruhe~~ waren,
B r u c h s a l
und dort auf den Schrieb des SWF hin sofort bevorzugt Zulassungs-
karten für den Schnellzug um 10 Uhr 20 bekamen.

S e h r   w i c h t i g ! ! !
Ich wäre dem SWF besonders dankbar,wenn Herr
Ballettmeister Luitpart Zur Zeit L a n g e n b r ü c k e n
bei Bruchsal,Bahnhofstrasse 24
umgehend eine Einladung des SWF bekäme etwa zu einer Besprechung
dort zu erscheinen.
Es ist absolut notwendig,dass Luitpart das Band des ABRAX
abhört.Da er die Uraufführung machen wird,wird es seiner Arbeit
und ihrer Stück enorm förderlich sein,wenn er einen Eindruck vom
Orchesterklang bekäme.
Termin wäre 1.bis 15.Januar.Während dieser Zeit könnte
Luitpart nach Baden reisen.
Bitte nicht vergessen.

Begleitschreiben von Werner Egk für Heinrich Strobel zu einem Brief des hessischen Ministers Gottlob Binder vom 23. Dezember 1947, in: NHS XIV.2 Korrespondenz mit Werner Egk 1945-1949

24.12.47.

Meine Lieben, da ist nun das sog. Weihnachten, und der Beschiß ist noch
größer als je und die Pleite vollkommen. Wenn man bedenkt, daß es gelungen ist, nach zwei Jahren einer Kapitulation, die kein Mensch in Deutschland mehr wahr haben will, den deutschen Nationalismus wieder in vollste
Fahrt zu bringen, dann muß man schon die Herren herzlichst beglückwünschen. Der Fehler liegt m.E. an zwei Dingen: einmal an der vollkommen
mißlungenen Denazifizierung und dann daran, daß es in diesen zwei
Jahren immer schlechter wurde. Da glaubt natürlich kein Mensch an die
Segnungen der Demokratie. Ausserdem: wie sollen die Leute sich dazu
bekehren, wenn jeder der vier Zonenherren einen anderen Begriff von
Demokratie hat - und derjenige östlich der Elbe aufs Haar dem Nazismus
gleicht, nur mit anderen Vorzeichen und mit einer Konsequenz, die seinen
Vorgänger (ausgenommen die Judenfrage) mangelte (sonst wären wir alle
nicht mehr am Leben).
Von der geistigen Verwirrung hier macht Ihr Euch alle überhaupt keine
Vorstellung. Es ist so, daß die demokratischen und nazistischen Reaktio-
nxxx näre xx wunderbarstxx zusammenwirken, um xxx eine Herrschaft der
unnachgiebig sturen Mittelmäßigkeit zu erreichen. In diesem Sinne
liegt, daß mit verstärkten Kräften der Kampf gegen den sog. Kulturbolschewismus weitergeht und Leute wie wir von allen Seiten und mit allen
gemeinen Mitteln denunziert und bekämpft werden. Der Fall ist hoffnungslos, das habe ich eingesehen. Leider aber sind wir zu alt, um noch einmal in ein anderes Land zu gehen - und dazu käme ja wohl auch nur
Südamerika in Frage. Persönlich haben wir einen großen Verlust erlitten,
indem unser Freund Arnaud, der Direktor der Information, dieser Tage
in Erkenntnis der hoffnungslosen Situation ausgeschieden ist. Das war
immerhin eine Stütze an der höchsten Stelle - und es wird bald sich
zeigen, daß sie mir fehlt.
Wenn sich vorstellt, daß dieses ganze Land, das zerstört ist und hungert,
nur von dem neuen Kriege träumt, der Deutschland wieder zu den bekannten
"Ehren" bringen wird, dann möchte man wirklich Selbstmord begehen. Diesem
Sauvolk ist nicht zu helfen, es verdient eine Riesen-Gaskammer, sonst
nichts.
Das sind wenig weihnachtliche Gedanken, ich will sie daher abbrechen und
Euch, wie schon so oft, für Eure unendliche Liebe und Freundschaft
danken, die sich ja nicht nur in der materiellen Tatsache unerschöpf-
licher Sendungen ausdrückt, sondern noch weit mehr in all den kleinen
und großen Opfern, die Ihr deshalb auf Euch nehmt. Es ist sehr traurig,
daß wir nach zwei Jahren immer noch auf dem Punkt sind, damit rechnen
zu müssen. Ich möchte es aber immer wieder sagen: wenn wir relativ kräftig und gesund durchgekommen sind, so nur dank Eurer Freundschaft. (Das
von Hilde gestern erwähnte Paket, das das Zeichen ACE 2.Okt 1947 trägt,
ist übrigens trefflich zusammengestellt gewesen und enthielt exquisite
Dinge, merci, merci, merci...wie es in der Fledermaus heißt). Da fällt
mir eben ein, daß ich dieser Tage als yiyxxx EINZIGER im ganzen Radiohause von 400 Leuten einen erbitterten Kampf führte gegen das Spielen
der größten Nazi-Schlager aus der Kriegszeit - und natürlich vor den
Ohren sämtlicher beteiligten Nationen "total" unterlag. Man will ja die
Hörer fangen, und da die Sender der US-Zone in dieser Hinsicht wahrhaft vorbildlich sind, so dürfen wir nicht zurückstehen...

Sehr verblüfft haben mich die Kopien der Farbfotos, die übrigens ausgezeichnet waren. So weit seid Ihr also schon da drüben. Aber was
bedeutet das schon gegen die zweifellos noch vollkommeneren Atombomben,
die ihr besitzt. Meine Leica habe ich übrigens gerettet, aber meine
Vergrößerungsapparate sind weg, und Filme gibt es auch keine, und Zeit
habe ich noch weniger. Ich will übrigens im HAUS die Sache Eisler
behandeln - damit werde ich mich dann wohl vollkommen unmöglich machen.

Nun bin ich am Ende. Ich sende Euch alles Gute und Schöne für das nächst
Jahr, Gesundheit und Erfolg usw. und besonders Gesundheit für die liebe
Bobby. "Mach Dir nichts daraus.." pflegte Herr Markus in Auto zu singen,
aber es ist leichter gesungen als getan...Herzlichste Grüsse Euer

Brief von Hilde und Heinrich Strobel an Frank und Bobby Level vom 24. Dezember 1947, in:
NHS XIII Vermischte Korrespondenz 4. 1946-1949

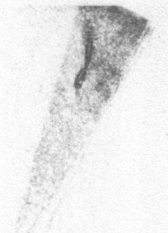

126

B e s t ä t i g u n g

Herr Dr.Fritz P i e r s i g hat als Referent der deutschen
Botschaft in Paris für Musik und später auch für Theater und
bildende Kunst sowohl seine administrativen Fähigkeiten, wie seine
charaktervolle Haltung vielseitig bewährt. In jeder Hinsicht
waren für ihn nur künstlerische Massstäbe gültig. Er stand daher
in einem ständigen und zum Teil erbitterten Kleinkampf mit jenen
Stellen des deutschen Propagandaministeriums, die nazistische
Kunstpropaganda im besetzten Frankreich treiben wollten. Der beste
Beweis dafür ist die Tatsache, dass während der Tätigkeit von
Dr.Piersig in Paris zeitgenössische Werke an den Pariser Opern
aufgeführt wurden, deren künstlerische Qualität ihre Aufführung
auch in Friedenszeiten gerechtfertigt hätte. Dies sind: "Palestrina"
von Hans Pfitzner, "Ariadne auf Naxos" von Richard Strauss, "Peer
Gynt" und "Joan von Zarissa" von Werner Egk. Auch die sensationelle
Aufführung der "Antigone" von Honegger in der Inszenierung von
Jean Cocteau wurde von Dr.Piersig nachdrücklich gefördert.

Herr Dr.Piersig hat, so viel ich weiss, auch eine Reihe von Gast-
spielen deutscher Künstler in Frankreich mit der gleichen künstle-
rischen Objektivität organisiert. Ein Beweis dafür ist, dass
namhafte deutsche Musiker, die er während der Besatzungszeit nach
Frankreich gebracht hatte, heute, bereits wenige Jahre nach der
Libération, die gleichen Erfolge in Paris wieder haben.
Den französischen Künstlern, insbesondere den Musikern, hat Herr
Dr.Piersig jede mögliche Hilfe erwiesen. Durch meine jetzige
Tätigkeit habe ich Gelegenheit, zahlreiche französische Musiker zu

- 2 -

eprechen, die Herrn Dr.Piersig aus der Zeit der deutschen Besatzung kannten. Ich habe von ihnen stets nur hohe Anerkennung über seine Tätigkeit gehört; ja, manche bedeutenden Musiker, die in der Résistance eine wichtige Rolle spielten, haben mir ausdrücklich bestätigt, wieviel sie Herrn Dr.Piersig zu verdanken haben.

Ich bin überzeugt, dass Herr Dr.Piersig auf Grund der reichen Erfahrungen in einer europäischen Weltstadt und seiner gründlichen Kenntnisse eine Stellung als Kunstreferent in einer deutschen Weltstadt mit bestem Gelingen ausfüllen kann.

(Dr.Heinrich Strobel)

Baden-Baden, 9.3.49

Zeugnis von Heinrich Strobel für Fritz Piersig vom 9. März 1949, in: NHS XIV.3 Korrespondenz 1945-1950

048

11.7.5o

An den
Herrn Öffentlichen Kläger
bei der Hauptkammer München
M ü n c h e n
Grimmstr.3

Aktz.: H/6862/5o Sk/Be.

Auf Ihre Anfrage vom 6.7. muss ich Ihnen mitteilen, dass
ich über die Tätigkeit von Friedrich Wilhelm Karl H e r z o g
an der Rheinischen Landeszeitung direkt nichts aussagen kann.
Ich habe die Arbeiten von Herzog aus dieser Zeit nie zu Gesicht bekommen. Ich kann nur allgemein sagen, dass Herzog
einer der aktivsten Exponenten der nationalsozialistischen
Kulturdiktatur auf dem Gebiet der Musik war und mit Herbert
Gerigk zusammen zu den Hauptverantwortlichen für die Durchführung dieser Diktatur gehört.

Vor einiger Zeit wurde ich bereits von einer Ihrer Stellen
angerufen und habe gebeten, mir die Unterlagen für die Anklage
gegen Herzog, insbesondere seine Artikel in der Rheinischen
Landeszeitung und in der Zeitschrift "Die Musik" zu übergeben.
Ich bin gerne bereit, Ihnen auf Grund dieser Dokumente ein fach-
männisches Urteil über die ohne Zweifel verheerende Tätigkeit
von Herzog abzugeben.

Herzog hat übrigens schon vor dem dritten Reich eine höchst
fragwürdige Rolle gespielt, wie die Ihnen sicher bekannten
Affären aus Freiburg und Königsberg (mit Hermann Scherchen)
beweisen.

Hochachtungsvoll

Stellungnahme von Heinrich Strobel zu Friedrich Herzog vom 11. Juli 1950, in: NHS XIV.3
Korrespondenz 1945-1950

158

B.SCHOTT'S SÖHNE
⑯ **MAINZ**
Telegramme: Scotson
Telefon: 414 41 (Sammel-Nummer)
Postscheck: Frankfurt a. M. Nr. 5525

V E R T R A G

zwischen

Herrn Dr. Heinrich Strobel, Baden-Baden

und

dem Melos-Verlag (B.Schott's Söhne) Mainz

1. Der Melos-Verlag überträgt mit Wirkung vom 1.Juli 1946
   Herrn Dr. Heinrich Strobel, Baden-Baden, die allein ver-
   antwortliche Herausgabe der Zeitschrift Melos. Herr Dr.
   Strobel übt diese Herausgeberschaft in ständiger Füh-
   lungnahme mit dem Verlag aus.

2. Herr Dr. Strobel erhält mit dem Tage des Arbeitsbeginns
   ein Honorar von RM 300.- monatlich. Wenn die Zeitschrift
   mehr als 3000 Abonnenten hat, erhält Herr Dr. Strobel
   für jedes weitere volle Tausend monatlich RM 100.-. Ferner erhält er auf Anforderung einen Ersatz von Redak-
   tionskosten für Porto-, Telefon- und Telegrammspesen.
   Darüber hinausgehende Spesen (Reisen usw.) sind besonders
   zu verrechnen. Für eigene Beiträge erhält Herr Dr. Strobel
   das übliche Honorar.

3. Die vorstehenden Vereinbarungen laufen vom 1.Januar eines
   jeden Jahres bis zum 31.Dezember. Sie verlängern sich
   stillschweigend jeweils um ein Jahr, wenn sie nicht von
   einem der beiden Vertragschließenden am 1.Juli zum 31.
   Dezember gekündigt bzw. durch eine neue Vereinbarung ersetzt werden.

Mainz, den 8.7.1946

Dr. Loeff

159

B. SCHOTT'S SÖHNE
⑯ MAINZ
Telegramme: Scotson
Telefon: 414 41 (Sammel-Nummer)
Postscheck: Frankfurt a. M. Nr. 5525

V E R E I N B A R U N G

Das "Melos 1946" soll, den Erfordernissen unserer Zeit entsprechend, Fortführung des früheren "Melos" sein. Es soll
vorwiegend der lebendigen Entwicklung dienen, aufklärend
und aufbauend wirken und so der Herausbildung einer unserer
Zeit gemäßen Musikanschauung und des heutigen Musikstils
dienen.

Das Melos 1946 soll nicht nur die allgemein sichtbaren Er-
scheinungen des Musiklebens verfolgen, sondern mit besonderer Aufmerksamkeit alle jungen Regungen und Kräfte beobachten, die auch in kleinem Wirkungskreis wertschaffende Arbeit
leisten.

Das Melos 1946 soll ein Spiegel des modernen Musiklebens
sein: in Wort, Notenbeispiel und Bild besonders über aktuelle
Fragen der Kunst und alle wichtigen Ereignisse des Musiklebens (einschließlich Schauspiel), über Musik und Musiker
unterrichten.

Es besteht Einverständnis darüber, daß die Zeitschrift Melos
1946 durch die Auswahl dessen, was sie von den Erscheinun-
gen des heutigen Musiklebens behandelt und was nicht, eine
klare Linie vertritt. Über die zur Erreichung dieser Ziele
zu beschreitenden Wege findet ein ständiger Meinungsaustausch
zwischen Herausgeber und Verlag statt. Es sollen keine Beiträge veröffentlicht werden, die berechtigte Interessen des
Verlages nachteilig berühren; bei Beiträgen, die kritisch
oder polemisch über führende Autoren des Verlages handeln,
soll gemeinsam versucht werden, eine den Interessen der Zeitschrift und des Verlages gerecht werdende Formulierung zu
finden, in den wenigen ganz schwierigen Fällen dadurch, daß
die Nichterwähnung in der Zeitschrift auch eine Kritik bedeutet.

Mainz, den 8.7.1946

Melos-Vertrag zwischen Heinrich Strobel und Ernst Laaff (Schott-Verlag, Mainz) vom 8. Juli
1946, in: NHS XIV.3 Korrespondenz 1945-1950

PARIS

Besuch von André Gide
im Lager von Antibes oder Les Milles

Lager im Stadion von Antibes / M.Jäger Kontrollspitzel des
Deuxième Bureau, später als ganz schwerer Nazi entlarvt.

Karte von Luft und Werner Fink

Weinfest in Avignon

Daladier photographiert

Von 2 Weibern als Spitzel angezeigt

La Reine Morte
von Montherlant
Uraufführung während des Krieges

Lebensgeschichte von Dr.Boekenkamp alias Louis Berger

Dr.Tieschowitz

Les demoiselles d'Aricourt

Letzte Reise von Paris ins Ausland wurde dadurch möglich,
dass der dortige Generalkonsul mir einen Pass eigenhändig
ausgestellt hat, zwischen 12.oo und 13.oo Uhr, einer Zeit,
in der alle im Konsulat weg waren.

Dr.Ihlefeldt

Leo Justinus Kauffmann:
Strasbourg 1943 Uraufführung "Die Geschichte vom schönen Annerl"
nach Brentano, dirigiert von Hans Rosbaud. Regie: Jürgen Fehling.
Das Perlenhemd, Kammeroper noch 1944 - völlig tonal und harmlos.
Kauffmann 44 bei einem Bombenangriff ums Leben gekommen.

Notizen von Heinrich Strobel zu seiner Zeit in Frankreich, in: NHS VIII. Memoiren-Unterlagen

WERNER E G K

Leiter der Fachgruppe Komponisten in der Reichsmusikkammer.
5 Jahre später Direktor der Berliner Musikhochschule

1950 Präsident des deutschen Komponistenverbands und Vorsitzender
des Aufsichtsrats der Gema

Furchtlosigkeit und Wohlwollen, Oratorium von Egk *Neos 31/S. 183*

Columbus, Funkoper, 1933 - Bühne 1942

Peer Gynt 1938 - Hitler liess Egk und Tietjen kommen.

Abraxas 1947

Notizen zu Werner Egk im Dritten Reich, in: NHS VIII. Memoiren-Unterlagen

Dokument 26

STAATLICHES INSTITUT FÜR MUSIKFORSCHUNG
PREUSSISCHER KULTURBESITZ
Dr. Werner Bollert

Staatliches Institut für Musikforschung, 1000 Berlin 30, Stauffenbergstraße 14

Herrn Professor Dr.
Heinrich S t r o b e l
Südwestfunk, Hauptabt.Musik
7570 B a d e n - B a d e n
Hans-Bredow-Straße 12

BIBLIOTHEK

1000 Berlin 30, 22. April 1970
Stauffenbergstraße 14
Telefon (0311) 13 15 61

Sehr geehrter Herr Professor,

hier kommen - in Beantwortung
Ihres Briefes vom 20.IV. — noch ein paar Angaben nach:

1) die Premiere des von Werner Egk dirigierten "Don Carlos"
   fand am 21.Oktober 1936 statt (mit Franziska von Dobay,
   Margarete Klose, Völker, Schlusnus und Manowarda). Außer=
   dem betreute Egk an der Lindenoper die bereits erwähnte
   "Legende von der unsichtbaren Stadt Kitesch" (29.Mai 1937
   sowie eine Neueinstudierung von Thomas' "Mignon" (16.Okto=
   ber 1937).

2) De Sabatas zwei Dirigenten-Gastspiele an der Staatsoper
   galten Verdis "Otello" (25.November 1937; mit Lemnitz,
   Völker, Prohaska) und dann Verdis "Aida" (28. März 1939;
   mit Maria Müller/Tiana Lemnitz, Margarete Klose,Roswaenge,
   Bockelmann, Ludwig Hofmann). Für die Neuinszenierung war
   beidemale der Regisseur Guido Salvini verantwortlich.

3) Ansonsten wäre vielleicht noch erwähnenswert jene Reprise
   des Gluckschen "Orpheus" (19.Februar 1937), die Sir Thomas
   Beecham leitete (Tietjen-Preetorius; mit Klose, Maria Mül=
   ler, Cebotari).

Weitere Rückfragen sind jederzeit möglich.
                    Mit den besten Empfehlungen und Grüßen

                                              Ihr

                                          Werner Bollert

241

Dokument 26 (Fortsetzung)

```
Anlage I    zum Brief vom 14.IV.70.
__Staatsoper_Unter_den_Linden__

14.III.1935    Graener, Prinz von Homburg (Heger-Hartmann-v.Arent)
                                                        Urauff.
15. II.1936    Egk, Die Zaubergeige (Egk-Hartmann-Gliese)
7. VI. 1936    Respighi, Die Flamme (Heger-Hartmann-Suhr)
15.IX. 1936    Graener, Schirin und Gertraude (Schüler-Gielen-
                                                        v.Arent )
28.XI. 1936    Ballettabend mit folgenden Werken:
               R. Strauss, Der Bürger Jourdain    (Trantow-Maudri
               M. de Falla, Der Dreispitz           -Pasetti )

23. I. 1937    Klenau, Rembrandt van Rijn (Heger-Gielen-Erpf )
                                                        Urauff.
23.IV. 1937    Wolf-Ferrari, Die vier Grobiane (Schüler-Friederici
                                                   Schenk von Trapp)
29. V. 1937    Rimsky-Korssakow, Die Legende von der Unsichtbaren
                        Stadt Kitesch (Egk-Gielen-Nowikow )
2. X. 1937     Ballettabend mit folgenden Werken:
               Wagner-Régeny, Der zerbrochene Krug    Urauff.
               Strawinsky, Der Kuß der Fee
                   (Trantow-Maudrik-Sträter bzw. Nowikow )

6. III.1938    Siegfried Wagner, Der Schmied von Marienburg
                        (Heger-Klitsch-Preetorius )
3. V.  1938    Schillings, Ingwelde (Heger-Kemp Schillings- Pree=
                                                   torius )
12. V. 1938    Mark Lothar, Schneider Wibbel (Schüler-Gründgens-
                        Traugott Müller )           Urauff.
24.XI. 1938    Egk, Peer Gynt (Egk-Völker-Sträter )    Urauff.
28. I. 1939    Wagner-Régeny, Die Bürger von Calais    Urauff.
                        (Karajan-Klitsch-Neher )
8. III.1939    R. Strauss, Daphne//Friedenstag (Krauß-Völker-Pree=
                                                   torius )
6. VI. 1939    Siegfried Wagner, Der Kobold (Schüler-Völker-Doll
22.VI. 1939    Wolf-Ferrari, La Dama Boba (Elmendorff-Völker-Erpf
20. I. 1940    Ballettabend mit folgenden Werken:
               Egk, Joan von Zarissa (Egk-Tietjen-Fenneker) Urauf;
               Heddenhausen, Tanz ums Dorf  (Trantow-Maudrik-Luig;
               Max Reger, Ballettsuite         Malipiero )

29.III.1940    Gotovac, Ero der Schelm (Schüler-Klitsch-Doll )
28. V. 1940    Klenau, Die Königin (Heger-Tietjen-Preetorius )
19.XII.1940    Fried Walter, Andreas Wolfius        Urauff
                   (Schüler-Völker-Sträter )
17.XII.1941    Zandonai, La farsa amorosa (Gilbert Graf Gravina-
                                           Klitsch-Malipiero )
21.XII.1941    Orff, Carmina burana (Karajan-Tietjen-Schenk von
                        Trapp ), zusammen mit
               Egk, Joan von Zarissa
13. VI.1942    R. Strauss, Guntram (Heger-Klitsch-Preetorius )
21. V. 1944    Sutermeister , Romeo und Julia
```

Antwortschreiben von Werner Bollert an Heinrich Strobel vom 22. April 1970 mit einer Liste von Aufführungen an der Berliner Staatsoper Unter den Linden zwischen 1935 und 1944, in: NHS VIII. Memoiren-Unterlagen

13. 1. 1974

Meine liebe Hella,

ich danke Dir sehr für Deinen lieben Brief und wünsche Dir,
wenn auch verspätet, auch das Allerbeste für dieses nun schon
angebrochene Jahr.

Das von mir so gefürchtete Jahresende verlief besser, als ich
annehmen konnte. Pierre war die Feiertage hier. Die ersten Tage
waren wir allein, machten ausgedehnte Spaziergänge und hatten
wohltuende Gespräche. Dann füllte sich sein Haus, aber da es
nur angenehme Menschen waren, war dies auch sehr angenehm.
Henni Anda war hier, die Sachers und noch viele andere. Im
ganzen war es etwas turbulent, aber schön. Pierres Buttler
kocht sehr gut und so war auch für das leibliche Wohl bestens
gesorgt.

Jetzt empfinde ich natürlich das Alleinsein um so stärker.
In meinem Bekanntenkreis gibt es einige Kranke, um die ich
mich mehr oder weniger kümmere. Das empfinde ich als Aufgabe.
Morgen erwarte ich die Egks, auf die ich mehr sehr freue.
Sie sind mir sehr freundschaftlich zugetan und ich ihnen auch.
Schließlich sind es uralte Freunde von uns. Und die werden
ja immer weniger. Hast Du Curjel gekannt? Er ist leider auch
gestorben. Da seine Frau schwer krank ist, weiß man nun gar-
nicht, was daraus werden soll. Es ist schrecklich, wie die
Reihen sich lichten.

Wirst Du nun noch in Deinen geliebten Schnee fahren? Damit
ist es im Augenblick nicht üppig bestellt. Das kann sich aber noch
von einem auf den anderen Tag ändern. Solltest Du fahren, so
wünsche ich Dir einen angenehmen Aufenthalt und gute Erholung,
falls Du sie brauchst.

Ich mag noch immer nicht an Reisen denken. Sonst wäre ich
wohl zu Pierres Konzerten nach Paris gefahren. Man hatte mich
sehr dazu eingeladen. Ich galube nicht, daß die Lust am reisen
je wieder kommt. Sicher kann ich das auch nicht sagen. Wer
kann schon voraussehen, in meinem Alter.

Grüße Herrn Ricci bestens von mir und sei Du selbst von Herzen
umarmt mit den besten Wünschen

von Deiner Hilde

Brief von Hilde Strobel an Hella Steinecke vom 13. Januar 1974, in: NWS

Literatur

Adorno, Theodor W.: *Egkomion*, in: *Gesammelte Schriften* 19 (*Musikalische Schriften* VI), Frankfurt am Main 2003, S. 337f.

Applegate, Celia und Pamela Potter: *Music and German National Identity*, Chicago 2002

Asaria, Zvi (Hg.): *Die Juden in Köln. Von den ältesten Zeiten bis zur Gegenwart*, Köln 1959

Baruch, Gerth-Wolfgang: *Angriff auf das goldene Gemüt. Uraufführung von Henzes Klavierkonzert unter Werner Egk in Baden-Baden*, in *Melos* 14 (1947), Heft 14 (Dezember), S. 423f.

Baugilde: Mitteilungen des Bundes Deutscher Architekten 1930

Bauhaus-Archiv Berlin und Landesbildstelle Berlin (Hg., mit Jan T. Köhler, Jan Maruhn und Nina Senger): *Berliner Lebenswelten der zwanziger Jahre. Bilder einer untergegangenen Kultur photographiert von Marta Huth*, Frankfurt am Main 1996

Batz, Karl (Hg.): *Werner Egk. Ausstellung zum Werner-Egk-Jahr 2001*, Donauwörth 2001

Becker-Jákli, Barbara (Hg.): *Ich habe Köln doch so geliebt. Lebensgeschichten jüdischer Kölnerinnen und Kölner*, Köln 1993

Blume, Friedrich: *Musikwissenschaft und Gegenwart*, in: *Melos* 14 (1947), Heft 3 (Januar), S. 72-76

– *Was ist Musik?*, Kassel und Basel 1959

Boberach, Heinz (Hg.): *Meldungen aus dem Reich: 1938-1945. Die geheimen Lageberichte des Sicherheitsdienstes der SS*, Bd. 15, Herrsching 1984

Boehmer, Konrad: *Das Elend der Musikkritik*, in: *Kritik – von wem, für wen, wie*, hg. von Peter Hamm, München 1970, S. 87-94

Boll, Monika: *Nachtprogramm. Intellektuelle Gründungsdebatten in der frühen Bundesrepublik*, Münster 2004

Bopf, Britta: *„Arisierung" in Köln. Die wirtschaftliche Existenzvernichtung der Juden 1933-1945*, Köln 2004

Borio, Gianmario und Hermann Danuser (Hg.): *Im Zenit der Moderne. Die Internationalen Ferienkurse für Neue Musik Darmstadt 1946-1966*, 4 Bd., Freiburg im Breisgau 1997

Braun, Joachim, Vladimir Karbusicky und Heidi Tamar Hoffmann (Hg.): *Verfemte Musik. Komponisten in den Diktaturen unseres Jahrhunderts*, Frankfurt am Main 1995

Chimènes, Myriam (Hg.): *La vie musicale sous Vichy*, Brüssel 2001

Custodis, Michael: *Theodor W. Adorno und Joseph Müller-Blattau: Strategische Partnerschaft*, in: Archiv für Musikwissenschaft 66 (2009), Heft 3, S. 185-208

– *Traditionen – Koalitionen – Visionen. Wolfgang Steinecke und die Internationalen Ferienkurse in Darmstadt*, Saarbrücken 2010

– *Friedrich Blumes Entnazifizierungsverfahren*, in: *Die Musikforschung* 65 (2012), Heft 1, S. 1-24

Dahlhaus, Carl (Hg.): *Festschrift für einen Verleger. Ludwig Strecker zum 90. Geburtstag*, Mainz 1973

Dibelius, Ulrich: *Moderne Musik I 1945-1965*, München ⁵1991

Dümling, Albrecht: *Musik hat ihren Wert. 100 Jahre musikalische Verwertungsgesellschaft in Deutschland*, Regensburg 2003

Dümling, Albrecht und Peter Girth (Hg.): *Entartete Musik. Katalog zur kommentierten Rekonstruktion*, Düsseldorf 1988

Eggebrecht, Hans Heinrich: *Musik im Abendland*, München und Zürich 1991

Egk, Werner: *Selbstportrait*, in: *Neues Musikblatt / Melos Neue Folge* 13 (1934), Heft 2 (Dezember), S. 7

– *Werner Egk über seine „Zaubergeige". Lochhamer Opernbrief*, in: *Neues Musikblatt* 14 (1935), Heft 7 (Mai), S. 2

– *Zum Problem des zeitgenössischen Opernschaffens. Musikdrama – Musizieroper – Volksoper?*, in: *Neues Musikblatt* 20 (1941), Heft 66 (Juni), S. 1f.

– *Furchtlosigkeit und Wohlwollen* für Tenor-Solo, Chor und Orchester. Studien-Partitur. Edition Schott 5020, Mainz et al. 1959

– *Musik – Wort – Bild. Texte und Anmerkungen, Betrachtungen und Gedanken*, München 1960

– *Peer Gynt*. Oper in drei Akten in freier Neugestaltung nach Ibsen, Klavierauszug von Hans Bergese, Mainz et al. 1966

– *Enthüllungen oder Der Rhinocerotide aus Bayern*, in: *Melos* 35 (1968), Heft 5 (Mai), S. 181-182

– *Die Zeit wartet nicht. Künstlerisches, Zeitgeschichtliches, Privates aus meinem Leben*, München [1973] 1981

Feez, Fred: *„Joan von Zarissa" in Paris. Begeisterter Beifall für Werner Egk*, in: *Berliner Lokalanzeiger* vom 12. Juli 1942

Fetthauer, Sophie: *Musikverlage im „Dritten Reich" und im Exil*, Hamburg ²2007

Finscher, Ludwig: Art. *Hans Joachim Moser*, in: *Die Musik in Geschichte und Gegenwart 2,* Personenteil Bd. 12, Kassel et al. 2004, Sp. 528f.

Fortner, Wolfgang: *Ein wahrlich vertrackter Sachverhalt. Die sogenannte Krise der Neuen Musik*, in: *Melos* 26 (1959), Heft 1 (Januar), S. 1-3

Friedrich, Sabine: *Rundfunk und Besatzungsmacht. Organisation, Programm und Hörer des Südwestfunks 1945 bis 1949*, Baden-Baden 1991

Gärtner, Susanne: *Werkstatt-Spuren: Die Sonatine von Pierre Boulez*, Bern et al. 2008

Geiger, Friedrich: *Musik in zwei Diktaturen. Verfolgung von Komponisten unter Hitler und Stalin*, Kassel et al. 2004

– *„Einer unter hunderttausend". Hans Hinkel und die NS-Kulturbürokratie*, in: Matthias Herrmann und Hanns-Werner Heister (Hg.), *Dresden und die avancierte Musik im 20. Jahrhundert. Teil II: 1933-1966,* Laaber 2002 (*Musik in Dresden,* Band 5), S. 47-61

Gerigk, Herbert: *Musikpolitische Umschau*, in: *Nationalsozialistische Monatshefte* 10 (1939), S. 86f.

Goebbels, Joseph: *Tagebücher*, hg. v. Elke Fröhlich, Teil I *Aufzeichnungen 1923–1941* Bd. 6 *August 1938 – Juni 1941*, München 1998

Haefeli, Anton: *Die Internationale Gesellschaft für Neue Musik (IGNM). Ihre Geschichte von 1922 bis zur Gegenwart*, Zürich 1982

Häusler, Josef: *Musik im 20. Jahrhundert. Von Schönberg zu Penderecki*, Bremen 1969

Haffner, Herbert: *Furtwängler*, Berlin 2003

Herbort, Heinz Josef: *Wiederherstellung der Ehre. Ende des Prozesses Werner Egk/Konrad Boehmer*, in: *Die Zeit* vom 27. Februar 1970

Hohenlohe, Manfred: *Egk-Uraufführung in Baden-Baden*, in: *Melos* 15 (1948), Heft 1 (Januar), S. 21f.

Jaschinski, Andreas: Art. *Werner Egk*, in: *Die Musik in Geschichte und Gegenwart 2*, Personenteil Bd. 6, Kassel et al. 1996, Sp. 117-122

Joachim, Heinz: *Berlin: „Peer Gynt" von Werner Egk*, in: *Neues Musikblatt* 17 (1938), Heft 39 (Dezember), S. 3f.

John, Eckhard: *Musikbolschewismus. Die Politisierung der Musik in Deutschland 1918-1938*, Stuttgart 1994

Jürgens, Birgit: *„Deutsche Musik" – Das Verhältnis von Ästhetik und Politik bei Hans Pfitzner*, Hildesheim et al. 2009

Kater, Michael: *Composers of the Nazi Era. Eight Portraits*, New York et al. 2000 (dt. erweiterte Fassung Berlin 2004)

Killer, Hermann: *Uraufführung in der Berliner Staatsoper. Werner Egks „Peer Gynt"*, in: *Völkischer Beobachter* (Norddeutsche Ausgabe) vom 27. November 1938

Kirchmeyer, Helmut: *Stockhausens Elektronische Messe nebst einem Vorspann unveröffentlichter Briefe aus seiner Pariser Zeit an Herbert Eimert*, in: *Archiv für Musikwissenschaft* 66 (2009), Heft 3, S. 234-259

Korn, Karl: *Ohne Tarnung*, in: *Melos* 35 (1968), Heft 5 (Mai), S. 186-188

Korn, Peter Jona: *Rufmord für Anfänger. Der „Fall Egk": Die andere Seite – oder: Wer nicht emigrierte, klagt sich an...*, in: *Publik* vom 16. Mai 1969

– *Musikalische Umweltverschmutzung. Polemische Variationen über ein unerquickliches Thema*, Wiesbaden 1975

Krause, Ernst: *Neues von Werner Egk*, in: *Neues Wiener Tagblatt* vom 20. Juli 1941

– *Werner Egk: Oper und Ballett*, Wilhelmshaven 1971

Küpper, Hannes (Hg.): *Der Scheinwerfer* 1. (1928), Heft 14/15 (Mai) *Kritik der Kritik*

Laaf, Ernst: Art. *Werner Egk*, in: *Die Musik in Geschichte und Gegenwart* Bd. X, Kassel et al. 1954, Sp. 1172-1177

– *Das neue Melos*, in *Melos* 35 (1968), Heft 5 (Mai), S. 178-180

Lade, Ludwig: *Werner Egk*, in: *Melos* 13 (1934), Heft 1 (Januar), S. 10-13

Lang, Klaus: *Wilhelm Furtwängler und seine Entnazifizierung*, Aachen 2012

Laux, Karl: *Der Melodiker Werner Egk*, in: *Neues Musikblatt* 21 (1942), Heft 79 (September), S. 3f.

Linsenmann, Andreas: *Musik als politischer Faktor. Konzepte, Intentionen und Praxis französischer Umerziehungs- und Kulturpolitik in Deutschland 1945-1949/50*, Tübingen 2010

Monod, David: *Settling Scores. German Music, Denazification, and the Americans, 1945-1953*, Chapel Hill und London 2005

Müller, Brigitte (Hg.): *Werner Egk eine universelle Begabung: Komponist, Schriftsteller, Interpret und Zeichner. Beiträge zum 1. Werner Egk-Symposium*, Donauwörth 2004

Müller, Harald: Art. *Peter Jona Korn*, in: *New Grove 2*, Bd. 13, London 2001, S. 820f.

Niethammer, Lutz: *Die Mitläuferfabrik. Die Entnazifizierung am Beispiel Bayerns*, Berlin ²1982

Oberschernitzki, Doris: *Letzte Hoffnung Ausreise. Die Ziegelei von Les Molles 1939-1942. Vom Lager für unerwünschte Ausländer zum Deportationszentrum*, Berlin 1999

Oboussier, Robert: *Ein großer Opernerfolg. Werner Egks „Zaubergeige"*, in: *Neues Musikblatt* 14 (1935), Heft 8 (Juni), S. 3

Peters, Wolfgang Amadeus (Hg.): *Die Quelle. Zeitschrift für Theater, Musik, Film*, 1 (1947), Heft 2

Potter, Pamela M.: *Die „deutscheste" der Künste. Musikwissenschaft und Gesellschaft von der Weimarer Republik bis zum Ende des Dritten Reiches*, Stuttgart 2000 [Yale 1998]

– Art. *Hans Joachim Moser*, in: *New Grove 2*, Bd. 17, London 2004, S. 178f.

Prieberg, Fred: *Der Fall Werner Egk*, in: *Die Zeit* Nr. 17 vom 25. April 1969

– *Musik im NS-Staat*, Köln ²2000 [Frankfurt am Main 1982]

– *Handbuch Deutsche Musiker 1933-1945*, CD-R Kiel 2004

Rathkolb, Oliver: *Führertreu und Gottbegnadet. Künstlereliten im Dritten Reich*, Wien 1991

Riess, Curt: *Rolf Liebermann. Nennen Sie mich einfach Musiker*, Hamburg 1977

Riethmüller, Albrecht: *Komposition im Dritten Reich um 1936*, in: *Archiv für Musikwissenschaft* 38 (1981), Heft 4, S. 241-278

Riethmüller, Albrecht (Hg.): *Deutsche Leitkultur Musik? Zur Musikgeschichte nach dem Holocaust*, Stuttgart 2006

– *Geschichte der Musik im 20. Jahrhundert: 1925-1945* (= Handbuch der Musik im 20. Jahrhundert, Bd. 2), Laaber 2006

Roth, Matthias: *War Wolfgang Fortner ein Nazi? Der Komponist mit der Partei-Mitgliedsnummer 7.818.245 im Spiegel seiner „Entnazifizierungsakte"*, in: *Musik in Baden-Württemberg*, Jahrbuch 2005, Bd. 12, S. 137-149

Ruppel, Karl Heinz: *„Joan von Zarissa". Ein neues Ballett von Werner Egk*, in: *Neues Musikblatt* 19 (1940), Heft 51 (Februar), S. 2

– *Egk-Uraufführung in Frankfurt a.M. – „Columbus", Bericht und Bildnis*, in: *Neues Musikblatt* 21 (1942), Heft 72 (Januar), S. 2f.

– *Orff und Egk in der Berliner und Wiener Staatsoper*, in: *Neues Musikblatt* 21 (1942), Heft 73 (März), S. 5f.

Schallaufnahmen der Reichs-Rundfunk GmbH von Ende 1929 bis Anfang 1936. Handbuch o.O., o. J.

Schläder, Jürgen (Hg.): *Werner Egk. Eine Debatte zwischen Ästhetik und Politik*, München 2008

Schmidt-Garre, Helmut: *Egks Zaubergeige in München*, in: *Neues Musikblatt* 26 (1937), Heft 26 (April), S. 2

Schneider, Frank: *„… nach langer Irrfahrt kehrst Du dennoch heim …" Werner Egks Peer Gynt. Ein musikalischer Fall zur Dialektik der Anpassung*, in: *Beiträge zur Musikwissenschaft* 28 (1986), S. 10-17

Schnelting, Karl B. (Hg.): *Porträts aus dem Musikerleben. Hans Heinz Stuckenschmidt, Ernst Krenek, Rolf Liebermann im Gespräch mit Hans Bünte*, Frankfurt am Main 1987

Schönzeller, Hans-Hubert: *Furtwängler*, London 1990

Schrader, Bärbel: *Die erste Spielzeit und die Kammer der Kunstschaffenden*, in: Ursula Heukenkamp (Hg.), *Unterm Notdach. Nachkriegsliteratur in Berlin 1945-1949*, Berlin 1996, S. 229-266

Schuh, Willi (Hg.): *Richard Strauss – Stefan Zweig. Briefwechsel*, Frankfurt am Main 1957

Schwartz, Manuela: *„Eine versunkene Welt". Heinrich Strobel als Kritiker, Musikpolitiker, Essayist und Redner in Frankreich (1939-1944)*, in: *Musikforschung, Faschismus, Nationalsozialismus*, hg. von Isolde von Foerster, Christoph Hust und Christoph-Hellmut Mahling, Mainz 2001, S. 291-317

– *Exil und Remigration im Wirken Heinrich Strobels*, in: *Musik – Transfer – Kultur*. Festschrift für Horst Weber, hg. von Stefan Drees, Andreas Jacob und Stefan Orgass, Hildesheim et al. 2009, S. 385-406

Sievers, Heinrich: *Werner Egks „Columbus" in Braunschweig*, in: *Neues Musikblatt* 21 (1942), Heft 73 (März), S. 7

Strecker, Ludwig: *70 Jahre Heinrich Strobel*, in: *Melos* 35 (1968), Heft 5 (Mai), S. 177

Strobel, Hilde (Hg.): *Am Rande. Heinrich Strobel alias Karl Frahm*, Zirndorf o.J. [1980]

– *Heinrich Strobel. Texte zur Musik unserer Zeit 1947-1970*, Nürnberg (o.J.)

Strobel, Heinrich: *Redaktionelles Vorwort*, in: *Melos* 12 (1933), Heft 10 (Oktober), S. 323

– *Pariser Musikleben*, in: *Neues Musikblatt* 21 (1942), Heft 75 (April), S. 5

– *Deutsche Zeitgenossen im französischen Spiegel. Pfitzner und Egk in Paris*, in: *Neues Musikblatt* 21 (1942), Heft 81 (November), S. 5

– *Vorwort zum ersten Nachkriegsjahrgang*, in: *Melos* 14 (1946), Heft 1 (November), S. 5

– *Werner Egks „Tentation" in Baden-Baden uraufgeführt*, in: *Melos* 14 (1947), Heft 9 (Juli), S. 262f.

– *Orffische Zwiesprache. Zur Uraufführung der „Bernauerin"*, in: *Melos* 14 (1947), Heft 10 (August/September), S. 297-299

– *Redaktionelle Kolumne: Mehr Respekt*, in: *Melos* 15 (1948), Heft 1 (Januar), S. 18f.

– *Schweizer Tagebuch II*, in: *Melos* 16 (1949), Heft 2 (Februar), S. 49-51

– *50 Jahre Werner Egk*, in: *Melos* 18 (1951), Heft 5 (Mai), S. 134f.

– *Libretti für Rolf*, in: *Melos* 37, (1970), Heft 9 (September), S. 324

Strucken-Paland, Christiane: *„On n'a rien à me reprocher". Arthur Honegger und die Frage der Kollaboration*, in: Peter Jost (Hg.), *Arthur Honegger. Werk und Rezeption / L'œvre et sa réception*, Bern et al. 2009, S. 107-134

Stuckenschmidt, Hans Heinz: *Braune Klänge*, in: *Melos* 14 (1946), Heft 1 (November), S. 9-11

Tual, François-Gildas: Art. *Marcel Delannoy*, in: *Die Musik in Geschichte und Gegenwart 2*, Personenteil Bd. 5, Kassel et al. 2001, Sp. 709-711

Vollnhals, Clemens (Hg.): *Entnazifizierung. Politische Säuberung und Rehabilitierung in den vier Besatzungszonen 1945-1949*, München 1991

Voss, Egon und Christiane Zentgraf: Art. *Rolf Liebermann – Leonore 40/45*, in: *Pipers Enzyklopädie des Musiktheaters*, Bd. 3 *Henze-Massine*, München 1989, S. 486-488

Walter, Michael: *Hitler in der Oper. Deutsches Musikleben 1919-1945*, Stuttgart und Weimar 2000

Weisbrod, Bernd: *Das Moratorium der Mandarine. Zur Selbstentnazifizierung der Wissenschaften in der Nachkriegszeit*, in: *Nationalsozialismus in den Kulturwissenschaften*, Bd. 2 *Leitbegriffe – Deutungsmuster – Paradigmenkämpfe. Erfahrungen und Transformationen im Exil*, hg. von Hartmut Lehmann und Otto Gerhard Oexle, Göttingen 2004, S. 259-282

Wessling, Bernd W.: *Furtwängler. Eine kritische Biographie*, Stuttgart 1985

Wulf, Joseph: *Musik im Dritten Reich. Eine Dokumentation*, Frankfurt am Main et al. 1983

Ziegler, Hans Severus: *Entartete Musik. Eine Abrechnung*, Düsseldorf ²1939

Zühlsdorff, Volkmar: *In Begleitung meiner Zeit. Essays und Kommentare, Erinnerungen und Portraits, Berichte und Dokumente*, München 1998

– *Deutsche Akademie im Exil. Der vergessene Widerstand*, Berlin 1999

Abbildungsverzeichnis

Personenregister